WEIHNACHTSZEIT

TEXTE AUS DER WELTLITERATUR

Herausgegeben
von Anne Marie Fröhlich

Mit 6 Holzschnitten
von Bernard Salomon

MANESSE VERLAG
ZÜRICH

NIKOLAJ GOGOL

1809–1852

Die Nacht vor Weihnachten

I

Der letzte Tag vor Weihnachten war zu Ende gegangen. Eine klare Winternacht brach an. Die Sterne blinkten. Der Mond stieg feierlich am Himmel empor, um den guten Menschen auf der ganzen Welt zu leuchten, auf daß sie frohen Mutes nach altem Brauch ihre Weihnachtslieder* unter den Fenstern sängen. Der Frost hatte seit dem Morgen stark zugenommen. Dafür war es aber so

---

* Diese Lieder, unter den Fenstern am Weihnachtsabend gesungen, heißen Koljadki. Dem Sänger wirft der Hausherr oder die Hausfrau oder wer sonst zu Hause bleibt, immer eine Wurst oder ein Brot oder einen Kupfergroschen in den Sack, was er eben hat. Man sagt, es habe einmal einen Götzen namens Koljada gegeben, den man für einen Gott gehalten habe, und daß angeblich von dem die Koljadki herrühren. Wer weiß es? Nicht uns, den einfachen Leuten, kommt es zu, sich darüber den Kopf zu zerbrechen. Voriges Jahr wollte Vater Osip die Koljadki in den Weilern verbieten, da, wie er sich ausdrückte, das Volk damit dem Satan gefällig sei. Allein um die Wahrheit zu sagen, in den Koljadki kommt kein einziges Wort über den Koljada vor. Sie singen oft von der Geburt Christi und wünschen zum Schluß dem Hausherrn, der Hausfrau, den Kindern und dem ganzen Haus eine gute Gesundheit. (Anmerkung des Autors)

windstill, daß man das Knirschen des Schnees unter den Stiefelsohlen eine halbe Werst weit hören konnte.

Noch hatte sich keine Singschar auf der Straße gezeigt. Nur der Mond schien verstohlen in die Hüttenfenster, wie um die sich putzenden Mädchen daran zu erinnern, daß es an der Zeit sei, in den knisternden Schnee hinauszulaufen.

Da qualmten dicke Rauchschwaden aus einem der Schornsteine und stiegen als schwarze Wolke empor. Mit ihnen fuhr aber, auf einem Besenstiel reitend, die Hexe[1] zum Himmel auf.

Wäre in diesem Augenblick der Assessor von Ssorotschinzy in einer mit Bürgerpferden bespannten Troika vorbeigefahren, die nach Ulanenart pelzverbrämte Mütze auf dem Kopf, in seinem blauen, mit schwarzem Lammfell gefütterten Mantel und mit seiner teuflisch geflochtenen Peitsche, mit der er den Kutscher anzutreiben liebte – so hätte er die Hexe sicherlich bemerkt; denn es gibt keine Hexe auf der ganzen Welt, die dem scharfen Blick des Assessors von Ssorotschinzy zu entgehen vermag. Er weiß haargenau, wieviel Ferkel die Sau einer jeden Einwohnerin wirft, wieviel Leinwand sie in ihrer Truhe aufbewahrt und welche Kleidungsstücke oder Wirtschaftsgegenstände jeder ordentliche Mann an den Feiertagen in der Schenke zu versetzen pflegt. Doch der Assessor fuhr nicht vorbei und hätte sich um das fremde Dorf auch gar nicht bekümmert – er hatte seinen eigenen Bezirk.

Die Hexe hatte sich inzwischen so hoch erhoben, daß sie nur noch wie ein kleiner schwarzer Fleck am Himmel zu sehen war. Doch überall, wo sich dieser schwarze Fleck zeigte, verschwanden die Sterne am Firmament. Schon hatte die Hexe einen ganzen Armvoll von ihnen eingesammelt, nur noch drei oder vier funkelten durch die Nacht. Da zeigte sich an der entgegengesetzten Seite des Himmels ein anderer schwarzer Fleck, dehnte sich rasch aus und war bald mehr als bloß ein Fleck.

Ein kurzsichtiger Mensch, selbst wenn er sich Brillengläser, so groß wie die Wagenräder der Kommissarskutsche, auf die Nase gesetzt hätte, wäre nicht imstande gewesen, festzustellen, was es mit diesem Fleck für eine Bewandtnis hatte. Von vorn sah er ganz wie ein Deutscher* aus: ein schmales, sich hin und her wendendes und alles, was ihm nur in die Quere kam, beschnüffelndes Schnäuzchen lief, wie bei unseren Schweinen, in ein rundes Fünfkopekenstück aus. Die Beinchen waren so dünn, daß sie der Dorfschulze von Jareskowo, wenn sie sein eigen gewesen wären, schon beim ersten Hoppak-Sprung gebrochen hätte. Von hinten dagegen glich er zum Verwechseln dem Gouvernementsanwalt in Galatracht; denn er hatte einen so langen und spitzen Schwanz, daß man an die Frackschöße der heutigen Beamtenuniformen

---

* Einen Deutschen heißt man bei uns jeden, der aus einem fremden Land stammt, ob es nun ein Franzose, ein Römer oder ein Schwede ist, alle sind Deutsche. (Anmerkung des Autors)

erinnert wurde. Nur aus dem Ziegenbärtchen unter seiner Schnauze, aus den Hörnchen auf seinem Kopf und daraus, daß er im ganzen genommen nicht heller als ein Schornsteinfeger war, hätte man schließen können, daß es sich weder um einen Ausländer noch um einen Gouvernementsanwalt handelte, sondern schlicht und einfach um den Teufel in höchsteigener Person, dem es nur noch in dieser Nacht vergönnt war, durch die weite Welt zu schweifen und die Leute zu verführen; denn schon morgen mußte er bei den ersten Glockenschlägen, die zur Frühmesse riefen, sich eingeklemmten Schwanzes Hals über Kopf in den Höllenschlund stürzen.

Mittlerweile hatte er sich behutsam dem Monde genähert und streckte schon die Hand aus, um ihn zu stehlen, zog sie jedoch im gleichen Augenblick hastig zurück, als wenn er sich verbrannt hätte, lutschte an seinen Fingern und schlenkerte mit einem Bein. Jetzt rückte er von einer anderen Seite an, prallte von neuem zurück und zog wieder die Hand weg. Trotz dieser Mißerfolge aber konnte der listige Teufel nicht von seinen Schelmenstreichen lassen. In einem plötzlichen Anlauf packte er den Mond mit beiden Händen zugleich, warf ihn, sich krümmend und ihn in einem fort anblasend, aus einer Hand in die andere wie ein Bauer, der sich mit bloßen Fingern Feuer für seine Pfeife holt, und steckte ihn zu guter Letzt in seine Tasche. Dann eilte er, als wenn nichts geschehen wäre, weiter.

In Dikanjka[2] hatte niemand bemerkt, wie der

Teufel das fertiggebracht hatte. Der Gemeindeschreiber freilich, der auf allen vieren aus der Schenke kroch, glaubte gesehen zu haben, wie der Mond auf einmal mir nichts, dir nichts am Himmel hin- und hertanzte, und versuchte, unter Anrufung Gottes und aller Heiligen, das ganze Dorf von diesem Wunder zu überzeugen. Doch die Einwohner schüttelten nur ihre Köpfe und lachten ihn aus.

Was hatte den Teufel eigentlich zu einem so gesetzwidrigen Unternehmen bewogen? Der Grund war folgender: Er wußte, daß der reiche Kosak Tschub vom Küster zu dem allweihnachtlichen Honigreis-Schmaus eingeladen war, an welchem nicht nur der Dorfschulze und ein mit dem Küster verwandter blaberockter Vorsänger des bischöflichen Kirchenchors mit einem unwahrscheinlich tiefen Baß, sondern auch der Kosak Swerbygus und einige andere Gäste teilnehmen würden; während dieses Festmahles nun würde Tschubs Tochter, das schönste Mädchen des Dorfes, allein zu Hause sitzen und sicherlich vom jungen Schmied besucht werden, einem stämmigen Riesen und Kindskopf, der dem Teufel noch widerwärtiger war als die Predigten des Vaters Kondrat. In seinen Mußestunden huldigte der Schmied nämlich der edlen Malkunst und galt für den geschicktesten Maler der ganzen Gegend, so daß ihn sogar der Kosakenhauptmann L . . . ko, der damals noch lebte, eigens nach Poltawa hatte kommen lassen, um den Bretterzaun um sein Besitztum anzustreichen. Alle

9

Schüsseln, aus denen die Kosaken in Dikanjka ihren Borschtsch löffelten, waren von ihm bemalt worden. Der Schmied war ein gottesfürchtiger Mann und malte zuweilen auch Heiligenbilder: heute noch kann man seinen Evangelisten Lukas in der Kirche zu T. bewundern. Der Triumph seiner Kunst aber war ein Bild, das er auf die rechte Seitenwand der Kirchenvorhalle gemalt hatte und das Petrus darstellte, wie er, die Schlüssel in der Hand, am Jüngsten Tag den Bösen aus der Hölle vertreibt: der aufgescheuchte Teufel rennt, seinen Untergang ahnend, nach allen Seiten hin und her und wird von den Sündern, die einst von ihm in die Hölle gesperrt worden waren, mit Peitschen, Holzscheiten und allem, was ihnen in die Hände geraten ist, verprügelt. Als der Schmied dieses Bild schuf und es auf eine große hölzerne Tafel malte, hatte der Teufel ihn auf jede Weise zu stören versucht; er hatte ihn unsichtbar am Arm gestoßen und das Gemälde mehrfach mit Asche aus der Schmiedeesse bestreut. Trotzdem wurde das Werk vollendet. Die Tafel wurde in die Kirche getragen und in die Wand der Vorhalle eingelassen. Damals nun hatte der Teufel sich vorgenommen, am Schmied Rache zu nehmen.

Eine Nacht nur noch war ihm im alten Jahr übriggeblieben, durch die weite Welt zu schweifen. In dieser Nacht mußte er etwas finden, um seine Wut am Schmied auslassen zu können, und war darauf verfallen, den Mond zu stehlen; denn er verließ sich darauf, daß der alte Tschub faul und nur schwer auf die Beine zu bringen war. Der Weg zum Küster aber war ziemlich weit, er führte hinter dem Dorfe an den Mühlen, am Friedhof und einem steilen Abhang vorbei; bei Mondschein würde die Aussicht auf den Honigreis, den Weihnachtskuchen und den Safranschnaps den Alten freilich verlockt haben, in einer lichtlosen Nacht dagegen hätte es kaum jemand über ihn vermocht, daß er sich von seiner Ofenecke getrennt und ins Freie hinausgetraut hätte; der Schmied wiederum, der schon seit langem nicht mehr in gutem Einvernehmen mit Tschub lebte, würde es, trotz seiner Bärenkräfte, nicht wagen, die Tochter zu besuchen, solange ihr Vater zu Hause war.

Und so geschah es denn, daß es auf der ganzen Welt, kaum daß der Teufel den Mond in die Tasche gesteckt, so finster wurde, daß man nicht einmal den Weg in die Schenke, geschweige denn zum Küsterhaus gefunden hätte.

Die Hexe stieß, als das Dunkel sie so plötzlich umringte, einen schrillen Schrei aus. Doch der Teufel hatte sich dicht an sie herangemacht, faßte sie am Arm und flüsterte ihr dasselbe ins Ohr, was man überall dem weiblichen Geschlecht ins Ohr zu flüstern pflegt.

Wunderlich ist's eingerichtet auf unserer Welt: alles, was lebt, beschäftigt sich zumeist damit, andern etwas abzugucken und es nachzuäffen. Es gab zum Beispiel einmal eine Zeit, da gingen in Mirgorod zur Winterszeit nur der Richter und allenfalls noch das Stadtoberhaupt in mit Tuch überzogenen Pelzen einher, die niedere Beamtenschaft trug das Fell nach außen. Heute dagegen hat sich nicht nur der Assessor, sondern auch der Unterrentmeister seinen Lammfellpelz mit Tuch überziehen lassen. Vor zwei Jahren kauften sich der Kanzlist und der Gemeindeschreiber bestes blaues Tuch zu sechs Kopeken die Elle. Und der Kirchendiener ließ sich zum Sommer Pluderhosen aus Nanking und eine Weste aus gestreiftem Kammgarn machen. Mit einem Wort: alles will hoch hinaus. Wann werden die Menschen endlich einmal nicht mehr ihrer Eitelkeit nachlaufen? Wetten wir: Vielen dürfte es sonderbar vorkommen, daß der Teufel in die gleiche Kerbe schlägt und daß er, was am ärgerlichsten ist, sich für eine Schönheit hält, während man ihn doch in Wirklichkeit kaum anzuschauen vermag; solch eine Fresse hat er, würde Foma Grigorjewitsch sagen, daß er sich schämen sollte. Trotzdem geht auch er auf Liebesabenteuer aus.

Doch am Himmel und unter dem Himmel war es inzwischen so dunkel geworden, daß man nichts mehr davon sehen konnte, was er und die Hexe miteinander trieben.

II

«Du bist also noch nicht im neuen Küsterhause gewesen, Gevatter?» fragte der Kosak Tschub einen hochgewachsenen mageren Bauern in kurzem Pelzrock, dessen Bartstoppeln davon zeugten, daß das abgebrochene Sensenstück, mit dem unsere Bauern sich, in Ermangelung eines Rasiermessers, ihren Bart zu schaben pflegen, sein Gesicht schon fast zwei Wochen lang nicht mehr berührt hatte.

«Es wird dort ein beträchtliches Gelage geben», fuhr Tschub, über das ganze Gesicht schmunzelnd, fort; «daß wir nur nicht zu spät kommen!»

Mit diesen Worten rückte er den Gürtel zurecht, der seinen Pelz umspannte, drückte seine Mütze tiefer ins Gesicht und nahm seine Peitsche – den Schrecken aller zudringlichen Hunde – fester in die Hand.

«Teufel auch!» stieß er plötzlich hervor; «schau, Panass, schau nur!»

«Was?» fragte der Gevatter und blickte ebenfalls nach oben.

«Wieso, was? Der Mond ist fort!»

«Verflucht noch einmal, er ist wirklich fort.»

«Das ist es ja eben, daß er fort ist!» rief Tschub, ein wenig ärgerlich über den unveränderlichen Gleichmut des Gevatters. «Dir scheint es einerlei zu sein.»

«Ja, was soll ich denn machen?»

«Hat es da so ein Teufel nötig gehabt», nahm Tschub wieder das Wort, «hat er es wirklich nötig gehabt – möge der Hundsfott die ganze Nacht hindurch keinen Schnaps mehr bekommen! –, sich hier einzumischen?... Als ob er uns verhöhnen wollte! Eben noch schaute ich in der Stube vorsorglich zum Fenster hinaus: ein Wunder von einer Nacht! Klar! Der Schnee glitzerte im Mondlicht!

Alles ist wie am hellichten Tag zu erkennen. Und nun – kaum trete ich aus der Tür – ist nichts mehr zu sehen, als wären mir die Augen ausgestochen worden. Daß er sich alle Zähne an einem vertrockneten Buchweizenbrot ausbeißen möge!»

Tschub murrte und schimpfte noch lange vor sich hin, fragte sich aber währenddessen im stillen, wozu er sich entschließen sollte. Zum Verrecken gern hätte er beim Küster über alles nur mögliche geklönt. Sicher saßen dort schon der Dorfschulze und der zugereiste Baßsänger zusammen, vor allem aber der Teersieder Mikita, der alle zwei Wochen nach Poltawa fuhr und solche Späße zu treiben liebte, daß sich alle den Bauch vor Lachen halten mußten. In Gedanken sog Tschub schon den Geruch des würzigen Weihnachtspunsches ein. All das war gewiß verführerisch. Doch die Dunkelheit weckte in ihm auch den allen Kosaken angeborenen Hang zur Faulheit. Wie schön wär' es jetzt, mit untergeschlagenen Beinen auf der Ofenbank zu hocken, ruhig seine Pfeife zu rauchen und angenehm dösend den Weihnachtsliedern der lustigen Burschen und Mädchen zu lauschen, die sich bald in Scharen unter den Fenstern tummeln würden! Wäre er allein gewesen, wäre er ohne Zweifel wieder umgekehrt; doch zu zweit war es nicht mehr so langweilig und bemühend, durch die finstere Nacht zu wandern; auch wollte er vor den anderen nicht faul und furchtsam scheinen. Er hörte daher zu schimpfen auf und wandte sich von neuem an den Gevatter.

Verkündigung (Luk. 1,28)

«Es gibt also kein Mondlicht, Gevatter?»

«Nein.»

«Wirklich merkwürdig! Gib mir mal eine Prise. Dein Tabak ist ausgezeichnet. Wo hast du ihn her?»

«Den Teufel ist er ausgezeichnet!» antwortete der Gevatter und klappte seine birkenrindene, mit Stichmustern verzierte Dose wieder zu; «nicht einmal ein altes Huhn kann mit ihm zum Niesen gebracht werden.»

«Ich erinnere mich», fuhr Tschub im gleichen Ton fort, «daß der verstorbene Schankwirt Ssussulja einmal einen ähnlichen Tabak aus Njeshin mitgebracht hatte. Ach, war das ein Tabak! Ein guter Tabak war das...! Nun, Gevatter, was machen wir? Hier draußen ist's dunkel.»

«Wir können ja auch zu Hause bleiben», meinte der Gevatter und griff schon nach der Türklinke.

Hätte er das nicht gesagt, so würde Tschub sich gewiß entschlossen haben, zu seiner Ofenbank zurückzukehren. Jetzt aber reizte es ihn, das Entgegengesetzte zu tun.

«Nein, Gevatter», erwiderte er, «das ist ausgeschlossen, wir müssen gehn.»

Er hatte diese Worte kaum ausgesprochen, als sie ihm schon leid taten. Es war ihm äußerst unangenehm, durch solch eine Nacht zu stapfen. Doch ihn tröstete, daß er selbst es so gewollt und daß er immerhin nicht das tat, was man ihm geraten hatte.

Auf dem Gesicht des Gevatters war nicht die leiseste Regung von Ärger zu erkennen. Er war ein

Mann, dem es vollkommen einerlei war, ob er zu Hause saß oder sich draußen herumtrieb. Er sah sich um, kratzte sich mit dem Peitschenstiel die Achseln – und machte sich mit Tschub auf den Weg.

III

Nun wollen wir zusehen, was die zurückgebliebene schöne Tochter treibt.

Oxana war kaum siebzehn Jahre alt, als man schon beinahe überall auf der Welt, diesseits und jenseits von Dikanjka, von nichts anderem als von ihr sprach. Die Burschen versicherten alle einstimmig, daß es ein schöneres Mädchen im Dorfe weder gegeben habe noch jemals geben werde.

Oxana wußte und hörte alles, was über sie gesprochen wurde, und war so launenhaft, wie es sich für eine anerkannte Schönheit gehört. Hätte sie nicht ein Kopftuch und eine Bauernjacke, sondern ein vornehmes Kleid getragen, so würde sie alle ihre Dienstmädchen immer wieder entlassen und immer wieder neue angestellt haben. Die Burschen waren scharenweise hinter ihr her, verloren aber schließlich die Geduld, ließen einer nach dem andern von der eigensinnigen Schönen ab und wandten sich anderen, weniger verwöhnten Mädchen zu. Einzig der Schmied Wakula war hartnäckig und hörte nicht auf, um sie zu buhlen, obgleich sie ihn durchaus nicht besser behandelte als die anderen.

Als ihr Vater das Haus verlassen hatte, putzte und schmückte Oxana sich noch lange vor dem kleinen Spiegel im Zinnrahmen und konnte es nicht satt bekommen, sich selber zu bewundern.

«Was fällt den Leuten eigentlich ein, meine Schönheit auszuschreien?» rief sie mit gespielter Nachlässigkeit, nur um über irgend etwas mit sich selber zu schwätzen; «sie lügen, die Leute. Ich bin gar nicht schön.»

«Sind denn meine schwarzen Augen und Brauen», fuhr sie fort, ohne den Spiegel aus der Hand zu legen, «wirklich so schön, daß es ihresgleichen auf der ganzen Welt nicht gibt? Was ist denn Schönes an dieser Stupsnase, an diesen Wangen und Lippen? Als ob meine schwarzen Locken schön wären! Hu! Abends kann man vor ihnen erschrecken. Sie sind lange Schlangen, die sich rings um meinen Kopf geschlungen haben. Jetzt sehe ich, daß ich gar nicht schön bin.»

Sie hielt den Spiegel weiter von sich ab und rief aus: «Nein, ich bin doch schön! Ach, wie bin ich schön! Ein wahres Wunder! Welche Freude werde ich dem machen, dessen Frau ich einmal sein werde! Wie wird mein Mann von mir entzückt sein! Ganz außer sich vor Freude wird er sein! Er wird mich totküssen!»

«Ein wunderbares Mädchen!» sagte sich der unbemerkt eingetretene Schmied, «aber eitel bis dahinaus. Eine ganze Stunde lang steht sie vor dem Spiegel, kann gar nicht genug bekommen von ihrem Anblick und rühmt sich dessen noch laut.»

«Ja, ihr Burschen», fuhr die anmutige Kokette fort, «bin ich denn euresgleichen? Seht mich doch an! Seht, wie schwebend ich schreite. Mein Hemd ist mit roter Seide bestickt. Und was für Bänder trag' ich im Haar! Zeitlebens werdet ihr keine so reichen Goldborten sehen. Die hat mein Vater mir alle gekauft, damit mich der schönste Bursche der Welt einmal zur Frau nähme.»

Auflachend wandte sie sich um und erblickte den Schmied. Sie stieß einen Schrei aus und blieb mit abweisender Miene vor ihm stehen.

Der Schmied ließ die Hände sinken.

Schwer zu sagen, was das bräunliche Gesicht des wundersamen Mädchens ausdrückte. Strenge war in ihm und durch die Strenge hindurch so etwas wie Spott über diesen verlegen gewordenen Schmied; auch eine kaum merkliche Röte von Verdruß färbte ihre Wangen. Alles das vermengte sich miteinander und war so unsagbar reizend, daß man nichts Besseres hätte tun können, als sie millionenmal abzuküssen.

«Warum bist du gekommen?» fuhr Oxana ihn an. «Juckt's dich etwa danach, daß ich dich mit der Ofenschaufel hinausjage? Ihr versteht es alle meisterhaft, im Nu zu erwittern, wenn die Väter aus dem Hause sind. Oh, ich kenne euch! Nun? Wie steht's? Ist meine Truhe fertig geworden?»

«Sie ist bald fertig, mein Herzchen. Gleich nach den Feiertagen wird sie fertig. Wenn du wüßtest, wie ich mich mit ihr abgeplagt habe! Zwei Nächte lang habe ich die Schmiede nicht verlassen. Dafür wird aber auch keine Popenfrau solch eine Truhe haben. Sie hat Eisenbeschläge, wie ich sie nicht einmal für den Wagen des Kosakenhetmans verwandt habe, als ich noch in Poltawa arbeitete. Und wie sie bemalt ist! Wenn du die ganze Gegend mit deinen weißen Füßchen abläufst, du wirst keine schönere Truhe finden. Über den ganzen Grund werden rote und blaue Blumen verstreut sein, die wie Feuer leuchten … Zürne mir doch nicht! Gestatte mir, wenigstens mit dir zu sprechen und dich anzuschaun.»

«Wer verbietet dir das? Sprich und schaue!»

Damit setzte sie sich auf die Bank, blickte wieder in den Spiegel und ordnete ihre Flechten. Sie betrachtete ihren Hals, ihr neues seidengesticktes Hemd, und auf ihre Lippen und Wangen trat ein Ausdruck von Selbstverliebtheit und spiegelte sich in ihren Augen.

«Erlaube, daß ich mich neben dich setze», sagte der Schmied.

«Setz dich nur», sagte Oxana, ohne den selbstverliebten Ausdruck auf den Lippen und in den Augen zu verlieren.

«Wunderbare, allerschönste Oxana!» rief der Schmied ermutigt aus und drückte sie an sich, in der Hoffnung, einen Kuß erhaschen zu können. Doch Oxana wandte ihre Wange ab, die sich schon in nächster Nähe von den Lippen des Schmieds befunden hatte, und stieß ihn von sich.

«Was nicht sonst noch alles?» sagte sie. «Wenn er Honig hat, will er auch noch einen Löffel dazu.

Geh, deine Hände sind härter als Eisen, und du riechst nach Rauch. Ich glaube fast, du hast mich mit Ruß beschmutzt.»

Sie zog den Spiegel heran und begann sich von neuem zu putzen.

«Sie liebt mich nicht», dachte der Schmied und ließ den Kopf hängen. «Für sie ist alles nur ein Spiel. Und ich stehe wie ein Narr vor ihr und kann meine Augen nicht von ihr wenden. Eine ganze Ewigkeit könnte ich dastehen und sie immer nur anschaun. Ein wunderbares Mädchen! Was gäb' ich nicht drum zu wissen, was in ihrem Herzen vor sich geht und wen sie liebt. Doch nein. Ihr ist es um niemand zu tun. Sie ist nur von sich selbst entzückt. Sie quält mich Armen – und ich gräme mich so, daß die ganze Welt mir trübe vorkommt. Ich liebe sie so sehr, wie noch kein Mensch auf der Welt je geliebt hat oder lieben wird.»

«Ist es wahr, daß deine Mutter eine Hexe ist?» fragte Oxana plötzlich und lachte. Da spürte der Schmied, wie auch in ihm alles zu lachen begann. Ihr Gelächter hallte in seinem Herzen und seinen leicht erschauernden Adern wider. Doch gleich darauf überfiel ihn wieder der Ärger, daß es nicht in seiner Macht stand, dieses so süß lachende Gesicht abzuküssen.

«Was hab' ich mit meiner Mutter zu schaffen? Du bist mir Mutter und Vater und alles, was es in dieser Welt an Teurem für mich gibt. Wenn der Zar mich riefe und mir sagte: ‹Schmied Wakula, du kannst mich um alles bitten, was mein Reich an

Kostbarkeiten birgt. Alles soll dein sein. Ich befehle, daß man dir eine goldene Schmiede bauen soll, in der du mit silbernen Hämmern schmieden kannst› – so würde ich dem Zaren antworten: ‹Ich will weder Edelsteine noch eine goldene Schmiede noch dein ganzes Reich – gib mir lieber meine Oxana!›»

«Also so einer bist du! Doch mein Vater ist auch nicht von gestern. Paß auf – er wird deine Mutter noch heiraten!» sagte Oxana mit einem hinterhältigen Lächeln. «Aber warum kommen die Mädchen nicht? Was hat das zu bedeuten? Es ist höchste Zeit, zum Singen zu gehn. Ich fange mich schon zu langweilen an.»

«Gott mit ihnen, meine Schönste!»

«Warum nicht gar? Mit ihnen kommen die Burschen. Das wird einen Tanz geben. Ich stelle mir schon vor, was für tolle Dinge sie schwatzen werden.»

«Dir ist's also froh mit ihnen?»

«Froher jedenfalls als mit dir … Doch da hat's geklopft. Sicher sind's die Mädchen und Burschen.»

«Worauf wart' ich noch länger?» sagte sich der Schmied, «sie verhöhnt mich ja nur. Ich bin ihr ebensowenig wert wie ein verrostetes Hufeisen. Wenn's aber so ist, so soll mich wenigstens kein anderer auslachen. Sobald ich merke, daß ihr ein anderer Bursche mehr gefällt als ich, soll er von mir eine Lehre erhalten, daß …»

Hier wurden seine Gedanken durch ein erneutes

Klopfen an der Tür und den scharf durch die Frost-
luft hallenden Ruf: «Mach auf!» unterbrochen.

«Wart nur, ich öffne selbst!» rief er und begab
sich in den Flur hinaus, in der Absicht, dem ersten,
der ihm in den Weg kam, vor Ärger alle Rippen zu
brechen.

IV

Der Frost war noch stärker geworden, und oben
am Himmel herrschte solch eine Kälte, daß der
Teufel von einem Pferdehuf auf den andern hüpfte
und sich in seine Fäuste blies, um die erstarrten
Finger ein wenig zu wärmen. Kein Wunder, daß es
ihn so fror, da er sich Tag für Tag in der Hölle
aufzuhalten gewohnt war, wo es bekanntlich nicht
so kalt ist wie bei uns im Winter, und wo er, eine
weiße Mütze auf dem Kopfe gleich einem Kü-
chenchef, die armen Sünder mit demselben Genuß
brät wie ein altes Weib ihre Weihnachtswurst.

Selbst die Hexe fröstelte es, trotzdem sie warm
angezogen war. Hocherhobener Arme und ein
Bein vorstreckend, nahm sie daher die Haltung
einer Schlittschuhläuferin an, sauste mit unbe-
wegten Gliedern durch die Luft wie über einen
steilen Eishang abwärts und fuhr in ihren Schornstein ein.

Der Teufel folgte ihr in der gleichen Weise unmittelbar nach. Und da dieses Vieh behender ist als
jeder seidenbestrumpfte Geck, so ist's nicht weiter
erstaunlich, daß er seiner Liebsten schon beim Einflug in den Schornstein auf dem Nacken saß und sie

beide zugleich im geräumigen Ofenloch zwischen allerhand Töpfen anlangten.

Die heimgekehrte Reiterin öffnete vorsichtig die Ofentür, um sich zu vergewissern, daß ihr Sohn Wakula keine Gäste eingeladen hatte. Als sie sah, daß niemand da war und daß nur einige Säcke in der Stube herumlagen, schlüpfte sie aus dem Ofen, warf ihren warmen Pelzmantel ab und ordnete ihre Kleider. Niemand hätte ihr ansehen können, daß sie noch einen Augenblick vorher auf dem Besen geritten war.

Die Mutter des Schmiedes Wakula zählte nicht mehr als vierzig Jahre. Weder schön noch häßlich (es ist schwer, in diesem Alter noch schön zu sein), hatte sie es indessen verstanden, einige der gesetzteren Kosaken, die im übrigen der Schönheit ebenfalls nicht mehr allzu bedürftig waren, so zu bezaubern, daß, außer dem Dorfschulzen, auch der Küster Ossip Nikiforowitsch (natürlich nur, wenn die Küsterin nicht zu Hause war), der Kosak Kornij Tschub und der Kosak Kassjan Swerbygus sie häufig zu besuchen pflegten.

Zu ihrer Ehre sei es gesagt, daß sie äußerst geschickt mit ihnen umzugehen verstand: kein einziger von ihnen kam auf den Gedanken, irgendwelche Nebenbuhler zu haben. Ging so ein frommer Bauer oder «Edelmann» (wie die Kosaken sich gerne selber nannten) in seinem Kapuzenmantel sonntags in die Kirche – oder, wenn das Wetter schlecht war, in die Schenke –, warum sollte er nicht bei der Ssolocha vorsprechen, um ein paar fette Quarkkuchen mit Schlagsahne zu verzehren und sich in der warmen Küche mit der gesprächigen und gefälligen Hausfrau zu unterhalten? Der betreffende Edelmann machte zu diesem Zwecke oft einen beträchtlichen Umweg, ehe er die Schenke erreichte, und nannte das «unterwegs ein wenig einkehren». Und wenn Ssolocha zuweilen an einem Feiertage in ihrem grellen Kopftuch, ihrer Nankingjacke und ihrem mit goldenen Bändern benähten Überrock in der Kirche erschien und sich dicht neben dem rechten Chor aufstellte, begann der Küster leise zu hüsteln und mit zwinkernden Augen nach jener Seite zu schauen; der Dorfschulze aber strich sich über den Schnurrbart, wickelte sich die Kosakenlocke ums Ohr und sagte zu seinem Nachbarn: «Ach, ist das ein Weib! Ein Teufelsweib ist das!» Ssolocha grüßte sie alle – und jeder glaubte, sie grüße ihn allein.

Wer es jedoch liebte, seine Nase in fremde Angelegenheiten zu stecken, hätte bald herausgefunden, daß Ssolocha zum Kosaken Tschub am liebenswürdigsten war. Tschub war Witwer. Vor seiner Hütte standen acht Getreideschober. Zwei kräftige Ochsen streckten immer ihre Köpfe aus dem Flechtwerk des Stalles auf die Straße hinaus und muhten laut, wenn sie eine Gevatterin Kuh oder einen Gevatter Stier vorbeitrotten sahen. Ein bärtiger Ziegenbock kletterte hin und wieder aufs Dach und meckerte von dort aus so schrill wie der Stadthauptmann, um die sich auf dem Hofe herumtrollenden Truthühner zu ärgern, oder drehte seinen Feinden, den Dorfbuben, die ihn wegen seines Bartes hänselten, den Hintern zu. In den Truhen Tschubs lagen viele Leinwandstücke, kostbare Schupans und altertümliche, mit Goldborten verzierte Röcke, denn seine verstorbene Frau hatte sich sehr zu putzen geliebt. In seinem Gemüsegarten wuchsen nicht nur Mohn, Kohl und Sonnenblumen, es wurden auch alljährlich zwei große Beete mit Tabakstauden bepflanzt. Ssolocha hielt es durchaus nicht für abwegig, dies alles mit ihrer eigenen Wirtschaft zu vereinigen, und stellte schon im voraus Betrachtungen darüber an, welche Ordnung dort herrschen würde, wenn es in ihre Hände geriete. Sie verdoppelte daher ihr Wohlwollen für den alten Tschub. Damit aber ihr Sohn Wakula sich nicht auf irgendeine Weise an dessen Tochter heranmachte, alles für sich einheimste und sie, die Ssolocha, daran hinderte, sich in irgend etwas einzumischen, nahm sie ihre Zuflucht zum üblichen Mittel aller vierzigjährigen Frauenzimmer: sie versuchte, den alten Tschub nach Möglichkeit mit dem Schmied zu entzweien.

Vielleicht trugen gerade diese Listen und Machenschaften dazu bei, daß die alten Dorfweiber bei fröhlichen Zusammenkünften, wenn man ein wenig über den Durst getrunken hatte, einander zutuschelten, Ssolocha sei in der Tat eine Hexe; der junge Kosak Kissjakolupenko habe bei ihr hinten einen Schwanz von der Größe einer Weiberspindel festgestellt; erst am vorigen Donnerstag sei sie als schwarze Katze über die Straße gelaufen; auch sei sie einmal als Sau bei der Popenfrau eingedrungen, habe dort wie ein Hahn gekräht, sich die Mütze Vater Kondrats aufgesetzt und sich dann wieder auf und davon gemacht.

Es fügte sich so, daß, gerade als die alten Weiber wieder einmal von alledem schwatzten, der Kuhhirt Tymisch Korostjawy hinzukam und es nicht unterlassen konnte, zu erzählen, daß er einmal im Sommer, kurz vor Peter und Paul, sich mit einem Heubündel unter dem Kopf im Stall zum Schlafen niedergelegt und mit eigenen Augen gesehen habe, wie die Hexe mit aufgelösten Haaren und im bloßen Hemde die Kühe molk; er sei so gelähmt gewesen, daß er sich nicht habe rühren können. Überdies habe sie ihm die Lippen mit einer so widerwärtigen Flüssigkeit bestrichen, daß er den ganzen Tag fortwährend habe ausspucken müssen.

Das alles schien indessen nicht ganz glaubwürdig, da ja nur der Assessor von Ssorotschinzy eine Hexe untrüglich zu erkennen vermochte. Die angeseheneren Kosaken machten daher, wenn ihnen diese Gerüchte zu Ohren kamen, nur eine wegwerfende Handbewegung. «Sie schwindeln, diese Hundeweiber!» hieß es bei ihnen.

Als sie aus dem Ofenloch gekrochen war und ihre Kleider in Ordnung gebracht hatte, machte sich Ssolocha als gute Hausfrau gleich daran, die Stube aufzuräumen. Nur die Säcke rührte sie nicht an: «Die hat Wakula gebracht, mag er sie selber fortschaffen!»

Der Teufel aber hatte beim Einflug in den

Schornstein sich unwillkürlich ein wenig umge-
blickt und wahrgenommen, wie Tschub, Arm in
Arm mit seinem Gevatter, sich schon weit von
seiner Hütte entfernt hatte. Augenblicklich flog er
aus dem Ofenloch ins Freie hinaus, überholte das
Paar und begann von allen Seiten den gefrorenen
Schnee aufzuwühlen, so daß die Flocken in einem
Wirbelsturm dahintrieben und die ganze Luft mit
ihrem weißen Gestöber erfüllten. Wie ein Netz
flatterten sie hin und her und drohten den Fußgän-
gern Augen, Mund und Ohren zu verkleben.

Darauf fuhr der Teufel wieder in den Schornstein Ssolochas ein, fest davon überzeugt, Tschub
werde jetzt mit seinem Gevatter umkehren, den
Schmied in seinem Haus antreffen und ihn so trak-
tieren, daß dieser lange nicht mehr imstande sein
werde, einen Pinsel in die Hand zu nehmen und
beleidigende Karikaturen zu malen.

v

Und in der Tat – kaum daß das Schneegestöber sich
erhoben und der Wind angefangen hatte, ihm gerade ins Gesicht zu schlagen, als Tschub schon Reue
äußerte. Er zog seine Kapuze tiefer über den Kopf
und bedachte sich selber, den Gevatter und den
Teufel mit argen Schimpfworten. Nichtsdesto-
weniger war dieser Ärger nur geheuchelt, denn
eigentlich freute er sich über das Gestöber. Bis
zum Küsterhaus war es noch achtmal so weit, als
sie schon gegangen waren. Die Wanderer machten

also kehrt. Der Wind blies ihnen jetzt in den Nakken. Doch im Flockenwirbel war nichts mehr zu erkennen.

«Halt, Gevatter! Mir scheint's, wir sind vom Wege abgekommen», sagte Tschub nach einigen Schritten. «Keine einzige Hütte ist zu sehen. Ach, ist das ein Schneesturm! Such doch etwas seitwärts nach dem Wege. Ich will inzwischen hier suchen. Mußte uns auch der Leibhaftige bei solchem Wetter aus dem Hause treiben! Vergiß nicht zu rufen, wenn du den Weg gefunden hast. Pfui Teufel, was für Schneemassen der Satan einem in die Augen geworfen hat!»

Doch von einem Wege war nichts zu sehen. Der Gevatter, der seitwärts gestampft war, irrte in seinen langen Stiefeln ratlos hin und her und stieß schließlich mit der Nase auf die Schenke. Diese Entdeckung versetzte ihn in solch ein Entzücken, daß er alles vergaß, den Schnee von sich abschüttelte und in der Schenke verschwand, ohne sich um den auf der Straße zurückgebliebenen Tschub zu kümmern.

Dieser wiederum glaubte den Weg gefunden zu haben, machte halt und schrie aus voller Kehle. Doch da der Gevatter sich gar nicht zeigen wollte, beschloß er, allein weiterzugehen. Bald darauf erblickte er seine Hütte. Vor der Tür und auf dem Dach türmten sich ganze Berge von Schnee. Er klatschte in die verfrorenen Hände, pochte an die Tür und befahl der Tochter, daß sie ihm öffnen solle.

Da trat der Schmied aus der Tür und fuhr ihn rauh an: «Was hast du hier zu suchen?»

Tschub erkannte die Stimme des Schmiedes und wich ein wenig zurück.

«Nein, das ist nicht meine Hütte», dachte er, «der Schmied würde es nicht gewagt haben, sie zu betreten. Doch wenn ich genauer hinschaue, so ist's auch nicht die seine. Wessen Hütte es nur sein mag? Halt, ich hab's! Daß ich sie auch nicht gleich erkannte! Sie gehört ja dem Kosaken Ljewtschenko, der sich kürzlich ein junges Weib zugelegt hat. Die einzige Hütte im Dorf, die meiner ungefähr ähnlich sieht. Mir kam's ja gleich ein wenig sonderbar vor, schon so rasch zu Hause angelangt zu sein ... Aber Ljewtschenko hockt heute abend beim Küster, das weiß ich ganz genau. Was hat der Schmied hier zu tun? Hehehe! Er hat die junge Frau besucht ... Da haben wir's! Ausgezeichnet! ... Jetzt verstehe ich alles ...»

«Wer bist du? Und warum treibst du dich vor fremden Türen herum?» fragte der Schmied noch rauher als vorher und trat ganz dicht an ihn heran.

«Nein», dachte Tschub, «ich sag's ihm nicht, wer ich bin. Sonst kriegt er es noch fertig und verprügelt mich, dieser Satanssprößling!»

Er antwortete also mit verstellter Stimme: «Ich bin's, guter Mann. Ich bin gekommen, Euch vor dem Fenster mit einigen Weihnachtsliedern zu erfreuen.»

«Scher dich zum Teufel mit deinen Weihnachtsliedern!» schrie Wakula voller Wut. «Was stehst du noch da? Kannst du nicht hören? Du sollst dich schleunigst davonmachen!»

Tschub hatte schon selber diese Absicht gehegt. Es ärgerte ihn aber, daß er den Befehlen des Schmiedes gehorchen sollte. Als wenn ihn ein böser Geist zum Widerspruch triebe, rief er immer noch mit verstellter Stimme: «Was schreist du so? Ich will nun aber einmal meine Weihnachtslieder singen. Und damit Schluß!»

«Aha! Man muß dir also anders als mit bloßen Worten kommen!»

Im selben Augenblick fühlte Tschub einen schmerzhaften Schlag auf der Schulter.

«So? Prügeln willst du also auch noch?» stieß er, einige Schritte zurückweichend, hervor.

«Mach dich fort! Pack dich!» schrie der Schmied und versetzte Tschub einen neuen Schlag.

«Was fällt dir ein?» rief Tschub mit einer Stimme, in der sich Schmerz, Ärger und Furcht mischten; «du haust wirklich nicht nur zum Spaß. Es tut ja ordentlich weh.»

«Pack dich!» brüllte der Schmied, ging in die Hütte zurück und schlug die Tür hinter sich zu.

«Schau einer an, wie der sich aufspielt!» rief ihm der auf der Straße allein zurückgebliebene Tschub nach; «versuch's nur und komm heran! Du bist mir einer! Blähst dich auf, wie ich weiß nicht was. Du glaubst wohl, es gibt keine Gerichte für dich? Nein, mein Täubchen. Augenblicklich gehe ich zum Kommissar. Du wirst mich schon kennenlernen! Was schert's mich, daß du Schmied und

Maler bist?... Ich sollte meinen Rücken und meine Schultern untersuchen, sicher werden blaue Flecke zu finden sein. Tüchtig hat er zugehauen, dieser Teufelssohn. Schade nur, daß es so kalt ist und ich meinen Pelz nicht ausziehen mag. Warte nur, Höllenschmied! Der Satan soll dich und deine Schmiede zusammenschlagen! Ich werde dir noch das Tanzen beibringen. So ein verfluchter Tausendsassa!... Doch jetzt ist er ja nicht zu Hause... Ssolocha wird allein sein... Hm... Es ist nicht mehr weit bis zu ihr... Die Hiebe des verdammten Schmiedes tun wirklich weh...»

Tschub kratzte sich am Rücken und schlug eine andere Richtung ein. Die Annehmlichkeiten, die ihn beim Wiedersehen mit Ssolocha erwarteten, dämpften ein wenig seine Schmerzen und machten ihn sogar gegen den Frost unempfindlich, der auf allen Straßen knirschte und nicht einmal vom Heulen des Windes übertönt werden konnte. Über sein Gesicht, dessen Wangen und Schnurrbart vom Schneesturm rascher eingeseift wurden als von irgendeinem Barbier, der sein Opfer tyrannisch an der Nase packt, glitt von Zeit zu Zeit ein sauersüßer Ausdruck. Wenn einem nicht der Schnee so wild vor den Augen getanzt hätte, daß man nichts unterscheiden konnte, so hätte man noch lange sehen können, wie Tschub hin und wieder stehenblieb, sich den Rücken rieb und dabei laut ächzte: «Der hat mich aber gehörig versohlt, dieser verdammte Schmied!» – und sich dann weitertrollte.

VI

Als der geschwänzte, bocksbärtige Galan wieder in den Schornstein Ssolochas einfuhr, verhakte sich seine an einem Riemen hängende Tasche, in die er den gestohlenen Mond gesteckt hatte, unversehens an einem Mauervorsprung und ging auf. Der Mond benutzte diese Gelegenheit, schlüpfte aus dem Schornstein ins Freie und schwebte leicht zum Himmel empor. Alles wurde auf einmal hell. Und der Schneesturm war wie nicht gewesen. Draußen funkelte alles wie ein weites, mit kristallenen Sternen besätes Feld. Auch der Frost schien nachgelassen zu haben. Scharen jungen Volks zogen mit Säcken durch die Straßen. Lieder erschallten, und es gab kaum ein Fenster, unter dem sich nicht die Weihnachtssinger drängten.

Wundersam glänzt der Mond. Es ist schwer zu beschreiben, wie schön es ist, sich unter die lachenden und singenden Mädchen und Burschen zu mischen, die zu allen Späßen und Streichen bereit sind, wie die helle und heitere Nacht sie ihnen eingibt. Unter den dicken Pelzen ist es warm; die Wangen glühen noch lebhafter vom Frost – und der Gottseibeiuns selbst scheint die Übermütigen zu immer größeren Tollheiten anzutreiben.

Ein ganzer Haufe von Mädchen mit ihren Säcken war in die Hütte Tschubs eingefallen und umringte Oxana. Ihr Geschrei, Gelächter und Geschwätz betäubten den Schmied. Alle redeten ohne Unterlaß auf die Schöne ein, erzählten Neuigkeiten, kramten ihre Säcke aus und rühmten sich all der Kuchen, Würste und Krapfen, die sie schon für ihre Lieder erhalten hatten. Oxana schien überaus vergnügt und froh zu sein, plauderte bald mit dieser, bald mit jener und lachte unausgesetzt.

Mit welchem Ärger, welchem Neid sah der Schmied diesem lustigen Treiben zu und verfluchte insgeheim alle diese Weihnachtslieder, von denen er doch selbst immer so entzückt gewesen war.

«Ach, Odarka», wandte sich Oxana an eins der Mädchen, «du hast ja neue Schuhe an. O wie sind die schön! Mit Gold bestickt. Wie gut bist du daran, daß du jemand hast, der dir so etwas kauft. Ich habe niemand, der mir so prächtige Schuhe schenken würde.»

«Gräm dich nicht, schönste Oxana», fiel da der Schmied ein, «du sollst von mir Schuhe bekommen, wie kein Fräulein sie trägt.»

«Du?!» erwiderte Oxana mit einem raschen hochmütigen Seitenblick, «das wollen wir doch erst sehen, ob du mir Schuhe verschaffen kannst, die ich anziehen mag! Es sei denn, du brächtest mir Schuhe, wie die Zarin selber sie trägt.»

«Da hört ihr's, worauf sie hinauswill!» rief lachend der Mädchenschwarm.

«Jawohl», fuhr die Schöne stolz fort, «ihr alle sollt Zeugen sein! Wenn mir der Schmied Wakula die Schuhe der Zarin bringt, so verpfände ich mein Wort, daß ich ihn zur selben Stunde heiraten werde.»

Die Mädchen umringten die launische Gespielin und zogen sie mit sich fort.

«Lach nur! Lach nur!» sagte sich der Schmied, der hinter ihnen die Hütte verließ. «Ich lache ja selbst über mich. Ich grüble und grüble, wo ich nur meinen Verstand gelassen habe. Sie liebt mich nicht. Nun gut – Gott mit ihr! Als ob es auf der ganzen Welt nur diese eine Oxana gäbe! Es gibt, Gott sei Dank!, auch ohne sie noch viele schöne Mädchen im Dorf. Was soll ich mit Oxana? Aus ihr wird nie eine gute Frau werden. Nur aufs Putzen versteht sie sich und auf nichts anderes. Nein – genug! Ich lasse mich nicht länger zum Narren halten!»

Doch gerade als der Schmied diesen Entschluß fassen wollte, zauberte ihm irgendein böser Geist ihr lächelndes Antlitz vor die Augen, und er hörte im Herzen ihre spöttische Stimme: «Schaffe mir die Schuhe der Zarin herbei, Schmied – und ich heirate dich.» Alles wallte in ihm empor, und er dachte wieder an nichts als an Oxana.

Scharen von Weihnachtssingern, Burschen und Mädchen in getrennten Gruppen, eilten von einer Straße in die andere. Doch der Schmied stolperte vor sich hin, sah nichts und hörte nichts und nahm nicht teil am fröhlichen Treiben, das er früher über alles geliebt hatte.

VII

Der Teufel war unterdessen bei Ssolocha allen Ernstes zärtlich geworden. Er küßte ihr mit ebensolchen Grimassen die Hand wie der Assessor die der Popentochter, griff sich ans Herz, seufzte tief auf und erklärte ihr feurig, daß er, wenn sie seine Leidenschaft nicht stillen und ihn nicht, wie es sich gehöre, belohnen wolle, zu allem fähig wäre: er würde sich ins Wasser stürzen und seine Seele gradenwegs in die Hölle schicken.

Ssolocha war durchaus nicht grausam. Sie stak mit dem Teufel ja sowieso unter einer Decke, da sie es liebte, wenn ihr ein ganzer Schwarm von Verehrern nachlief, so daß sie selten ohne Gesellschaft war. Den heutigen Abend allerdings hätte sie allein verbringen müssen; denn sie wußte, daß alle angeseheneren Leute beim Küster zum Honigreisessen eingeladen waren.

Doch alles kam ganz anders. Eben erst hatte der Teufel seinen Antrag vorgebracht, als es plötzlich an der Haustür klopfte und man die Stimme des wohlbeleibten Dorfschulzen vernahm. Ssolocha beeilte sich, ihm aufzumachen; der flinke Teufel aber schlüpfte rasch in einen der Säcke.

Der Dorfschulze schüttelte sich den Schnee von der Kapuze, trank ein Gläschen Schnaps, das er aus Ssolochas Händen entgegengenommen hatte, aus und erzählte, daß er wegen des plötzlichen Schneesturms nicht zum Küster gegangen sei. Da habe er Licht in ihrem Fenster gesehen und sei bei ihr eingekehrt, in der Hoffnung, den Abend mit ihr verbringen zu dürfen.

Er hatte noch nicht zu Ende gesprochen, da pochte es von neuem an die Haustür, und man hörte die Stimme des Küsters rufen.

«Versteck mich irgendwo», flüsterte der Dorfschulze ihr zu, «ich möchte hier nicht mit dem Küster zusammentreffen.»

Ssolocha dachte lange darüber nach, wo sie einen so umfangreichen Gast verbergen könne. Endlich verfiel sie auf den größten Sack, der mit Kohlen gefüllt war, schüttelte die Kohlen in eine Kiste und ließ den dicken Dorfschulzen mit Kopf, Kapuze und Schnurrbart in den Sack kriechen.

Der Küster kam ächzend herein, rieb sich die Hände und erzählte, daß niemand zu ihm gekommen sei. Er für seine Person scheue nicht das Unwetter wie die andern und danke dem Zufall für die Möglichkeit, sich bei Ssolocha ein wenig zu verlustieren. Damit trat er auf sie zu, betastete mit seinen langen Fingern ihren runden, entblößten Arm und fragte mit einem zugleich schlauen und selbstgefälligen Blick: «Ja, was habt Ihr denn da, meine prächtige Ssolocha?»

Dabei hüpfte er ein paar Schritte zurück.

«Was ich da habe?» antwortete Ssolocha, «das ist mein Arm, Ossip Nikiforowitsch.»

«Hm ... Euer Arm also ...», meinte der Küster, herzlich zufrieden mit diesem Anfang, und ging einige Male im Zimmer auf und ab.

«Und das?» fragte er, mit dem gleichen Blick an sie herantretend und leicht ihren Nacken tätschelnd, «was ist denn das da, meine teuerste Ssolocha?»

Wieder hüpfte er ein paar Schritte zurück.

«Als ob Ihr das nicht wüßtet, Ossip Nikiforowitsch!» antwortete Ssolocha, «das ist mein Hals und um den Hals eine Halskette.»

«Hm ... Ein Hals und eine Halskette ... Hehehe», kicherte der Küster und nahm von neuem seinen Rundgang durch die Stube auf.

«Und das? Was ist das, meine unvergleichliche Ssolocha?»

Niemand weiß, wonach der lüsterne Küster jetzt mit seinen langen Fingern gegriffen hätte; denn es wurde plötzlich an die Haustür geklopft, und man vernahm die Stimme des Kosaken Tschub.

«O Gott! Ein Fremder!» rief der Küster erschrocken aus. «Was wird das geben, wenn man eine Person meines Standes hier entdeckt ...? Es könnte Vater Kondrat zu Ohren kommen.»

Die wirklichen Befürchtungen des Küsters waren ganz andere: er zitterte davor, daß seine Ehehälfte es erfahren könnte, deren schreckliche Hand auch ohnedies seinen einst stattlichen geistlichen Schopf gelichtet hatte.

«Um Gottes willen, tugendsame Ssolocha», flehte er mit schlotternden Gliedern, «Eure Güte, so steht's schon im Lukasevangelium, Kapitel drei ... dreizehn ...[3] Es klopft wieder. Bei Gott, es klopft ... O versteck mich, versteck mich, wo es auch sei!»

Ssolocha leerte einen anderen Sack in die Kohlenkiste, und der nicht sehr große Küster kroch hinein und kauerte sich ganz am Boden nieder, so daß man noch eine tüchtige Portion Kohlen über ihn hätte schütten können.

«Guten Abend, Ssolocha», sagte Tschub beim Eintreten, «du hast mich wohl nicht erwartet, wie? Störe ich vielleicht?» fuhr Tschub fort und setzte eine scherzhaft-bedeutsame Miene auf, die schon im voraus erkennen ließ, daß sein nicht sehr erfinderischer Kopf sich abmühte, irgendeine scharfsinnige und treffende Bemerkung loszulassen. «Vielleicht hast du dich gerade mit irgend jemand vergnügt und ihn am Ende irgendwo versteckt, wie?»

Entzückt über diesen Witz, lachte Tschub laut auf und triumphierte innerlich, da er sich für den einzigen hielt, der sich der Gunst Ssolochas erfreute.

«Nun, Ssolocha, gib mir erst mal einen Schnaps. Meine Kehle ist wie zugefroren von dieser verfluchten Kälte draußen. Mußte uns Gott auch gerade zu Weihnachten solch ein Unwetter schikken...! Als der Schneesturm losbrach... Hörst du, Ssolocha... als der Schneesturm losbrach... Ach, mir sind die Finger ganz steif geworden, ich kann mir nicht einmal mehr den Pelz aufknöpfen... Als der Schneesturm losbrach...»

«Mach auf!» ertönte draußen eine von einem Schlag gegen die Tür begleitete Stimme.

«Da klopft jemand», sagte Tschub und hielt inne.

«Mach auf!» rief es noch lauter.

«Der Schmied!» stieß Tschub hervor und griff nach seiner Pelzkappe. «Höre, Ssolocha, versteck mich, wo du nur willst! Für nichts auf der Welt möchte ich es haben, daß diese verfluchte Mißgeburt mich hier sieht. Daß diesem Teufelssohn Blasen unter den Augen anlaufen mögen, groß wie Heuschober!»

Ssolocha war selber erschrocken, rannte wie gestochen hin und her und machte, fast von Sinnen, Tschub ein Zeichen, er möge in denselben Sack kriechen, in dem schon der Küster stak. Der arme Küster wagte weder durch ein Hüsteln noch ein Ächzen seinen Schmerz kundzutun, als sich der schwere Kosak ihm beinah auf den Kopf setzte und ihm mit seinen hartgefrorenen Stiefeln die Schläfen zusammenpreßte.

Der Schmied trat wortlos, ohne die Mütze abzunehmen, ein und ließ sich gleich auf eine Bank niederfallen. Er schien in schlechtester Laune zu sein.

Ssolocha hatte eben erst die Tür geschlossen, als schon wieder angeklopft wurde. Es war der Kosak Swerbygus. Doch den hätte man auf keine Weise mehr in einem Sack verstecken können, da es einen so großen Sack überhaupt nicht gab: er war noch viel dicker als der Dorfschulze und hochwüchsiger als Tschubs Gevatter. Ssolocha führte ihn daher in den Gemüsegarten, um zu hören, was er ihr mitzuteilen hätte.

Der Schmied blickte zerstreut in alle Stubenwinkel und horchte hin und wieder auf die fern vom Dorf herüberhallenden Lieder der Weihnachtssinger. Schließlich blieben seine Augen auf den Säcken haften.

«Warum stehn hier diese Säcke? Man hätte sie schon lange forträumen müssen. Diese blöde Liebe

hat mich ganz dumm gemacht. Morgen ist Feiertag – und in der Stube liegt noch solch ein Plunder
herum. Ich will sie in die Werkstatt tragen.»

Er bückte sich zu den Säcken nieder, band sie fest
zu und wollte sie sich auf die Schultern laden. Doch
seine Gedanken irrten ersichtlich Gott weiß wo
herum, sonst hätte er hören müssen, wie Tschub
aufstöhnte, als ihm die Haare in den Knoten des
Strickes hineingerieten, mit dem der Sack zugebunden wurde, und wie der feiste Dorfschulze
deutlich vernehmbar den Schluckauf bekam.

«Kann ich denn diese nichtsnutzige Oxana wirklich nicht aus meinem Kopfe bringen?» murmelte
der Schmied vor sich hin. «Ich will nicht an sie
denken – und denke trotzdem an sie und an nichts
anderes als sie. Wie kommt es nur, daß solch ein
Gedanke sich wider meinen Willen in meinen
Kopf einschleichen kann?... Teufel auch! Die Säk-
ke scheinen schwerer als früher geworden zu sein.
Da hat man sicher noch irgend etwas anderes zu
den Kohlen hinzugetan... Tropf, der ich bin! Ich
vergaß ganz, daß mir jetzt alles schwerer vorkommt. Früher konnte ich mit der Hand ein
kupfernes Fünfkopekenstück oder ein Hufeisen
zusammendrücken und wieder auseinanderbiegen.
Und jetzt kann ich nicht einmal mehr einen Sack
mit Kohlen aufheben... Nein!» schrie er nach
einem kurzen Schweigen auf und faßte wieder
Mut; «bin ich denn ein altes Weib? Niemand soll
über mich lachen dürfen! Und wenn es zehn
solcher Säcke wären – ich hebe sie alle auf!»

Ingrimmig lud er sich die Säcke, die sonst kaum zwei starke Männer fortzutragen vermocht hätten, auf seine Schultern.

«Auch den da nehm' ich noch mit», knurrte er und ergriff den kleineren Sack, in dem der zusammengekrümmte Teufel stak. So bepackt verließ er die Hütte und pfiff dazu das Lied: «Laß die Finger von den Weibern!»

VIII

Lauter und lauter schallten Gesang, Gelächter und Geschrei durch die Straßen. Das Gedränge vermehrte sich noch durch den Zuzug von Gästen aus den Nachbardörfern. Die Burschen tobten und tollten nach Herzenslust. In die Weihnachtshymnen mischten sich häufig ausgelassene Stegreiflieder, die dieser oder jener der jungen Kosaken im Augenblick erfunden hatte. Und auf einmal ließ jemand aus der Menge statt eines Weihnachtsliedes ein altes Silvesterlied ertönen und sang aus vollem Halse:

> «Jahrende, Jahrwende!
> Tut auf Eure Hände!
> Schenkt Kuchen und Wurst
> und Schnaps für den Durst!»

Dröhnendes Lachen belohnte den Spaßmacher. Kleine Fenster wurden hochgeschoben, und die mageren Hände von alten Weibern (die allein mit den würdigen Vätern zu Hause geblieben waren) warfen Würste und Kuchenstücke hinaus. Die

Burschen und Mädchen hielten abwechselnd ihre Säcke unter und fingen die Beute auf.

An einer Straßenecke umringten von allen Seiten herbeieilende Burschen einen Schwarm Mädchen. Man schrie und lärmte. Einer warf einen Schneeball unter die Johlenden. Ein anderer riß einen mit Leckerbissen gefüllten Sack an sich. An einer anderen Straßenecke erging es einem Burschen schlecht: die Mädchen hatten ihm ein Bein gestellt – und er flog mit seinem Sack kopfüber in den Schnee.

Es sah aus, als wenn die Jugend die ganze Nacht durchjubeln wollte. Und die Nacht war wie mit Absicht licht und warm geworden. Der Mondglanz leuchtete im Widerschein des Schneegeglitzers immer weißer. Der schwer mit seinen Säcken bepackte Schmied blieb plötzlich stehen. Ihm war, er habe in einer Mädchenschar die Stimme und das helle Lachen Oxanas vernommen. Es zuckte in all seinen Adern. Er ließ die Säcke zu Boden fallen, daß der eingeschnürte Küster ächzte und der Dorfschulze aufheulte, und mischte sich, nur noch den kleineren Sack mit dem Teufel auf den Schultern, unter einige Burschen, die jener Mädchenschar nachliefen, in deren Mitte er die Stimme Oxanas erkannt zu haben glaubte.

«Ja, sie ist es! Wie eine Zarin steht sie da und läßt ihre schwarzen Augen funkeln. Der lange Bursche dort scheint ihr etwas zu erzählen. Wahrscheinlich etwas Lustiges, denn sie lacht. Aber sie lacht ja immer.»

Wie gegen seinen Willen hatte der Schmied sich durch die Schar gedrängt und stand jetzt dicht vor ihr.

«Ah, Wakula! Bist du auch da? Willkommen!» rief ihm die Schöne mit demselben spöttischen Lächeln zu, mit dem sie ihn stets um seinen Verstand brachte; «nun, hast du dir viel zusammengesungen? Ach, was für ein kleiner Sack! Wo sind die Schuhe der Zarin? Bring sie mir – und ich heirate dich.»

Sie lachte und lief mit den Mädchen davon.

Wie angewurzelt blieb der Schmied auf demselben Fleck stehen.

«Nein, ich kann nicht mehr. Alle Kraft hat mich verlassen», grollte er in sich hinein; «o Gott, warum ist sie nur so teuflisch schön? Ihre Blicke und Worte und überhaupt alles an ihr macht mich brennen und flammen ... Nein, ich kann's nicht länger ertragen. Es ist Zeit, mit allem Schluß zu machen. Mag meine Seele zugrunde gehen! Ich ertränk' mich im Eisloch – und niemand soll mich mehr bei meinem Namen rufen können!»

Entschlossenen Schrittes lief er vorwärts, holte die Mädchen ein, fand Oxana und sagte ihr mit fester Stimme: «Leb wohl, Oxana! Fang dir einen anderen Mann und laß ihn am Narrenseil herunter. Mich wirst du auf dieser Welt nicht mehr wiedersehen!»

Die Schöne schien erstaunt und wollte ihm etwas antworten. Doch er winkte ihr mit der Hand ab und lief rasch davon.

«Wohin, Wakula?» schrien die Burschen, als sie ihn so dahinstürmen sahen.

«Lebt wohl, ihr Brüder!» rief er ihnen zu; «vielleicht sehen wir uns in jener Welt wieder. In dieser werden wir nicht mehr miteinander tollen. Lebt wohl! Denkt nicht im bösen an mich. Sagt dem Vater Kondrat, er soll eine Messe für meine sündige Seele lesen. Die Kerzen vor den Bildern des heiligen Wundertäters und der Mutter Gottes hab' ich Sünder, in weltliche Dinge verstrickt, nicht mehr bemalen können. Das Hab und Gut in meiner Truhe soll der Kirche gehören. Lebt wohl!»

Mit diesen Worten lief der Schmied, den Sack auf dem Rücken, weiter.

«Er ist verrückt geworden», sagten jetzt die Burschen.

«Eine verlorene Seele», murmelte fromm ein altes Weibchen, das gerade vorüberging, «ich muß rasch allen erzählen, daß der Schmied sich erhängt hat.»

IX

Als Wakula einige Straßen durchlaufen hatte, hielt er inne und schöpfte Atem.

«Wohin lauf' ich denn?» dachte er; «als wenn schon alles verloren wäre! Noch gibt's ein Mittel, das ich nicht versucht habe. Es gibt ja den Saporoger Schmerbauch Patzjuk. Man sagt, er kenne alle Teufel und vermöge alles zu erreichen, was er nur wolle. Ich begebe mich zu ihm; meine Seele geht ja sowieso zugrunde!»

Der Teufel, der lange reglos im Sack gelegen, hüpfte bei diesen Worten vor Freude. Doch der Schmied glaubte, daß er sich irgendwie verhakt und selber die Bewegung verursacht hätte. Er gab dem Sack, um ihn zurechtzurücken, mit seiner harten Faust einen Stoß, schüttelte ihn mit einer Schulterbewegung durch und machte sich auf den Weg zum Schmerbauch Patzjuk.

Patzjuk war einst ein wirklicher Saporoger gewesen. Ob seine Kameraden ihn aus der Saporoger Kosakenniederlassung vertrieben hatten oder ob er selber fortgelaufen war, das wußte niemand mehr. Er wohnte schon zehn oder fünfzehn Jahre lang in Dikanjka. Anfangs hatte er sich wie ein echter Saporoger gegeben, das heißt, er hatte nichts gearbeitet, drei Viertel des Tages verschlafen, wie sechs Scheunendrescher gegessen und fast einen ganzen Eimer Schnaps auf einen Zug geleert. Er hatte genug Platz dazu in seinem Leibe; trotz seines niederen Wuchses war er stark in die Breite gegangen, und die Hosen, die er trug, waren so umfangreich, daß man seine Beine, wie weit er auch ausschreiten mochte, nie zu Gesicht bekam: man hätte denken können, eine Branntweintonne wälze sich durch die Straßen. Das war wohl auch der Grund gewesen, daß man ihm den Spitznamen «Schmerbauch» verliehen hatte. Noch waren nur wenige Wochen seit seiner Niederlassung im Dorf vergangen gewesen, als ihn schon alle als Schwarzkünstler erkannt hatten. Erkrankte jemand, so wurde sofort nach ihm geschickt, denn er brauchte

46

nur wenige Worte zu murmeln – und die Krankheit war wie mit der Hand weggewischt. Wenn einem allzu gefräßigen Edelmann eine Fischgräte im Halse steckengeblieben war, so verstand Patzjuk ihm so kunstvoll mit der Faust auf den Rücken zu klopfen, daß die Gräte den ihr vorbestimmten Weg nahm, ohne die adelige Gurgel im geringsten zu schädigen. In der letzten Zeit war er nur selten zu sehen gewesen. Vielleicht lag das an seiner Trägheit, vielleicht aber auch daran, daß es ihm von Jahr zu Jahr schwerer fiel, sich durch seine Haustür hindurchzuzwängen. Die Einwohner mußten sich schon selbst zu ihm bemühen, wenn sie in Nöten waren.

Nicht ohne Scheu öffnete der Schmied die Tür zu Patzjuks Hütte und sah ihn mit auf türkische Weise gekreuzten Beinen vor einem Branntweinfaß am Boden hocken, auf dem eine Schüssel mit Klößen stand. Diese Schüssel war mit Absicht so aufgestellt, daß sie sich in ungefähr gleicher Höhe mit seinem Munde befand. Ohne einen Finger zu rühren, schlürfte er mit leicht geneigtem Kopf die Brühe ein und faßte von Zeit zu Zeit einen Kloß mit den Zähnen.

«Nein, dieser da», dachte Wakula, «ist noch fauler als Tschub: der ißt wenigstens mit dem Löffel, doch dieser mag nicht einmal die Hände heben.»

Patzjuk war so sehr mit seinen Klößen beschäftigt, daß er das Eintreten Wakulas, der sich gleich beim Überschreiten der Schwelle tief vor ihm verneigte, gar nicht bemerkt zu haben schien.

«Ich komme mit einem besonderen Anliegen zu Deiner Gnaden, Patzjuk», sagte Wakula und verneigte sich noch einmal.

Der feiste Patzjuk hob den Kopf, begann aber gleich wieder seine Klöße zu verschlingen.

«Die Leute erzählen sich ... Du darfst es aber nicht krummnehmen», stotterte der Schmied und faßte allen seinen Mut zusammen, «ich sage das nicht etwa, um dich irgendwie zu kränken ... Die Leute erzählen sich also, du seist gewissermaßen so ein ganz klein wenig mit dem Teufel verwandt ...»

Als er diese Worte hervorgebracht, schrak Wakula zusammen, in der Befürchtung, allzudeutlich geworden zu sein und seine offenherzige Rede nicht genügend gemildert zu haben. Er erwartete schon, Patzjuk werde das Faß mitsamt der Schüssel ergreifen und ihm an den Kopf schleudern, wich daher etwas zur Seite und schützte sich mit seinem Ärmel, damit ihm die heiße Kloßbrühe nicht ins Gesicht spritze.

Doch Patzjuk schaute nur auf und fiel wieder über seine Klöße her.

So ermutigt, fuhr der Schmied entschlossen fort: «Ich bin also zu dir gekommen, Patzjuk. Gott schenke dir alles Gute im Überfluß und Brot in entsprechenden Proportionen!» (Der Schmied verstand es, hin und wieder ein neumodisches Wort einfließen zu lassen, das er seinerzeit in Poltawa aufgeschnappt hatte, als er den Zaun des Kosakenhauptmanns anpinselte.) «Ich armer Sünder muß vor die Hunde gehen. Niemand auf der ganzen Welt kann mir helfen. Komme, was kommen mag! Jetzt heißt es, den Teufel selbst um Beistand zu bitten... Was meinst du, Patzjuk», fügte der Schmied, da der andere beharrlich schwieg, zaghaft hinzu, «was ist da zu machen?»

«Brauchst du den Teufel, so scher dich zum Teufel!» antwortete Patzjuk, ohne die Augen zu heben, und schlang weiter.

«Deswegen bin ich ja zu dir gekommen», erwiderte der Schmied mit einer neuen Verbeugung, «denn ich glaube, daß mir außer dir niemand auf der Welt den Weg zu ihm zeigen kann.»

Patzjuk sprach kein Wort und vertilgte den letzten Rest seiner Klöße.

«Erbarme dich, guter Mann, und schlag es mir nicht ab», beharrte der Schmied. «Um Schweinefleisch, Wurst, Buchweizengrütze und Hirse soll es mir nicht leid sein. Auch nicht um Leinwand, wenn du welche brauchst... wie das unter guten Menschen Sitte ist... Alles sollst du von mir haben, wenn du mir nur verraten wolltest, wie ich sozusagen den Weg zum Teufel finde.»

«Der braucht nicht weit zu wandern, der den Teufel auf seinem eigenen Buckel trägt», gab Patzjuk gleichmütig Bescheid, ohne seine Stellung zu ändern.

Wakula starrte ihn an, als stünde die Erklärung für diese rätselhaften Worte auf Patzjuks Stirn geschrieben.

«Was hat er da gesagt?» schien seine Miene

stumm zu fragen, und sein halbgeöffneter Mund war bereit, die geringste Andeutung wie einen Kloß zu verschlingen.

Doch Patzjuk schwieg.

Da bemerkte Wakula, daß weder das Faß noch die Schüssel mit den Klößen mehr zu sehen war. Anstatt ihrer standen zwei Holzschalen auf dem Fußboden, die eine mit Quarkkuchen, die andere mit Schlagsahne gefüllt. Seine Gedanken und seine Augen richteten sich unwillkürlich auf dieses Gericht.

«Wir wollen doch sehen», sagte er zu sich selbst, «wie Patzjuk die Quarkkuchen verspeist. Sich bis zur Erde niederzubeugen und sie wie die Klöße aufzuschlürfen, wird er sicherlich keine Lust haben. Es geht ja auch gar nicht an, denn die Quarkkuchen müssen zuvor in den Rahm getunkt werden.»

Er hatte das noch kaum zu Ende gedacht, als Patzjuk seine Lippen öffnete, die Quarkkuchen anschaute und den Mund noch weiter aufriß. In diesem Augenblick erhob sich ein Quarkkuchen von selbst aus der Schüssel, tauchte in den Rahm ein, drehte sich in ihm herum, hüpfte wieder empor und flog geradenwegs in den aufgesperrten Mund. Patzjuk verschluckte ihn, öffnete wieder die Lippen – und ein neuer Kuchen fand den Weg in seinen Mund. Er selber hatte nur die Mühe des Kauens und Schluckens auf sich zu nehmen.

«Donnerwetter, ist das ein Wunder!» dachte der

Schmied und riß erstaunt seinen Mund auf. Im selben Nu sah er, wie auch ihm ein Quarkkuchen in den Mund fliegen wollte und seine Lippen schon mit Rahm benetzt hatte. Den Kuchen von sich stoßend und die Lippen abwischend, versank der Schmied in Nachdenken darüber, welche Wunderdinge die unsaubere Kraft zu wirken und welche Kunststücke sie den Menschen beizubringen vermag. Das überzeugte ihn von neuem, daß einzig Patzjuk ihm helfen könne.

«Ich will mich noch einmal vor ihm verneigen, damit er mir alles richtig auseinandersetze», sagte er sich. «Doch pfui! Morgen ist Weihnachten – und er ißt Quarkkuchen mit Schlagsahne. Das ist doch kein Fastenessen. Ich bin ja ein Tropf: ich stehe da und nehme diese Sünde auf mich... Fort von hier!»

Und der fromme Schmied floh spornstreichs aus der Hütte.

Der Teufel indessen, der im Sack saß und sich schon im voraus auf diese prächtige Beute gefreut hatte, mochte sie sich nicht entgehen lassen. Als der Schmied den Sack für einen Augenblick abwarf, so daß der Strick, mit dem dieser zugebunden war, sich lockerte, schlüpfte der Pferdefüßige hurtig ins Freie und schwang sich rittlings auf Wakulas Nacken.

Ein Frostschauer überlief die Haut des Schmiedes. Er wurde kreideweiß vor Schreck und wußte nicht, was er machen sollte. Schon wollte er sich bekreuzigen. Da beugte der Teufel seine Hundeschnauze zu ihm nieder und flüsterte ihm ins rechte Ohr: «Ich bin's, dein Freund! Ich tue alles für einen Freund und Kameraden.»

Und ins linke Ohr flüsterte er ihm: «Geld sollst du haben, wieviel du nur willst. Heute noch wird Oxana unser sein.»

Er machte gerade eine Bewegung, um die Schnauze wieder dem rechten Ohr Wakulas zu nähern, als dieser, der grübelnd stehengeblieben war, ihm zurief: «Es ist gut. Um diesen Preis will ich dein sein!»

Der Teufel klatschte in die Hände und fing vor Freude auf dem Nacken Wakulas beinahe zu galoppieren an.

«Jetzt bist du mir auf den Leim gegangen, Schmied!» dachte er. «Jetzt werde ich mich an dir wegen all deiner Malereien und Lügenmärchen, die du den Teufeln angehängt hast, rächen. Was werden meine Kameraden in der Hölle sagen, wenn sie erfahren, daß der frömmste Mann des Dorfes in meinen Händen ist!»

Er lachte vergnügt auf, als er sich vorstellte, wie er sich in der Hölle vor der ganzen Horde der Geschwänzten aufspielen und den hinkenden Oberteufel, der sich immer für den Allerschlausten hielt, ärgern würde.

«Nun, Wakula», piepste er, immer noch auf dem Nacken des Schmiedes hockend, als befürchte er, dieser könne ihm vielleicht doch noch entwischen, «du weißt ja, daß ohne Vertrag nichts in der Welt ausgerichtet werden kann.»

«Ich bin bereit», erwiderte der Schmied. «Wie ich gehört habe, unterzeichnet man bei euch mit Blut. Warte, ich will einen Nagel aus meiner Tasche holen.»

Mit diesen Worten langte er mit der Hand nach hinten und packte den Teufel – heidi! – am Schwanze.

«Laß das, du Schäker!» schrie da der Teufel kichernd, «genug der Späße!»

«Halt, mein Täubchen!» rief der Schmied. «Wie gefällt dir das da?»

Und schon schlug er ein Kreuz. Da wurde der Teufel sanft wie ein Lämmchen.

«Warte nur!» fuhr Wakula fort und zog ihn am Schwanz auf die Erde hinunter; «ich werde dich lehren, anständige Menschen und ehrliche Christen zur Sünde zu verführen!»

Und in einem Hui sprang er selber auf den Rükken des Teufels und erhob wieder die Hand, um ein Kreuz zu schlagen.

«Erbarm dich, Wakula», stöhnte der Teufel kläglich; «ich werde alles tun, was du nur willst. Nur verschone mich und zeichne mich nicht mit diesem schrecklichen Kreuz!»

«Aha, du singst schon ganz anders, verfluchter Ausländer! Jetzt weiß ich, wie ich mit dir umzugehen habe. Augenblicklich trägst du mich auf deinem Rücken davon, hörst du? Rasch wie ein Vogel!»

«Wohin?» ächzte der betrübte Teufel.

«Nach Petersburg! Schnurstracks zur Zarin!»

Und der Schmied wurde fast ohnmächtig vor Angst, als er fühlte, wie sich der Teufel mit ihm flugs in die Lüfte erhob.

X

Lange stand Oxana da und dachte über die seltsamen Worte des Schmiedes nach. Schon regte sich etwas in ihrem Inneren und tuschelte ihr zu, daß sie mit ihm zu grausam verfahren sei.

«Wie, wenn er sich nun wirklich zu etwas Schrecklichem entschlossen hätte? Das kann doch der Fall sein. Und wenn nicht, so könnte es doch geschehen, daß er sich am Ende vor Gram in eine andere verliebt und sie, um mich zu kränken, als die Schönste im ganzen Dorfe preist. Doch nein, er liebt mich ja. Ich bin doch so schön. Er wird nie um einer anderen willen von mir lassen. Er spaßt und tut nur so. Kaum zehn Minuten werden vergehn – und er ist wieder da, um nach mir zu sehen... Wirklich, ich bin zu streng mit ihm. Ich muß ihm, scheinbar wider Willen, gestatten, daß er mir einen Kuß raubt. Wie er sich darüber freuen wird!»

Und schon scherzte die leichtfertige Schöne wieder mit ihren Freundinnen.

«Paßt auf!» rief eine von ihnen; «der Schmied hat hier seine Säcke liegenlassen. Schaut nur, wie seltsam die aussehen! Er hat sich etwas ganz anderes zusammengesungen als wir. Man hat ihm mindestens einen halben Hammel gespendet. Und die Würste und Brote sind wahrscheinlich gar nicht zu zählen. Prachtvoll! Da kann man sich während der ganzen Feiertage daran überessen!»

«Sind das die Säcke des Schmieds?» stimmte Oxana ein. «Dann wollen wir sie rasch zu mir in die Hütte tragen und nachschaun, was er sich alles erbeutet hat.»

Alle nahmen lachend den Vorschlag an.

«Wir können sie aber nicht aufheben!» riefen einige von ihnen, die sich vergebens abgemüht hatten, die Säcke von der Stelle zu rücken.

«Wartet», rief Oxana, «wir wollen einen Schlitten holen und sie so heimschaffen!»

Und die Schar lief auf der Suche nach einem Schlitten auseinander.

Den Gefangenen war es überdrüssig geworden, in den Säcken zu hocken, ungeachtet dessen, daß der Küster in dem seinen ein gehöriges Loch mit dem Finger ausgebohrt hatte. Wenn sich nicht so viel Volk auf der Straße herumgetrieben hätte, so würde er vielleicht doch noch ein Mittel gefunden haben, sich zu befreien und hinauszukriechen. Doch sein Erscheinen hätte ihn dem allgemeinen Gelächter ausgesetzt. Das hielt ihn zurück, und er beschloß, unter den unhöflichen Stiefeln Tschubs aufstöhnend, alles Weitere abzuwarten.

Tschub selbst trachtete nicht weniger nach seiner Freiheit. Er fühlte, daß sich unter ihm etwas befand, auf dem es äußerst unbequem zu sitzen war. Doch als er den Beschluß seiner Tochter vernommen hatte, beruhigte er sich und gab alle Befreiungsgedanken auf, denn er sagte sich, daß es bis zu seiner Hütte mindestens hundert, wenn nicht zweihundert Schritte sein mochten; wenn er jetzt schon hinauskröche, müßte er seine Kleider ordnen, den Pelz zuknöpfen und den Gürtel festschnallen. Wieviel Arbeit! Außerdem war seine Pelzkappe bei Ssolocha geblieben. Mochten ihn doch die Mädchen auf dem Schlitten heimfahren!

Es kam jedoch ganz anders, als er erwartet hatte. Gerade als die Mädchen auseinandergelaufen waren, einen Schlitten zu holen, verließ der hagere Gevatter Tschubs verstimmt und mißgelaunt die Schenke. Die Schankwirtin war durchaus nicht dazu geneigt gewesen, ihm etwas auf Kredit zu verabfolgen. Anfangs hatte er abwarten wollen, ob sich nicht irgendein frommer Edelmann in die Schenke verirren und ihn freihalten würde. Doch alle Edelleute waren wie zum Trotz zu Hause geblieben und verspeisten als ehrsame Christen ihre Weihnachtskuchen im Kreise ihrer Familien. Als nun der Gevatter so durch die Straßen stapfte und in seinem Herzen Betrachtungen über die Sittenverderbnis im allgemeinen und über das steinerne Herz der den Schnaps verwaltenden Jüdin im besonderen anstellte, stieß er auf die Säcke und blieb betroffen stehen.

«Ei, ei, was für Säcke da jemand auf der Straße liegenlassen hat!» sagte er, sich nach allen Seiten umsehend. «Sicher ist auch Schweinefleisch dabei. Da hat aber einer einmal Glück gehabt, sich so viel zu ersingen. Was für gewaltige Säcke das sind! Nehmen wir einmal an, es seien nur Buchweizenkuchen und Brezeln darin – auch das ist nicht übel. Ja selbst gewöhnliche Brote wären mir willkommen. Denn die Jüdin würde mir für jedes Brot ein Achtelchen Schnaps geben. Ich will sie rasch fortschleppen, ehe jemand anders sie findet.»

Er versuchte sich den Sack mit dem Küster und Tschub auf den Rücken zu laden, fühlte aber gleich, daß die Last zu schwer für ihn war.

«Nein, ich allein schaff' es nicht», sagte er sich. «Doch da kommt ja gerade, wie vom Himmel geschickt, der Weber Schupowalenko des Weges. Guten Abend, Ostap!»

«Guten Abend!» sagte der Weber und blieb stehn.

«Wohin des Wegs?»

«Ach, nur so. Wohin mich die Füße tragen.»

«Hilf mir, guter Mann, diese Säcke hier fortzuschleppen. Jemand hat sich da etwas zusammengesungen und dann alles auf der Straße liegenlassen. Teilen wir – halb und halb!»

«Diese Säcke da? Was ist drin? Kuchen oder nur Brot?»

«Mir scheint, von allem etwas.»

Sie brachen Latten aus einem fremden Bretterzaun, legten einen Sack darauf und trugen ihn auf den Schultern von dannen.

«Wohin mit ihm? In die Schenke?» fragte der Weber unterwegs.

«Daran hatte ich auch schon gedacht, ihn in die Schenke zu bringen. Doch das verfluchte Judenweib wird uns nicht glauben. Sie wird denken, daß wir ihn irgendwo gestohlen haben. Außerdem komme ich eben aus der Schenke. Nein, wir wollen ihn in meine Hütte tragen. Dort wird uns niemand stören. Meine Alte ist nicht zu Hause.»

«Ist sie auch wirklich nicht zu Hause?» fragte der vorsichtige Weber.

«Gott sei Dank! Ich bin ja nicht auf den Kopf gefallen», sagte der Gevatter; «kein Teufel brächte mich dorthin, wo sie jetzt ist. Sie treibt sich mit andern Weibern bis zum Morgengrauen herum.»

«Wer da?» schrie die Ehefrau des Gevatters, als sie den Lärm im Hausflur vernahm, den die Ankunft der beiden Freunde mit dem Sack verursachte, und riß die Tür auf.

Der Gevatter erstarrte zur Säule.

«Da haben wir's!» stieß der Weber hervor und ließ die Hände sinken.

Die Frau des Gevatters war ein Juwel, wie nicht wenige auf dieser Welt zu finden sind. Gleich ihrem Mann saß sie fast niemals zu Hause, kroch ganze Tage lang vor allerhand Basen und wohlhabenden alten Weibern auf dem Bauch, schmeichelte ihnen, speiste mit großem Appetit an ihrem Tisch und prügelte sich nur morgens mit ihrem Mann herum, da sie ihn einzig um diese Zeit zuweilen zu Gesicht bekam. Ihre Hütte war zweimal älter als die Pluderhosen des Gemeindeschreibers. Das Dach hatte an vielen Stellen kein Stroh mehr. Vom Zaun waren nur traurige Reste vorhanden, denn niemand nahm mehr einen Stock zur Abwehr der Dorfhunde mit, sondern rechnete damit, daß er im Vorübergehen eine Latte aus dem Zaun des Gevatters ausreißen könne. Der Ofen wurde oft zwei, drei Tage lang nicht geheizt. Alles, was sich die zärtliche Ehefrau des Gevatters bei ihren Gönnerinnen zusammenzubetteln verstand, versteckte sie möglichst entfernt von ihrem Gebieter und nahm ihm überdies häufig auch noch das wenige ab, das er für sich selbst ergattert hatte, sofern es ihm nicht gelungen war, es rechtzeitig in der Schenke in Schnaps umzusetzen. Der Gevatter liebte es, trotz seiner gleichmütigen Art, durchaus nicht, ihr nachzugeben, und verließ das Haus daher fast immer mit blauen Flecken unter den Augen, während seine bessere Hälfte sich ächzend zu ihren alten Weibern trollte, um über die Liederlichkeit ihres Gatten zu klatschen und sich wegen der Hiebe, die sie von ihm erhalten zu haben vorgab, auszujammern.

Man kann sich also vorstellen, wie sehr der Gevatter und der Weber von ihrer unerwarteten Anwesenheit betroffen waren. Sie ließen den Sack rasch zu Boden gleiten, stellten sich vor ihn hin und versuchten ihn mit ihren Mänteln zu verdecken. Doch es war zu spät. Obwohl die Gevattersfrau mit ihren altersschwachen Augen nicht mehr gut sah – den Sack hatte sie bereits erblickt.

«Das ist aber schön», sagte sie mit einem Blick, in dem die Beutegier eines Habichts aufglitzerte, «das ist schön, daß ihr euch so viel zusammengesungen habt, wie es alle anständigen Menschen tun. Ich fürchte nur, ihr habt den Sack da einfach mit euch gehen heißen. Zeigt mir sofort, was drin ist! Hört ihr? Sofort!»

«Der kahlköpfige Teufel wird's dir zeigen, aber nicht wir», widersprach der Gevatter und richtete sich wichtigtuerisch auf.

«Was schiert das dich?» stand ihm der Weber bei. *Wir* haben uns etwas zusammengesungen und nicht *Du!*»

«Nein! Du wirst es mir zeigen, nichtsnutziger Säufer!» keifte die Alte, versetzte dem langen Gevatter einen Schlag unter das Kinn und versuchte sich an den Sack heranzudrängen.

Doch der Weber und der Gevatter standen tapfer für ihre Beute ein und nötigten die Angreiferin zum Rückzug. Sie hatten indessen kaum ein wenig Atem geschöpft, als die Frau, einen Schürhaken in der Hand, wieder herbeistürzte. Sie schlug blitzschnell zu, bearbeitete die Hand ihres Mannes und den Rücken des Webers – und stand bereits neben dem Sack.

«Wie konnten wir sie nur heranlassen?» fragte, wie aus einem Traume erwachend, der Weber.

«Was heißt das – wir?» erwiderte kaltblütig der Gevatter; «du bist's, der sie herangelassen hat!»

«Ihr habt da augenscheinlich einen eisernen Schürhaken», sagte der Weber nach einem kurzen Schweigen und rieb sich den Rücken. «Meine Frau hat sich auf dem vorjährigen Jahrmarkt für ein geringes einen hölzernen Schürhaken gekauft. Der ist nicht so hart und tut nicht so weh...»

Unterdessen hatte die triumphierende Gattin

den Schürhaken beiseite getan, schnürte den Sack auf und schaute hinein.

Doch ihre alten Augen, die den Sack so rasch erspäht hatten, täuschten sie diesmal.

«Aber da liegt ja ein ganzer Eber drin!» schrie sie auf und schlug die Hände vor Freude zusammen.

«Ein Eber! Hörst du's? Ein ganzer Eber!» rief der Weber und stieß den Gevatter in die Seite; «*du* bist an allem schuld!»

«Was ist da zu machen?» antwortete achselzuckend der Gevatter.

«Wieso? Was stehn wir noch länger herum? Der Sack muß ihr wieder abgenommen werden. Los!» eiferte sich der Weber und näherte sich streitbar der Alten. «Hände weg! Das ist *unser* Eber!»

«Fort mit dir, Satansweib! Das ist nicht *dein* Eigentum!» legte sich nun auch der Gevatter ins Zeug und rückte ihr ebenfalls auf den Leib.

Schon griff sie von neuem nach dem Schürhaken. Doch mittlerweile war Tschub aus dem Sack gekrochen: er stand mitten im Flur und reckte sich, wie aus einem tiefen Schlaf erwacht.

Die Gevatterin schrie laut auf, schlug sich mit den Händen auf die Hüften, und allen blieben die Mäuler offenstehen.

«Was schwatzte die Närrin da von einem Eber?» sagte der Gevatter und machte Stielaugen. «Das ist ja gar kein Eber!»

«Da schau einer an, wen man in den Sack gesteckt hat!» rief der Weber aus und wich vor Schreck einige Schritte zurück. «Sagt, was ihr wollt, aber ich will auf der Stelle platzen, wenn hier nicht der Böse seine Hand im Spiel hat. Der dort kann ja nicht einmal durch ein Fenster kriechen – und nun gar in einen Sack!»

«Aber das ist ja Tschub!» schrie der Gevatter, als er genauer hinzuschauen wagte.

«Wer denn sonst, dachtet ihr?» sagte Tschub mit einem pfiffigen Lachen. «Hab' ich euch nicht einen schönen Streich gespielt? Und ihr wolltet mich schon als Schweinebraten auffressen! Wartet aber! Im Sack befindet sich noch etwas: wenn nicht ein Eber, so doch ein Ferkel oder sonst etwas Lebendiges. Unter mir hat sich unausgesetzt etwas bewegt.»

Der Weber und der Gevatter stürzten sich auf den Sack, die Hausherrin zerrte an der anderen Seite, und die Prügelei hätte von neuem angefangen, wenn nicht der Küster endlich eingesehen hätte, daß er sich nicht länger versteckt halten konnte, und hervorgekrochen wäre.

Die Gevattersfrau wurde zu Stein und gab das Bein, an dem sie das vermeintliche Ferkel aus dem Sack ziehen wollte, frei.

«Noch einer!» rief der Weber voller Entsetzen. «Der Teufel weiß, wie es heute auf der Welt zugeht!... Mir dreht sich alles im Kopf... Man stopft nicht mehr Würste und Kuchen, sondern Menschen in die Säcke.»

«Der Küster!» sagte der mehr als alle andern erstaunte Tschub und dachte bei sich selbst: «Da haben wir es. Ei, ei, Ssolocha. Versteckst deine Liebhaber in Säcken ... Und da wunderte ich mich

62

noch, daß die ganze Stube voller Säcke stand...
Jetzt versteh' ich alles: in jedem Sacke staken zwei
Menschen... Und ich dachte, der einzige zu sein.
Da haben wir sie, diese Ssolocha!»

XI

Als die Mädchen mit dem Schlitten, den sie sich
geholt, zu den beiden Säcken zurückkehrten, waren sie ein wenig verwundert, nur noch einen Sack
vorzufinden.

«Nichts zu machen», sagte Oxana, «wir müssen
es uns an dem einen genug sein lassen.»

Alle griffen zu und wälzten den Sack auf den
Schlitten.

Der Dorfschulze beschloß, den Mund zu halten;
denn er hatte es sich gerade überlegt, daß die dum-
men Mädchen, wenn er ihnen jetzt zuschriee, daß
sie den Sack öffnen und ihn freilassen sollten, alle
auseinanderlaufen würden, da sie sicher angenommen hätten, der Teufel säße im Sack – so daß er,
allein auf der Straße liegengeblieben, vielleicht
noch bis zum Morgen auf seine Befreiung zu warten gehabt hätte.

Die Mädchen faßten sich unterdessen an den
Händen und flogen, den Schlitten nach sich zie-
hend, rasch wie der Wind über den knirschenden
Schnee. Manche von ihnen setzten sich zum Spaß
abwechselnd auf den Schlitten. Einige nahmen sogar auf dem Sack selbst Platz. Der Dorfschulze
mußte alles ertragen.

Endlich waren sie am Hause Oxanas angelangt, rissen die Tür zum Flur und zum Wohnzimmer auf und schleiften den Sack mit hellem Gelächter in die Hütte.

«Jetzt schaun wir aber nach, was drin ist!» riefen alle und machten sich ans Aufknoten.

Der Schluckauf, der den Dorfschulzen während der ganzen Zeit seiner Gefangenschaft geplagt hatte, war inzwischen so schlimm geworden, daß er laut schlucken und husten mußte.

«Da sitzt ja jemand drin!» schrien die Mädchen auf und wollten vor Angst zur Tür hinausfliehen.

Doch in diesem Augenblick wurde die Tür von außen aufgetan – und Tschub trat ein.

«Warum wollt ihr davonlaufen?» fragte er sie lachend.

«Ach, Vater, dort im Sack steckt jemand», sagte Oxana.

«In jenem Sack? Wo habt ihr ihn denn her?»

«Der Schmied hat ihn auf der Straße liegenlassen», riefen alle auf einmal.

«Aha», sagte sich Tschub, «hab' ich's mir doch gedacht.»

Laut äußerte er: «Wovor habt ihr denn Angst? Wir wollen die Sache einmal untersuchen. – Nun, Menschenskind», wandte er sich an den im Sack Versteckten, «entschuldige, daß wir dich nicht bei deinem Vor- und Vatersnamen nennen können! Heraus mit dir aus dem Sack!»

Der Dorfschulze kroch heraus.

«Ah!» riefen die Mädchen.

«Auch der Schulze stak also in solch einem Sack», dachte Tschub betroffen und maß ihn vom Kopf bis zum Fuß. «Ei, ei, schau mal einer an... Hehehe...» Mehr vermochte er nicht hervorzubringen.

Der Schulze war nicht weniger verlegen und wußte nicht, was er beginnen sollte. Er trat an Tschub heran und fragte: «Draußen ist's wohl kalt? Oder nicht?»

«Ja, ein ganz tüchtiger Frost», erwiderte Tschub. «Doch gestatte, womit schmierst du dir eigentlich deine Stiefel ein? Mit Schmalz oder mit Teer?»

Er hatte ihn eigentlich fragen wollen: «Wie bist du denn in den Sack gekommen?» – und begriff selbst nicht, warum er etwas ganz anderes gefragt hatte.

«Teer ist besser», antwortete der Schulze. «Na, gute Nacht, Tschub!»

Damit drückte er sich seine Pelzmütze tiefer in die Stirn und entfernte sich.

«Warum hab' ich ihn nur so dumm gefragt, womit er sich seine Stiefel einschmiert?» fragte sich Tschub und schaute auf die Tür, durch die der Schulze hinausgegangen war. «Ei, ei, Ssolocha... So einen Wanst in den Sack zu stopfen... Bei Gott, ein Teufelsweib! Ich aber bin ein Esel... Wo steckt er denn nur, dieser verfluchte Sack?»

«Ich habe ihn in die Ecke geworfen, es ist nichts mehr drin», sagte Oxana.

«Ich kenne diese Späße! Nichts mehr drin? Gebt ihn mir mal her. Sicher steckt noch einer drin. Schüttelt ihn richtig aus!... Was? Niemand

65

mehr?... Das ist ein Frauenzimmer! Verflucht
noch einmal! Sieht wie eine Heilige aus und spielt
sich auf, als äße sie nur Fastenspeisen... Nein, so
etwas!»

Doch lassen wir Tschub seinen Ärger in aller
Ruhe auskosten und kehren wir zum Schmied zu-
rück, denn draußen geht es sicher schon auf neun
Uhr.

XII

Anfangs kam es Wakula recht unheimlich vor, so
hoch durch die Luft davongetragen zu werden und
unten auf der Erde nichts mehr unterscheiden zu
können: wie eine Fliege flog er so dicht unter dem
Mond vorbei, daß seine Mütze ihn fast gestreift
hätte; er konnte sich gerade noch rechtzeitig bük-
ken. Doch nach einigen Augenblicken faßte er
wieder Mut, ja er begann sogar mit dem Teufel
Schindluder zu treiben. Es war äußerst belusti-
gend, wie dieser jedesmal niesen und husten mußte, wenn Wakula sein Kreuz aus Zypressenholz
vom Halse nahm und es ihm vor der Nase baumeln
ließ. Absichtlich hob dieser zuweilen die Hand, so
daß der böse Feind, in der Befürchtung, der Reiter,
der ihm im Nacken saß, könne ihn am Ende bekreuzigen, noch rascher dahinstob.

In der Höhe war es hell. Die von einem leichten
Silbernebel erfüllte Luft schien durchsichtig zu sein.
Man konnte alles deutlich sehen und sogar erkennen, wie ein Hexenmeister, in einem Zaubertiegel
hockend, einem Wirbelsturm gleich an ihnen vor-

beibrauste; wie die Sterne im Reigentanz Blindekuh miteinander spielten; wie ein wenig abseits ganze Geisterhorden wolkenartig dahintrudelten; wie ein im Mondschein tanzendes Teufelchen beim Anblick des reitenden Schmiedes die Mütze vor ihm abnahm; und wie ein Besen, auf dem augenscheinlich eine Hexe zu einem Treffen mit ihren Genossen geritten war, allein heimsauste ...

Noch manches andere Gesindel begegnete ihnen auf ihrer Fahrt. Und alle hielten sie, sobald sie des Schmiedes ansichtig wurden, für einen Augenblick inne und musterten ihn erstaunt, um sich dann wieder ihren eigenen Angelegenheiten zuzuwenden und weiterzutoben.

Der Schmied flog und flog nur so dahin. Und auf einmal blitzte Sankt Petersburg vor ihnen auf und schien ganz in Flammen zu stehen, da dort, des Festes wegen, gerade eine Illumination stattfand. Der Teufel überflog den Schlagbaum und verwandelte sich in ein Pferd, so daß sich der Schmied plötzlich auf einem feurigen Renner durch die Straßen jagen sah.

Mein Gott, war das ein Lärm, ein Gedröhn, ein Lichterglanz! Zu beiden Seiten türmten sich vierstöckige Mauern. Das Aufschlagen der Pferdehufe auf das Pflaster, das Rollen der Equipagen hallte donnernd von allen vier Himmelsrichtungen wider. Bei jedem Schritt schienen Häuser aus dem Boden zu sprießen und himmelwärts zu wachsen. Brücken zitterten, Wagen stoben, Fuhrleute und Vorreiter schrien und fluchten. Der Schnee

knirschte unter Tausenden von Schlitten. Die Fußgänger drängten sich unter den mit zahllosen Öl-
lämpchen illuminierten Häusern zusammen, und
ihre gewaltigen Schatten glitten über die Mauern
und erreichten mit den Köpfen die Dächer und
Schornsteine.

Voller Verwunderung sah sich der Schmied nach
allen Seiten um. Ihm war, alle diese Häuser blickten ihn mit ihren Feueraugen an. Er begegnete so
vielen vornehmen Herren mit tuchüberzogenen
Pelzen, daß er gar nicht mehr wußte, vor wem alles
er die Mütze abziehen sollte.

«Mein Gott, wieviel Herrschaften!» dachte er;
«jeder in so einem Pelz sieht nach einem Assessor
aus. Assessoren über Assessoren! Und jene dort, die
in glänzenden Kutschen mit Glasscheiben vorüber-
sausen, müssen, wo nicht Bürgermeister, so doch
mindestens Kommissare sein, vielleicht sogar noch
etwas Höheres...»

Doch hier wurde sein Gedankengang unterbrochen, denn der Teufel fragte ihn: «Wohin jetzt?
Gleich zur Zarin?»

«Nein, ich habe Angst», antwortete der Schmied
nach einigem Besinnen; «hier müssen doch irgendwo jene Saporoger abgestiegen sein, die im vergangenen Herbst durch Dikanjka reisten. Sie
kamen aus ihrem Lager am Dnjepr, um der Zarin
irgendwelche Papiere zu überbringen. Ich sollte sie
immerhin um Rat fragen... He, Satan, kriech mir
in die Tasche und führ mich zu den Saporogern!»

Und der Teufel war in einem Augenblick dünn

wie ein Faden, so daß er ohne Schwierigkeit in Wakulas Tasche kriechen konnte. Der aber hatte sich kaum umgesehen, als er sich schon vor einem großen Hause befand. Ohne selbst zu wissen wie, stieg er die Treppe empor, öffnete eine Tür und prallte vor dem Glanz zurück, mit dem das Zimmer eingerichtet war. Doch als er dieselben Saporoger erblickte, die er auf ihrer Durchreise durch Dikanjka kennengelernt hatte und die jetzt mit untergeschlagenen geteerten Stiefeln auf seidenen Diwanen saßen und den stärksten Tabak der Welt, das sogenannte «Wurzelkraut», rauchten, faßte er wieder Mut, trat näher, verbeugte sich vor ihnen bis zur Erde und sagte: «Guten Abend, meine Herrschaften! Gott hat es so gefügt, daß wir uns hier wiedersehen.»

«Was ist das für ein Mensch?» fragte einer, der dem Schmied zunächst saß, einen anderen, der sich etwas entfernter herumrekelte.

«Erkennt ihr mich denn nicht?» fragte der Schmied. «Ich bin der Schmied Wakula. Als ihr im Herbst durch Dikanjka kamt, wart ihr − Gott schenke euch Gesundheit und ein langes Leben! − zwei Tage lang meine Gäste. Ich beschlug euch damals das Vorderrad eures Reisewagens mit einer Eisenschiene.»

«Ah», sagte derselbe Saporoger, «du bist jener Schmied, der so schöne Bilder malt? Guten Abend, Landsmann! Wie hat Gott dich hierhergebracht?»

«Nur so ... Ich wollte mich hier ein wenig umschaun ... Man sagt ...»

«Nun, Landsmann», meinte der Saporoger gewichtig, wie um zu zeigen, daß er nicht nur ukrainisch, sondern auch russisch zu sprechen verstand, «eine mächtige Stadt, nicht wahr?»

Der Schmied wollte ihm nicht nachstehen und als Neuling erscheinen. Überdies war er sowieso der Schriftsprache kundig. Er antwortete also gleichmütig auf gut russisch: «Eine ansehnliche Residenzstadt. Da ist nichts dagegen zu sagen. Gewaltig große Häuser mit respektablen Gemälden an den Wänden. Viele Mauern sind bemerkenswert gut mit Lettern aus Blattgold ausgelegt. Die Proportionen sind durchaus anerkennenswert.»

Als die Saporoger hörten, wie gewandt und frei der Schmied sich ausdrückte, zogen sie für ihn sehr schmeichelhafte Schlußfolgerungen daraus.

«Darüber wollen wir uns später unterhalten, Landsmann. Denn jetzt müssen wir gleich zur Zarin fahren.»

«Zur Zarin? Ach, seid so lieb, ihr Herren, und nehmt mich mit!»

«Dich mitnehmen?» sagte der Saporoger im Ton eines Kinderwärters, den ein vierjähriger Zögling gebeten hat, ihn auf ein richtiges, ausgewachsenes Pferd zu setzen. «Was hast du dort zu suchen? Nein, das geht nicht.»

Sein Gesicht nahm eine bedeutsame, abweisende Miene an.

«Nehmt mich mit!» beharrte der Schmied.

«Flehe sie an!» flüsterte ihm der Teufel in der Tasche zu und versetzte ihm einen Stoß in die Seite.

Doch er hatte das kaum gesagt, als ein anderer

Kosak dazwischenrief: «Warum denn nicht? Nehmen wir ihn doch einfach mit, Brüder!»

«Uns soll's recht sein, er kann meinetwegen mit uns kommen», meinten einige andere.

«Dann mußt du dich aber so anziehen wie wir.»

Der Schmied beeilte sich, in einen ihm dargebotenen grünen Kosakenüberrock zu schlüpfen. Da ging auch schon die Tür auf, und ein reich galonierter Diener mahnte, daß es an der Zeit sei, aufzubrechen.

Dem Schmied wurde wieder wunderlich zumute, als er in einer großen, auf Sprungfedern schaukelnden Kalesche durch die Straßen fuhr: die vierstöckigen Häuser zu beiden Seiten schienen ihm nach rückwärts zu laufen und das Pflaster wie von selbst unter den Pferdehufen dahinzurollen.

«Mein Gott, wieviel Licht!» dachte er; «bei uns ist's nicht einmal am Tag so hell.»

Die Wagen hielten vor einem Palast. Die Kosaken sprangen ab, begaben sich in einen üppigen Hausflur und stiegen eine glänzend erleuchtete Treppe empor.

«Was für eine Treppe das ist!» flüsterte der Schmied vor sich hin. «Es ist schade, sie mit seinen Füßen zu betreten. Welche Verzierungen! Da hat man immer gesagt, das seien nur ausgedachte Lügenmärchen. Zum Teufel noch einmal, das sind gar keine Märchen. Herrgott, was für ein Geländer! Welch kunstvolle Arbeit! Das Gußeisen allein muß mehr als fünfhundert Rubel kosten.»

Oben angelangt, durchschritten die Saporoger

den ersten Saal. Scheu folgte ihnen der Schmied, voller Furcht, bei jedem Schritt auf dem glatten Parkett auszugleiten. Sie gingen noch durch drei weitere Säle, und der Schmied fand des Verwunderns kein Ende. Im vierten Saal trat er unwillkürlich auf ein an der Wand hängendes Bild zu, das die Allerheiligste Jungfrau mit dem göttlichen Kinde darstellte.

«Was für ein Bild! Was für eine herrliche Malerei!» dachte er. «Sie scheint ja zu reden. Sie scheint lebendig zu sein. Und das Gotteskind! Wie es die Händchen faltet und lächelt, das Arme! Und die Farben! Herrgott, was für Farben! Nicht für eine Kopeke Ocker, sondern Karmin und Florentinerlack. Der Malgrund ist sicher mit teuerstem Bleiweiß angelegt... Wie wunderbar diese Malerei aber auch ist – dieser kupferne Türgriff hier» (er betastete ihn im Hindurchschreiten) «ist noch staunenswerter. Welch saubere Arbeit! Das ist gewiß alles von deutschen Schmieden für eine Unsumme von Geld hergestellt worden...!»

Der Schmied würde wahrscheinlich noch lange seine Betrachtungen fortgesetzt haben, wenn ihn nicht ein galonierter Lakai am Ärmel gezupft und daran gemahnt hätte, nicht hinter den anderen zurückzubleiben. Die Saporoger gingen noch durch zwei Säle und machten dann halt. Im Saale standen mehrere Generäle in goldgestickten Uniformen herum. Die Saporoger verneigten sich nach allen Seiten und stellten sich in einer Gruppe auf.

Eine Minute später betrat, von einer ganzen Sui-

te begleitet, ein breitschultriger Mann von maje-
stätischem Wuchs, in Hetmansuniform, gelbe Stul-
penstiefel an den Beinen, das Gemach. Seine Haare
sahen etwas zerzaust aus. Eines seiner Augen schielte leicht. Auf seinem Gesicht spielte etwas wie
hochmütige Überlegenheit. Alle seine Gebärden
sprachen von der Gewohnheit zu befehlen. Die
Generäle, die sich vorher in ihren goldgestickten
Uniformen so großartig getan hatten, gerieten in
Unruhe und versuchten unter tiefen Verbeugun-
gen jedes seiner Worte, jeden seiner Winke aufzu-
fangen, um sofort loszustürzen und seinen Wünschen zuvorzukommen. Doch jener beachtete sie
nicht einmal, gönnte ihnen kaum ein flüchtiges
Nicken und schritt gleich auf die Saporoger zu, die
sich alle bis zur Erde vor ihm verneigten.

«Nun, seid ihr alle da?» fragte er gedehnt und
wie durch die Nase sprechend.

«Jawohl, alle, Väterchen», antworteten die Saporoger und verbeugten sich von neuem.

«Vergeßt nicht, so zu sprechen, wie ich es euch
gesagt habe.»

«Wir werden daran denken.»

«Ist das der Zar?» fragte der Schmied leise einen
Saporoger.

«Der Zar? Wo denkst du hin?» gab jener ebenso-
leise zurück. «Das ist Potjomkin[4] selbst.»

Im Nachbarraum wurden Stimmen laut; und
der Schmied wußte nicht mehr, wo er seine Augen
lassen sollte, eine solche Menge von Damen in
Atlaskleidern rauschte herein, gefolgt von bezopf-

ten Höflingen in goldgewirkter Galatracht. Er sah nur noch Glitzern und Glanz – und nichts weiter.

Da fielen die Saporoger in die Knie und riefen wie aus einem Munde: «Gnade, Mutter, Gnade!»

Der Schmied, dem sich alles im Kopf drehte, tat es ihnen eifrig nach.

«Steht auf!» ertönte eine befehlende und zugleich angenehme Stimme über ihren Köpfen. Einige Höflinge gerieten in Bewegung und stießen die Saporoger an.

«Nein, wir stehen nicht auf, Mutter», riefen diese, «wir sterben lieber, als aufzustehn!»

Potjomkin biß sich auf die Lippen; endlich näherte er sich ihnen selber, flüsterte einem von ihnen gebieterisch etwas zu – und die Saporoger erhoben sich.

Jetzt wagte auch der Schmied seinen Kopf zu heben und sah eine blauäugige, hochgewachsene, ein wenig beleibte Frau vor sich stehen. Ihr gepudertes Gesicht zeigte jene majestätisch lächelnde Miene, mit der sie sich alles zu unterwerfen verstand und die nur einer geborenen Herrscherin eigen ist.

«Seine Durchlaucht hat mir versprochen, mich mit einem meiner Völker bekannt zu machen, das ich bis jetzt noch nicht gesehen hatte», sagte die Dame mit den blauen Augen und musterte neugierig die Saporoger. «Seid ihr hier gut untergebracht?» fuhr sie fort und trat näher.

«Danke, Mutter. Die Verpflegung ist gut, obwohl die Hammel hier lange nicht das sind, was bei uns zu Hause ... Warum sollten wir nicht überall leben können?»

Potjomkin runzelte die Stirn, als er merkte, daß die Saporoger durchaus nicht so sprachen, wie er es ihnen einstudiert hatte.

Einer der Saporoger nahm Haltung an und trat vor.

«Erbarmen, Mutter! Womit hat dich dein treues Volk erzürnt? Haben wir es denn mit den heidnischen Tataren gehalten? Haben wir uns auf irgendwelche Vereinbarung mit den Türken eingelassen? Haben wir dich mit irgendeinem Vorhaben, irgendeiner Tat verraten? Womit haben wir deine Ungnade verdient? Zuerst hörten wir, du ließest allenthalben Festungen gegen uns bauen. Dann hieß es, du wolltest uns in bloße Karabinerschützen verwandeln. Jetzt sagt man uns, daß uns neues Unheil droht. Welcher Schuld bezichtigt man denn das Saporoger Heer? Etwa der, daß wir deine Armee über den Perekop geführt und deinen Generälen bei der Unterwerfung der Krimtataren geholfen haben?»

Potjomkin schwieg und putzte mit einem kleinen Bürstchen die Brillanten, mit denen seine Hände übersät waren.

«Was wünscht ihr also?» fragte Katharina mit zuvorkommender Freundlichkeit.

Die Saporoger sahen einander vielsagend an.

«Jetzt ist's Zeit! Die Zarin fragte nach unseren Wünschen», dachte der Schmied und warf sich der Kaiserin zu Füßen.

«Kaiserliche Majestät! Geruhe mich nicht zu strafen, gewähre mir deine Gnade! Zürne mir nicht, wenn ich dich frage: woraus sind die Schuhe gemacht, in denen deine kaiserlichen Füßchen stecken? Mich dünkt, kein Schuster in keinem Reich der Welt vermag solche Schuhe zu nähen. Mein Gott, wenn ich meinem Weibchen solche Schuhe anziehen könnte!»

Die Kaiserin lachte hell auf. Selbst Potjomkin lächelte, trotz seiner gerunzelten Stirn. Die Saporoger stießen den Schmied in die Seite, denn sie dachten, er sei verrückt geworden.

«Steh auf!» sagte die Kaiserin sehr gnädig. «Wenn es dich so sehr nach solchen Schuhen verlangt, so ist diese Bitte leicht zu erfüllen. Man bringe ihm sofort meine kostbarsten goldgestickten Schuhe. Mir gefällt diese Einfalt. – Da habt Ihr», fuhr sie fort, indem sie ihre Augen auf einen etwas abseits stehenden Herrn mit einem vollen, doch ein wenig bleichen Gesicht richtete, dessen schlichter Rock mit den großen Perlmutterknöpfen verriet, daß er nicht zu den Höflingen gehörte, «da habt Ihr einen würdigen Vorwurf für Eure geistreiche Feder!»

«Eure Kaiserliche Majestät sind zu gnädig, dazu bedarf es eines La Fontaine», erwiderte der Mann mit den Perlmutterknöpfen und verneigte sich.

«Auf Ehre, ich muß Euch sagen, daß ich von Eurem Lustspiel ‹Der Brigadier›[5] noch immer ganz entzückt bin. Und wie schön Ihr vorzulesen versteht! . . . Doch ich habe gehört», wandte die Kaiserin sich wieder den Saporogern zu, «daß ihr

76

euch in eurem Kosakenlager am Dnjepr nie verheiratet.»

«Wie kannst du so etwas sagen, Mutter? Du weißt doch selbst, daß kein Mann es ohne Weibchen aushält», antwortete derselbe Saporoger, der sich vorhin mit dem Schmied unterhalten hatte. Und der Schmied wunderte sich darüber, daß der gleiche Mann, der die Schriftsprache so gut beherrschte, jetzt mit der Zarin in der gröbsten bäuerlichen Mundart sprach. «Ein Schlaufuchs», dachte er, «das tut er sicher nicht ohne Absicht.»

«Wir sind keine Kuttenträger», fuhr der Saporoger fort, «sondern sündiges Mannsvolk. Wie alle Männer in der Christenheit haben wir unsere Lust am Fleisch. Die meisten von uns haben Weiber. Doch im Lager leben wir nicht mit ihnen zusammen. Einige haben ihre Frauen in Polen sitzen, andere in der Ukraine und wieder andere sogar in der Türkei.»

In diesem Augenblick überreichte man dem Schmied die Schuhe der Zarin.

«Herrgott, welch ein Juwel!» schrie er freudig auf. «Eure Kaiserliche Majestät, wenn Ihr in solchen Schuhen einhergeht und am Ende gar mit ihnen auf dem Eise Schlittschuh lauft – wie müssen dann erst die Füßchen selbst beschaffen sein, die in diesen Schuhen stecken? Die müssen zum mindesten aus lauter Zucker sein!»

Die Kaiserin, die in der Tat die wohlgebildetsten und reizvollsten kleinen Füße hatte, mußte unwill-

77

kürlich lächeln, als sie dieses Kompliment aus dem Munde des einfachen Schmiedes vernahm, der in seiner Saporoger Gewandung, trotz seines sonnenverbrannten Gesichtes, für einen schönen Mann gelten konnte.

Beglückt von der gnädigen Aufmerksamkeit der Zarin, wollte der Schmied sie noch über alles mögliche ausfragen, ob es, zum Beispiel, wahr wäre, daß die Zaren nichts als Honig und Schinkenspeck äßen, und viele ähnliche Dinge. Doch da er fühlte, wie die Saporoger ihn anstießen, beschloß er, lieber den Mund zu halten. Und als die Zarin sich gleich darauf den älteren Saporogern zuwandte und sich nach ihrem Lagerleben, ihren Sitten und Gepflogenheiten erkundigte, zog er sich zurück, beugte sich über seine Tasche, flüsterte leise: «Bring mich rasch von hier fort!» – und befand sich im nächsten Augenblick jenseits des Petersburger Schlagbaums auf der freien Landstraße.

XIII

«Ertränkt hat er sich, ertränkt! Ich will hier auf dem Fleck anwachsen, wenn er sich nicht ertränkt hat!» ereiferte sich die dicke Webersfrau mitten in einem Haufen von Weibern, die auf der Dorfstraße von Dikanjka miteinander tuschelten.

«Wieso ertränkt? Bin ich etwa eine Schwindlerin? Habe ich je eine Kuh gestohlen? Habe ich jemand mit einem bösen Blick behext, daß man mir keinen Glauben schenken will?» keifte ein anderes Weib in einem Kosakenkittel mit violett angelaufener Nase und fuchtelte mit den Armen in der Luft herum. «Ich will nie wieder Wasser trinken, wenn die alte Perepetschicha nicht mit eigenen Augen gesehen hat, wie der Schmied sich erhängte!»

«Der Schmied hat sich erhängt! Jetzt haben wir den Salat!» dachte der Dorfschulze, der eben Tschubs Haus verlassen und sich dem aufgeregten Weiberhaufen zugesellt hatte.

«Sag lieber, daß du nie wieder Schnaps trinken willst!» schrie die Weberin die andere an. «Da muß man schon seinen letzten Verstand versoffen haben wie du, um zu behaupten, daß er sich erhängt hat. Ertränkt hat er sich, im Eisloch ertränkt. Das weiß ich so gewiß, wie daß du gerade aus der Schenke kommst!»

«Schamlose Dreckschleuder! Mir willst du etwas vorwerfen?» erboste sich die Violettnasige. «Hättest du nur geschwiegen, du Nichtsnutz! Ich weiß doch, daß der Küster jeden Abend zu dir schleicht.»

Die Webersfrau fuhr auf.

«Was ist mit dem Küster? Zu wem geht der Küster? Was lügst du da?»

«Der Küster?» krähte die Küsterin, die sich in ihrem mit blauem Nanking überzogenen Hasenpelz an die Streitenden herandrängte; «ich will dich lehren, so vom Küster zu reden! Wer hat da etwas über den Küster gesagt?»

«Diese da ist es, die der Küster besucht!» rief die

Violettnasige und wies mit dem Finger auf die Webersfrau.

«Du bist es also, du Hündin!» winselte die Küsterin und fiel über die Webersfrau her. «Du bist's also, du Hexe, die ihn mit Teufelskraut so benebelt hat, daß er zu dir kommt?»

«Laß mich los, Satan!» kreischte die Webersfrau und wich zurück.

«Was, du verfluchte Teufelsköchin? – Daß du deine Kinder niemals wiedersehen mögest! Du Schlampe! Pfui!» Und die Küsterin spuckte der Webersfrau in die Augen.

Die Webersfrau wollte ihr mit der gleichen Ladung erwidern, traf aber den unrasierten Schädel des Dorfschulzen, der sich, um besser zu hören, dicht an die Streitenden herangemacht hatte.

«Ah, du schmutziges Weibermaul!» brüllte der Dorfschulze sie an, rieb sich den Speichel mit dem linken Ärmel ab und griff zu seiner Peitsche.

Diese Bewegung veranlaßte die Weiber, nach allen Seiten schimpfend auseinanderzulaufen.

«Schweinerei!» knurrte der Dorfschulze und hörte nicht auf, sich abzuwischen. – «Der Schmied hat sich also ertränkt. O du meine Güte! Und was für ein kunstreicher Maler er war! Was für prächtige Messer, Sensen und Pflüge er zu schmieden verstand! Und wie kräftig er war! Ja», fuhr er nachdenklich fort, «solche Leute wie ihn gibt's wenig in unserem Dorf. Ich hab's ja schon, als ich in dem verfluchten Sack saß, gespürt, daß es dem Ärmsten übel zumute war. Ja, ja, so ist es nun mit dem

Schmied. Er ist gewesen – und ist nun nicht mehr. Dabei wollte ich gerade meine scheckige Stute zum Beschlagen zu ihm bringen...»

Ganz angefüllt von solchen christlichen Gedanken, trottete er langsam heim.

Oxana war tief bestürzt, als alle diese Gerüchte sie erreichten. Den Augen der Perepetschicha und dem Geschwätz der anderen Weiber traute sie zwar nicht allzusehr; sie wußte, daß der Schmied zu fromm war, um sein Seelenheil aufs Spiel zu setzen. Wie aber, wenn er in der Tat das Dorf verlassen hatte und fortgewandert war? Einen so tüchtigen Schmied konnte man überall brauchen. Und er hatte sie so sehr geliebt. Länger als alle andern hatte er ihre Launen ertragen... Die Schöne drehte sich die ganze Nacht hindurch von einer Seite auf die andere und konnte nicht einschlafen. Bald warf sie alle Decken ab, lag in bezaubernder Nacktheit da, die sie im Dunkel nicht einmal selbst wahrnehmen konnte; bald versuchte sie sich zu beruhigen und an gar nichts mehr zu denken, dachte aber in Wirklichkeit unausgesetzt nur an ihn, brannte wie Feuer – und war gegen Morgen bis über die Ohren in ihn verliebt.

Tschub äußerte weder Trauer noch Freude über das Schicksal Wakulas. Seine Gedanken kreisten immer wieder nur um das gleiche: er vermochte nicht über den Treubruch Ssolochas hinwegzukommen und bedachte sie bis in den Schlaf hinein mit Schimpfworten.

Endlich wurde es Morgen. Schon vor der ersten

Dämmerung drängte sich das Volk in der Kirche. Die älteren Frauen in weißen Kopftüchern und weißen Tuchkitteln bekreuzigten sich fromm an den Kirchentüren. Vor ihnen standen die «Edelfrauen» in gelben und grünen Jacken, einige sogar in blauen, hinten mit goldenen Troddeln verzierten Überröcken. Die Mädchen, deren Haare mit ganzen Kaufläden von Bändern durchflochten waren und an deren Hälsen lange Schnüre mit Perlen, Kreuzen und Schaudukaten hingen, versuchten, so nahe wie möglich bis zur Heiligenbilderwand vorzudringen. Ganz vorn aber standen die Edelleute und die einfachen Bauern mit ihren Schnurrbärten, Kosakenschöpfen, dicken Hälsen und sauber rasierten Kinnen, fast alle in Pelzen, unter denen weiße oder auch blaue Tuchkittel hervorlugten.

Alle Gesichter, wohin man auch blicken mochte, zeigten einen feiertäglichen Ausdruck. Der Dorfschulze leckte sich beim Gedanken an die Weihnachtswurst schon jetzt die Lippen. Die Mädchen träumten davon, wie sie mit den Burschen Schlittschuh laufen würden. Die alten Weiber murmelten dafür um so eifriger ihre Gebete. Durch die ganze Kirche war zu hören, wie Kosak Swerbygus immer wieder von neuem in die Knie sank.

Nur Oxana stand geistesabwesend da. Sie betete – und betete doch nicht. In ihrem Herzen kreuzten sich so verschiedenartige Gefühle, eines immer ärgerlicher und trauriger als das andere, daß ihr die Tränen in die Augen traten und auf ihrem Gesicht nichts als eine starke Verwirrung zu erkennen war. Die andern Mädchen wußten sich ihr Aussehen nicht zu erklären und ahnten nicht, daß der Schmied daran schuld war. Indessen dachte nicht nur Oxana an den Schmied. Alle Einwohner fühlten, daß der Feiertag kein richtiger Feiertag war, daß ihm irgend etwas fehlte.

Unglücklicherweise war auch noch der Küster, infolge seiner nächtlichen Reise im Sack, vollkommen heiser geworden, so daß seine zitternde Stimme kaum zu hören war. Der zugereiste Sänger ließ zwar seinen wunderbaren Baß erdröhnen; es wäre aber noch viel schöner gewesen, wenn der Schmied mitgemacht hätte, der sonst, sooft man das «Vater unser» oder «Und die Cherubime» sang, die Empore betreten und die Melodie so angestimmt hatte, wie man es nur noch in Poltawa zu hören bekam. Auch war er der einzige, der das Amt des Kirchenvorstehers versah. Schon war die Frühmesse zu Ende und bald darauf auch das Hochamt... Wo mochte nur der Schmied verlorengegangen sein?

XIV

Den Schmied im Nacken, legte der Teufel die Rückreise während des Restes der Nacht noch schneller zurück als die Hinreise. In einem Hui befand sich der Schmied in der Nähe seiner Hütte. In diesem Augenblick krähte ein Hahn.[6]

«Wohin?» schrie der Schmied und hielt den Teufel, der sich schon aus dem Staube machen wollte, am Schwanze fest. «Warte, Freundchen, das ist noch nicht alles! Du mußt erst deinen Lohn von mir erhalten.»

Mit diesen Worten ergriff er einen knorrigen Stecken und versetzte ihm drei Hiebe. Der arme Teufel raste nur so davon wie ein eben erst vom Assessor verprügelter Bauer. So kam es, daß der Feind des Menschengeschlechts, anstatt andere zu betrügen, zu verführen und zu foppen, einmal selber gefoppt worden war.

Wakula aber begab sich in die Scheune seines Hauses, wühlte sich ins Heu und schlief bis zum hellichten Mittag. Als er erwachte, erschrak er darüber, daß die Sonne schon so hoch stand.

«O weh! Ich habe Frühmesse und Hochamt verschlafen!»

Der fromme Schmied versank in zerknirschte Grübeleien und kam zum Schluß, Gott habe ihm den schweren Schlaf, der ihn der Freude beraubt hatte, am Weihnachtsmorgen in der Kirche zu singen, als Strafe dafür geschickt, daß er die sündige Absicht gehegt, seinem Leben ein Ende zu machen. Doch dann beruhigte er sich damit, daß er in der nächsten Woche gar alles dem Popen beichten werde und daß er, vom heutigen Tage an, ein ganzes Jahr lang täglich fünfzig Kniefälle zu machen gelobte.

Er schaute in die Stube hinein. Doch niemand war da. Ssolocha war wohl noch nicht heimgekehrt.

Behutsam holte er die Schuhe aus seinem Busen

hervor, staunte von neuem über die köstliche Arbeit und gedachte der wundersamen Begebenheiten der verflossnen Nacht. Dann wusch er sich, kleidete sich so sorgfältig wie nur möglich an, warf sich in den schönen grünen Rock, den er von den Saporogern erhalten hatte, nahm aus der Truhe eine neue Lammfellmütze aus blauem Tuch, die er noch nie getragen, seit er sie in Poltawa gekauft, kramte einen neuen, vielfarbigen Gürtel hervor, tat noch eine Kosakenpeitsche hinzu, band das alles zu einem Bündel zusammen und begab sich zu Tschub.

Tschub machte Stielaugen, als der Schmied bei ihm eintrat, und wußte nicht, worüber er sich mehr wundern sollte – darüber, daß Wakula von den Toten auferstanden war, oder darüber, daß er ihm einen Besuch zu machen wagte, oder darüber, daß er wie ein schmucker Saporoger gekleidet war. Am erstauntesten aber war er, als Wakula sein Bündel aufknöpfte, die neue Pelzmütze und den Gürtel, die so schön waren, wie man sie hier im Dorfe noch nie gesehen hatte, vor ihn auf den Tisch legte, sich ihm zu Füßen warf und mit flehender Stimme ausrief: «Erbarme dich, Väterchen, und zürne mir nicht. Da hast du die Peitsche. Schlag mich, soviel du Lust hast. Ich gebe mich ganz in deine Hände und bereue alles. Schlag zu, aber zürne mir nicht länger! Du hast doch einst mit meinem seligen Vater Blutsbrüderschaft geschlossen, Salz und Brot mit ihm gegessen und Ungarwein mit ihm getrunken.»

Tschub sah nicht ohne ein geheimes Vergnügen den Schmied, dem niemand im Dorfe an den Wagen zu fahren wagte und der Fünfkopeken-stücke und Hufeisen auseinanderbrach, als wären es Buchweizenkuchen, auf den Knien vor sich lie-gen. Um sich nichts zu vergeben, ergriff er die Peitsche und schlug ihn damit dreimal leicht auf den Rücken.

«Nun, genug damit!» rief er. «Höre in Zukunft auf alte Leute. Vergessen wir, was zwischen uns vorgefallen ist. Und sage mir, was du von mir willst.»

«Gib mir Oxana, Vater!»

Tschub dachte ein wenig nach und sah sich die Mütze und den Gürtel an. Die Mütze war prächtig, der Gürtel gab ihr in nichts nach. Ihm kam wieder Ssolochas Treubruch in den Sinn – und so sagte er schließlich mit fester Stimme: «Gut! Schicke mir deine Brautwerber!»

«Ai!» schrie Oxana auf, die beim Eintreten den Schmied erblickte und ihre Augen freudig ver-wundert auf ihm ruhen ließ.

«Schau, was für Schuhchen ich dir mitgebracht habe», sagte er, «die Zarin selbst hat sie getragen.»

«Nein, nein, ich brauche keine Schuhe!» rief sie aus, machte eine abwehrende Handbewegung und schaute ihm unausgesetzt in die Augen, «ich will auch ohne Schuhe...» Sie hielt inne und wurde feuerrot.

Der Schmied trat dicht an sie heran und ergriff ihre Hand. Da senkte die Schöne ihre Blicke. Noch

nie hatte sie so wunderbar ausgesehen. Der entzückte Schmied küßte sie sanft. Und ihr Gesicht
wurde noch röter und sah jetzt noch viel schöner
aus.

XV

Einmal kam der Bischof seligen Angedenkens
durch Dikanjka gereist, lobte den Platz, auf dem
das Dorf erbaut war, und ließ im Weiterfahren vor
einer neuen Hütte haltmachen.

«Wem gehört diese so schön bemalte Hütte?»
fragte Seine Hochwürden eine hübsche junge Frau,
die mit einem Kind im Arm vor der Haustür stand.

«Dem Schmied Wakula», antwortete Oxana
(denn sie war es) mit einer Verneigung.

«Schön! Eine schöne Arbeit!» sagte Seine Hochwürden und betrachtete aufmerksam Tür und Fenster. Die Fenster waren mit roten Strichen eingefaßt; auf der Tür aber waren reitende Kosaken mit
Pfeifen zwischen den Zähnen abgebildet.

Noch mehr aber lobte Seine Hochwürden den
Schmied, als er erfuhr, dieser habe seine Kirchen-
buße auf sich genommen und überdies die ganze
linke Chorseite in der Kirche grün angestrichen
und mit roten Blumen bemalt.

Das war aber noch nicht alles: an die Seitenwand
der Kirchenvorhalle hatte er ein großes neues Bild
gemalt, das den Teufel in der Hölle darstellte –
einen so abscheulichen Teufel, daß alle ausspuck-
ten, wenn sie vorbeigingen, und daß die Weiber,
wenn ein Kind auf ihren Armen nicht zu schreien

aufhören wollte, es an dieses Bild herantrugen und sagten: «Schau nur, was für ein Ungeheuer dort gemalt ist.»

Dann verschluckte das Kind seine Tränen, schielte scheu nach dem Bilde und verbarg das Gesicht an der Brust seiner Mutter.

SEÁN O'FAOLÁIN

1900–1991

Ein feines Pärchen

Als Maxer Creedons Schiff am Tag vor Weihnachten in New York anlegte, ging Maxer in einen Drugstore, von wo aus er einen Mann namens Bannin anrufen wollte, den er in Texas kennengelernt hatte. Während er mit dem Zeigefinger die lange Spalte der «Ban» im Telefonbuch hinabglitt, blieben seine Augen an dem Namen Bandello haften. Mrs. L. Bandello, 235, Siebenundvierzigste Straße. Ohne den Finger vom Namen Bandello fortzunehmen, sah er mit halbem Blick den Mann hinter der Bar – und sah ihn doch nicht. Seit der Zeit, da er ein kleiner Dreikäsehoch gewesen, hatte er diesen Namen immer wieder gehört. Und noch heute konnte er Wort für Wort die Geschichte von Tante Lily und dem Italiener wiederholen, die seine Mutter – Gott hab' sie selig! – so oft erzählt hatte.

«Je-ja, die arme Lil! Möchte nur wissen, was aus ihr geworden ist! Ein Italiener hatte ihr den Kopf verdreht. Er ging von Haus zu Haus und verkaufte Heiligenfiguren. Ein hübscher Mann namens Bandello. Und eines schönen Oktobermorgens, ehe auch nur eine Menschenseele ans Aufstehen dachte, wartete Lil schon unter dem großen Baum beim Kreuz von Ballyroche auf ihn, und dann gingen sie die River Road in Cork [1] hinunter, und das war das

89

letzte, was man von ihnen gesehen hat. Bis auf den heutigen Tag kein Sterbenswörtchen, nur der Brief, den der Priester in New York an unsern Vater schrieb, worin zu lesen stand, daß sie glücklich verheiratet sei.» Und jedesmal, wenn die Geschichte aus war, fing sie an, die Jahre nachzurechnen, und als Maxer sie das letztemal gehört hatte, hieß es: «Und das ist nun schon vierunddreißig Jahre her!»

Maxer steckte sein Geldstück in den Schlitz und wählte die Nummer. Als ihm eine Frauenstimme antwortete, mußte er über den unverfälschten Corker Dialekt lachen.

Sie stellte ein paar Fragen, und dann sagte sie: «Komm am Weihnachtstag zu mir!»

«Gern, Tante Lil, ich komme! Ich bringe auch etwas mit, um auf deine Gesundheit anzustoßen!»

Mittags aß er auf dem Schiff – es war ein Festtagsessen –, und gegen halb vier steckte er eine Flasche Jamaika-Rum in die Tasche seiner Windjacke und zog los.

Kaum erblickte er die alte Frau, die sich über das Geländer des dunklen Treppenabsatzes beugte, da sah er auch schon seiner Mutter Augen. Und sowie er oben war, schlang sie ihm die Arme um den Hals und küßte ihn. Dann zog sie ihn an beiden Händen ins Zimmer und schalt: «Warum bist du denn nicht schon zum Mittagessen gekommen, Jungchen?»

«Ich wußte nicht, ob ich zum Essen kommen durfte, Tante Lil! Ich dachte, ich solle dich nur besuchen!»

«Allmächtiger Gott! Um eins hatte ich alles fertig! Den lieben langen Vormittag war ich in der Küche, und seit ein Uhr hab' ich auf dich gewartet. Soll ich etwa ein ganzes Weihnachtsmenu allein essen? Und du läßt mich warten und warten, und nun ist alles verdorben!»

Sie sank auf seine Schulter und vergoß einen Tränensegen und schluchzte: «Du bist ihr wie aus den Augen geschnitten!» Er konnte nichts weiter tun, als ihr auf den krummen Rücken zu klopfen und in das Schneegestöber vor den Fensterscheiben zu schauen und wieder auf den schön geschmückten Tisch. Schließlich sagte er: «Aber Tante Lil, ich möchte sehr gern ein bißchen essen!»

Da kam Leben in sie: «Natürlich, du mußt alles aufessen, was ich für dich gekocht habe, alles bis aufs letzte Krümchen! Du elender Strick du! Hättest doch pünktlich sein können!»

Sie sah seiner Mutter sehr ähnlich, nur größer war sie. Und sie war genauso energisch und kommandierte noch mehr als seine Mutter.

Da saßen sie nun und aßen Entenbraten und Erbsen und Apfelmus und Preiselbeeren. Sie fragte ihn nach seinem Vater und nach seiner Mutter, und er sagte, es gehe beiden ausgezeichnet. Dann fragte sie nach seinen Brüdern und Schwestern, und er sagte, es gehe ihnen ausgezeichnet. Dann fragte sie nach ihren eigenen Brüdern und Schwestern, die seine Onkel und Tanten waren, und obwohl er seit zehn Jahren nicht mehr in Ballyroche gewesen war, sagte er, es gehe allen ausgezeichnet. Und schließlich fragte sie ihn, wie es ihm selbst gehe, und er sagte: «Ausgezeichnet!»

Dann fragte er, warum zum Teufel sie denn nie nach Hause geschrieben habe, nicht ein einziges Mal!

«Nicht ein einziges Mal!» lachte sie wie ein unartiges kleines Mädchen.

«Wie meine Mutter immer sagte: ‹Und bis auf den heutigen Tag kein Sterbenswörtchen!› Du bist mir eine ganz Schlimme!» schloß er.

Sie stand auf und schaltete das elektrische Licht an. Das Zimmer war altmodisch und düster und vollgepfropft mit dunklen Möbeln. Die Schneeflocken tupften unablässig mit ihren Pfötchen an die Fensterscheiben und vergingen wie ebenso viele Erinnerungen.

Nach einer Weile fragte er: «Hast du immer hier gewohnt, Tante Lil?»

«Ja, das ist mein Heim.»

«Und dein Mann ist gestorben?»

«Mein Mann war immer sehr gut zu mir. Er hat mich geliebt und auf Händen getragen. Er war Direktor in einem Warenhaus. Uns ist es immer großartig gegangen. Vor vierundzwanzig Jahren ist er bei einem Eisenbahnunglück ums Leben gekommen. Aber er hat gut vorgesorgt für mich.»

Sie holte eine eingerahmte Fotografie von der Anrichte: ein heiterer, schöner Italiener blickte zuversichtlich in die Welt. Dann zeigte sie ihm ihr eigenes Bild, das in ihren jungen Jahren aufgenommen worden war. Das dritte Bild war die Fotografie eines Knaben, aber die brachte sie nicht...

«Er sah sehr gut aus, dein Mann», meinte Maxer.

«Er sah großartig aus. Mein Sohn lebt natürlich noch. Er hat eine Polin geheiratet. Heute abend will ich sie besuchen, es geht ihnen großartig. – Aber sag mir, wie lange ist es her, seit du in Ballyroche warst? Den Hof haben sie doch noch? Jetzt haben sie wohl Autos und Elektrizität und lauter moderne Einrichtungen?»

«Haha, kein Gedanke daran», lachte Maxer. «Immer noch die gleiche Leier. Zwölf Kühe haben sie und ein Ponywägelchen. Wenn du morgen hinfahren würdest, du könntest keinen Unterschied entdecken.»

Sie blickte ihn ein Weilchen an. Dann sprang sie auf. «Ich habe ja noch was für dich! Was du gern ißt! Kürbiskuchen! Hab' ich dir zuliebe gebacken.»

Maxer konnte Kürbiskuchen nicht ausstehen, aber er mußte ihn verdrücken.

«Arbeitet dein Sohn in New York, Tantchen?»

«Er hat eine großartige Stelle. Direktor in einem Warenhaus. Aber erzähl mir doch mehr von dir!»

Er erzählte ihr allerlei aus seinem Leben. Dann erwähnte er, daß sein Schiff nächstens nach London fahre, und von dort würde er vielleicht auf einen Sprung nach Irland gehen.

«Meinst du... nach Cork?»

«Natürlich. Wo soll ich denn sonst hinwollen! Sie werden sich schrecklich freuen, wenn sie hören,

daß ich dich besucht habe. Werden mich tüchtig
ausfragen nach dir!»

Beide schwiegen. Sie schloß die Augen. Dann
stützte sie den Kopf in die Hand. Schließlich wischte sie sich mit dem Handrücken über die Nase und
schlug mit der geballten Faust auf den Tisch. Dem
schönen Italiener mitten ins Gesicht. Sie starrte das
Bild an, packte es und schleuderte es quer durchs
Zimmer, wo es an der gegenüberliegenden Wand
zerschellte. Und dabei zischte sie ihn wütend an:
«Warum bist du hergekommen? Hab' ich jemals
einen von euch um irgend etwas gebeten in all den
dreiundvierzig Jahren? Hab' ich in meinem ganzen
Leben auch nur einen Cent von euch bekommen?
Einen einzigen Cent?»

Maxer erhob sich langsam. «Ich habe dich besucht, weil Weihnachten ist und weil ich dachte,
ich mache dir eine Freude damit.»

Sie stand auch auf. «Oder weil du ein bißchen
spionieren wolltest? Kannst ruhig nach Cork gehen und ihnen erzählen, was du willst. Kannst
ihnen erzählen, daß ich am Verhungern bin, wenn
sie das gerne hören wollen, die lausigen, misera-
blen Bastarde...!»

«Du brauchst dir keine Gedanken zu machen»,
sagte Maxer und knöpfte seine Jacke zu, «was ich
denen in Cork erzählen werde. Mich haben sie an
die Luft gesetzt, als ich sechzehn Jahre alt war. Seit
zehn Jahren bin ich nicht mehr zu Hause gewesen.
Nicht mal meinen Nasenzipfel bekommen die in
Cork zu sehen. Und nun kann ich dir ja gleich alles

sagen: Mutter ist gestorben, als ich noch ein kleiner Bursche war. Vater hat sich wieder verheiratet, und dafür habe ich ihn gehaßt . . .» An der Tür drehte er sich um. «Tut mir leid, daß ich's dir so beibringen mußte. Ich wollt's dir verheimlichen, daß sie tot ist. Ich wußte, daß ihr zusammengehalten habt wie Pech und Schwefel. Und sie war immer so stolz auf dich. – Danke fürs Essen!»

«Stolz auf mich? Sechs Briefe habe ich ihr geschrieben, und sie hat nie geantwortet!»

«Sie hat keinen einzigen bekommen! Niemand hat je einen Brief von dir bekommen. Nur vom Priester kam einer, in dem er uns schrieb, daß du verheiratet bist.»

«Nie im Leben war ich verheiratet! Das hat er bloß so geschrieben! Der Italiener hat mich schon in Boston sitzenlassen. Mein Baby hab' ich hier in Brooklyn bekommen. In der Pfarrgemeinde. Wenn sie dir etwas anderes gesagt hat, dann waren's lauter Lügen! Ja, Lügen! Ich habe ihr geschrieben, und ich hab' meinem Vater geschrieben. Ich habe ihnen wieder und wieder geschrieben und um Hilfe gebeten. Sie dachten gar nicht dran, den Federhalter in die Hand zu nehmen! Jeden Tag meines Lebens habe ich arbeiten müssen. Mußte arbeiten, um meinen Jungen großzuziehen. Vor zwanzig Jahren ist er hier aus diesem Zimmer fortgelaufen und hat das schmierige Mädchen geheiratet, und seitdem hab' ich weder ihn zu Gesicht bekommen noch sonst jemand von meinen Angehörigen! Bis du gekommen bist!»

Maxer starrte sie an. Sie watschelte auf ihn zu und legte ihm schüchtern die Hand auf den Arm. «Verzeih, aber 's ist die Wahrheit! Ich wollte dich nicht anschreien. Hast ja keine Schuld. Möchtest du etwas trinken? Soll ich ein bißchen Rumpunsch machen? Weil's Weihnachten ist?»

Maxer warf seine Mütze auf die Anrichte und setzte sich wieder hin. Er sah die tanzenden Flokken, und die Hände hingen ihm schlaff und schwer zwischen den Knien herunter, so daß er aussah wie ein großer, betrübter Affe. Die Tante lief emsig in die Küche und setzte den Teekessel auf. Sie machte zwei große Gläser Rumpunsch mit allem, was dazugehört, mit Zitrone und Zimtstangen und Würfelzucker. Dann setzte sie sich neben ihn und blickte ihm zärtlich ins Gesicht. Er sah sie an und seufzte. Sie stießen mit den Gläsern an.

«Ach, Tantchen», sagte er, «wir sind ein feines Pärchen! Also auf uns beide!»

«Ein feines Pärchen!» lachte sie verschmitzt.

Sie hielt seine Hand und tätschelte sie. Die Augen liefen ihr wieder über, und sie fragte: «Hat sie überhaupt jemals von mir gesprochen?»

«Immer wieder, und wie!» rief er. «Deshalb will mir das alles nicht in den Kopf. Dauernd sprach sie von dir! Und dabei hat sie immer geweint! Tantchen, glaubst du wirklich, daß sie gewußt hat, wie schlecht es dir ging?»

Die roten Augen blinzelten müde. «Sechs Briefe können nicht verlorengehen. Sie wußte es. Vater wußte es. Alle wußten es. Jetzt kommt's nicht mehr drauf an. Anfangs konnte ich's nicht verstehen, aber als ich meinen Jungen großziehen mußte, lernte ich's verstehen. Er war mir lieber als alles in der Welt, und er kam vor allem andern. Und deine Mutter hat es auch schwer gehabt, euch alle großzuziehen, und sie hatte euch auch lieber als alles in der Welt. Eine harte Welt ist's, mein Lieber, und niemand kann so hart sein wie eine Mutter, die sich um ihre eigenen Kinder sorgt. Ich bin froh, daß sie wenigstens von mir gesprochen hat. 's ist besser als gar nichts!»

«Sie hätte dir doch schreiben können!»

«Ja.»

Sie machten sich noch mehr Punsch, wieder und wieder, bis sie die Flasche Rum verbraucht hatten, und erzählten sich dabei von den Leuten in Ballyroche und zogen über sie her.

«Bei Gott, Tantchen», lachte er, «du bist ein prachtvolles Mädchen. Aber du hast ein verdammt scharfes Mundwerk!»

Sie kicherte: «Wirst wohl selber ein Teufelskerl sein! In jedem Städtchen ein andres Mädchen!»

Er zog den Kopf ein und lachte: «Halb so wild!»

Sie hielten sich bei der Hand und nickten sich vergnügt zu. «Ich freu' mich aber, Tantchen, daß ich hergekommen bin!»

«Und ich erst!»

Als er aufbrechen wollte, ging sie ins Schlafzimmer und kam mit fünfzig Dollar zurück, die sie ihm in die Brusttasche stopfte.

«Dein Weihnachtsgeschenk!» sagte sie barsch.

97

Er mußte es annehmen. Dann ging er fort, stieß den Schnee in spritzenden Fontänen vor sich her und kehrte zufrieden auf sein Schiff zurück.

Jedesmal, wenn Maxers Schiff in New York anlegt, ruft er sie sofort an. Jedesmal zittert seine Hand, wenn er das Geldstück einwirft, und er hält den Atem an, bis er ihre Stimme hört, die im schönsten Corker Dialekt ruft: «Hallo . . .?» Dann ziehen sie gemeinsam durch die Stadt, gehen ins Kino und essen nachher Entenbraten. Sie unterhalten sich über Cork und die Verwandten in Ballyroche, und immer endet die Sache mit mehreren Gläsern Rumpunsch, wobei sie die ganze Sippschaft verwünschen.

Die Leute schmunzeln, wenn sie die beiden sehen. Sie halten sie für Mutter und Sohn.

FRANÇOIS COPPÉE

1842–1908

Eine Automobilpanne

In der Christnacht des Jahres 1905 blieb das Automobil des Herrn Cramoisy, des bekannten Multimillionärs, Gründers und Leiters des Warenhauses «Bazar des Deux Mondes», des radikalsozialistischen Abgeordneten des Wahlbezirks Somme-et-Oise, infolge einer Panne auf einer abgelegenen Straße der Picardie stehen.

Wohlig in seinen Pelzmantel gehüllt und mit einer Wärmeflasche unter den Füßen bequem im Sitz zurückgelehnt, verdaute Herr Cramoisy so ungestört, wie dies mit einem achtundfünfzig Jahre alten Magen möglich ist, das Nachtessen, zu dem er kurz zuvor einige Wahlhelfer seines Bezirks eingeladen hatte.

Während er, nicht ohne ein gewisses Schamgefühl, noch an den *speech* dachte, den er beim Dessert gehalten und dabei wieder einmal gegen die klerikale Gefahr losgedonnert und die «römische Clique» gegeißelt hatte, ohne eigentlich zu wissen, woraus diese Clique und diese Gefahr bestanden, und als er eben im Begriff war einzuschlafen, wurde er durch eine heftige Erschütterung aus seinem Halbschlummer gerissen.

Der Wagen stand plötzlich still.

Beunruhigt zog er rasch eine Fensterscheibe herunter. Seine Nase und sein grauer Bart tauchten aus dem Pelzkragen auf und setzten sich der feucht-kalten Dunkelheit aus.

«Was ist los, Victor...? Ein geplatzter Reifen...? Wir haben den Ersatzreifen dabei, nicht wahr?»

Die Nacht war sehr finster. Indessen konnte der Chauffeur den Schaden feststellen, nachdem er eine der Azetylenlampen, welche die verkupferte Kühlerhaube des Autos und die schlammbedeckte Straße hell beleuchteten, losgehakt und sich neben eines der Vorderräder gekauert hatte.

Der Mann mit der ledrigen Haut, dessen Mütze mit Ohrenklappen versehen war, als befände er sich auf einer Nordpol-Expedition, richtete sich wütend auf und schüttelte die Faust.

«Zum Teufel nochmal!» brummte er. «Das ist nicht nur ein geplatzter Reifen, Monsieur, sondern das Rad ist auch verbogen. Keine Chance, da ohne die Hilfe eines Wagners herauszukommen... Und wir können noch von Glück reden, daß es auf einer Steigung passiert ist. Während einer Talfahrt hätten wir uns schon bei sechzig in der Stunde überschlagen! Zum Teufel nochmal! Eine schöne Bescherung ist das!»

«Dann», sagte Herr Cramoisy in ungeduldigem Ton, «... dann ist das also eine Panne?»

«Und was für eine, Monsieur...! Ich kenne diese Straße gut... An den ‹großen Bruder› ist nicht zu denken; die Bahnstation ist sechs Kilometer von hier entfernt, und außerdem fährt nachts kein Zug.»

«Victor, wie weit ist es bis zum nächsten Dorf?»

«Eine gute halbe Meile. Unmöglich für Sie, Monsieur, den Weg dorthin zu Fuß zurückzulegen in Lackschuhen, die dünn wie Seidenpapier sind, und das erst noch durch diesen Schlamm, der so kalt ist, als würde man durch einen Eiskaffee waten... Das einzige, was ich tun kann, ist, bis zu jenem Dorf zu gehen und dort den Wagner, wenn es einen gibt, mit Werkzeugen zum Reparieren des Rades zu holen... Aber mindestens zwei Stunden wird das schon dauern.»

Herr Cramoisy war sehr bedrückt. Trotz seines Pelzmantels begann er zu frösteln. Was für ein feuchtes Wetter! Während ihres Gesprächs hatten sich der zum Autofenster hinausschauende Herr und der neben dem Wagen stehende Chauffeur, der seine Lampe in der Hand hielt, gegenseitig drei Dunstfahnen ins Gesicht geblasen, die ihrem Mund und ihren Nasenlöchern entwichen. Jenseits des Lampenscheins herrschte überall, am Himmel und auf der Erde, eine undurchdringliche, vollständige Dunkelheit. Der eiskalte Nachtwind schüttelte mit klirrendem Geräusch die dürren Äste der Bäume entlang der Straße. Der Ort und die Stunde waren wirklich unheimlich.

Und der Wahrheit zuliebe sei es gesagt: Was Herrn Cramoisy in dieser Lage am meisten störte, was ihn erstaunte, was ihn wirklich schockierte, war, daß ausgerechnet ihm ein derart absurder, ein derart lächerlicher Unfall zustoßen mußte, ihm, einem der bedeutendsten Männer der Pariser Geschäftswelt, einer in der Politik einflußreichen Persönlichkeit, einem Kapitalisten, der über ein Jahreseinkommen von vier- oder fünfhunderttausend Francs verfügen konnte.

«So bleibt mir also nichts anderes übrig, Victor», murmelte er in erbärmlichem Ton, «als hier ganz allein im Wagen auf Sie zu warten?»

«Allerdings, Monsieur!»

*

Nun ist es jedoch an der Zeit, Herrn Théodore Cramoisy dem Leser vorzustellen.

Beeilen wir uns, zunächst festzuhalten, daß er weder ein bösartiger noch ein schlechter Mensch war, indessen wies sein Charakter alle Fehler eines Emporkömmlings auf, denn er war erfolgreicher gewesen, als er es verdiente.

«Nüsse schmecken sehr gut, aber man muß sie aufknacken», sagt der alte Affe in der hübschen Fabel von Florian.[1] Das gute Herz von Herrn Cramoisy ähnelte einer solchen Nuß. Es war vorhanden, auch zu Gefühlen fähig, aber von einer dicken, harten Schale aus Dummheit und Eitelkeit umgeben.

«Ich bin das Kind meiner Werke», pflegte er hochmütig zu verkünden, mit dem Rücken an den Kamin gelehnt, die Hände in den Hosentaschen, die mit drei Perlen geschmückte Hemdbrust vorwölbend, er, der Gründer, der Erfinder, der Schöpfer jenes «Bazar des Deux Mondes», der sich im Herzen von Paris zwischen dem Boulevard

Montmartre und den Halles befand, jenes großartigen Kaufhauses, dessen Erfolg den Besitzern der Warenhäuser «Bon Marché», «Louvre», «Printemps» und «Galeries Lafayette» schlaflose Nächte bereitete. «Ich bin das Kind meiner Werke... Ich habe mit sechzehn bei der Firma ‹Schwob et Lévy› angefangen, die in der Rue d'Aboukir mit Posamentierwaren en gros handelte... Sechzig Francs im Monat, vierzig Sous im Tag, keinen Sou mehr, ohne Kost... Und ich kenne sie, die ‹Tischweine› zu dreißig Centimes in den Schenken... Nichts als Suppe und Rindfleisch, und das Brot muß man selbst mitbringen... Wasser aus der Karaffe, soviel man will, bei Gott! Aber ich hatte eine Begabung für den Handel, und erst letzte Woche sind der Regierungspräsident und zwei weitere Minister in mein Jagdrevier am Etang-sous-Bois gekommen, um Fasane zu schießen... Oh, ich bin nicht sehr stolz darauf... Ein Produkt der Demokratie, das ist alles... Das Kind meiner Werke!»

Findet ihr diese Formulierung besonders gut? Ich nicht. Wir sind doch alle Kinder unserer Werke, aber das nur dank der recht großen Hilfe und Unterstützung vor allem von seiten der Familie und auch von seiten jener geheimnisvollen Macht, die Glück heißt.

Der Sträfling, der fünf Jahre lang in einem Zuchthaus Lampenschirme oder billige Bürstenware herstellt, ist auf seine Weise auch das Kind seiner Werke. Aber ich möchte gerne wissen, was für Eltern er hatte, wenn er überhaupt welche hatte. O meine Freunde, ob reich oder arm, wenn euer Vater und eure Mutter anständige Leute waren, so dankt dem lieben Gott jeden Tag zweimal dafür!

Nun, das Trumpfas im Kartenspiel, das die Laufbahn eines Mannes darstellt, war die hervorragende Mutter von Herrn Théodore Cramoisy. Nehmt dazu noch den König, die Dame und den Buben, das heißt eine Menge Glück, und ihr werdet mir beipflichten, daß dieser Kaufmann doch ein wenig zu weit ging, wenn er sich, nur weil er steinreich geworden war, für eine Persönlichkeit vom Kaliber eines Shakespeare oder eines Napoleon hielt.

Mit fünfunddreißig Jahren die Witwe eines bescheidenen Büroangestellten, der *keinen* Sou hinterlassen hatte, übernahm die tapfere Mama des kleinen Théodore einen Tabakladen in einem beim Volk beliebten Quartier, um ihren Lebensunterhalt zu verdienen und ihren Sohn aufziehen zu können.

Wie es sich gehört, gab es im hintern Teil des Geschäfts eine kleine Theke und an der Wand, auf Regalen aufgereiht wie Bücher in einer Bibliothek, eine Sammlung gefährlicher Werke, deren Titel nur zu gut bekannt sind: Absinth, Bittre, Wermut, Johannisbeerlikör, Wacholderschnaps, Kirschlikör und so weiter.

Nur gerade mit der Hilfe einer Magd vom Lande plagte sich hier Frau Cramoisy von sechs Uhr morgens bis elf Uhr abends ab, bediente die Kundschaft mit «einem Paket Tabak zu fünfzig», mit Zigarren, Zigaretten, mit «vier Sous zum Schnupfen», manchmal sogar mit «Schnur für zwei Sous», oder sie stand auf und wechselte den Ladentisch, um den Kunden einzuschenken, die bei ihr vorbeikamen und die Flüssigkeit so rasch die Kehle hinuntergossen, wie man auf der Post einen Brief einwirft.

Diese Arbeit am Schanktisch fiel der armen Frau, die bis vor kurzem eine sehr standesbewußte, sogar etwas hochnäsige Bürgerin gewesen war, besonders schwer, vor allem wenn sie das ordinäre Geschwätz der Frauen aus der Wäscherei vis-à-vis über sich ergehen lassen mußte, die in ihren Holzschuhen herüberkamen, mit roten Armen, die aus den aufgekrempelten Ärmeln des Wamses ragten, um sich zwischen zwei Wäschen das Gemüt mit einem Glas Schnaps aufzuhellen.

Aber sie war eine richtige Mutter und tröstete sich beim Gedanken an ihren kleinen Jungen, an ihren Théodore, den sie ins Internat der Ordensbrüder an der Rue de Vaugirard geschickt hatte.

Er erhielt dort eine gute Schulbildung, trat dann bei der Firma «Schwob et Lévy» ein und lebte weniger armselig, als er später erzählte; denn die Tabakhändlerin, obwohl sie keine glänzenden Geschäfte machte, steckte ihm oft ein Geldstück zu.

Sie lebte so lange, diese gute Mutter, daß ihr Théodore als Sohn einer Witwe nur gerade ein Jahr in der Armee dienen mußte, und als sie abgearbeitet starb, hatte er als Verkäufer in einem Warenhaus der Modebranche bereits ein durchaus anständiges Gehalt.

Sein beruflicher Aufstieg erfolgte rasch, und er hatte ihn verdient durch seinen Einsatz, seine Intelligenz, seine geduldige Höflichkeit gegenüber den Kunden und durch jene Beredsamkeit beim Anpreisen der Ware, die in der Handelssprache als gutes Mundwerk bezeichnet wird. Überdies besaß er den in einem Geschäft, das hauptsächlich vom schönen Geschlecht besucht wird, im höchsten Grade wichtigen Vorzug, ein sehr hübscher Kerl zu sein.

Ja, Théodore Cramoisy war ein eleganter und zugleich kräftiger dunkler Typ mit vollem Haar, prächtigen Zähnen und mit einem gut gebauten, muskulösen Körper. Er trug einen kurzen Spitzbart und hatte einen matten, leicht olivgetönten Teint, würdig eines spanischen Toreros oder eines italienischen Baritons. Und die Augen! Ach, sie waren unwiderstehlich! Diese Augen von der Farbe einer gerade aus der Schale platzenden Kastanie, diese Augen, in denen ein gewisser Zauber, ein gewisser Reiz lag!

Wer kann die Macht und den praktischen Nutzen eines solchen Blickes beschreiben? Wenn Théodore einer Kundin irgend etwas empfahl, hatte er es nicht nötig, zu betonen: «Sie können sich darauf verlassen, Madame ... Das wurde eigens für unser Haus hergestellt ... Es ist etwas ganz Exklusives ...» oder ähnliche Albernheiten von sich zu geben. Er mußte sie nur mit seinen verführerischen Augen ansehen, sie in seinen Blick einhüllen, als wäre es eine Liebkosung. Sogleich war die Dame besiegt und kaufte den Gegenstand, selbst wenn es ein Ladenhüter war. Unnötig anzufügen, daß Théodore nie, um den Umsatz zu fördern, die vulgäre, die unedle Frage «Und was noch?» ausgesprochen hätte, die heutzutage nur noch in den Krämerläden der Provinz zu hören ist.

Er brauchte lediglich, in gehobenerem Stil, jedoch wie immer mit seinem Blick eines Don Juan, zu murmeln: «Ist das alles, was Madame wünschen?», und schon ruinierte sich das glücklose Opfer mit weiteren Einkäufen auf die Gefahr hin, nach so viel Verschwendung noch am selben Abend eine entsetzliche Szene mit ihrem Gemahl durchzumachen und von ihm mit einer Scheidungsklage bedroht zu werden.

Dank diesem Talent verdiente sich Théodore Cramoisy sehr bald die Hauptmannsepauletten, ja sogar – möge man uns diesen respektlosen Vergleich verzeihen – die Fransen eines Obersten in der Hierarchie der Modebranche. Mit knapp fünfundzwanzig war er «Erster» in der Handschuhabteilung.

Zu diesem Zeitpunkt wurden die Segel seines Glücks von einem wunderbaren Wind gebläht, und dank der Magie seines Blicks gelang es ihm, sich sehr reich zu verheiraten.

Frau Bacquet-Desmottes war zweifache Millionärin, Witwe eines Seifenhändlers, der den Leuten seine Produkte in der Sprache der Götter anpries und der dem unbekannten Dichter, welcher beauftragt war, seine Reklame in Verse zu kleiden, den märchenhaften Preis von fünf Francs pro Zeile bezahlte. Nur bestellte der Seifensieder zum Leidwesen des Dichters nichts als Zweizeiler und zuweilen, aber selten, einen Vierzeiler.

Dreimal hatte der Flieder geblüht, und dreimal waren die welken Blätter zu Boden gefallen, seit Frau Bacquet-Desmottes ihr Alter stets mit neununddreißig angab. Sie war weder schön noch von abstoßender Häßlichkeit, aber sie war wirklich allzu «robust», wie es anständige Leute höflich nennen, wenn sie von einer dicken Person reden. Um einen Ausdruck aus dem Wortschatz der Ladendiener in der Modebranche zu gebrauchen: Sie war eine Frau der «großen Größen». Aber in ihrer üppigen Brust klopfte ein Herz, das sich vom Blick des schönen Théodore beunruhigen ließ.

Es sei betont, daß die Augen von Théodore ohne dessen Zutun oder Arglist das gefährliche Fluidum ausstrahlten. Er war keineswegs eingebildet und hatte kaum eine Ahnung von den emotionalen Verheerungen, die sein Blick anrichtete. Oh, wie wütend wäre die schwärmerische, derart betörte Kundin geworden, hätte sie geahnt, daß der Abteilungsleiter in eben dem Augenblick, da er ihr Handschuhe nach der neuesten Mode empfahl, an ganz anderes dachte, sich zum Beispiel in Erinnerung rief, daß er nächsten Sonntag in Joinville-le-Pont[2] mit Kameraden für eine Bootsfahrt verabredet war, oder, als er einen Druck im Magen verspürte, sich sagte: «Ich habe ganz entschieden einen Fehler gemacht, als ich heute morgen zum Frühstück Miesmuscheln aß.»

Und doch war es trotz seiner geringen Neigung zur Galanterie unmöglich, daß Théodore das kompromittierende Benehmen der beleibten Dame vor seinem Ladentisch nicht bemerkte und es ihm nicht auffiel, daß sie eine erstaunliche Zahl von Glacéhandschuhen mit fünfzehn Knöpfen und von Wildlederhandschuhen, die bis unter die Achseln reichten, gekauft hatte; unmöglich, daß er schließlich nicht sah, wie die plumpe Hand, die man ihm zum Anprobieren überließ – leider war die größere Nummer nicht vorrätig –, in der seinen auf absolut bedeutungsvolle Weise liegen blieb und zitterte.

Um die Idylle abzukürzen: Die reiche Witwe tauschte den unschönen Namen Bacquet-Desmottes gegen den besser klingenden Namen Cramoisy ein, und von einem Tag auf den anderen wurde der einfache Angestellte eines Modegeschäftes zum Kapitalisten.

Von da an war das Leben des schönen Théodore ein ununterbrochener Triumphzug.

Er siegte, weil er eine Waffe besaß, die wirkungsvoller ist als die Lanze von Achilles oder das Schwert des Ritters Roland, nämlich viel Geld. Das Geld! Der König der Epoche, dessen Staatsherrschaft so allgemein akzeptiert ist, daß ein geistreicher Mann vorschlug, die nicht mehr übliche Devise «Gott schütze Frankreich» auf den Hundert-Sous-Münzen durch den berühmten Ausspruch des Sonnenkönigs «Der Staat bin ich» zu ersetzen.

Es war ein kühnes Unternehmen, als Théodore

Cramoisy den «Bazar des Deux Mondes» gründete, wo man alles kaufen kann, wohlverstanden absolut alles – ein großartiges Konzept, das den Warenhausbesitzer Boucicault veranlaßt, sich noch im Grabe umzudrehen, und bei Potin einen Neid hervorruft, der ihm die Leber zerfrißt, wie der Geier es bei Prometheus tat; der «Bazar des Deux Mondes», ursprünglich unter verhältnismäßig bescheidenen Bedingungen errichtet, hat inzwischen einen ganzen Häuserkomplex überwuchert und ist heute ein Bau von scheußlichem Stil, aber ebenso weitläufig wie die Caracallathermen, und dies inmitten von Paris, nur einen Steinwurf weit von der Börse entfernt, wo das Bauland fünfzehnhundert bis zweitausend Francs pro Quadratmeter kostet; das ist der «Bazar des Deux Mondes», wo man ebensogut ein Paar Hosenträger, einen Korb Austern kaufen kann wie ein Diamanthalsband, eine Hammelkeule ebensogut wie ein Jagdgewehr, ein Korsett oder eine Büchse Sardinen, einen Herrenanzug aus Cheviot oder eine Flasche Purgierwasser; der «Bazar des Deux Mondes», wo Herr Cramoisy im Gedanken an den Ursprung seines Vermögens sogar eine «Abteilung für Brautleute» hatte einrichten wollen, für Paare, die mit Konfektionsware schnell abgefertigt oder auf gepflegtere Art mit Kleidern nach Maß ausstaffiert werden sollten!

Aber wozu auch den gewaltigen Erfolg dieses Kaufhauses heraufbeschwören, dessen hundert Meter lange Fassade alle kennen, diese Fassade in abscheulichem, prunkvollem Stil, mit Marmorsäulen in den Farben eines erstochenen Kalbes, mit allegorischen Skulpturen in wehenden Gewändern, die ihre Arme ausstrecken und endlos lange Beine haben, den Erfolg eines grauenhaften Meisterwerks, dessen Architekt, wenn er nicht von Kopf bis Fuß tätowiert ist und die Nase mit einer Fischgräte durchbohrt hat, so doch sicher die Seele eines Kariben besitzt.

Der «Bazar des Deux Mondes» ...! Aber ich verliere meine Zeit, wenn ich noch länger von diesem berühmten Unternehmen erzähle, dessen Reklameplakate uns bis in die Oase Biskra oder in die einsamen Ebenen des Wilden Westens verfolgen würden und dessen wohlbekannter Name an den Quais von Le Havre und Marseille in elektrifizierten Lettern abwechselnd alle drei Sekunden aufleuchtet und erlischt, um die Reisenden aus der ganzen Welt, die auf der Brücke der Passagierdampfer stehen, zu betören, noch bevor sie französischen Boden betreten.

Nach Ablauf von zwanzig Jahren hatte der Gründer des «Bazar des Deux Mondes» die zwei Millionen Mitgift seiner Frau verzehnfacht. An allen Ausstellungen hatte die jeweilige Jury ihn mit Goldmedaillen und Ehrendiplomen überhäuft, und der rote Orden der französischen Ehrenlegion machte sich in seinem Knopfloch breit. Aber das reichte noch nicht aus, um den eitlen Ehrgeiz dieses Fürsten der Geschäftswelt zu befriedigen.

Nachdem er Witwer geworden war und keine

Nachkommen hatte, verlangte es ihn nach staats-
bürgerlichen Ehren, und er erlangte sie ohne An-
strengung. In seinem Schloß Etang-sous-Bois –
einem Juwel aus der Renaissancezeit – und in seinem
Stadthaus an der Avenue Kléber empfing er die
Prominenz der Politik, jene, die der Ministerpräsident Floquet[3] als die republikanische Aristokratie
bezeichnete. Er traktierte sie mit *Truffes sous la serviette,* ließ sie zahllose junge Rebhühner vertilgen.
Diese nicht undankbaren Mägen und sich erkennt-
lich zeigenden Bäuche billigten denn auch seine
Kandidatur für die Wahlen im Bezirk Somme-et-
Oise, unterstützten sie und sicherten ihr den Erfolg.

Er wurde einer jener Abgeordneten, wie sie alle
Regierungen lieben. Während der Parlaments-
debatten von größerer Wortkargheit als ein Ha-
remswächter, aber bei offiziellen Anlässen sehr
dekorativ mit seinem *baromètre* am Revers des
Kragens und seinem Kummerbund in den Farben
der Trikolore, war er ein Vorbild für die Regie-
rungsanhänger, das Muster eines Vertreters der
Parlamentsmehrheit. Indem er, wenn auch mit
heimlichen Bedenken, nacheinander die Opportu-
nisten, die Progressiven, die Radikalen und sogar
die Radikalsozialisten vertrat, stimmte dieser
Stumme wie ein Tauber. In der letzten Zeit hatte
man von ihm vor allem Beweise seiner antiklerikalen Haltung verlangt, und obwohl er seinen
Katechismus und den Unterricht, den er als Kind
bei den Ordensbrüdern in der Rue de Vaugirard
erhielt, nicht ganz vergessen hatte, war er gezwun-

gen, über die Priester herzufallen; ach, nicht besonders gerne, aber er tat es. Man hatte ihm zu
verstehen gegeben, daß seine Wiederwahl davon
abhänge.

Er billigte also mit seiner Stimme alle engstirni-
gen Maßnahmen, alle Gesetze, die Verfolgungen
nach sich zogen; so angenehm ist es offenbar für
einen arrivierten Ladenschwengel, jeden Tag zwischen vier und sieben Uhr als Kollege von etwa
fünfhundert Begünstigten des allgemeinen Wahl-
rechts einen kurzen Aufenthalt im parlamentari-
schen Zirkus des Palais Bourbon zu machen – in
einer doch recht gemischten Gesellschaft, wo man
nicht wenigen Betrügern und sogar zwei oder drei
Säufern die Hand drücken muß.

*

Das war also der angesehene Mann, der wegen
eines ärgerlichen Unfalles dazu verurteilt war,
mehrere Stunden allein, auf freiem Feld, von dichter Finsternis umgeben, in seinem blockierten
Automobil zu verbringen.

Indessen bemerkte Victor, der Chauffeur, in
dem Augenblick, als er sich auf den Weg machte,
um im nächsten Dorf Hilfe zu holen, «einen Lichtschimmer, als würde dort eine Kerze brennen»,
wie der große Märchendichter Perrault im «Kleinen Däumling» sagt.

«Na, Monsieur, nicht weit von hier steht ein
Haus... Möchten Sie, daß ich mich erkundige, ob
man Sie nicht aufnehmen würde, bis ich zurück

bin? Ein loderndes Feuer im Kamin eines Landhauses, das wäre immerhin besser, als sich im Wagen eine Erkältung zu holen.»

«Einverstanden. Gehen Sie hin, Victor... Allmählich beginnt sich meine Wärmeflasche abzukühlen.»

Der Chauffeur entfernte sich kaum für fünf Minuten.

«Man erwartet Sie, Monsieur», verkündete er fröhlich, «und Sie können ohne Bedenken hingehen... Ein komischer Ort... Zwei Damen in Schwarz, eine Art Witwen, mit einer Handvoll kleiner Mädchen... Und so liebenswürdig! Und sie riefen sofort aus: ‹Aber gewiß, er soll ganz rasch kommen, der arme Herr!...› Die jüngere der beiden Damen hat bereits einen Armvoll dürres Holz in den Kamin geworfen... Sie werden ein prächtiges Feuer vorfinden.»

Von der Aussicht ermutigt, stieg Herr Cramoisy aus seinem Auto. Hinter dem Chauffeur her, der immer noch eine der Kühlerlampen trug, und nachdem er im Schlamm etwa fünfzig Schritte auf Zehenspitzen zurückgelegt hatte, erreichte er die Zufluchtsstätte. Der Lichtschein der Azetylenlampe beleuchtete die rissige Fassade und das Strohdach eines Bauernhauses. Um die offene, strahlend helle Tür wanden sich die kahlen Zweige einer Kletterrose, und die beiden Damen, die gemäß Victor «eine Art Witwen» waren, standen auf der Schwelle.

«Willkommen, Monsieur», sagte die ältere, eine rundliche Person mit grauem Haar, «kommen Sie rasch herein und wärmen Sie sich die Füße! Sie haben es bestimmt nötig bei diesem schrecklichen Wetter. Treten Sie ein, bitte!»

«Großen Dank, meine Damen. Und Sie, Victor, gehen Sie und kümmern Sie sich um das Auto!»

Und Herr Cramoisy betrat das Haus, wobei er sich für seine Aufdringlichkeit entschuldigte und sich über den freundlichen Empfang sehr gerührt zeigte.

Aber das gutmütige ältere Dickerchen – was für ein offenes Lächeln, was für gesunde Zähne sie doch hatte! – unterbrach ihn sofort.

«Gastfreundschaft? Das ist doch die selbstverständlichste aller Pflichten ... Und das besonders heute nacht, da man unsere Jungfrau Maria und unseren heiligen Joseph nicht in die Herberge einließ und das arme Jesuskind in einem Stall zur Welt kommen mußte ... In der Christnacht einen Reisenden abzuweisen, der in Schwierigkeiten ist, das wäre ja erbärmlich!»

Es war warm und hell, das geräumige Zimmer, das Herr Cramoisy betrat; denn in dem hohen Kamin loderte, krachte, prasselte das Feuer und sprühte Funken. Nachdem der Reisende seinen Pelzmantel aufgeknöpft hatte, half ihm die jüngere der beiden Gastgeberinnen – eine großgewachsene Person mit einem Teint wie Wachs und einem vornehmen Gesicht mit feinen, sanften Zügen – bereitwillig, den schweren Pelzmantel abzulegen, und wies mit einer stummen Gebärde auf einen Strohsessel am Kamin.

Er ließ sich auf dem Sessel nieder, hielt seine schlammbespritzten Lackschuhe ans Feuer; dann, als er sich im Zimmer, in dem er sich befand, umschaute, fiel ihm die Bemerkung seines Victor über diesen «komischen Ort» ein, und Herr Cramoisy war in der Tat recht verwundert.

Zunächst gab es, gut sichtbar an einer Wand angebracht, ein großes Kruzifix – ach, eine sehr einfache Ausführung in Gips auf dunklem Holz –, und aufgrund seines ungewöhnlichen Ausmaßes und des Ehrenplatzes, den es einnahm, konnte man in diesem Kreuz leicht den Herrn des Hauses erkennen; und an einem Tisch unter dem Kruzifix saßen sechs kleine Mädchen, alle im selben dunklen Kleid und mit derselben dreiteiligen Haube, vor den Herrlichkeiten eines ländlichen Weihnachtsmahles, das aus einem kleinen Schinken und einem Apfelkuchen bestand.

Offensichtlich war Herr Cramoisy genau in dem Augenblick eingetroffen, als das Festessen beginnen sollte, denn jedes der kleinen Mädchen hielt bereits den Horngriff seines Messers und seine Blechgabel in der Hand. Aber der unerwartete Besuch hatte ihre Ungeduld, die Speisen in Angriff zu nehmen, bezähmt, und die sechs Kleinen, aufgestört wie ein Rudel Mäuse, erblickten staunend, was sie noch nie gesehen hatten, nämlich einen vornehmen Herrn wie aus früherer Zeit, in Galakleidung, mit weißer Halsbinde, zweifacher Goldkette über der Weste und Perlen auf der gestärkten Hemdbrust.

Im Geiste des Abgeordneten aus dem Wahlbezirk Somme-et-Oise, der es nie versäumt hatte, bei Abstimmungen die antiklerikalen Regierungspräsidenten Waldeck-Rousseau oder Combes[4] zu unterstützen, und der nicht ganz sicher war, etwas Hervorragendes geleistet zu haben, als er für die Vertreibung der Mönche und Nonnen gestimmt hatte, weckten das große Kruzifix und das Häuflein dieser armen Kinder den Verdacht, daß er hier die Überreste einer Klosterschule vor sich hatte.

Er wurde in diesem Gedanken bestärkt, als er seine beiden Gastgeberinnen – die kleine Rundliche und das Fräulein mit dem blassen Gesicht – aufmerksam betrachtete, deren schmucklose Kleidung etwas undefinierbar Klösterliches an sich hatte und die, nachdem sie zum Tisch gegangen waren, die Torte und das Fleisch aufschnitten und den Mädchen das Essen servierten.

Übrigens blieben ihm kurz darauf keine Zweifel mehr, als er in einem Winkel des Saales zwischen ein paar brennenden Kerzen auf einer alten Truhe eine sehr bescheidene Krippe entdeckte, aber immerhin eine Krippe mit all ihren Figuren, mit Maria und Joseph, dem Jesuskind auf dem Stroh, mit den Hirten und ihren Schafen, den Heiligen Drei Königen und ihren Kamelen, das Ganze aus bemalter Pappe. Er erkannte in diesem Spielzeug einen früheren Artikel aus dem «Bazar des Deux Mondes», wo – das versteht sich von selbst – seit langem eine Abteilung für religiöse Gegenstände existierte, die wenige Jahre zuvor zum Weihnachtsfest diese Krippe zum bescheidenen Preis von 11,95 Francs – um nicht 12 Francs verlangen zu müssen – lanciert und mit diesem unbedeutenden Geschäft einen recht hübschen Gewinn erzielt hatte.

Herrn Cramoisy beschlich ein höchst unbehagliches Gefühl.

«Sie schauen unseren Kindern zu», sagte da die Rundliche fröhlich und zeigte dabei ihre schönen Zähne, «sind sie nicht niedlich?»

Herr Cramoisy hatte eben bemerkt, daß die armen Kleinen alle schwächlich und elend aussahen, daß eine davon bucklig war und daß eine andere hinter sich an der Stuhllehne ein Paar Krücken stehen hatte.

«Sehr niedlich», antwortete der Abgeordnete dennoch aus Gefälligkeit, «sehr niedlich, Madame... Aber verzeihen Sie... Muß ich Madame sagen oder... Mademoiselle?»

«Ach, Monsieur, wie Sie wollen... Im Kloster zur Salutation angélique hieß ich Schwester Saint-Jean und meine Gefährtin hier Schwester Bénie de Jésus. Aber seit man unser geliebtes Kloster geschlossen hat und wir sogenannt laizistisch wurden, bin ich Fräulein Sophie, und sie ist Fräulein Armande. Das sind unsere Taufnamen, von denen wir uns beim Ablegen des Gelübdes getrennt hatten.»

«So sind Sie beide...?» fragte Monsieur Cramoisy.

«Ja, wir sind Nonnen», antwortete die zu einem Fräulein Sophie umgewandelte Schwester Saint-

Besuch der Maria bei Elisabeth (Luk. 1,40)

Jean. Sie überließ jetzt Fräulein Armande, ehemals Schwester Bénie de Jésus, die Aufsicht über die beim Weihnachtsschmaus sitzenden Mädchen und kam auf Herrn Cramoisy zu, der sich immer noch die Füße wärmte, blieb vor ihm stehen – unter uns gesagt, Fräulein Sophie war etwas geschwätzig – und machte es sich zur Pflicht, die Neugier ihres Gastes zu befriedigen.

«Ja, Monsieur, die armen Kleinen, die Sie hier sehen, sind die restlichen Insassen eines Waisenhauses, das unsere Mutter Priorin mit dem unterhalten hatte, was unser Pensionat für Mädchen aus wohlhabenden Familien ihr eingebracht hatte. Die Reichen bezahlten für die Armen, wie es sich gehört... Aber wir waren ein Orden des kirchlichen Lehramtes, und man wandte jenes häßliche Gesetz auf uns an... Ach, diese Abreise! Zweihundert Frauen aus der Stadt standen da und weinten, als wir zwischen zwei Reihen von Gendarmen das Kloster verließen und das *Parce Domine* sangen... Jetzt ist unser Kloster leer, und sicher wuchert das Gras im Hof, wo unsere Kinder während der Pausen spielten... Der Orden ist nicht reich. Unsere Mutter Priorin konnte nur wenige unserer Schwestern nach Belgien mitnehmen, an erster Stelle die fünfundachtzigjährige Nonne Sainte-Agathe, die zuvor nie in einer Eisenbahn gefahren war und am Bahnhof aus Angst in Ohnmacht fiel, als sie die Lokomotive sah... Damals kehrten wir, Schwester Bénie de Jésus und ich, in die Welt zurück. Aber was tun hier? Wir waren zu nichts anderem fähig, als uns um Kinder zu kümmern... Von unseren Kleinen waren mehrere Vollwaisen, und einige hatten ein Gebrechen... Sehen Sie nur... Da ist eine mit Verwachsungen, und eine andere ist verkrüppelt... Meine Eltern – sie waren Bauern – haben mir dieses Haus und ein paar Äcker als Erbschaft hinterlassen; die Familie von Schwester Bénie de Jésus – von Fräulein Armande, wenn Sie lieber möchten – kann ihr mit einer sehr bescheidenen Rente behilflich sein... So haben wir uns beide hier niedergelassen und einige unserer Kleinen, die erbarmungswürdigsten, die ärmsten, aufgenommen... Wir bemühen uns, gute Christinnen aus ihnen zu machen... Wenn das Wetter es erlaubt hätte, wären wir heute abend mit ihnen ins Dorf zur Mitternachtsmesse gegangen... Aber bei dieser Kälte und auf diesen schmutzigen Straßen – unmöglich! Zum Glück hatten wir diese Figuren, eine Krippe... Kurz bevor Sie eintrafen, haben die Mädchen davor das Lied ‹Komm, göttlicher Messias...› gesungen, und gleich nach dem Weihnachtsessen – denn das Weihnachtsessen hat Tradition[5], und man muß sie doch ein wenig zerstreuen, die armen Kleinen – werden sie noch ein kurzes Gebet sprechen, nochmals ein Kirchenlied singen, und dann ins Bett... So ist es, mein lieber Monsieur. Wir sind sozusagen keine Nonnen mehr, aber es ist ungefähr dasselbe... Mit Recht sagt das Sprichwort: ‹Die Kutte macht noch keinen Mönch.› Den Rosenkranz, der über unserer Schwesterntracht hing, behalten wir in der Tasche, das ist der ganze

Unterschied. Und wenn auf unserem Mieder auch kein Herz Jesu aus rotem Stoff mehr aufgenäht ist, wir hegen doch in unserem armen Frauenherzen so gut als möglich die Liebe Unseres Herrn für alle Leidenden und seine besondere Zuneigung für die kleinen Kinder... Sie haben gut reden, jene, die heutzutage an der Macht sind. Ob mit oder ohne Haube, wir tun doch nichts Schlechtes, wenn wir unseren Waisen beibringen, daß sie im Himmel einen Vater und eine Mutter haben, nämlich den lieben Gott und die Heilige Jungfrau... Ich verstehe nichts von Politik, aber wir leben doch in einer seltsamen Zeit, nicht wahr, in der man Gesetze fabriziert, mit denen die Ausübung der christlichen Nächstenliebe verhindert wird.»

Das lärmige Geplapper der kleinen Mädchen an der weihnachtlichen Tafel – denn dem Fest zuliebe mußten sie die Mahlzeit nicht unter Schweigen einnehmen – hatte der ehemaligen Nonne diese ausführlichen Vertraulichkeiten gegenüber Herrn Cramoisy ermöglicht, der sich ganz entschieden immer unbehaglicher fühlte.

Er war kein schlechter Mensch, wir sagten es schon, und als seine Fraktion neulich in der Kammer beschlossen hatte, für das Gesetz gegen die Klosterschulen zu stimmen, war der Abgeordnete des Wahlbezirks Somme-et-Oise von gewissen Skrupeln geplagt worden.

Er hatte sich daran erinnert, daß seine Mutter, die Tabakhändlerin, obwohl sie wegen ihrer Plakkerei als Ladenbesitzerin nicht in die Kirche gehen konnte, in ihrem Kern doch fromm geblieben war, wie die feineren Leute sich ausdrücken, und ihn, als er noch ganz klein war, beten gelehrt hatte; er hatte auch an seine Kindheit bei den hervorragenden Ordensbrüdern in der Rue de Vaugirard gedacht, und der Gedanke, einem Gesetz zu deren Vertreibung beizupflichten, hatte ihn zuerst sehr beunruhigt.

Aber seine Kollegen hatten ihn mit ihrem Wortschwall und mit ihren Spitzfindigkeiten − Befreiung des Bewußtseins, Sieg der Vernunft, wissenschaftliche Moral, Kampf gegen den Obskurantismus und so weiter − betäubt, und in der Wandelhalle hatte ihn ein Minister im Getöse der Gespräche davon überzeugt, daß es in dieser feierlichen Situation um «das höhere Interesse der Republik» ging. So hatte er als Parlamentsautomat für das berüchtigte Gesetz gestimmt.

Und nun konfrontierte ihn der Zufall rücksichtslos mit den Folgen seines Votums. Beim Anblick, der sich ihm darbot, und nachdem er die Worte dieser bescheidenen Frau gehört hatte, war Herr Cramoisy, ihr dürft es mir wirklich glauben, nicht im geringsten stolz auf sich, o nein, nicht im geringsten!

«Ich überlege mir eben», rief die ehemalige Nonne Saint-Jean aus, «nach dem Unfall, den Ihr Automobil hatte, werden Sie erst sehr spät in der Nacht wieder in Paris sein ... Unser Abendessen ist recht bescheiden, aber wenn Sie uns die Ehre machen wollen, einen Bissen zu sich zu nehmen ...?»

Herrn Cramoisy lagen immer noch der Salm von fragwürdiger Frische und das fast rohe Rindsfilet des für die Wahlen veranstalteten Festessens auf dem Magen, in dessen Verlauf er die «römische Clique» gegeißelt hatte; und dann war es auch die Erinnerung an seine Rede bei diesem politischen Liebesmahl, die zu verdauen er Mühe hatte. Er lehnte also das freundliche Angebot seiner Gastgeberin mit zahlreichen Dankesworten ab.

«Nun denn, Monsieur», sagte sie, «ich werde mich jetzt, wenn Sie gestatten, zu den Kleinen setzen und sie ein wenig überwachen ... Sie bekommen nicht oft ein so gutes Essen, denn wir sind nicht reich, und man muß aufpassen, daß sie sich nicht den Magen verderben ... Schwester Bénie de Jésus ... das heißt Fräulein Armande, wird Ihnen Gesellschaft leisten.»

Vergeblich beteuerte Herr Cramoisy, er sei untröstlich, so große Ungelegenheiten zu verursachen, und bat die Damen, sich nicht um ihn zu kümmern. Diese wollten jedoch ihre Pflicht als Gastgeberinnen nicht versäumen, und das hochgewachsene Fräulein mit dem blassen Gesicht begab sich anstelle ihrer Gefährtin zu dem Reisenden und stand in ihrem schwarzen Kleid, mit gekreuzten Armen, die Hände an den Ellenbogen, aufrecht neben ihm.

Am Festtisch wurde das Geplauder und Lachen immer lauter. Beim Verschlingen der Apfeltorte hatten sich die Kleinen alle mit einem zuckrigen Schnurrbart geschmückt, und durch die Wirkung eines kleinen, ach so kleinen Glases Weißwein (es war bestimmt die billigste Marke) waren die Mädchen – Gott möge mir den Ausdruck verzeihen – ein wenig beschwipst.

«Sie entschuldigen doch den Lärm, den die Kinder vollführen, Monsieur», sagte Fräulein Armande, «sie feiern so selten ein solches Fest.»

Das Gesprächsthema lag auf der Hand. Herr Cramoisy erkundigte sich im einzelnen über die Kleinen, über ihre Herkunft, über ihre Familien.

Daraufhin erzählte die ehemalige Nonne Bénie de Jésus mit einer sehr sanften Stimme und in sehr einfachen Worten erschreckende Geschichten. Diese hilflosen Kinder waren alle Opfer der Armut; sie waren alle von diesem Erbmal, von diesem schicksalhaften Makel gezeichnet.

«Emma – ja, das blonde Kind mit den dunklen Augen – hatte einen Vater und eine Mutter, die Alkoholiker, unverbesserliche Trunkenbolde waren, und bei ihr befürchtet der Arzt den Ausbruch einer Tuberkulose. Clémence – das rothaarige Mädchen, das aus vollem Halse lacht –, sie hat epileptische Anfälle. Was Madeleine, die Kleine mit dem Buckel, anbelangt – ach, sie gehört zu unseren Lieblingen, sie ist die Sanftmut selbst –, sie wurde von ihrem Vater, einem redlichen Burschen, den seine Frau verlassen hatte, so gut als möglich aufgezogen; aber er war von Beruf Dachdecker und war bei einem Sturz auf der Stelle tot. Am meisten jedoch mußte Noémie – jene, die ihre Krücken an den Stuhl angelehnt hat – in ihrer frühen Kindheit

leiden. Bis zu ihrem sechsten Altersjahr, als wir sie in
unser Waisenhaus aufnehmen konnten, war ihr Leben eine wahre Qual. Was war ihre Mutter doch für
eine verworfene Frau! Eine Schurkin, eine Halb-
verrückte, muß man annehmen, welche dieses süße
Kind verabscheute und es windelweich schlug! Das
ist der Grund für sein Gebrechen. Nun wird es für
immer hinken müssen.

Unsere Joséphine – das bläßliche Mädchen mit
nach innen wandernden Augen – ist das älteste dieser Kinder», setzte Fräulein Armande hinzu und
winkte dem Mädchen, das zu ihr herübersah, mit
einem freundschaftlichen Lächeln. «Sie ist knapp
zehn Jahre alt und von vorbildlicher Frömmigkeit.
Als wir noch im Kloster wohnten, sagte sie oft zu
mir: ‹Schwester, ich möchte Nonne werden wie
Sie.› Wir hofften wirklich, daß dies ihre Berufung
sei. In sieben oder acht Jahren hätte sie ihr Noviziat
antreten können ... Doch solche Pläne dürfen wir
nicht mehr machen ... In sieben oder acht Jahren ...? Ach, bis dahin gibt es vielleicht in Frankreich kein einziges Kloster mehr ...! Aber es ist
nicht recht von mir, so zu reden. Unsere Heilige
Mutter, die Kirche, untersagt es uns, zu verzwei-
feln, sie lehrt uns, daß dies die größte aller Sünden
ist, und sie hat ganz recht; denn ohne Hoffnung
wäre schon das Leben eine Hölle ... Wie Sie also
sehen, Monsieur, kann man uns zwar aus unseren
Klöstern vertreiben, uns auseinandersprengen und
unsere Werke zerstören. Wir aber lesen die verblie-
benen Scherben auf und versuchen, damit ein paar

armselige Zufluchtsstätten wie diese hier neu auf-
zubauen. Dies übrigens mit der Gewißheit, daß die
Heimsuchung früher oder später ein Ende nehmen
und der liebe Gott seinen Dienerinnen zu Hilfe
kommen wird, damit sie soviel Gutes tun können
wie früher.»

Herr Cramoisy hörte der Nonne zu, aber er
wagte ihr nicht mehr in die Augen zu schauen.
Erschüttert und ergriffen starrte er auf die heiße
Glut im Kamin, und mit veränderter, fast zitternder Stimme fragte er: «Und wie viele Waisen
hatten Sie im Kloster zur Salutation angélique,
Mademoiselle?» – fast hätte er «Schwester» gesagt.

«Sechzig, Monsieur.»

«Und hier sind es noch wie viele...?»

«Nur noch sechs, wie Sie sehen.»

«Aber... die anderen... Was ist aus ihnen geworden?»

«Unsere Mutter Priorin tat, was sie konnte.
Noch sind nicht alle unsere Klöster geschlossen.
Wir haben einige unserer Kinder da und dort pla-
ziert, wenn auch nur wenige... Ein paar weitere
hatten Familienangehörige, mehr oder weniger
entfernte Verwandte... Und dann... gibt es
schließlich die öffentliche Fürsorge... Wie werden sie wohl erzogen, diese armen Kleinen? Was
wird ihr Schicksal sein? Das ist unser großer Kummer... Ach, jene, welche zu unserem Schaden
diesem Gesetz zustimmten, haben, ich will es gerne
glauben, keine Ahnung von all dem, aber sie haben
viel Unheil angerichtet!»

Herr Cramoisy heftete seinen Blick immer noch starr auf den Kamin; jetzt sah er dort nicht die rote Glut, sondern sich selbst auf seinem Parlamentssitz im Palais Bourbon, wie er mit dem neben ihm sitzenden Abgeordneten fröhlich über das Stück plauderte, bei dem sie sich den Abend zuvor im Varietétheater beide so gut unterhalten hatten, und wie er, als der Amtsdiener ihm die Urne hinstreckte, zerstreut gegen diese bewundernswerten Nonnen stimmte, gegen diese tugendhaften, sich aufopfernden Frauen und – ach, wie schmerzlich schlug sein Herz – überdies gegen diese vielen unschuldigen Kinder, die ins Elend, auf die Straße zu den schlechten Vorbildern, ins Laster zurückgestoßen wurden!

«Ja», murmelte er, «jene, die für dieses Gesetz stimmten... Sie müssen sie wohl hassen.»

Überrascht, aber ohne auch nur im geringsten die Fassung zu verlieren, wich Schwester Bénie de Jésus einen kleinen Schritt zurück. Sie hob den Kopf und entgegnete in einem Ton, der immer noch so sanft wie zuvor war, aber eine eigenartige Würde verriet: «Sie hassen...! O nein, Monsieur... Das Wort ‹Haß› ist im Evangelium nicht zu finden... Wir verabscheuen das Böse, aber der Gott, der heute nacht geboren wurde, gebietet uns, mit den schlechten Menschen Mitleid zu haben, ihnen zu verzeihen und für sie zu beten... Das tun wir, und Sie werden gleich den Beweis dafür bekommen.»

In diesem Augenblick war das Weihnachtsessen

zu Ende, und die Waisenkinder erhoben sich vom Tisch. Nachdem sie an dem großen Kruzifix aus Gips vorbeigegangen waren und sich dabei bekreuzigt hatten, knieten sie vor der Krippe mit den bemalten Pappfiguren, dem ehemaligen Weihnachtsartikel aus dem «Bazar des Deux Mondes», nieder, und auf ein Zeichen von Schwester Saint-Jean hin stimmten sie ein altes Hirtenlied an: «Es wurde geboren das göttliche Kind; klingt, ihr Oboen, erklingt, ihr Schalmeien.»

Nachdem sie das Lied gesungen hatten, ergriff Schwester Bénie de Jésus das Wort: «Meine lieben Kinder», sagte sie, «bevor ihr euch schlafen legt, werdet ihr mit mir noch ein Vaterunser und ein Avemaria beten, damit Gott all jenen Menschen verzeiht, die euch von euren Kamerädlein getrennt haben, und damit sie ihre Irrtümer bald aufgeben und euch erlauben, sie wiederzusehen und erneut mit ihnen unter dem gleichen Dach zu leben.»

Und es war ein großes Glück für Herrn Cramoisy, daß die kindlichen Stimmen, die gemeinsam ihr Gebet aufsagten, den ziemlich leisen, aber äußerst sonderbaren Laut übertönten, der aus seiner Kehle drang; denn es war ein schluchzender Laut, ein Schluchzen der Scham und der Reue.

*

Eine Weihnachtsgeschichte muß immer einen glücklichen Ausgang nehmen.

Wenn ich euch versichern würde, daß der ehemalige Ladenschwengel aufhörte, ein vor Eitelkeit aufgeblasener Emporkömmling zu sein, würdet ihr es mir nicht glauben. Doch zumindest werdet ihr alle froh sein zu vernehmen, daß seine beiden Gastgeberinnen schon am Tag darauf einen Check erhielten, der auf eine ansehnliche Summe lautete und ihnen die Gründung eines großen Waisenhauses ermöglichte, wohlverstanden eines weltlichen Waisenhauses, das aber nach den Worten des Chauffeurs Victor von «einer Art Witwen», das heißt von den früheren Nonnen zur «Salutation angélique», geleitet wurde.

Übrigens kandidierte der Inhaber des «Bazar des Deux Mondes», der Politik überdrüssig geworden, nicht mehr für die letzten Wahlen, und wenn die bei ihm am Etang-sous-Bois zur Jagd eingeladenen Gäste von der «klerikalen Gefahr» und von der «römischen Clique» zu reden anfangen, wechselt er mit ein paar ziemlich schroffen Worten das Gesprächsthema.

Mit seltsamer Sanftmut denkt er dann immer an das Häuflein armseliger Mädchen, die vor der aus seinem Kaufhaus stammenden Krippe zu elf Francs und fünfundneunzig Centimes knieten und deren Gebet seiner Seele etwas mehr Gerechtigkeitssinn und Nächstenliebe schenkte.

Pariser Weihnachten

Der *Père Noël* wird merkwürdigerweise immer
populärer – so ist das früher nicht gewesen. Denn
früher war es der Neujahrstag, der *jour de l'an,* an
dem man sich Geschenke machte. Wohl fanden am
ersten Weihnachtstag die französischen Kinder Geschenke in ihren Schuhen, die sie am Kamin auf-
gebaut hatten – aber der Tannenbaum war natürlich nicht da, die Weihnachtskerzen auch nicht,
und überhaupt nichts von dem, was seinerzeit auf
deutscher Seite den großen Krieg mit beenden
half: Weihnachten zu Hause zu feiern. (Doktor-
arbeit: «Das deutsche Familiengefühl in der Welt-
geschichte.») Das also hat es alles in Frankreich früher nicht gegeben – aber jetzt ist da langsam eine
Wandlung eingetreten. Die großen Warenhäuser
veranstalten nun Weihnachtsausstellungen, deren
Schaufenster schon auf den Straßen umlagert sind;
Barrieren sind errichtet, Schutzleute regeln den
Verkehr, und die Kinder bekommen Blitzaugen, in
denen sich Geblendetheit, Habsucht und Zauber-
stimmung gar anmutig mischen. Es ist wohl der
englisch-amerikanische Einfluß, der Paris so wan-
delt; langsam geht diese Wandlung vor sich, sachte,
Schritt vor Schritt, unerbittlich. Es gibt französische Nachahmungen des englischen Christmas

pudding, vor denen uns Gott behüten möge, und die Sitte, Weihnachten anders zu begehen als früher, nimmt zu. Da stehen schon Tannenbäume auf den Straßen, hauptsächlich im Fremdenviertel, also um die Madeleine herum – das Warenhaus am Louvre hat sich eine sehr gute Lichtreklame ausgedacht: an seiner Fassade am Palais Royal, in dem das «Institut pour la Coopération Intellectuelle» wohnt, steigen ununterbrochen Raketen auf und zerplatzen in bunter Lichterfülle – eine Sache, die sehr viel Geld gekostet haben muß. Aber es kommt wieder herein. Die Warenhäuser sind voll; die mäßig bezahlten Angestellten haben zu tun, daß ihnen der Kopf schwirrt, und obgleich die Inflations-Fremden abgewandert sind, gehen diese Art Geschäfte – im Gegensatz zu fast allen anderen, die recht still sind – gut, sogar sehr gut.

Die Restaurants rüsten zum *réveillon*. Das ist das traditionelle Festessen in der Silvesternacht. Zu Silvester liegen die Boulevards fast leer; alle Welt ist zu Hause oder in den Restaurants, wo das Essen besonders teuer und besonders mäßig ist. Da es kein französisches Wort für «gemütlich» gibt, so fehlt auch der Begriff – und es ist immer wieder merkwürdig, zu beobachten, wie sich um einen Tisch jene undefinierbare Atmosphäre herstellt, *«où l'on s'installe»*, jeder Tisch eine kleine Heimat. *Réveillon* ist eine Sache, die ganz Paris für ein paar Stunden verändert – am 1. Januar sinkt es wieder in seine Gewohnheiten zurück; in die bewegte Stille seiner Quartiers, die kleine abgeteilte

Städte sind – alles wird wieder so, als wäre nichts gewesen.

Doch, etwas war. Im ganzen Monat Dezember klingelt ein Mann nach dem anderen an der Wohnungstür, Köpfe von Frauen tauchen auf, Leute, die man das ganze Jahr über nicht zu Gesicht bekommt, sind plötzlich da. Sie bitten um die *étrennes,* um das Weihnachtsgeld, um das Neujahrsgeld, wie man will. Der Briefträger. Die Zeitungsfrau. Die Bäckerjungen. Der Mann von der Müllabfuhr. Der Telegrafenbote. Der Drucksachen-Briefträger. Der eingeschriebene Briefträger. Der Postminister war merkwürdigerweise nicht da ... Wohl aber: Seine Majestät, der Herr Hausmeister. Der Concierge. Frankreich ist ein freies Land, sagen die Leute. Das mag, für viele Gebiete, richtig sein. Daß sich aber eine Stadt wie Paris Tyrannei dieser Hausmeister gefallen läßt, ist etwas, das ich – auch nach jahrelangem Aufenthalt in dieser schönen Stadt – niemals begriffen habe. Er bittet nicht um die *étrennes* – er verlangt sie, traulich, auf die unsichtbare Pistole gelehnt, die jeder Mieter kennt. Denn jeder Pariser Hausmeister ist ein Beobachter deines privaten Lebens. Er weiß alles. Durch ihn gehen alle Briefe. Er fängt deine Besuche ab. Er kann dich so maßlos schikanieren, daß es besser ist, du ziehst aus, als einen vergeblichen Krieg zu führen, den du unweigerlich verlierst. Und von seinen Beziehungen zur Polizei will ich gar nicht sprechen. Doch, ich will davon sprechen. Eine mir befreundete Engländerin fand in ihrem *dossier,* in ihrem Aktenstück, das über alle

Fremden und über alle wichtigen Franzosen auf der Polizei geführt wird, diese kleine Eintragung: «Empfängt viele Leute von Welt, schläft aber nur mit einem dekorierten Herrn...», es folgte der Name. Für jeden Kenner war klar, woher diese Angabe stammte. Vom Hausmeister. Aus Glas sind deine Wände, dein Privatleben ist keines, *er* bringt es an den Tag. Hüte dich! Und gib ihm – und vor allem ihr – reichlich zu Weihnachten, zu Silvester und zu Neujahr. Es ist dein Vorteil; man kann nie wissen; hörst du die Butter auf deinem Kopf schmelzen?

Um all das kümmert sich die französische Provinz so gar nicht – wie ja überhaupt die französische Provinz von Paris himmelweit verschieden ist. Einer der bedeutendsten französischen Literaturkritiker, Thibaudet, hat neulich einmal gesagt: «In Paris wird das Geld ausgegeben. In der Provinz wird es verdient.» Ah, es wird nicht nur verdient: Es wird Billet auf Billet gelegt, Geiz ist das Nationallaster, und hier sehen die Leute nie nach dem aus, was sie wert sind. Man möchte ihnen häufig einen Groschen schenken. Aber sie, sie könnten dir etwas schenken. Sie tun es übrigens nicht.

Nun kommt Weihnachten; mit einer kühnen Sprachwendung sagt man: *«Nous allons réveillonner!»,* und wer klug ist, kocht sich seins zu Hause. Wir wollen einen mild-spritzigen Vouvray trinken, einen Wein, den sie nicht exportieren und in dem ganz Frankreich ist: milde Süße, Sonne und die Ausgeglichenheit einer fröhlichen Welt.

JOSEPH VIKTOR WIDMANN
1842–1911

Öhmchens Weihnachtsbaum

Es war kurz vor Weihnachten; Frau Hermine
Öhmchen, ein rosiges Weibchen, seit vier Jahren
verheiratet, erwartete ihren Gatten, der die Tee-
stunde nicht leicht versäumte; sie saß beim Schein
der Lampe am gedeckten Tisch, mit einer Stickerei
beschäftigt. Die beiden Kleinen hatten ihr Abendbrot längst bekommen; sie mußten früh zu Bett
und waren schon eingeschlafen.

Schlag halb acht Uhr erschien Öhmchen. Aber
mit verdrießlichem Gesicht trat er in die Stube und
warf seine Bücher unsanft auf einen Nebentisch.
Erstaunt blickte Hermine auf. «Was ist dir über den
Weg gelaufen, Karl?» fragte sie den Gatten, der
sich, wie erschöpft, ihr gegenüber in einen Lehnstuhl fallen ließ.

«Ach!» jammerte Öhmchen; «meine Schüler;
verdammte Jungen! Treiben jeden Schabernack in
der Stunde, während ich ihnen den Livius einpau-
ke. Benützen meine Kurzsichtigkeit, um in aller
Stille auf den hintern Bänken Karten zu spielen;
haben sogar die Tintenfässer ausgespült und dafür
Malaga hineingegossen, den sie während der Stunde einander zutrinken. Natürlich mußte mir die
ganze Klasse bis sieben Uhr sitzen, als ich's entdeckte; ich aber saß mit ihnen. Diese Rangen...»

«Laß sie», ermunterte Frau Öhmchen ihren Mann, «du warst, wie du mir oft erzählt hast, in deiner Jugend gerade so einer. Aber nun gib mir deine Tasse und denke nicht mehr an die Schule.»

Öhmchens Stirn glättete sich aus Gefälligkeit für seine Frau; aber der Ärger saß tief. Nachdem die Ehegatten ihr Abendessen beendigt hatten, kam daher der Konrektor immer wieder auf die bösen Schuljungen zu sprechen, bis seine Frau zuletzt ausrief: «Lieber Mann, laß uns doch lieber von unsern eigenen Jungen, die da drüben so friedlich schlummern, ein Wörtchen sprechen! In vier Tagen ist Weihnacht; wir haben noch keinen Tannenbaum bestellt. Nun steht die Bude des alten Moppliger, der schon meinen Eltern die Weihnachtsbäume geliefert, an deinem täglichen Schulweg. Wie wäre es, wenn du morgen einen Baum besorgtest, so was recht Schönes, einen großen Baum, der vom Boden bis fast an die Decke reicht, so was zu drei bis vier Franken?»

«Was?» fuhr Öhmchen auf. «Drei bis vier Franken für den Weihnachtsbaum zahlen?»

«Was hast du dagegen?» fragte seine Gattin erstaunt. Sie hatte an ihrem Gemahl niemals die kleinste Anwandlung von Geiz bemerkt, oft sogar die Anlage zur Sparsamkeit an ihm vermißt; übrigens waren sie wohlhabende Leute, die über derartige Auslagen sonst nie ein Wort verloren.

Aber in Öhmchens Herzen saß der Groll über seine Lateinschüler und regte den friedlichen Mann zu ungewohnter Heftigkeit auf; eine unglück-

licherweise in diesem Moment sich seinem Geiste
vorstellende Idee nahm alsobald von ihm Besitz,
und er rief: «Was ich dagegen habe, fragst du? Nun!
Einfach, daß ich nicht einsehe, warum man kaufen
soll, was man selbst schaffen kann.»

«Du kannst doch keine Bäume schaffen wie der
liebe Gott am vierten Schöpfungstag», antwortete
lächelnd Hermine.

«Aber holen kann ich sie im Wald, selbst schneiden oder fällen, wie ich will», erwiderte der Konrektor.

«Ich glaubte, das sei verboten», war Herminens
richtige Antwort.

Aber da gerade hatte ihr Gatte sie erwartet, um
in einer prächtigen Phrase seinem innern Groll
Luft zu machen.

«So?» rief er. «Verboten. In der Tat! Es gibt derartige die Urrechte des Menschen verkümmernde
Satzungen. Aber, liebes Weib! Wir leben in einer
großen Zeit, deren Flügelschlag du über deinem
Haupte spürst . . .»

Hermine sah empor und wollte schon sagen, sie
spüre nichts, als der Konrektor über die Brille weg
sie zürnend anblitzte und fortfuhr: «Metaphorisch
gesprochen, Hermine! Natürlich metaphorisch!
Ich meine nicht, daß du den Flügelschlag spürst in
physischer Sinnlichkeit . . .»

«Bitte! Laß solche Ausdrücke», bemerkte Hermine errötend.

«Also, in Gottes Namen, unbildlich!» rief der
Konrektor und sprach weiter: «Der Wald gehört

wie Luft und Licht zu den unveräußerlichen Lebensgütern, auf die der Mensch nach dem Naturrecht urewigen Anspruch hat. Mögen sinnlose Faselhanse wie unsere modernen Gesetzgeber ein solches Naturrecht beschränken – es bleibt doch in Bestand. Und den will ich sehen, der einen Vater zu hindern wagt, für seine Erzeugten zum Weihnachtsfest einen Tannenbaum aus dem Wald zu holen.»

«Aber Männchen . . .»

«Nichts da! Hermine! Hier handelt es sich um ein Prinzip.»

«Das sagst du allemal, wenn du dir etwas in den Kopf gesetzt hast.»

«Hermine! Und wenn ich, wie Schiller sagt, mein gutes Recht oben von den Sternen herablangen müßte, ich könnte nicht anders. Morgen nachmittag ist keine Schule; da werde ich dem nächsten Forste zuschreiten zur Ausübung meines Naturrechts.

Bei diesem Beschluß blieb's; die seufzende Hermine wußte ja schon, daß sie mit Widerspruch nichts ausgerichtet hätte. Unter diesem Eindruck verfloß ihr aber der Abend nicht besonders angenehm. Still legte sie ein Buch vor sich hin, in das sie während der Arbeit zerstreut blickte. Der Konrektor aber entwarf sich für seine Ausübung des Naturrechtes einen wahren Schlachtplan. Erste Frage: Welcher Wald? Um die Stadt herum stehen nur große Waldesriesen zum Schmuck der Promenaden. Man sollte wirklich eine Karte der weiteren

Umgebungen der Stadt besitzen. Ins Notizbuch einschreiben: Morgen früh Karte in der Buchhandlung kaufen. Übrigens erinnerte sich Öhmchen, daß gleich hinter der ersten Eisenbahnstation gegen Norden vor der Stadt ein bedeutender Wald – das Schwarze Holz – sich ausdehnte. Nachsehen, wann der Eisenbahnzug abgeht. Kein Eisenbahnbüchlein im Hause? Nein. Zweite Notiz: Eisenbahnbegleiter in der Buchhandlung kaufen. Jetzt entsteht die Frage: Womit fällt man den Baum? Messer? Beil? Säge? Vermutlich Säge. Keine im Hause. Morgen in der Eisenhandlung eine anschaffen; man braucht so was immer; am besten gleich ein ganzes Werkzeugkistchen anschaffen. Dritte Frage: Was für ein Anzug? Die schwarzen Kleider würden von dem fetten Fichtenholz – siehe Hallers «Alpen»: «Wo fetter Fichtendampf die dürren Balken schwärzt» – klebrig werden und ganz zugrunde gehen. Aber ein graues Überhemd? Hm! macht unkenntlich; ungeheuer romantisch. Notiz: Morgen früh eines anschaffen bei Naphtali, wenn er so was hat. Wird's wohl haben; hat alles. Dazu ginge gut eine kurze Forstmannspfeife – nein! nicht Forstmannspfeife; «Forstmann» ist eine unangenehme Vorstellung, wenn man in den Wald geht zur Ausübung eines Naturrechts. Sagen wir einfach kurze waidmännische Holzpfeife. Furchtbar gemütlich; holländischen Knaster, Oldenkott daraus rauchen. Notiz: Beides morgen früh anschaffen. Ganz Wilddieb! Hm! Dieb, Wald, Raubmordfälle. Waffe könnte nicht schaden. Hirschfänger?

Nein, kommt einem beim Gehen zwischen die Beine. Aber beim Trödler prangt in der Auslage eine große Reiterpistole, Feuersteinschloß; interessant; hat andern Charakter als diese neuen Revolver, die ein ordentlicher Lateinprofessor nicht begreift. Karl Moor hatte eine solche Pistole im Gürtel stecken. Muß doch einmal diese Schillerschen Sachen wieder lesen. Hermine liest ohnehin. Ah! Da sind die Bände; aufs Geratewohl etwas aufschlagen: «Der Verbrecher aus verlorener Ehre». Auch gut. Lesen wir das.

So ungefähr folgten sich die Gedanken in Öhmchens Kopf, bis das Lesen in Schillers bekannter Erzählung ihn ganz in Anspruch nahm.

Zwischen der Lektüre sah er einmal auf und sprach zu Hermine in sanftem Ton: «Was meinst du, Kind, wenn du das Spirituslämpchen anzündetest unter dem Wasserkessel? Ich möchte nicht ungern ein Glas Grog trinken.»

«Ist es dir nicht zu spät?» wandte Hermine schüchtern ein, setzte aber zugleich das Lämpchen in Brand und holte Rumflasche, Zuckerbüchse, einen silbernen Becher, das Geschenk anhänglicher Schüler, und sonstiges kleines Zubehör, bei alledem innerlich erstaunt über dieses seltene Gelüste ihres Mannes. Öhmchen war aber schon so ganz Waldmensch geworden, daß ihm in seiner lebhaften Einbildungskraft fast vorkam, er sei den ganzen Tag im feuchten Moor herumgewandert und brauche etwas gehörig Erwärmendes; unter allen Umständen mußte seiner Meinung nach so ein heißer

Grog für die Unternehmung des folgenden Tages prophylaktisch wirken. Demgemäß tat er reichlich Rum in den Becher und schlürfte, immer nachgießend, manchen guten Zug des angenehmen Getränks, von dem er Herminen vergeblich anbot; Frauen nehmen in solchen Fällen aus Prinzip nichts.

Unterdessen war die Stunde des Zubettgehens gekommen, der Grog hatte Öhmchen schläfrig und etwas schwerfällig gemacht. Bald herrschte tiefe Stille im Haus; die Lichter waren gelöscht, und Schlaf deckte alle Bewohner.

Die Phantasie hält sich nur bei denjenigen Begebenheiten auf, an denen das Gemüt den vollsten Anteil nimmt, und überspringt oft lange Zeitabschnitte, wenn dieselben ohne hervorragende Merkmale wie graues endloses Papier sich dehnen. So ging es Öhmchen. Der nächste Vormittag mit den gewöhnlichen Schulstunden ging ihm unbemerkt vorüber. Er konnte sich auch nicht mehr besinnen, wie er sich von Hermine verabschiedet hatte. Er ward seiner sozusagen erst bewußt, als er sich aussteigend auf der Eisenbahnstation «Zum Schwarzen Holz» befand. Die bewußten Gegenstände hatte er alle bei sich, das Werkzeugkistchen in der Linken, Landkarte und Eisenbahnbüchlein in einer Rocktasche, unter die Weste geknöpft die unbequeme Pistole, die Holzpfeife im Mund – sie wollte aber nicht brennen – und das graue Überhemd unterm rechten Arm in einem Paket.

Ohne sich um den auf der Station noch warten-
den Zug weiter zu bekümmern, schritt Öhmchen
dem winterlichen Walde zu, erpicht, sein «Naturrecht» auszuüben, zugleich aber etwas ärgerlich,
daß die Pfeife nicht brennen wollte. Dreimal stellte
er sein Werkzeugkistchen mitten auf den Weg und
holte die schwedische Schachtel hervor, deren
Zündhölzchen ganz prächtig flammten, da es
windstill war. Aber sobald er an der Pfeife zog –
wobei er deutlich spürte, daß sie Luft hatte –, ging
sie ihm immer auf unerklärliche Weise aus, und
er bekam keine Ahnung von dem Oldenkott, auf
den das mit Nerven begabte Kamin seines Gau-
mens so lüstern war.

Etwas verdrießlich hierüber, gelangte er nun
vom äußern Waldsaum in den eigentlichen Wald.
Niemand begegnete ihm; er warf also rasch das
graue Überhemd über seine Tuchkleidung und
wanderte nach einem abermals vergeblichen Versuch mit der Pfeife trotzig weiter, immer tiefer in
den Forst. Endlich stand er auf einer Hügelwelle
mitten im Wald; große und kleine Tannen um-
gaben ihn, und bald fiel sein Auge auf einen
zum Weihnachtsbaum wohlgeeigneten Nadelholz-
wildling. Rasch machte er sich an die Arbeit, holte
die funkelnde neue Handsäge aus dem Kistchen
und begann kräftig zu sägen. Merkwürdigerweise
kostete ihn das Sägen gar keine Mühe; dagegen
machte es einen erstaunlichen, den ganzen Wald
erfüllenden Lärm und wollte nie ein Ende nehmen.
Nach seiner Berechnung hätte er schon die dickste

Tanne durchsägen können in der Zeit, die er mit der Arbeit zubrachte. Indessen, da die Arbeit ihn durchaus nicht ermüdete, fuhr er wohlgemut fort, und der Lärm der Sägetöne, ähnlich dem Schnarchen des schlafenden Polyphem, dauerte fort. Auf einmal bekam er einen leichten Stoß an die Schulter. Verwundert sah er auf und bemerkte anfänglich niemand in der Nähe; als sich aber der Stoß wiederholte, sah er zu seinem Erstaunen, daß ein Dachshund neben ihm stand, ihn bei der Arbeit anglotzte und öfters mit der Schnauze stieß. Eigentlich kam es Öhmchen vor, es sei der Dachs eines Nachbars. In der Vorstadt, wo Öhmchen wohnte, war nämlich der Dachs damals das klassische Tier; jeder Hausbesitzer hielt mindestens einen rotgelben Dachshund, viele aber hatten deren zwei, drei, vier. Denn da diese Hunde auch in weiblichen Exemplaren vorhanden waren, trat alljährlich eine beträchtliche Vermehrung der Dachskolonie ein; überall in den Häusern baten alsdann weichherzige, meist blondhaarige Gemüter, man möchte die netten Hündchen nicht ersäufen; dieser und jener Nachbar nehme gewiß eines an Kindes Statt an. Da irgendein vornehmer Herr der erste Dachshundbesitzer gewesen, galt der Dachs als irgendeine Art aristokratischer Auszeichnung in jenem Stadtteil, und niemand wies trotz hoher Hundesteuer das bellende Geschenk zurück. Einer dieser Dachshunde stand jetzt vor Öhmchen; aber vielleicht war es keiner von diesen zur wohlhabenden, obschon arbeitslosen Klasse gehörenden

Bourgeois des Hundegeschlechts; vielleicht gehörte er einem den Wald durchstreifenden Jäger, einem Forstmann an? Aber nein! Als Öhmchen, einen Augenblick sich aufrichtend, um sich blickte, rückte richtig das vereinte Dachsvolk seines Quartiers wie Soldaten, die in der sogenannten Jägerkette gegen den Feind vorgehen, in langer Linie hinter den Bäumen an und kam, übrigens lautlos, unheimlich, auf ihn zu. Sie umringten ihn, sie schnappten nach ihm. Daß er ihre Adresse kannte, sie bei den stolzen Titeln ihrer vornehmen Eigentümer, bei den schmelzenden Frauennamen ihrer schönen Herrinnen rief, nützte gar nichts. Sie waren so wütend über ihn, daß er endlich aus dem Werkzeugkistchen ein Beil hervorholte und nun, blind dreinhauend, ein, wie ihm vorkam, furchtbares Blutbad unter den Hunden anrichtete.

Plötzlich donnerte ihn eine Stimme an: «Was machen Sie hier? Ich verhafte Sie!», und der Förster stand vor Öhmchen. Es war ein großer Mann in grauer Jagdjoppe; aber er hatte die maliziösen Züge eines persönlichen Feindes des Konrektors. Es war ganz die Physiognomie des Professor Hohlnuß, mit dem er sich über einer Stelle im Livius tödlich entzweit hatte. Boshaft grinste ihn der Förster an. «Sie treiben Holzfrevel, Herr Öhmchen?» näselte er mit dem verhaßten Stimmorgan des philologischen Gegners.

Im ersten Augenblick, als Öhmchen noch geglaubt, er habe den echten Förster sich gegenüberstehen, war kalter Schreck in seine Glieder gefahren, und sein «unveräußerliches Naturrecht» war ihm sehr veräußerlich vorgekommen. Als er aber jetzt eine ihm zwar rätselhafte, aber mit teuflischer Berechnung durchgeführte Hinterlist seines Feindes zu erkennen glaubte und der vermeintliche Förster aufs neue Hand an ihn legte, da war er seiner nicht mächtig. Zornglühend riß er die Pistole aus seiner Weste, das Pulver der Pfanne blitzte auf, ein Schuß dröhnte, und – der Förster wälzte sich in seinem Blute, während Öhmchen, erstarrt über die grauenvolle Wirkung seines Jähzorns und jammernd, ebenfalls zu Boden sank.

Jemand schüttelte ihn jetzt, und eine Stimme, die nur die Stimme Herminens sein konnte, sprach zu ihm: «Männchen, was jammerst du so? Was schreist du?»

«Ich habe einem Menschen das Leben geraubt», antwortete Öhmchen kraftlos.

«Das tut man sonst im Bett nicht», sprach dieselbe freundliche zarte Stimme mit einem Anflug von Lustigkeit, der ihr den Zwitscherton eines muntern Vogels verlieh. Zugleich beugte sich Hermine über den noch immer nicht recht zum Bewußtsein gelangten Öhmchen, schob den einen ihrer jugendlichen Arme unter seinen Nacken und nötigte so den Mann, mit dem Kopf eine etwas höhere Lage auf dem Kissen einzunehmen. «Öhmchen!» sagte sie, «was hast du nur geträumt? Erst schnarchtest du entsetzlich wie eine Sägemühle; ich hab' dich mehrmals gezupft...»

«Der Dachs!» dachte Öhmchen aufatmend.

«Dann machst du ein Höllengepolter mit den Füßen an der Bettwand, wirfst die metallene Wärmflasche auf den Boden und, verzeihe mir, brüllst wie ein am Opferaltar getroffener Stier!»

«Das Bild ist homerisch», sagte der sich erholende Öhmchen. «Von Agamemnon wird es gebraucht. Übrigens habe ich einfach dumm geträumt.»

«Das macht das späte Grogtrinken», sagte lächelnd Hermine.

«Wahrscheinlich», antwortete Öhmchen. Hierauf sagten beide eine Zeitlang nichts.

Später einmal flüsterte Öhmchen seiner Frau ins Ohr: «Jetzt sag mir einmal genau, wo dein Moppliger seinen Christbaumstand hat.»

Sie sagte es ihm genau. Darauf schliefen sie wieder ein, Öhmchen noch ganz müde vom «unveräußerlichen Naturrecht» und den damit verbundenen Gemütsbewegungen. Ein traumloser Schlaf stellte ihn wieder her.

Daß er am nächsten Morgen die bewußten Gegenstände ungekauft ließ, könnten nötigenfalls Buchhandlung, Eisenwarengeschäft und so weiter bezeugen.

Am Weihnachtsabend leuchtete ein auf gewöhnlichem Weg erworbener Weihnachtsbaum im Hause des Konrektors. Unter demselben lag, damit die Lateinschüler nicht mehr unbemerkt in seinen Stunden Karten spielen möchten, neben andern Geschenken eine schärfere Brille. Und erst unterm Baum gestand Öhmchen seiner Frau den ganzen Verlauf des verzwickten Traumes. Zu ihren Füßen spielten indessen die beiden Kleinen, zu ihren Füßen lag aber auch mit blauem Halsband – ein roter Dachshund, den vor einer Stunde ein freundlicher Nachbar dem Konrektor als Weihnachtsgeschenk hatte zuführen lassen.

Der Weihnachtsengel

Als ich vier Jahre alt war, sah ich ihn zum erstenmal. Er saß auf einem grünen Samtfauteuil im Salon. Vor mir türmte sich eine Masse von weißen Schleiern auf, in der ich nach und nach zwei Hände entdeckte, ein wenig knochig zwar und rötlich, und die eine trug einen Verlobungsring. Aus der ungeheuren Fülle dunkler und künstlich frisierter Locken schaute ein Gesicht hervor wie aus einem Wald. Auch dieses war rötlich in der Färbung, mit einer gewissen auffallenden Schräge in den Wangen, einer Hakennase und munteren Kugelaugen. Indessen ist es meist nicht so wichtig, wie die Sache aussieht, sondern nur, was sie vorstellt. Hätte man mir gesagt, das Fräulein sei verlobt mit Herrn Soundso, ich hätte das ohne weiteres geglaubt, aber nun war das der Weihnachtsengel oder das sogenannte Christkind. Schließlich aber ist man auch nicht umsonst ein Kind unter Erwachsenen, und ich fühlte deutlich meine Pflicht, diesen Engel sofort und spontan jubelnd als solchen zu verkünden. Statt dessen sagte ich etwas kleinlaut und gegen meine Vernunft: «Ist das nicht das Fräulein Soundso?»

«Aber Kind, aber Kind», sagten die Erwachsenen mit sanftem Vorwurf, gleich im Chor. «Denke

doch auch!» – Innerlich blieb ich zwar sicher, daß
dies niemals ein Engel, sondern eben das Fräulein
Soundso war. Hätte nicht ein richtiger Engel mich
auf diese verfängliche Frage hin mit gebogenem
Zeigefinger an sein Herz gerufen und gesagt:
«Fürchte dich nicht, mein Kind, ich bin der Engel
Gabriel!»? Und wieso wäre dieser Engel ausgerechnet in meiner Abwesenheit in unsern Salon
geflogen, und weshalb mußte Anna, die an der Tür
stand, so furchtbar lachen, als ich den Satz mit dem
Fräulein hervorbrachte? – Das hätte ich wissen
können. Aber wie gesagt, ich war noch zu jung,
um tödlich sicher zu sein in meiner Wahrneh-
mung. Und so wollte ich wenigstens den Abgang
des Engels kontrollieren, dessen Ankunft sich mir
so geheimnisvoll verborgen hatte. Im positiven
Fall, daß es sich doch um einen Engel handelte, war
ich bereit, die unglückliche Verknüpfung mit dem
Fräulein Soundso sofort zu revidieren. Ich fühlte
deutlich, daß ich eine Bresche in den guten Glauben an die sichere Welt eines Kindes in diesen Kreis
der Erwachsenen geschlagen hatte.

«Sag jetzt schön dein Verschen auf», mahnte die
Stimme der Großmutter, «und vor allem: Tritt
nicht so nah an den Engel heran, das sind himmlische Wesen!» Mein Verstand war noch klein und
nur ungefähr so breit wie eine Nadelspitze. Ich
hatte einige Mühe, meine Argumente in Schach zu
halten, während ich voller Gottvertrauen und feh-
lerfrei mein Verschen hersagte. Ich glaube sogar, es
ging jenen Theologen nicht unähnlich, als sie sich

eines Tages darum stritten, wie viele Engel auf einer Nadelspitze Platz hätten. In meinem Fall waren es mindestens dreitausend, wenn ich sie hätte ausbreiten dürfen.

Aber der Engel auf dem grünen Samtfauteuil? Weshalb glaubte ich nicht an den falschen Engel?

Weil ich unbedingt an den richtigen Engel glaubte. Aber war der nicht dennoch da? Und zwar trotz des Fräulein Soundso? Der richtige und der wahre Weihnachtsengel, der zu allen Kindern kommt?

In die tiefe Stille von zwölf Menschen, samt dem Christkind und mir, sagte ich feierlich mein Verschen auf: «Ich bin noch klein, mein Herz ist rein...»

Und es war doch der wahre Engel, der mich ansah. Von den Kerzen tropfte das Wachs, und die Lampen im Zimmer sind verlöscht. Ein Zweiglein knistert, im Dunkeln leuchten rote Kugeln. Ein goldenes Reh an einem silbernen Häklein schaukelt leise hin und her, als käme es durch den Tann geschritten. Hinter dem Reh folgt ein kostbarer Schlitten, und darin sitzt das Weihnachtskind. Rechts und links von seinem Weg stehen Engel Spalier und tragen gelbe Kerzen in den Händen. Das ganze Zimmer ist lauter Duft und Glanz. Meine Mutter singt am Klavier: «Stille Nacht, heilige Nacht...», und wir singen mit. Leise und ungesehen ist der Weihnachtsengel aus dem Salon verschwunden. Ich habe ganz vergessen, seinen Abgang zu kontrollieren...

Dann gab es auch in der Kirche ein Weihnachtsfest. Nun ging ich bereits zur Schule, und von einem Betrug war keine Rede mehr. Schulkinder wissen, was Weihnachtsengel sind und Osterhasen. Eine Dame der Bekanntschaft hatte mich mitgenommen. Wir saßen zusammen auf der Empore. Geschenke wurden ausgeteilt an irgendeine Schulklasse. Das Christkind würde persönlich erscheinen. Ein riesiger Tannenbaum stand kerzengeschmückt im Chor. Draußen wurde es Nacht, und plötzlich kam der Engel herein. Ein Herr im Frack gab ihm den Arm, und ich glaube, es war der Turnlehrer. Mit Schwung steuerte er das Christkind an seinen Platz unter dem Baum. Mein Bewußtsein war nun doch nicht mehr nur so breit wie eine Nadelspitze. Ich konnte schon etliches vertragen. Vielmehr war das Terrain meines Denkens schon eher eine Plattform wie etwa der Bahnhof meiner Heimatstadt. Auf diesen Perrons wälzte ich meine Argumente wuchtig hin und her wie eine Kegelkugel. Ich trug nun weißwollene Strümpfe wie andere Schulkinder, und sie reichten bis ans Knie. Dort blieb ein Stück Haut leer und unbedeckt. Ich saß neben der Dame und pflanzte meine Hände solid auf meine nackten Knie: Fleisch von meinem Fleisch und Blut von meinem Blut. Auf Meinungen von Damen gab ich nichts mehr. Wieso hatte es der Weihnachtsengel nötig, sich von einem Herrn im Frack hereinführen zu lassen? Konnte er denn nicht selber fliegen, frei durch die Luft...? Mit den Händen auf den Knien fühlte ich die unvergängliche Sicherheit eines Erzengels in mir. Vor dem Tannenbaum breitete er die Schleppe aus. Eine Lehrerin reichte ihm aus dem Waschkorb ein Geschenkpäcklein nach dem andern und rief laut den Namen des betreffenden Kindes. Wozu brauchte ein Engel einen Korb, und konnte er nicht selber rufen, fragte ich mich. Können ihm die Geschenke nicht von andern Engeln unsichtbar übergeben werden? Nein, das war kein Engel. Das war ein Mensch! Grob rollte die Kegelkugel des Bewußtseins hin und her...

«Siehst du die goldene Krone des Christkindleins?» fragte freundlich die Dame neben mir. «Und seine weißen, zarten Hände? Hörst du seine himmlische Stimme, wenn es dem Kind das Geschenklein gibt?» Ich hörte nichts. Ich sah nichts. Sie hoffte, daß ich es glaube. Von der Schule her hatte ich schon eine gewisse Haltung gewonnen dem Leben gegenüber. Nun rückte ich nicht mehr mit dem blöden Argument hervor: «Ist es nicht am Ende das Fräulein Soundso?» Ich kannte sie nicht, und es war mir egal. Vielmehr lächelte ich verbindlich und glaubte alles. Die Dame war entzückt. «Gelt, so ein schönes Weihnachtskind hast du noch nie gesehn?» Ich saß da in meinen weißen Wollstrümpfen und hielt mich an meinen bloßen Knien. Die kamen mir vor wie Türme des Glaubens. Fleisch von meinem Fleisch und Blut von meinem Blut.

Der Engel schwebte am Arm des Turnlehrers hinaus. Vor der Kirchentür machte er eine Extra-

Verkündigung an die Hirten (Luk. 2,14)

kurve. Durch einen Spalt sah man noch Locken und Schleier. Draußen war es stockdunkel, die Orgel spielte leise, als ob sie träumte.

Tausend Engelein mit bloßen Füßen begleiten das Christkind zur Tür hinaus. In ihren Händen tragen sie Glöcklein und Trompeten und silberne Triangel. Ich glaube fast, irgendwo schreit noch das Eselein. Plötzlich riecht es nach Heu und Kerzen und Äpfeln. Leise, im Luftzug der offenen Tür, drehen sich große, bunte, gleißende Kugeln wie Welten, und vom hohen Wipfel der Tanne fließt das Licht eines mächtigen Sterns herab. Nein, das Christkind und der Stern sind keine Märchen. Ebensowenig wie die Sonnenblumen, die sich nach dem Lichte drehen, und ebensowenig wie die Mondstrahlen, die über die Wellen eilen. Sie sind nur andere Wirklichkeiten als diejenigen, die wir meistens meinen. Duft ist etwas, und Glanz ist etwas, und Liebe und Freude. Wenn ich an die Argumente denke, so glaube ich noch heute, es haben mindestens dreitausend auf einer Nadelspitze Platz. Aber der höheren Wirklichkeit gegenüber haben sie nichts zu bedeuten. Ich glaube nicht einmal daran, daß man durch Argumente einen Krieg ungeschehen machen kann. Wollte man ihn auf sein Entstehungsmoment untersuchen, so brauchte es soviel Zeit, daß längstens wieder ein neuer Krieg ausbrechen könnte. Ich glaube, es würde eine endlose Zeit vergehen, bis allen endlich alles klar wäre. Und der Sinn des Lebens ist anders. Was wir einander schenken und geben, schafft eine andere Welt, als was wir bloß erraffen und erzwingen vom andern. Das eine ist die Welt des Göttlichen in uns, das andere die Welt des Bösen.

Neben mir sitzt ein Kind. Wir haben den Tannenbaum angezündet. Die Lampen sind gelöscht, und die Kerzen flimmern lockend im Dunkeln. Ein wenig Wachs tropft der Puppe auf die Nase. Im Hintergrund spielt eine kleine Musik und begleitet die Stille. Das Kind legt beruhigt seine kleinen Rosafinger in den Schoß und sagt: «Jetzt ist es endlich allen wohl.» Durch den Tann schreitet das goldene Reh. Am Häklein zieht es den Silberschlitten nach sich. Das Christkind sitzt darin, und rote Kerzen stehn Spalier. Oder fahren wir vielleicht alle mit: du und ich, ins Weihnachtsland? Und könnte es am Ende nicht so herauskommen, daß eines Tages all die geahnten und lieben Dinge die strahlende Wirklichkeit wären und dafür alles das, was wir jetzt gelten lassen müssen und uns sogar davor fürchten, daß es ewig gelte – uns nur noch vorkommen könnte wie ein ferner, finsterer Tann, den wir für immer verlassen? Und das Ende wäre: Friede auf Erden!

Von Weihnacht zu Weihnacht ein Stückchen näher...

Der blaue Karfunkel

Ich hatte meinen Freund Sherlock Holmes am
Morgen des zweiten Weihnachtstages besucht, um
ihm ein frohes Fest zu wünschen. Ich fand ihn in
einem purpurroten Schlafrock auf dem Sofa, den
Pfeifenständer zur Rechten und einen Stoß zer-
knüllter, offenbar soeben durchgelesener Zeitungen in bequemer Reichweite. Neben dem Sofa
stand ein hölzerner Stuhl, und an seiner Rücken-
lehne hing ein äußerst schäbiger, steifer schwarzer
Filzhut, so alt und abgetragen, daß er an einigen
Stellen gebrochen war und jedenfalls seinem Besitzer keine Ehre machte. Ein Vergrößerungsglas und
eine Pinzette, die auf dem Stuhlsitz lagen, ließen
darauf schließen, daß der Hut zu Untersuchungs-
zwecken hier hing.

«Du bist beschäftigt», sagte ich. «Störe ich
etwa?»

«Im Gegenteil. Ich freue mich über eine Freun-
desseele, mit der ich meine Resultate besprechen
kann. Es handelt sich um eine ganz alltägliche Geschichte.» Er wies mit dem Daumen in die Richtung des alten Hutes. «Aber im Zusammenhang
damit gibt es ein paar Punkte, die nicht uninteres-
sant und sogar lehrreich sind.»

Ich setzte mich in seinen Lehnstuhl und wärmte

mir die Hände an dem prasselnden Feuer, denn draußen herrschte klirrender Frost, und an den Fenstern wucherten die Eisblumen.

«Ich nehme an», bemerkte ich, «daß dieser Hut, so hausbacken er auch ausschaut, mit einer mörderischen Geschichte zusammenhängt – daß er sozusagen den roten Faden darstellt, der dich zur Lösung des Rätsels und zur Sühne des Verbrechens führen wird.»

«Nein, nein, nichts von Verbrechen», sagte Holmes lachend. «Nur einer der wunderlichen kleinen Zusammenstöße, die sich ereignen, wenn vier Millionen Menschenwesen auf einem Fleck von einigen wenigen Quadratmeilen durcheinanderwimmeln. Bei den Aktionen und Reaktionen eines so dichten Menschenschwarms muß man auf jede nur mögliche Kombination von Ereignissen gefaßt sein, und es wird zu manchem kleinen Problem kommen, das höchst bizarr und absonderlich erscheint, ohne doch kriminell zu sein. Das haben wir schon öfter erlebt.»

«So oft», bemerkte ich, «daß von den letzten sechs Fällen, die ich meinen Aufzeichnungen hinzufügen konnte, drei absolut nichts mit dem Strafgesetz zu tun haben.»

«Eben. Du meinst meinen Versuch, die Photographie von Irene Adler herauszubekommen, den eigentümlichen Fall von Miss Mary Sutherland und das Erlebnis mit dem Mann mit den verzerrten Lippen. Nun, ich bezweifle nicht, daß auch diese kleine Affäre in die gleiche harmlose Kategorie fallen wird. Du kennst doch den Dienstmann Peterson?»

«Gewiß.»

«Ihm verdanke ich diese Trophäe.»

«Das sollte sein Hut sein?»

«Nein, nein, er hat ihn bloß gefunden. Der Besitzer ist unbekannt. Ich bitte dich, den Hut nicht als übel mitgenommene Kopfbedeckung, sondern als Denkaufgabe zu betrachten. Aber zunächst, wie komme ich dazu? Nun, er traf am Weihnachtsmorgen in Begleitung einer prächtigen, fetten Weihnachtsgans hier ein, die augenblicklich zweifellos auf Petersons häuslichem Herd brutzelt. Die näheren Umstände sind die folgenden: In der Weihnachtsnacht kehrte Peterson, der bekanntlich ein sehr braver, redlicher Mann ist, gegen vier Uhr morgens von einer bescheidenen Festlichkeit in seine Wohnung in der Tottenham Court Road zurück. Im Schein der Gaslaternen sah er vor sich einen anderen nächtlichen Spaziergänger: einen langen, mageren Mann mit leicht schwankendem Gang, über dessen Schulter eine weiße Gans herabbaumelte. An der Ecke der Goodge Street kam es zwischen diesem Mann und einem Grüpplein Rowdys zu einem Zusammenstoß: einer von den Kerlen hatte dem Mann den Hut vom Kopf genommen, worauf der seinen Stock erhob, um sich zu verteidigen, und beim Ausholen unglücklicherweise ein Schaufenster hinter sich einschlug. Peterson eilte hinzu, um dem Mann gegen seine Angreifer beizustehen; doch als nun dieser merkte, was er angestellt hatte, und noch dazu eine offiziell aussehende Gestalt in einer Art Uniform auf sich zulaufen sah, erschrak er dermaßen, daß er seine Gans fallen ließ und Fersengeld gab. Er verschwand in dem Labyrinth von winzigen Gäßchen jenseits der Tottenham Court Road. Die Rohlinge verdrückten sich bei Petersons Auftreten ebenfalls, so daß er als uneingeschränkter Sieger im Besitz des Schlachtfelds und der Siegesbeute in Form dieses verbeulten Hutes und der untadeligsten Weihnachtsgans zurückblieb.»

«Die er doch sicher ihrem rechtmäßigen Eigentümer zurückerstattete?»

«Das, mein lieber Watson, ist der springende Punkt. Es stimmt, daß der Vogel am linken Bein ein Zettelchen mit der Inschrift ‹Mrs. Henry Baker› trug, und es stimmt auch, daß hier im Hutfutter die Initialen ‹H. B.› zu lesen sind. Doch da es in unserer guten Stadt viele tausend Baker und viele hundert Henry Baker gibt, dürfte es nicht leicht sein, unter ihnen den richtigen ausfindig zu machen.»

«Was hat Peterson also getan?»

«Da er weiß, daß mich auch das kleinste Problem interessiert, hat er mir noch am gleichen Morgen Hut und Gans herübergebracht. Die Gans konnten wir nur bis heute früh behalten, denn trotz der kalten Witterung war deutlich zu merken, daß man sie ohne weiteren Verzug verspeisen sollte. Der Finder trug sie also zu sich nach Hause, auf daß sie die irdische Bestimmung aller Gänse erfülle, während ich weiterhin den Hut des Unbekannten aufbewahre, der um sein Weihnachtsmahl gekommen ist.»

«Hat er keine Verlustanzeige gemacht?»

«Nein.»

«Du hast also gar keine Anhaltspunkte bezüglich seiner Person?»

«Nur soweit wir sie logisch folgern können.»

«Aus seinem Hut?»

«Genau.»

«Du scherzest. Was für Schlüsse kannst du aus einem alten verbeulten Filzhut ziehen?»

«Hier ist meine Lupe. Du kennst meine Arbeitsmethoden. Was würdest du selbst für Schlüsse auf seine Persönlichkeit ziehen?»

Ich nahm das schäbige Ding in die Hand und drehte es ziemlich hilflos zwischen den Fingern. Es war ein ganz gewöhnlicher, schwarzer, runder, steifer Hut, eine sogenannte Melone, die im Leben recht heruntergekommen war. Das ursprünglich rote Seidenfutter war stark verfärbt und verblaßt. Es gab keine Fabriketikette, doch wie Holmes schon bemerkt hatte, waren die Initialen «H. B.» innen auf das Band gekritzelt. Man sah auch noch, daß am inneren Rand ein Gummiband zur Sicherung des Hutes angebracht gewesen war, doch es war nicht mehr vorhanden. Sonst sah ich nur, daß der Hut sehr staubig war und an vielen Stellen Sprünge und Flecken aufwies; anscheinend hatte man sogar versucht, die schlimmsten Stellen zu verbergen, indem man sie mit Tinte überschmierte.

«Ich kann beim besten Willen nichts sehen», sagte ich, während ich den Hut kopfschüttelnd zurückgab.

«Im Gegenteil, Watson, du kannst alles sehen. Du wertest das Gesehene nur nicht aus. Du traust dich nicht, logische Schlüsse daraus zu ziehen.»

«Dann erklär mir bitte, was aus diesem Hut zu schließen ist.»

Holmes nahm den Hut in die Hand und betrachtete ihn mit dem eigentümlichen, nach innen gerichteten Blick, der für ihn charakteristisch war. «Er ist vielleicht weniger aufschlußreich, als er sein könnte», meinte er, «aber trotzdem liefert er einige eindeutige Hinweise sowie ein paar andere, die zumindest sehr wahrscheinliche Schlußfolgerungen gestatten. Daß der Träger des Hutes ein intellektueller Mensch ist, fällt natürlich sofort ins Auge. Ebenso deutlich ist zu sehen, daß es ihm in den letzten drei Jahren finanziell recht gut ging, daß er aber seit kurzem eine schwere Zeit durchmacht. Früher besaß er eine gewisse Sorgfalt, doch die kommt ihm allmählich abhanden. Das weist auf einen moralischen Rückschritt hin und läßt, im Verein mit dem finanziellen Abstieg, auf irgendeinen ungünstigen Einfluß schließen: sehr wahrscheinlich trinkt er. Das mag auch der Grund dafür sein, daß seine Frau ihn offenbar nicht mehr liebt.»

«Ach, Holmes!»

«Immerhin hat er sich bis jetzt ein gewisses Maß an Selbstachtung bewahrt», fuhr mein Freund fort, ohne meinen Einspruch zu beachten. «Er führt eine sitzende Lebensweise, verläßt nur selten das Haus und ist gänzlich außer Training. Dazu paßt, daß er ein Mann in mittleren Jahren ist und graumeliertes Haar hat, das er mit Zitronenbrillantine pflegt. Übrigens hat er es vor ein paar Tagen beim Friseur stutzen lassen. Auch können wir annehmen, daß er in seiner Wohnung kein Gas hat.»

«Jetzt machst du aber Witze, Holmes!»

«Nicht im geringsten. Ist es möglich, daß du nicht einmal jetzt, wenn ich dir die fertigen Schlüsse liefere, erkennen kannst, wie ich zu ihnen gelangt bin?»

«Sicher bin ich besonders dumm, aber ich muß gestehen, daß ich dir nicht folgen kann. Woraus schließt du zum Beispiel, daß der Mann ein Intellektueller ist?»

Statt aller Antwort stülpte sich Holmes den Hut auf den Kopf. Er rutschte ihm glatt über die Stirn, bis auf den Nasenrücken hinunter. «Eine Frage des Rauminhalts», bemerkte er. «Ein Mann mit einem großen Gehirn muß auch etwas darin haben.»

«Und der finanzielle Niedergang?»

«Der Hut ist drei Jahre alt. Damals kamen die flachen, am Rande leicht aufgebogenen Krempen in Mode. Dabei ist es ein Hut von erstklassiger Qualität. Sieh dir das seidene Ripsband und das solide Futter an. Wenn der Mann sich vor drei Jahren einen so teuren Hut leisten konnte und seither keinen anderen gekauft hat, muß er finanziell heruntergekommen sein.»

«Ja, das leuchtet mir ein. Aber wie steht es mit

dem moralischen Rückschritt und der mangelnden Vorsorglichkeit?»

Holmes lachte. «Hier ist die Vorsorglichkeit», sagte er und legte den Finger auf das Plättchen und die Öse der Sicherungsvorrichtung. «Normalerweise ist ein Hut nicht damit ausgestattet. Wenn der Mann eigens eine solche Sicherung bestellte, zeigt das ein ziemlich hohes Maß an Vorsorge; er ergriff besondere Maßnahmen, um sich gegen den Wind zu schützen. Da er sich aber nicht einmal die Mühe genommen hat, das Gummiband zu ersetzen, als es im Lauf der Zeit riß, dürfen wir wohl annehmen, daß er jetzt weniger vorsorglich ist als früher – was hinwiederum ein sicheres Symptom für das Nachlassen von Charakterstärke ist. Andererseits hat er Versuche gemacht, die Flecken auf dem Hut zu verbergen; das deutet darauf hin, daß er seine Selbstachtung doch nicht gänzlich verloren hat.»

«Das klingt jedenfalls plausibel.»

«Meine weiteren Feststellungen: daß sein Haar angegraut ist und kürzlich gestutzt wurde und daß er Zitronenbrillantine benützt, ergeben sich aus der näheren Prüfung des Hutfutters. Das Vergrößerungsglas zeigt eine große Zahl von glatt abgeschnittenen Haarstoppeln. Sie kleben am Stoff und riechen deutlich nach Zitronencreme. Wie du siehst, ist der Hut staubig, aber es ist nicht der sandige, graue Straßenstaub, sondern der flaumige, bräunliche häusliche Staub, was beweist, daß er meist zu Hause hängt. Die dunklen Feuchtigkeitsflecken innen zeigen eindeutig, daß der Träger zum Schwitzen neigt, also körperlich nicht sehr fit sein dürfte.»

«Aber seine Frau – du sagst, sie liebt ihn nicht mehr.»

«Der Hut ist seit Wochen nicht gebürstet worden. Wenn ich dich, mein lieber Watson, mit wochenaltem Staub auf dem Hut daherkommen sehe und deine Frau dich so herumgehen läßt, werde ich gleichfalls fürchten, daß du die Liebe deiner besseren Hälfte eingebüßt hast.»

«Er könnte doch Junggeselle sein?»

«Nein, die Gans war als Friedensgabe für seine Frau bestimmt. Denk an den Zettel an ihrem Bein.»

«Du hast wahrhaftig auf alles eine Antwort. Aber wie in aller Welt kommst du darauf, daß er in seinem Haus noch keine Gasleitung hat?»

«Ein Talgfleck auf dem Hut oder sogar zwei – das kann Zufall sein. Wenn ich aber nicht weniger als fünf Talgflecken zähle, muß ich annehmen, daß sein Träger häufig mit heißem Talg in Berührung kommt – zum Beispiel abends mit dem Hut in der einen und einer tropfenden Kerze in der anderen Hand die Treppe hinaufsteigt. Jedenfalls stammen die Flecken nicht von einer Gasleitung. Bist du jetzt zufrieden?»

«Es ist zweifellos sehr scharfsinnig», meinte ich lachend. «Da aber, wie du eben sagtest, gerade jetzt kein Verbrechen verübt wurde und außer dem Verlust eines Weihnachtsbratens kein Schaden entstanden ist, dürfte doch alles mehr oder weniger auf

eine Verschwendung deiner Geisteskraft hinaus-
laufen.»

Sherlock Holmes wollte mir antworten, als die
Tür aufgerissen wurde, und der Dienstmann Peterson stürzte mit erhitztem Gesicht und der Miene
eines gänzlich verblüfften Mannes ins Zimmer.

«Die Gans, Mr. Holmes! Die Gans, Sir!» rief er
atemlos.

«He, was ist mit ihr passiert? Ist sie aus der Bratpfanne auferstanden und durchs Küchenfenster
entflogen?» Und Holmes drehte sich auf seinem
Sofa um, um den aufgeregten Mann genauer zu
betrachten.

«Schauen Sie, Sir! Sehen Sie nur! Das hat meine
Frau in ihrem Kropf gefunden!» Und er hielt uns
auf der flachen Hand einen blitzenden blauen Edelstein hin, kaum so groß wie eine Bohne, aber von
einer solchen Reinheit und Leuchtkraft, daß er in
der dunklen Höhlung der Hand wie ein elektri-
scher Funken gleißte.

Sherlock Holmes setzte sich kerzengerade auf
und stieß einen leisen Pfiff aus. «Herrgott, Peterson!» rief er. «Das ist wahrhaftig ein Fund! Wissen
Sie auch, was für ein Schatz das ist?»

«Ein Diamant, Sir! Ein kostbarer Edelstein! Er
schneidet Glas entzwei, wie wenn's Kitt wäre!»

«Das ist mehr als ein kostbarer Stein, Peterson.
Das ist *der* kostbare Stein.»

«Doch nicht der blaue Karfunkel der Comtesse
de Morcar!» entfuhr es mir.

«Doch, eben der. Ich sollte seine Größe und seine

Form kennen, ich habe die Anzeige in den letzten Tagen in jeder Nummer der «Times» gelesen. Es ist ein absolutes Einzelstück, über dessen Wert man nur Vermutungen anstellen kann, aber der ausgesetzte Finderlohn von tausend Pfund entspricht sicher kaum dem zwanzigsten Teil des Marktpreises.»

«Tausend Pfund! Großer Gott im Himmel!» Der wackere Dienstmann sank mit einem Plumps auf den nächsten Stuhl und sah uns einen um den anderen entgeistert an.

«Das ist der offizielle Finderlohn. Ich weiß, daß sentimentale Erwägungen im Hintergrund stehen, die die Gräfin bewegen würden, ihr halbes Vermögen zu opfern, um den Stein wiederzufinden.»

«Wenn ich nicht irre, ist er im Hotel ‹Cosmopolitan› verschwunden», bemerkte ich.

«Sehr richtig, und zwar am 22. Dezember, also vor fünf Tagen. Ein gewisser John Horner, seines Zeichens Installateur, wurde beschuldigt, den Stein aus der Schmuckkassette der Dame entwendet zu haben. Die Beweise sprechen so nachdrücklich gegen ihn, daß der Fall vors Schwurgericht kommen wird. Ich glaube, hier habe ich einen Bericht über die Sache.» Er wühlte unter seinen Zeitungen und prüfte das Datum, bis er das gewünschte Blatt fand. Er glättete es und las die folgende Notiz vor:

«Juwelenraub im Hotel ‹Cosmopolitan›. Gegen den Installateur John Horner, 26 Jahre alt, wurde Anklage erhoben, am 22. d.M. den unter dem Namen ‹Blauer Karfunkel› bekannten kostbaren

Edelstein aus der Schmuckkassette der Comtesse de Morcar entwendet zu haben. Mr. James Ryder, ein Angestellter des Hotels, gab als Zeuge zu, er selbst habe am Tag des Diebstahls Horner in das Ankleidezimmer der Comtesse de Morcar geführt, wo eine locker gewordene Stange am Kamingitter festzulöten war. Er blieb eine Weile bei Horner, wurde dann aber weggerufen. Als er nach kurzer Zeit ins Ankleidezimmer zurückkehrte, war Horner verschwunden, die Kommodenschublade aufgebrochen, und das kleine Lederetui, in dem, wie es sich später herausstellte, die Gräfin das Schmuckstück zu verwahren pflegte, lag leer auf dem Toilettentisch. Ryder alarmierte augenblicklich die Polizei, und Horner wurde noch am gleichen Tag verhaftet, doch konnte der Stein weder auf ihm noch in seiner Wohnung gefunden werden. Die Zofe der Gräfin, Catherine Cusack, gab an, sie habe Ryders erschrockenen Ausruf gehört, als er den Raub entdeckte, und sei eiligst in das Ankleidezimmer gelaufen, wo sie alles so vorfand, wie der erste Zeuge es schildert. Laut Bericht von Polizeiinspektor Bradstreet, B-Division, wehrte sich Horner verzweifelt gegen seine Verhaftung und beteuerte aufs inbrünstigste seine Unschuld. Da der Angeklagte bereits einmal in einen Diebstahl verwickelt war, überwies der Polizeirichter den Fall an das Schwurgericht. Horner, der während der ganzen Einvernahme die höchste Erregung zeigte, fiel bei Verkündung des Urteils in Ohnmacht und mußte weggetragen werden.»

«Hm! Soweit die polizeiliche Untersuchung», bemerkte Holmes gedankenvoll, während er die Zeitung wegwarf. «Für uns ergibt sich jetzt das Problem, die Kette der Ereignisse zu verfolgen, die von einer geplünderten Schmuckkassette an einem Ende zu einem Gänsekropf in der Tottenham Court Road am anderen Ende führt. Wie du siehst, Watson, haben unsere kleinen Schlußfolgerungen mit einem Mal einen viel bedeutsameren und weniger harmlosen Aspekt angenommen. Hier ist der Stein. Der Stein war in der Gans, und die Gans stammt von Mr. Baker, dem Herrn mit dem alten Hut und all den anderen Kennzeichen, mit denen ich dich soeben gelangweilt habe. Wir müssen uns jetzt also ernsthaft ins Zeug legen, um diesen Herrn ausfindig zu machen und festzustellen, welche Rolle er in unserem kleinen Rätselspiel innehat. Wir wollen es zuerst auf die einfachste Weise versuchen, und die besteht fraglos aus einem Inserat in den Abendblättern. Wenn das nichts ergibt, werden wir andere Mittel anwenden.»

«Wie soll das Inserat lauten?»

«Bitte gib mir den Bleistift und das Papier dort. Also los! ‹Gefunden Ecke Goodge Street eine Gans und ein steifer schwarzer Hut. Die Sachen werden an Mr. Henry Baker ausgefolgt, wenn er sich heute abend um halb sieben Uhr Baker Street, Nr. 221 B, einstellt.› Das ist kurz und klar.»

«Absolut. Aber wenn er es nicht liest?»

«Ich denke, er wird die Zeitungen im Auge behalten, denn der Verlust ist für einen armen Mann nicht gering. Offenbar war er über sein Mißgeschick mit der eingeschlagenen Schaufensterscheibe und über den Anblick von Peterson so erschrokken, daß er bloß an Flucht dachte; aber inzwischen hat er es sicher bereut, seinen Vogel einfach weggeworfen zu haben. Die Nennung seines Namens vergrößert die Chance, daß er das Inserat vor Augen bekommt; denn jeder, der ihn kennt, wird ihn darauf aufmerksam machen. Peterson, da Sie gerade da sind, laufen Sie doch rasch zur Inseraten-Agentur und lassen Sie dies hier in die Abendblätter setzen.»

«In welche, Sir?»

«Ach, sagen wir ‹Globe›, ‹Star›, ‹Pall Mall›, ‹St James's›, ‹Evening News›, ‹Standard›, ‹Echo› und alle, die Ihnen sonst noch einfallen.»

«Sehr wohl, Sir. Und was tu' ich mit dem Stein?»

«Ach ja, den Stein nehme ich wohl am besten in Verwahrung. Danke. Und hören Sie, Peterson, kaufen Sie auf dem Rückweg gleich eine Gans und bringen Sie sie zu mir. Wir müssen dem Herrn doch einen Ersatz für den Vogel liefern, den Ihre Familie sich gerade zu Gemüte führt.»

Als der Dienstmann verschwunden war, nahm Holmes den Stein und hielt ihn gegen das Licht. «Was für ein hübsches kleines Dingelchen», sagte er. «Sieh nur, wie er blitzt und funkelt. Aber natürlich ist er ein Kern- und Brennpunkt des Verbrechens wie jeder gute Edelstein. Der Teufel besitzt keinen wirksameren Köder. Bei den altberühmten großen Juwelen kann man ruhig sagen, daß auf jede Facette eine Bluttat kommt. Dieser Stein ist noch keine zwanzig Jahre lang bekannt. Er wurde am Sandufer des Amoy-Flusses in Südchina gefunden und ist dadurch bemerkenswert, daß er alle Kennzeichen eines Granatsteins aufweist, bis darauf, daß er leuchtend blau statt rubinrot ist. Ungeachtet seiner Jugend hat er schon eine unheilvolle Geschichte hinter sich; um diese zwei, drei Gramm kristallisierten Kohlenstoff wurden zwei Morde, ein Selbstmord, eine Vitriolverätzung und verschiedene Raubüberfälle begangen. Wer sollte meinen, daß so ein niedliches Spielzeug die Menschen an den Galgen und in den Kerker bringt? Jetzt schließe ich ihn hier in meinen Kassenschrank ein, und dann schreibe ich der Comtesse, daß ihr Schatz gefunden ist.»

«Hältst du diesen Horner für unschuldig?»

«Das weiß ich nicht.»

«Oder glaubst du eher, daß der andere, dieser Henry Baker, etwas mit der Sache zu tun hat?»

«Auch das kann ich nicht sagen. Im Grunde halte ich es aber für wahrscheinlicher, daß Henry Baker ein völlig harmloser Mensch ist, der keine Ahnung hatte, daß seine Weihnachtsgans beträchtlich mehr wert war als ihr Gewicht in purem Gold. Falls wir eine Antwort auf unser Inserat bekommen, werde ich das mit Hilfe eines sehr einfachen Tests feststellen.»

«Und bis dahin kannst du nichts tun?»

«Gar nichts.»

«In dem Fall werde ich mich um meine Patienten

kümmern, aber abends werde ich zur angegebenen Zeit wieder hier sein. Ich möchte doch wissen, wie sich diese verzwickte Angelegenheit lösen wird.»

«Ich bin sehr froh, wenn du kommst. Ich esse um sieben, und wenn ich nicht irre, gibt es eine Waldschnepfe. Im Licht der jüngsten Vorfälle sollte ich Mrs. Hudson vielleicht bitten, ihren Kropf gründlich zu untersuchen!»

Ich wurde bei einem Patienten aufgehalten, und es war einige Minuten nach halb sieben, als ich mich wieder in der Baker Street einfand. Beim Näherkommen sah ich in dem hellen Halbkreis, den das fächerförmige Oberlicht der Haustür auf den Gehsteig warf, einen hochgewachsenen Mann in einer Schottenmütze und einem bis zum Kinn zugeknöpften Mantel vor dem Haus warten. Gerade als ich hinkam, wurde die Tür geöffnet, und wir wurden zusammen in Holmes' Zimmer hinaufgeführt.

«Mr. Henry Baker, wenn ich nicht irre –!» Holmes erhob sich aus seinem Armstuhl und begrüßte den Besucher mit der herzlichen Art, die er so natürlich an den Tag zu legen wußte. «Bitte hier ans Feuer, Mr. Baker. Nehmen Sie Platz. Es ist ein kalter Abend, und ich sehe, daß Ihre Blutzirkulation mehr auf sommerliche Wärme eingestellt ist. – Du kommst gerade rechtzeitig, Watson! Mr. Baker, ist das Ihr Hut?»

«Ja, Sir, das ist er zweifellos.»

Mr. Baker war ein großer Mann mit runden Schultern, einem mächtigen Schädel und einem

breiten, intelligenten Gesicht, das in einen ange-
grauten Spitzbart überging. Die rötliche Verfär-
bung von Nase und Wangen und das leichte
Zittern seiner Hände erinnerten mich an Holmes'
Mutmaßungen. Sein verschossener schwarzer
Rock war bis zum Hals zugeknöpft, und die Hand-
gelenke reckten sich, ohne daß man Hemdsärmel
oder Manschette sah, lang aus den Ärmeln hervor.
Er sprach bedächtig und deutlich, wählte seine
Worte mit Sorgfalt und machte ganz allgemein den
Eindruck eines gebildeten und belesenen Mannes,
dem das Leben übel mitgespielt hat.

«Wir haben Ihr Eigentum einige Tage hier behalten, weil wir dachten, Sie würden eine Verlustanzeige machen», begann Holmes. «Eigentlich
kann ich nicht verstehen, warum Sie nicht inseriert
haben.»

Unser Besucher lachte etwas verlegen. «Das
Geld klimpert mir nicht mehr so lustig in den Taschen wie einst», erklärte er. «Ich dachte, die Kerle,
die mich überfallen haben, hätten sich mit Gans
und Hut davongemacht. Ich wollte ihnen nicht
noch gutes Geld nachwerfen.»

«Sehr begreiflich. Übrigens, was den Vogel betrifft: Ihre Gans mußten wir essen.»

«Was! Sie haben sie gegessen!» Unser Gast sprang
vor Schreck halb von seinem Stuhl auf.

«Ja, es war höchste Zeit. Aber ich darf wohl
hoffen, daß die Gans dort auf dem Fenstertisch, die
ungefähr gleich schwer und tadellos frisch ist,
Ihnen ebensogut dienen wird.»

«O natürlich, natürlich!» rief Mr. Baker, sichtlich erleichtert.

«Wir haben aber noch die Federn, die Beine, die Gurgel von Ihrem Vogel, und wenn Sie wünschen...»

Mr. Baker lachte herzlich. «Sie wären allenfalls als Reliquien meines Abenteuers interessant», sagte er, «doch abgesehen davon wüßte ich nicht, wozu mir die *disiecta membra* der Frühverschiedenen dienen sollten. Nein, Sir, mit Ihrer Erlaubnis werde ich mich an den stattlichen Vogel halten, den ich dort auf dem Tisch sehe.»

Sherlock Holmes warf mir einen bedeutsamen Blick zu und zuckte die Schultern.

«Hier ist also Ihr Hut und hier Ihr Federvieh», sagte er. «Könnten Sie mir übrigens verraten, wo Sie die andere Gans gekauft haben? Ich interessiere mich sehr für Geflügelzucht, und ich glaube, selten ein prächtigeres Exemplar gesehen zu haben.»

«Aber gern, Sir.» Baker war aufgestanden und nahm dabei sein wiedererlangtes Eigentum unter den Arm. «Einige von uns verkehren im ‹Alpha Inn› neben dem Museum – tagsüber sind wir selbstverständlich im Museum zu finden. Dieses Jahr hat unser braver Wirt, Windigate ist sein Name, einen Gänseverein gegründet. Durch Einzahlung von einigen Pence pro Woche sollte jeder von uns zu einem Weihnachtsbraten kommen. Nun, meine Pence wurden pünktlich bezahlt, und den Rest wissen Sie. Ich bin Ihnen sehr dankbar, Sir, denn diese Schottenmütze hier ist weder meinen Jahren noch meiner ernsten Lebensauffassung angemessen.» Er verbeugte sich mit komisch wirkender Würde und ging seines Weges.

«Damit wäre also Mr. Henry Baker aus dem Spiel», sagte Holmes, nachdem er die Tür hinter ihm geschlossen hatte. «Er weiß ganz sicher nichts von der Geschichte. Bist du hungrig, Watson?»

«Nicht besonders.»

«Dann würde ich vorschlagen, daß wir das Dinner auf später verschieben und unserer Fährte folgen, solange sie heiß ist.»

«Unbedingt.»

Wir zogen unsere schweren Ulstermäntel an und wickelten uns Wollschals um den Hals, denn es war eine bitterkalte Nacht. Die Sterne funkelten hell am wolkenlosen Himmel, und der Atem der Fußgänger stieg wie Pulverrauch von Pistolenschüssen in die Luft. Unsere Schritte klangen hart und laut auf dem Straßenpflaster, als wir nun durch das Ärzteviertel, Wimpole Street, Harley Street und weiter durch die Wigmore Street in die Oxford Street eilten. Nach einer Viertelstunde waren wir in Bloomsbury, im «Alpha», einer kleinen Gaststätte an der Ecke einer der Straßen, die nach Holborn hinunterführten. Holmes stieß die Tür zur *Private Bar* auf und bestellte bei dem rotgesichtigen, weißbeschürzten Wirt zwei Glas Bier.

«Wenn Ihr Bier so gut ist wie Ihre Gänse, sollte es ausgezeichnet sein», sagte er.

«Meine Gänse?» Der Mann schien baß erstaunt.

«Ja. Ich habe mich gerade erst vor einer halben

Stunde mit Mr. Henry Baker unterhalten, der ein Mitglied Ihres Gänsevereins ist.»

«Aha, ich verstehe. Aber wissen Sie, Sir, das sind nicht unsere eigenen Gänse.»

«Nein? Woher stammen sie denn?»

«Diese zwei Dutzend hatte ich bei einem Geflügelhändler auf dem Markt von Covent Garden gekauft.»

«Welcher war es? Ich habe ein paar Bekannte darunter.»

«Breckinridge heißt er.»

«Nein, den kenne ich nicht. Na, auf Ihre Gesundheit, Herr Wirt, und viel Glück für Ihr Geschäft! Guten Abend.»

«Jetzt auf zu Mr. Breckinridge!» fuhr Holmes fort, indem er den Mantel zuknöpfte und wir wieder in die eisige Kälte hinaustraten. «Vergiß nicht, Watson: obwohl an einem Ende unserer Kette ein so schlichtes, harmloses Wesen wie eine Gans baumelt, hängt am anderen Ende ein Mensch, dem unfehlbar sieben Jahre Zuchthaus drohen, wenn es uns nicht gelingt, seine Unschuld zu beweisen. Allerdings könnten unsere Nachforschungen seine Schuld auch erhärten. Jedenfalls befinden wir uns dank einem einzigartigen Glücksfall auf einer Fährte, die von der Polizei übersehen wurde. Folgen wir ihr bis zum bitteren Ende. Also los, Front nach Süden und marsch!»

Wir durchquerten Holborn die Endell Street hinunter und gelangten durch ein Labyrinth von verwahrlosten Gassen und Gäßchen schließlich zum Markt von Covent Garden. Einer der größten Stände trug den Namen Breckinridge. Der Inhaber, ein Mann mit einem Jockey-Gesicht, scharfen Augen und sauber gestutzten Favoris, war gerade dabei, mit Hilfe eines Burschen die Läden vorzulegen.

«Guten Abend. Kalt ist's heute», begann Sherlock Holmes.

Der Händler nickte und warf meinem Freund einen fragenden Blick zu.

«Wie ich sehe, haben Sie alle Gänse verkauft», fuhr Holmes fort und zeigte auf die leere Marmorplatte.

«Morgen früh um fünf können Sie fünfhundert Stück haben.»

«Das nützt mir heut abend nichts.»

«Ja, leider – aber dort drüben, an dem Stand mit der Gasbeleuchtung, gibt es noch welche.»

«Sie sind mir aber ganz besonders empfohlen worden.»

«So? Von wem denn?»

«Er ist der Wirt vom ‹Alpha Inn›.»

«Richtig, dem habe ich kürzlich zwei Dutzend geliefert.»

«Und es waren prächtige Vögel. Woher beziehen Sie die?»

Zu meinem Erstaunen erregte die Frage den Zorn des Händlers. Er warf bedrohlich den Kopf zurück und stemmte die Arme in die Seiten.

«Was soll das jetzt wieder heißen, Mister? Sagen Sie mir lieber geradeheraus, wo Sie hinauswollen!»

«Ich sage es ja geradeheraus: Ich wüßte gern, woher die Gänse stammen, die Sie dem ‹Alpha› geliefert haben.»

«Aha. Und ich werde es Ihnen nicht sagen. Ist das klar?»

«Es ist mir wahrhaftig nicht wichtig, aber ich verstehe nicht, warum Sie sich über eine so harmlose Frage aufregen.»

«Sie würden sich auch aufregen, wenn man Sie unaufhörlich mit Fragen belästigte! Wenn ich gute Ware für gutes Geld liefere, sollte die Sache doch wohl erledigt sein. Aber nein, dann geht's die ganze Zeit: ‹Wo sind die Gänse? Wem haben Sie die Gänse verkauft?› Oder gar: ‹Wieviel Geld wollen Sie für die Gänse?› Wahrhaftig, als ob's keine anderen Gänse auf der ganzen Welt gäbe!»

«Ich jedenfalls habe nichts mit irgendwelchen anderen Leuten zu tun, die nach den Gänsen fragen», erwiderte Holmes gleichgültig. «Wenn Sie's uns nicht sagen wollen, gilt die Wette eben nicht, das ist alles. Aber ich verstehe was von Geflügel und bin jederzeit bereit, für meine Meinung einzustehen. Ich habe einen Fünfer darauf gewettet, daß diese Gänse auf dem Land gemästet wurden.»

«Dann haben Sie Ihren Fünfer verloren, Mister, denn sie stammen aus einer Londoner Zucht!» rief der Händler.

«Das kann nicht stimmen!»

«Stimmt aber doch!»

«Ich glaube es nicht!»

«Meinen Sie vielleicht, Sie verstehen mehr von

177

Geflügel als ich, der ich von Kindesbeinen an damit umgehe? Und ich erkläre Ihnen, die Gänse, die ich dem ‹Alpha› verkauft habe, sind hier in London aufgezogen.»

«Das werden Sie mir nie einreden!»

«Wollen Sie wetten?»

«Damit würde ich Ihnen bloß Ihr Geld aus der Tasche ziehen, weil ich weiß, daß ich recht habe. Aber gut, ich setze einen Sovereign – bloß um Sie zu lehren, daß man nicht eigensinnig sein soll.»

Der Händler lachte grimmig auf. «Bring mir die Bücher, Bill!» rief er.

Der Junge brachte ein Heft und ein großes, dickkes, von Fettflecken strotzendes Kassabuch und legte nun beide unter die Hängelampe, die über der Marmorplatte des Verkaufstisches baumelte.

«Na also, Mister Todsicher», sagte der Händler. «Ich dachte, ich hätte meine Gänse ausverkauft, aber es scheint noch eine hier zu sein ... Sehen Sie dieses Heft?»

«Ja – und?»

«Das ist mein Lieferantenverzeichnis. Also schauen Sie her: hier auf dieser Seite stehen die Namen meiner Lieferanten vom Land, und die Nummer dahinter gibt an, auf welcher Seite des großen Kassabuchs jeweils ihr Konto zu finden ist. Und auf dieser nächsten Seite stehen die Namen der Londoner Geflügelzüchter ... jetzt lesen Sie mir einmal den dritten Namen von oben vor.»

«Mrs. Oakshott, 117 Brixton Road, Nr. 249», las Holmes.

«Richtig. Jetzt schlagen Sie mal das im Hauptbuch auf.»

Holmes tat es und las: «Mrs. Oakshott, 117 Brixton Road, Eier und Geflügel.»

«Aha. Und wie lautet die letzte Eintragung auf dem Konto?»

«22. Dezember. 24 Gänse à 7s. 6d.»

«Genau. Und was steht darunter?»

«Verkauft an Mr. Windigate, ‹Alpha›, zu 12s.»

«Stimmt ebenfalls. Und was sagen Sie jetzt dazu?»

Sherlock Holmes machte ein äußerst mißmutiges Gesicht. Er zog einen Sovereign aus der Tasche und warf ihn auf den Tisch. Dann drehte er sich auf dem Absatz um und entfernte sich mit der Miene eines Mannes, den die ganze Welt anwidert. Ein paar Meter weiter blieb er unter einer Gaslaterne stehen und brach in das lautlose herzliche Lachen aus, das für ihn so typisch war.

«Wenn du einem Mann mit so geschnittenen Favoris begegnest, aus dessen Tasche ein Eckchen des offiziellen Rennprogramms hervorguckt, kannst du ihn immer bei seiner Wettlust packen», belehrte mich Holmes. «Wahrhaftig, wenn ich hundert Pfund auf den Tisch gelegt hätte, hätte er mir nicht so umfassend Auskunft gegeben wie auf die bloße Idee hin, daß er mich mit einer Wette übers Ohr hauen kann! Nun, Watson, ich glaube, wir nähern uns dem Ende unserer Suche. Jetzt müssen wir uns bloß entscheiden, ob wir noch heute zu Mrs. Oakshott gehen oder ob wir sie uns für morgen aufheben. Nach allem, was dieser säuerliche Kerl gesagt hat, scheint es klar, daß sich außer uns noch andere für die Sache interessieren, und ich würde...»

Seine Worte wurden durch einen lauten Wirbel unterbrochen, der sich hinter uns erhob. Als wir uns umdrehten, sahen wir vor dem Stand, den wir soeben verlassen hatten, einen kleinen rattenähnlichen Mann im gelben Lichtkreis der Hängelampe stehen, während der Händler Breckinridge wütend die Fäuste gegen ihn schüttelte.

«Jetzt habe ich aber genug von euch und euren Gänsen!» brüllte er. «Zum Teufel mit euch allen! Ich hetze den Hund auf jeden, der mich noch weiter mit diesem blöden Geschwätz belästigt! Wenn Sie Lust haben, bringen Sie Mrs. Oakshott her, und sie kann mich selber um Auskunft fragen. Was haben Sie damit zu tun? Habe ich die Gänse von Ihnen gekauft?»

«Nein, aber eine davon hat mir trotzdem gehört!» jammerte der kleine Mann.

«Dann fragen Sie Mrs. Oakshott, wo sie geblieben ist.»

«Sie sagt, ich sollte mich an Sie wenden...»

«Von mir aus wenden Sie sich an den Teufel! Ich hab' genug davon. Hinaus!» Er ging mit grimmiger Gebärde auf das Männchen los, das erschrokken wegflitzte und in der Dunkelheit verschwand.

«Ha – das könnte uns den Besuch in der Brixton Road ersparen!» flüsterte Holmes. «Komm, wir wollen sehen, was mit dem Kerl zu machen ist.» Er durchquerte mit langen Schritten die Gruppen, die sich noch hie und da um die beleuchteten Stände drängten, holte den kleinen Mann rasch ein und tippte ihm auf die Schulter. Der fuhr erschrocken zusammen. Im Schein der Gaslampen war zu sehen, daß sein Gesicht aschfahl geworden war.

«Wer sind Sie? Was wollen Sie?» stammelte er mit zitternder Stimme.

«Entschuldigen Sie bitte», erwiderte Holmes in höflichem Ton, «aber ich habe unwillentlich Ihr Gespräch mit dem Geflügelhändler mitgehört, und ich glaube, ich könnte Ihnen behilflich sein.»

«Sie? Wer sind Sie überhaupt? Was können Sie von der Sache wissen?»

«Mein Name ist Sherlock Holmes. Es ist mein Beruf, zu wissen, was sonst niemand weiß.»

«Aber davon können Sie doch nichts wissen?»

«Gestatten Sie, ich weiß im Gegenteil alles. Ihre Nachforschungen gelten zwei Dutzend Gänsen, die von Mrs. Oakshott in der Brixton Road dem Geflügelhändler Breckinridge und von diesem dem Wirt Windigate vom ‹Alpha Inn› verkauft wurden, der sie seinerseits seinem Verein zur Verfügung stellte, dessen Mitglied Mr. Baker ist.»

«O Sir, Sie sind genau der Mann, den ich brauche!» rief der kleine Kerl mit ausgestreckten Armen und bebenden Fingern. «Ich kann Ihnen gar nicht sagen, wie nahe mir diese Sache geht!»

Sherlock Holmes winkte einen vorüberfahrenden Zweispänner herbei. «In dem Fall werden wir in einem geheizten Zimmer gemütlicher darüber reden als hier in Wind und Kälte», sagte er. «Doch bevor wir weitergehen, sagen Sie mir bitte, wem ich zu meiner Freude behilflich sein kann.»

Der Mann zögerte kaum merklich. «Mein Name ist John Robinson», antwortete er mit einem scheuen Blick zur Seite.

«Nein, nein, ich meine jetzt Ihren wirklichen Namen», versetzte Holmes liebenswürdig. «Mit Decknamen gebe ich mich nicht gern ab.»

Eine leise Röte huschte über die bleichen Wangen des Fremden. «Also gut», sagte er. «Mein wirklicher Name ist James Ryder.»

«Eben. Personalaufseher im Hotel ‹Cosmopolitan›. Bitte steigen Sie ein, Mr. Ryder, und ich werde bald das Vergnügen haben, Ihnen alles, was Sie interessiert, mitzuteilen.»

Das Männchen ließ seinen Blick halb ängstlich, halb hoffnungsvoll zwischen uns hin und her schweifen, wie einer, der nicht sicher weiß, ob ihm ein Glücksfall oder eine Katastrophe zustößt. Dann stieg er ein, und eine halbe Stunde später waren wir wieder in der Baker Street. Während der Fahrt herrschte Schweigen, doch die hastigen, pfeifenden Atemzüge und nervösen Handbewegungen unseres Fahrgasts zeigten, in welch innerer Spannung er sich befand.

«So, da wären wir!» rief Holmes munter, als wir das behaglich durchwärmte Zimmer betraten. «Bei diesem Wetter ist so ein Feuer genau das Richtige. Sie sehen ganz erfroren aus, Mr. Ryder. Bitte nehmen Sie hier im Korbstuhl Platz. Ich will nur noch rasch meine Hausschuhe anziehen, dann werden wir Ihre kleine Angelegenheit sofort erledigt haben. So, das hätten wir. Sie möchten also gern wissen, was aus den zwei Dutzend Gänsen geworden ist?»

«Ja, Sir.»

«Oder vielmehr aus der einen Gans. Ich nehme an, daß Sie an einem bestimmten Vogel interessiert sind – weiß, mit einem schwarzen Streifen quer über dem Schwanz?»

Ryder bebte vor Aufregung. «O Sir!» rief er. «Sie können mir sagen, wo die Gans hingekommen ist!»

«Kann ich. Sie ist hierhergekommen.»

«Was? Hierher?»

«Jawohl, und hat sich als ein höchst bemerkenswerter Vogel entpuppt. Ihr Interesse überrascht mich gar nicht. Diese merkwürdige Gans hat nach ihrem Tode noch ein Ei gelegt – das niedlichste, glänzendste blaue Eilein, das man sich vorstellen kann. Ich habe es meiner Sammlung hier einverleibt.»

Unser Besucher richtete sich mühsam auf, und er mußte sich an das Kaminsims klammern. Holmes aber sperrte seinen Kassenschrank auf und hielt den blauen Stein in die Höhe, der in seinem kalten, gleißenden Licht wie ein Stern funkelte. Ryder starrte ihn mit verzerrten Zügen an. Er wußte nicht, ob er sein Recht darauf geltend machen oder jeden Zusammenhang ableugnen sollte.

«Das Spiel ist aus, Ryder», sagte Holmes ruhig.

«Hoppla, Mensch, aufgepaßt! Jetzt wären Sie um ein Haar im Feuer gelegen! Hilf ihm in seinen Stuhl zurück, Watson, er steht nicht fest auf den Füßen. Hat offenbar nicht genug Blut in sich, um ungestraft ein Verbrechen zu begehen. Gib ihm einen tüchtigen Schluck Brandy. So! Jetzt sieht er schon ein bißchen menschlicher aus. Herrje, was für eine Qualle der Mensch ist!»

Ryder war tatsächlich am Umsinken gewesen, doch der Brandy brachte einen Hauch Farbe in sein bleiches Gesicht zurück. Nun saß er da und starrte angstvoll zu seinem Ankläger empor.

«Ich habe fast alle Glieder der Kette in der Hand und sämtliche Beweise, die ich brauche. Sie werden mir nicht mehr viel zu erzählen haben, aber ich pflege gern vollständige Klarheit zu schaffen. Sie hatten also von dem blauen Stein der Comtesse de Morcar gehört, Ryder?»

«Catherine Cusack hatte mir davon erzählt», erwiderte Ryder mit krächzender Stimme.

«Aha, die Zofe der gnädigen Frau. Freilich, die Versuchung, auf einen Schlag zu solchem Reichtum zu kommen, war für Sie zu groß. Es ist schon besseren Männern als Ihnen so ergangen, Ryder, aber Sie waren in Ihren Mitteln nicht sehr wählerisch. Mir scheint, Sie geben einen ganz erbärmlichen Bösewicht ab. Sie wußten, daß der junge Horner, der Installateur, schon einmal in eine ähnliche Sache verwickelt war und daß der Verdacht um so eher an ihm haften würde. Wie haben Sie es also angefangen? Sie verursachten – mit Hilfe Ihrer

184

Spießgesellin Cusack – einen kleinen Schaden im Ankleidezimmer der Dame und ließen den Mann kommen, um ihn zu reparieren. Sobald er fort war, plünderten Sie die Schmuckschatulle, schlugen Alarm und ließen den unglückseligen Menschen verhaften. Und dann...»

Ryder warf sich auf die Knie und umklammerte die Beine meines Freundes. «Um Gottes willen, seien Sie barmherzig!» kreischte er. «Denken Sie an meinen alten Vater! Meine alte Mutter! Es würde ihnen das Herz brechen. Ich habe bisher noch nie etwas Unrechtes getan. Ich werde es nie wieder tun! Das schwöre ich! Ich will es auf die Bibel beschwören! Bringen Sie mich nicht vor Gericht! Um Gottes willen, bringen Sie mich nicht vor Gericht!»

«Setzen Sie sich wieder auf Ihren Stuhl!» befahl Holmes streng. «Jetzt können Sie wohl kriechen und flehen. Aber der Gedanke, daß der arme Junge für ein Verbrechen büßen müßte, mit dem er nichts zu tun hat, hat Sie recht wenig gestört.»

«Ich werde verschwinden, Mr. Holmes. Ich werde England verlassen, Sir. Dann wird die Anklage gegen ihn von selbst zusammenbrechen.»

«Hm – darüber werden wir noch reden. Jetzt berichten Sie einmal wahrheitsgemäß, was weiter passiert ist. Wie kam der Stein in die Gans und die Gans auf den öffentlichen Markt? Aber sagen Sie die Wahrheit. Darin liegt Ihre einzige Chance.»

Ryder fuhr sich mit der Zunge über die trockenen Lippen. «Ich werde alles sagen, genau wie es sich abgespielt hat, Sir. Nachdem Horner verhaftet war, dachte ich, ich sollte den Stein möglichst bald fortschaffen. Es konnte der Polizei ja jederzeit einfallen, mich und mein Zimmer zu durchsuchen. Kein Platz im Hotel schien mir sicher genug. Ich ging weg, als hätte ich etwas zu besorgen, und geradewegs zu meiner Schwester. Sie ist mit einem gewissen Oakshott verheiratet und wohnt in der Brixton Road, wo sie Gänse mästet. Unterwegs sah ich in jedem Menschen, der mich zufällig anblickte, einen Polizisten oder Detektiv, und wie kalt es auch war, kam ich schweißgebadet bei meiner Schwester an. Sie fragte ganz besorgt, warum ich so blaß sei, und ich sagte ihr, ich hätte mich über den Juwelenraub im Hotel aufgeregt. Dann ging ich auf den Hof hinaus, um meine Pfeife zu rauchen, und überlegte, was ich wohl am besten tun sollte.

Ein ehemaliger Freund von mir, ein gewisser Maudsley, der auf die schiefe Bahn geraten war, hat vor kurzem seine Zuchthausstrafe abgebüßt. Nachher hatten wir uns einmal zufällig auf der Straße getroffen und kamen irgendwie auf Diebe und Hehler und die Verwertung von Diebesbeute zu reden. Ihm konnte ich mich anvertrauen, denn ich wußte einiges über ihn. So beschloß ich, geradewegs zu ihm nach Kilburn zu fahren und ihn ins Vertrauen zu ziehen. Ich dachte, er könnte mir bei der Verwertung des Steins behilflich sein. Die Frage war nur, wie ich mitsamt dem Stein sicher zu ihm gelangen sollte. Ich dachte an die Folterqualen, die ich auf dem Weg vom Hotel ausgestanden hatte. Jeden Moment konnte ich angehalten und durchsucht werden, mit dem Stein in der Westentasche... Wie ich so an der Hofmauer lehnte und auf die Gänse starrte, die um meine Füße herumwatschelten, kam mir plötzlich die Idee, wie ich den besten Detektiv der Welt an der Nase herumführen könnte.

Meine Schwester hatte mir ein paar Wochen vorher gesagt, ich könne mir eine ihrer Gänse als Weihnachtsgeschenk aussuchen, und ich wußte, daß ich sie jederzeit beim Wort nehmen durfte. Ich beschloß also, mir meine Gans gleich jetzt zu nehmen, damit sie mir meinen Stein sicher nach Kilburn brächte. Im Hof stand ein kleiner Bretterschuppen. Hinter den trieb ich eine der Gänse, ein großes, schönes Tier, schneeweiß, mit einem schwarzen Querstreifen über dem Schwanz. Ich packte sie, zwängte ihr den Schnabel auf und stopfte ihr den Stein in den Schlund, so tief ich mit dem Finger hineinkam. Die Gans schluckte, und ich spürte den Stein durch die Gurgel gleiten und in ihrem Kropf landen. Aber das Vieh sträubte sich und schlug mit den Flügeln, und schon war meine Schwester da, um zu sehen, was es gäbe. Als sie mich anrief, ließ ich die Gans unwillkürlich los, und sie flatterte zwischen die anderen zurück.

‹Du lieber Gott, was treibst du denn da, Jem?› sagt meine Schwester.

‹Du hast mir doch eine Weihnachtsgans versprochen›, sage ich. ‹Ich wollte bloß sehen, wie fett sie sind.›

‹Für dich haben wir eine besonders schöne ausgesucht›, sagt sie. ‹Wir nennen sie Jems Gans. Siehst du, die große weiße dort drüben. Wir haben im ganzen sechsundzwanzig Stück, eine für dich, eine für uns und zwei Dutzend zum Verkauf.›

‹Danke, Maggie›, sage ich, ‹aber wenn es dir gleich ist, möchte ich lieber die, die ich vorhin in der Hand hatte.›

«Die andere wiegt gut drei Pfund mehr», sagt sie. ‹Wir haben sie eigens für dich gemästet.›

‹Nimm's nicht übel, Maggie, aber ich möchte doch lieber die andere›, sage ich. ‹Ich würde sie gern jetzt gleich mitnehmen.›

‹Na, wie du willst›, sagt sie ein bißchen pikiert. ‹Also, welche soll es sein?›

‹Die weiße dort, mit dem schwarzen Streifen, mitten in der Schar.›

‹Mir ist es egal›, sagt sie. ‹Du kannst sie gleich schlachten und mitnehmen.›

Nun, ich tat es, Mr. Holmes, und schleppte das Vieh den ganzen Weg nach Kilburn. Ich erzählte meinem Kumpel, was ich getan hatte, denn mit ihm mußte man sich nicht genieren, und er wollte sich schieflachen. Dann holte er ein Messer, und wir schlitzten die Gans auf. Da wurde mir, ich weiß nicht wie, denn von dem Stein war keine Spur zu sehen, und ich wußte sofort, daß ein gräßlicher Irrtum passiert war. Ich ließ die Gans liegen und fuhr, so schnell ich nur konnte, zu meiner

Schwester zurück. Aber wie ich in den Hof komme, ist weit und breit keine Gans zu sehen.

‹Wo ist dein Federvieh, Maggie?› rufe ich.

‹Der Händler hat alle abgeholt.›

‹Welcher Händler?›

‹Breckinridge heißt er, in Covent Garden.›

‹Hattest du noch eine andere mit einem schwarzen Streifen auf dem Schwanz, so wie die, die ich gewählt hatte?›

‹Ja›, sagt sie. ‹Es waren zwei ganz gleiche Vögel. Ich konnte sie nie auseinanderhalten.›

Da war mir natürlich alles furchtbar klar, und ich lief, so schnell mich meine Füße trugen, zu diesem Breckinridge – aber er hatte die ganzen zwei Dutzend auf einmal verkauft und wollte mir partout nicht sagen, an wen. Sie haben ihn vorhin selbst gehört, und so hat er mir jedesmal geantwortet. Meine Schwester glaubt, daß ich im Begriff bin, den Verstand zu verlieren, und manchmal glaube ich es selber. Und jetzt – da stehe ich, ein überführter Dieb, und habe den Schatz, für den ich meinen ehrlichen Namen verkauft habe, noch nicht einmal gesehen! Gott helfe mir! Gott erbarme sich meiner!» Und er schlug die Hände vors Gesicht und brach in krampfhaftes Schluchzen aus.

Eine tiefe Stille entstand, die nur durch die keuchenden Atemzüge des Mannes und das leise Trommeln von Holmes' Fingerspitzen auf die Tischplatte unterbrochen wurde. Dann stand mein Freund auf und öffnete die Tür.

«Gehen Sie!» sagte er.

«Wie . . .? Sir! Gott segne Sie, Sir!»

«Kein Wort mehr! Hinaus!»

Es war auch kein Wort mehr nötig. Er stürzte an uns vorbei. Dann hörte man nur noch Schritte die Treppe hinunterklappern und die Haustür zuschlagen.

Holmes griff nach seiner Tonpfeife. «Schließlich und endlich, Watson», sagte er, «bin ich nicht dazu da, die Fehler der Polizei wiedergutzumachen. Wenn Horner dadurch gefährdet wäre, so wäre das etwas anderes, aber da der Kerl nicht gegen ihn aussagen wird, muß die Anklage dahinfallen. Vermutlich begehe ich ein Verbrechen, aber es ist auch möglich, daß ich eine Seele rette. Der Mensch wird nie wieder unrecht tun, er hat zuviel Angst ausgestanden. Wenn man ihn hingegen jetzt ins Zuchthaus steckt, bleibt er sein Leben lang ein Galgenvogel. Außerdem feiern wir ja Weihnachten, das Fest der Vergebung. Wir sind zufällig über ein ganz absonderliches, schrulliges Problem gestolpert, und daß wir es lösen konnten, ist unser schönster Lohn. Wenn du so gut sein willst, an der Klingel zu ziehen, Watson, wollen wir uns jetzt einer neuen Forschungsaufgabe widmen, bei der ebenfalls ein Vogel die Hauptrolle spielen wird.»

Nußknacker und Mausekönig

Der Weihnachtsabend

Am vierundzwanzigsten Dezember durften die
Kinder des Medizinalrats Stahlbaum den ganzen
Tag über durchaus nicht in die Mittelstube hinein,
viel weniger in das daranstoßende Prunkzimmer.
In einem Winkel des Hinterstübchens zusammen-
gekauert, saßen Fritz und Marie[1], die tiefe Abenddämmerung war eingebrochen, und es wurde
ihnen recht schaurig zumute, als man, wie es gewöhnlich an dem Tage geschah, kein Licht herein-
brachte. Fritz entdeckte ganz insgeheim wispernd
der jüngern Schwester (sie war eben erst sieben Jahr
alt geworden), wie er schon seit frühmorgens es
habe in den verschlossenen Stuben rauschen und
rasseln und leise pochen hören. Auch sei nicht
längst ein kleiner dunkler Mann mit einem großen
Kasten unter dem Arm über den Flur geschlichen,
er wisse aber wohl, daß es niemand anders gewesen
als Pate Droßelmeier. Da schlug Marie die kleinen
Händchen vor Freude zusammen und rief: «Ach,
was wird nur Pate Droßelmeier für uns Schönes
gemacht haben.» Der Obergerichtsrat Droßelmeier war gar kein hübscher Mann, nur klein und
mager, hatte viele Runzeln im Gesicht, statt des

rechten Auges ein großes schwarzes Pflaster und auch gar keine Haare, weshalb er eine sehr schöne weiße Perücke trug, die war aber von Glas und ein künstliches Stück Arbeit. Überhaupt war der Pate selbst auch ein sehr künstlicher Mann, der sich sogar auf Uhren verstand und selbst welche machen konnte. Wenn daher eine von den schönen Uhren in Stahlbaums Hause krank war und nicht singen konnte, dann kam Pate Droßelmeier, nahm die Glasperücke ab, zog sein gelbes Röckchen aus, band eine blaue Schürze um und stach mit spitzigen Instrumenten in die Uhr hinein, so daß es der kleinen Marie ordentlich wehe tat, aber es verursachte der Uhr gar keinen Schaden, sondern sie wurde vielmehr wieder lebendig und fing gleich an recht lustig zu schnurren, zu schlagen und zu singen, worüber denn alles große Freude hatte. Immer trug er, wenn er kam, was Hübsches für die Kinder in der Tasche, bald ein Männlein, das die Augen verdrehte und Komplimente machte, welches komisch anzusehen war, bald eine Dose, aus der ein Vögelchen heraushüpfte, bald was anderes. Aber zu Weihnachten, da hatte er immer ein schönes künstliches Werk verfertigt, das ihm viel Mühe gekostet, weshalb es auch, nachdem es einbeschert worden, sehr sorglich von den Eltern aufbewahrt wurde. – «Ach, was wird nur Pate Droßelmeier für uns Schönes gemacht haben», rief nun Marie; Fritz meinte aber, es könne wohl diesmal anders sein, als eine Festung, in der allerlei sehr hübsche Soldaten auf- und abmarschierten und exerzierten, und dann müßten andere Soldaten kommen, die in die Festung hineinwollten, aber nun schössen die Soldaten von innen tapfer heraus mit Kanonen, daß es tüchtig brauste und knallte. «Nein, nein», unterbrach Marie den Fritz, «Pate Droßelmeier hat mir von einem schönen Garten erzählt, darin ist ein großer See, auf dem schwimmen sehr herrliche Schwäne mit goldnen Halsbändern herum und singen die hübschesten Lieder. Dann kommt ein kleines Mädchen aus dem Garten an den See und lockt die Schwäne heran und füttert sie mit süßem Marzipan.» – «Schwäne fressen keinen Marzipan», fiel Fritz etwas rauh ein, «und einen ganzen Garten kann Pate Droßelmeier auch nicht machen. Eigentlich haben wir wenig von seinen Spielsachen; es wird uns ja alles gleich wieder weggenommen, da ist mir denn doch das viel lieber, was uns Papa und Mama einbescheren, wir behalten es fein und können damit machen, was wir wollen.» Nun rieten die Kinder hin und her, was es wohl diesmal wieder geben könne. Marie meinte, daß Mamsell Trutchen (ihre große Puppe) sich sehr verändere, denn ungeschickter als jemals, fiele sie jeden Augenblick auf den Fußboden, welches ohne garstige Zeichen im Gesicht nicht abginge, und dann sei an Reinlichkeit gar nicht mehr zu denken. Alles tüchtige Ausschelten helfe nichts. Auch habe Mama gelächelt, als sie sich über Gretchens kleinen Sonnenschirm so gefreut. Fritz versicherte dagegen, ein tüchtiger Fuchs fehle seinem Marstall durchaus, sowie seinen Truppen gänzlich an Kavallerie, das

sei dem Papa recht gut bekannt. – So wußten die
Kinder wohl, daß die Eltern ihnen allerlei schöne
Gaben eingekauft hatten, die sie nun aufstellten, es
war ihnen aber auch gewiß, daß dabei der Heilige
Christ mit gar freundlichen frommen Kindes-
augen hineinleuchte, und daß, wie von segensrei-
cher Hand berührt, jede Weihnachtsgabe herrliche
Lust bereite wie keine andere. Daran erinnerte die
Kinder, die immerfort von den zu erwartenden
Geschenken wisperten, ihre ältere Schwester Luise,
hinzufügend, daß es nun aber auch der Heilige
Christ sei, der durch die Hand der lieben Eltern den
Kindern immer das beschere, was ihnen wahre
Freude und Lust bereiten könne, das wisse er viel
besser als die Kinder selbst, die müßten daher nicht
allerlei wünschen und hoffen, sondern still und
fromm erwarten, was ihnen beschert worden. Die
kleine Marie wurde ganz nachdenklich, aber Fritz
murmelte vor sich hin: «Einen Fuchs und Husaren
hätt ich nun einmal gern.»

Es war ganz finster geworden. Fritz und Marie,
fest aneinandergedrückt, wagten kein Wort mehr
zu reden, es war ihnen, als rausche es mit linden
Flügeln um sie her und als ließe sich eine ganz
ferne, aber sehr herrliche Musik vernehmen. Ein
heller Schein streifte an der Wand hin, da wußten
die Kinder, daß nun das Christkind auf glänzenden
Wolken fortgeflogen zu andern glücklichen Kindern. In dem Augenblick ging es mit silberhellem
Ton: Klingling, klingling, die Türen sprangen auf,
und solch ein Glanz strahlte aus dem großen Zim-

mer hinein, daß die Kinder mit lautem Ausruf: «Ach! – Ach!» wie erstarrt auf der Schwelle stehen blieben. Aber Papa und Mama traten in die Türe, faßten die Kinder bei der Hand und sprachen: «Kommt doch nur, kommt doch nur, ihr lieben Kinder, und seht, was euch der Heilige Christ beschert hat.»

Die Gaben

Ich wende mich an dich selbst, sehr geneigter Leser oder Zuhörer Fritz – Theodor – Ernst – oder wie du sonst heißen magst, und bitte dich, daß du dir deinen letzten, mit schönen bunten Gaben reich geschmückten Weihnachtstisch recht lebhaft vor Augen bringen mögest, dann wirst du es dir wohl auch denken können, wie die Kinder mit glänzenden Augen ganz verstummt stehen blieben, wie erst nach einer Weile Marie mit einem tiefen Seufzer rief: «Ach, wie schön – ach, wie schön», und Fritz einige Luftsprünge versuchte, die ihm überaus wohl gerieten. Aber die Kinder mußten auch das ganze Jahr über besonders artig und fromm gewesen sein, denn nie war ihnen so viel Schönes, Herrliches einbeschert worden als dieses Mal. Der große Tannenbaum in der Mitte trug viele goldne und silberne Äpfel, und wie Knospen und Blüten keimten Zuckermandeln und bunte Bonbons und was es sonst noch für schönes Naschwerk gibt, aus allen Ästen. Als das Schönste an dem Wunderbaum mußte aber wohl gerühmt werden, daß in seinen dunkeln Zweigen hundert kleine Lichter wie

Sternlein funkelten und er selbst, in sich hinein-
und herausleuchtend, die Kinder freundlich einlud,
seine Blüten und Früchte zu pflücken. Um den
Baum umher glänzte alles sehr bunt und herrlich –
was es da alles für schöne Sachen gab – ja, wer das
zu beschreiben vermöchte! Marie erblickte die
zierlichsten Puppen, allerlei saubere kleine Gerätschaften, und was vor allem schön anzusehen war,
ein seidenes Kleidchen, mit bunten Bändern zierlich geschmückt, hing an einem Gestell so der
kleinen Marie vor Augen, daß sie es von allen Seiten betrachten konnte, und das tat sie denn auch,
indem sie einmal über das andere ausrief: «Ach, das
schöne, ach, das liebe – liebe Kleidchen; und das
werde ich – ganz gewiß – das werde ich wirklich
anziehen dürfen!» – Fritz hatte indessen schon,
drei- oder viermal um den Tisch herumgaloppie-
rend und -trabend, den neuen Fuchs versucht, den
er in der Tat am Tische angezäumt gefunden. Wieder absteigend, meinte er, es sei eine wilde Bestie,
das täte aber nichts, er wolle ihn schon kriegen, und
musterte die neue Schwadron Husaren, die sehr
prächtig in Rot und Gold gekleidet waren, lauter
silberne Waffen trugen und auf solchen weißglän-
zenden Pferden ritten, daß man beinahe hätte
glauben sollen, auch diese seien von purem Silber.
Eben wollten die Kinder, etwas ruhiger geworden,
über die Bilderbücher her, die aufgeschlagen waren, daß man allerlei sehr schöne Blumen und
bunte Menschen, ja auch allerliebste spielende Kinder so natürlich gemalt, als lebten und sprächen sie

196

wirklich, gleich anschauen konnte. – Ja! eben wollten die Kinder über diese wunderbaren Bücher her, als nochmals geklingelt wurde. Sie wußten, daß nun der Pate Droßelmeier einbescheren würde, und liefen nach dem an der Wand stehenden Tisch. Schnell wurde der Schirm, hinter dem er so lange versteckt gewesen, weggenommen. Was erblickten da die Kinder! – Auf einem grünen, mit bunten Blumen geschmückten Rasenplatz stand ein sehr herrliches Schloß mit vielen Spiegelfenstern und goldnen Türmen. Ein Glockenspiel ließ sich hören, Türen und Fenster gingen auf, und man sah, wie sehr kleine, aber zierliche Herrn und Damen mit Federhüten und langen Schleppkleidern in den Sälen herumspazierten. In dem Mittelsaal, der ganz in Feuer zu stehen schien – so viel Lichterchen brannten an silbernen Kronleuchtern – tanzten Kinder in kurzen Wämschen und Röckchen nach dem Glockenspiel. Ein Herr in einem smaragdenen Mantel sah oft durch ein Fenster, winkte heraus und verschwand wieder, sowie auch Pate Droßelmeier selbst, aber kaum viel höher als Papas Daumen, zuweilen unten an der Tür des Schlosses stand und wieder hineinging. Fritz hatte mit auf den Tisch gestemmten Armen das schöne Schloß und die tanzenden und spazierenden Figürchen angesehen, dann sprach er: «Pate Droßelmeier! Laß mich mal hineingehen in dein Schloß!» – Der Obergerichtsrat bedeutete ihm, daß das nun ganz und gar nicht anginge. Er hatte auch recht, denn es war töricht von Fritzen, daß er in ein

197

Schloß gehen wollte, welches überhaupt mitsamt seinen goldnen Türmen nicht so hoch war als er selbst. Fritz sah das auch ein. Nach einer Weile, als immerfort auf dieselbe Weise die Herrn und Damen hin und her spazierten, die Kinder tanzten, der smaragdne Mann zu demselben Fenster heraussah, Pate Droßelmeier vor die Türe trat, da rief Fritz ungeduldig: «Pate Droßelmeier, nun komm mal zu der andern Tür da drüben heraus.» – «Das geht nicht, liebes Fritzchen», erwiderte der Obergerichtsrat. «Nun so laß mal», sprach Fritz weiter, «laß mal den grünen Mann, der so oft herausguckt, mit den andern herumspazieren.» – «Das geht auch nicht», erwiderte der Obergerichtsrat aufs neue. «So sollen die Kinder herunterkommen», rief Fritz, «ich will sie näher besehen.» – «Ei, das geht alles nicht», sprach der Obergerichtsrat verdrießlich, «wie die Mechanik nun einmal gemacht ist, muß sie bleiben.» – «So-o?» fragte Fritz mit gedehntem Ton, «das geht alles nicht? Hör mal, Pate Droßelmeier, wenn deine kleinen geputzten Dinger in dem Schlosse nichts mehr können als immer dasselbe, da taugen sie nicht viel, und ich frage nicht sonderlich nach ihnen. – Nein, da lob ich mir meine Husaren, die müssen manövrieren vorwärts, rückwärts, wie ich's haben will, und sind in kein Haus gesperrt.» Und damit sprang er fort an den Weihnachtstisch und ließ seine Eskadron auf den silbernen Pferden hin und her trottieren und schwenken und einhauen und feuern nach Herzenslust. Auch Marie hatte sich sachte fortgeschlichen, denn auch sie wurde des Herumgehens und Tanzens der Püppchen im Schlosse bald überdrüssig und mochte es, da sie sehr artig und gut war, nur nicht so merken lassen wie Bruder Fritz. Der Obergerichtsrat Droßelmeier sprach ziemlich verdrießlich zu den Eltern: «Für unverständige Kinder ist solch künstliches Werk nicht, ich will nur mein Schloß wieder einpacken»; doch die Mutter trat hinzu und ließ sich den innern Bau und das wunderbare, sehr künstliche Räderwerk zeigen, wodurch die kleinen Püppchen in Bewegung gesetzt wurden. Der Rat nahm alles auseinander und setzte es wieder zusammen. Dabei war er wieder ganz heiter geworden und schenkte den Kindern noch einige schöne braune Männer und Frauen mit goldnen Gesichtern, Händen und Beinen. Sie waren sämtlich aus Thorn und rochen so süß und angenehm wie Pfefferkuchen, worüber Fritz und Marie sich sehr erfreuten. Schwester Luise hatte, wie es die Mutter gewollt, das schöne Kleid angezogen, welches ihr einbeschert worden, und sah wunderhübsch aus, aber Marie meinte, als sie auch ihr Kleid anziehen sollte, sie möchte es lieber noch ein bißchen *so* ansehen. Man erlaubte ihr das gern.

Der Schützling

Eigentlich mochte Marie sich selbst gar nicht von dem Weihnachtstisch trennen, weil sie eben etwas noch nicht Bemerktes entdeckt hatte. Durch das Ausrücken von Fritzens Husaren, die dicht an dem

Baum in Parade gehalten, war nämlich ein sehr vortrefflicher kleiner Mann sichtbar geworden, der still und bescheiden dastand, als erwarte er ruhig, wenn die Reihe an ihn kommen werde. Gegen seinen Wuchs wäre freilich vieles einzuwenden gewesen, denn abgesehen davon, daß der etwas lange, starke Oberleib nicht recht zu den kleinen dünnen Beinchen passen wollte, so schien auch der Kopf bei weitem zu groß. Vieles machte die propre Kleidung gut, welche auf einen Mann von Geschmack und Bildung schließen ließ. Er trug nämlich ein sehr schönes violettglänzendes Husarenjäckchen mit vielen weißen Schnüren und Knöpfchen, ebensolche Beinkleider und die schönsten Stiefelchen, die jemals an die Füße eines Studenten, ja wohl gar eines Offiziers gekommen sind. Sie saßen an den zierlichen Beinchen so knapp angegossen, als wären sie darauf gemalt. Komisch war es zwar, daß er zu dieser Kleidung sich hinten einen schmalen unbeholfenen Mantel, der recht aussah wie von Holz, angehängt und ein Bergmannsmützchen aufgesetzt hatte, indessen dachte Marie daran, daß Pate Droßelmeier ja auch einen sehr schlechten Matin[2] umhänge und eine fatale Mütze aufsetze, dabei aber doch ein gar lieber Pate sei. Auch stellte Marie die Betrachtung an, daß Pate Droßelmeier, trüge er sich auch übrigens so zierlich wie der Kleine, doch nicht einmal so hübsch als er aussehen werde. Indem Marie den netten Mann, den sie auf den ersten Blick liebgewonnen, immer mehr und mehr ansah, da wurde sie erst recht inne, welche Gutmütigkeit auf seinem Gesichte lag. Aus den hellgrünen, etwas zu großen hervorstehenden Augen sprach nichts als Freundschaft und Wohlwollen. Es stand dem Manne gut, daß sich um sein Kinn ein wohlfrisierter Bart von weißer Baumwolle legte, denn um so mehr konnte man das süße Lächeln des hochroten Mundes bemerken. «Ach!» rief Marie endlich aus, «ach, lieber Vater, wem gehört denn der allerliebste kleine Mann dort am Baum?» – «*Der*», antwortete der Vater, «der, liebes Kind, soll für euch alle tüchtig arbeiten, er soll euch fein die harten Nüsse aufbeißen, und er gehört Luisen ebensogut als dir und dem Fritz.» Damit nahm ihn der Vater behutsam vom Tische, und indem er den hölzernen Mantel in die Höhe hob, sperrte das Männlein den Mund weit, weit auf und zeigte zwei Reihen sehr weißer spitzer Zähnchen. Marie schob auf des Vaters Geheiß eine Nuß hinein, und – knack – hatte sie der Mann zerbissen, daß die Schalen abfielen und Marie den süßen Kern in die Hand bekam. Nun mußte wohl jeder und auch Marie wissen, daß der zierliche kleine Mann aus dem Geschlecht der Nußknacker abstammte und die Profession seiner Vorfahren trieb. Sie jauchzte auf vor Freude, da sprach der Vater: «Da dir, liebe Marie, Freund Nußknacker so sehr gefällt, so sollst du ihn auch besonders hüten und schützen, unerachtet, wie ich gesagt, Luise und Fritz ihn mit ebenso vielem Recht brauchen können als du!» – Marie nahm ihn sogleich in den Arm und ließ ihn Nüsse aufknacken, doch suchte sie die kleinsten aus, damit das Männlein nicht so weit den Mund aufsperren durfte, welches ihm doch im Grunde nicht gut stand. Luise gesellte sich zu ihr, und auch für sie mußte Freund Nußknacker seine Dienste verrichten, welches er gern zu tun schien, da er immerfort sehr freundlich lächelte. Fritz war unterdessen vom vielen Exerzieren und Reiten müde geworden, und da er so lustig Nüsse knacken hörte, sprang er hin zu den Schwestern und lachte recht von Herzen über den kleinen drolligen Mann, der nun, da Fritz auch Nüsse essen wollte, von Hand zu Hand ging und gar nicht aufhören konnte mit Auf- und Zuschnappen: Fritz schob immer die größten und härtsten Nüsse hinein, aber mit einem Male ging es – krack – krack – und drei Zähnchen fielen aus des Nußknackers Munde, und sein ganzes Unterkinn war lose und wacklicht. – «Ach, mein armer lieber Nußknacker!» schrie Marie laut und nahm ihn dem Fritz aus den Händen. «Das ist ein einfältiger dummer Bursche», sprach Fritz. «Will Nußknacker sein und hat kein ordentliches Gebiß – mag wohl auch sein Handwerk gar nicht verstehn. – Gib ihn nur her, Marie! Er soll mir Nüsse zerbeißen, verliert er auch noch die übrigen Zähne, ja das ganze Kinn obendrein, was ist an dem Taugenichts gelegen.» – «Nein, nein», rief Marie weinend, «du bekommst ihn nicht, meinen lieben Nußknacker, sieh nur her, wie er mich so wehmütig anschaut und mir sein wundes Mündchen zeigt! – Aber du bist ein hartherziger Mensch – du schlägst deine Pferde und läßt wohl gar einen Soldaten totschießen.» – «Das muß so sein, das verstehst du nicht», rief Fritz; «aber der Nußknacker gehört ebensogut mir als dir, gib ihn nur her.» – Marie fing an heftig zu weinen und wickelte den kranken Nußknacker schnell in ihr kleines Taschentuch ein. Die Eltern kamen mit dem Paten Droßelmeier herbei. Dieser nahm zu Mariens Leidwesen Fritzens Partei. Der Vater sagte aber: «Ich habe den Nußknacker ausdrücklich unter Mariens Schutz gestellt, und da, wie ich sehe, er dessen eben jetzt bedarf, so hat sie volle Macht über ihn, ohne daß jemand dreinzureden hat. Übrigens wundert es mich sehr von Fritzen, daß er von einem im Dienst Erkrankten noch fernere Dienste verlangt. Als guter Militär sollte er doch wissen, daß man Verwundete niemals in Reihe und Glied stellt?» – Fritz war sehr beschämt und schlich, ohne sich weiter um Nüsse und Nußknacker zu bekümmern, fort an die andere Seite des Tisches, wo seine Husaren, nachdem sie gehörige Vorposten ausgestellt hatten, ins Nachtquartier gezogen waren. Marie suchte Nußknackers verlorne Zähnchen zusammen, um das kranke Kinn hatte sie ein hübsches weißes Band, das sie von ihrem Kleidchen abgelöst, gebunden und dann den armen Kleinen, der sehr blaß und erschrocken aussah, noch sorgfältiger als vorher in ihr Tuch eingewickelt. So hielt sie ihn wie ein kleines Kind wiegend in den Armen und besah die schönen Bilder des neuen Bilderbuchs, das heute unter den andern vielen Gaben lag. Sie wurde, wie es sonst gar nicht ihre Art war, recht böse, als Pate

Droßelmeier so sehr lachte und immerfort fragte, wie sie denn mit solch einem grundhäßlichen kleinen Kerl so schön tun könne. – Jener sonderbare Vergleich mit Droßelmeier, den sie anstellte, als der Kleine ihr zuerst in die Augen fiel, kam ihr wieder in den Sinn, und sie sprach sehr ernst: «Wer weiß, lieber Pate, ob du denn, putztest du dich auch so heraus wie mein lieber Nußknacker, und hättest du auch solche schöne blanke Stiefelchen an, wer weiß, ob du denn doch so hübsch aussehen würdest als er!» – Marie wußte gar nicht, warum denn die Eltern so laut auflachten, und warum der Obergerichtsrat solch eine rote Nase bekam und gar nicht so hell mitlachte wie zuvor. Es mochte wohl seine besondere Ursache haben.

Wunderdinge

Bei Medizinalrats in der Wohnstube, wenn man zur Türe hineintritt, gleich links an der breiten Wand, steht ein hoher Glasschrank, in welchem die Kinder all die schönen Sachen, die ihnen jedes Jahr einbeschert worden, aufbewahren. Die Luise war noch ganz klein, als der Vater den Schrank von einem sehr geschickten Tischler machen ließ, der so himmelhelle Scheiben einsetzte und überhaupt das Ganze so geschickt einzurichten wußte, daß alles drinnen sich beinahe blanker und hübscher ausnahm, als wenn man es in Händen hatte. Im obersten Fache, für Marien und Fritzen unerreichbar, standen des Paten Droßelmeier Kunstwerke, gleich darunter war das Fach für die Bilderbücher, die beiden untersten Fächer durften Marie und Fritz anfüllen wie sie wollten, jedoch geschah es immer, daß Marie das unterste Fach ihren Puppen zur Wohnung einräumte, Fritz dagegen in dem Fache drüber seine Truppen Kantonierungsquartiere beziehen ließ. So war es auch heute gekommen, denn, indem Fritz seine Husaren oben aufgestellt, hatte Marie unten Mamsell Trutchen beiseite gelegt, die neue schön geputzte Puppe in das sehr gut möblierte Zimmer hineingesetzt und sich auf Zuckerwerk bei ihr eingeladen. Sehr gut möbliert war das Zimmer, habe ich gesagt, und das ist auch wahr, denn ich weiß nicht, ob du, meine aufmerksame Zuhörerin Marie, ebenso wie die kleine Stahlbaum (es ist dir schon bekannt worden, daß sie auch Marie heißt), ja! – ich meine, ob du ebenso wie diese ein kleines schöngeblümtes Sofa, mehrere allerliebste Stühlchen, einen niedlichen Teetisch, vor allen Dingen aber ein sehr nettes blankes Bettchen besitzest, worin die schönsten Puppen ausruhen? Alles dieses stand in der Ecke des Schranks, dessen Wände hier sogar mit bunten Bilderchen tapeziert waren, und du kannst dir wohl denken, daß in *diesem* Zimmer die neue Puppe, welche, wie Marie noch denselben Abend erfuhr, Mamsell Klärchen hieß, sich sehr wohl befinden mußte.

Es war später Abend geworden, ja Mitternacht im Anzuge, und Pate Droßelmeier längst fortgegangen, als die Kinder noch gar nicht wegkommen konnten von dem Glasschrank, so sehr auch die Mutter mahnte, daß sie doch endlich nun zu Bette gehen möchten. «Es ist wahr», rief endlich Fritz, «die armen Kerls (seine Husaren meinend) wollen auch nun Ruhe haben, und solange ich da bin, wagt's keiner, ein bißchen zu nicken, das weiß ich schon!» Damit ging er ab; Marie aber bat gar sehr: «Nur noch ein Weilchen, ein einziges kleines Weilchen laß mich hier, liebe Mutter, hab ich ja doch noch manches zu besorgen, und ist das geschehen, so will ich ja gleich zu Bette gehen!» Marie war gar ein frommes vernünftiges Kind, und so konnte die gute Mutter wohl ohne Sorgen sie noch bei den Spielsachen allein lassen. Damit aber Marie nicht etwa gar zu sehr verlockt werde von der neuen Puppe und den schönen Spielsachen überhaupt, so aber die Lichter vergäße, die rings um den Wandschrank brannten, löschte die Mutter sie sämtlich aus, so daß nur die Lampe, die in der Mitte des Zimmers von der Decke herabhing, ein sanftes anmutiges Licht verbreitete. «Komm bald hinein, liebe Marie! sonst kannst du ja morgen nicht zu rechter Zeit aufstehen», rief die Mutter, indem sie sich in das Schlafzimmer entfernte. Sobald sich Marie allein befand, schritt sie schnell dazu, was ihr zu tun recht auf dem Herzen lag, und was sie doch nicht, selbst wußte sie nicht warum, der Mutter zu entdecken vermochte. Noch immer hatte sie den kranken Nußknacker eingewickelt in ihr Taschentuch auf dem Arm getragen. Jetzt legte sie ihn behutsam auf den Tisch, wickelte leise, leise das Tuch ab und sah nach den Wunden. Nußknakker war sehr bleich, aber dabei lächelte er so wehmütig freundlich, daß es Marien recht durch das Herz ging. «Ach, Nußknackerchen», sprach sie sehr leise, «sei nur nicht böse, daß Bruder Fritz dir so wehe getan hat, er hat es auch nicht so schlimm gemeint, er ist nur ein bißchen hartherzig geworden durch das wilde Soldatenwesen, aber sonst ein recht guter Junge, das kann ich dich versichern. Nun will ich dich aber auch recht sorglich so lange pflegen, bis du wieder gesund und ganz fröhlich geworden; dir deine Zähnchen recht fest einsetzen, dir die Schultern einrenken, das soll Pate Droßelmeier, der sich auf solche Dienste versteht.» – Aber nicht ausreden konnte Marie, denn indem sie den Namen Droßelmeier nannte, machte Freund Nußknacker ein ganz verdammt schiefes Maul, und aus seinen Augen fuhr es heraus wie grünfunkelnde Stacheln. In dem Augenblick aber, daß Marie sich recht entsetzen wollte, war es ja wieder des ehrlichen Nußknackers wehmütig lächelndes Gesicht, welches sie anblickte, und sie wußte nun wohl, daß der von der Zugluft berührte, schnell auflodernde Strahl der Lampe im Zimmer Nußknackers Gesicht so entstellt hatte. «Bin ich nicht ein töricht Mädchen, daß ich so leicht erschrecke, so daß ich sogar glaube, das Holzpüppchen da könne mir Gesichter schneiden! Aber lieb ist mir doch Nußknacker gar zu sehr, weil er so komisch ist und doch so gutmütig, und darum muß er gepflegt werden, wie sich's gehört!» Damit nahm Marie den Freund Nußknacker in den Arm, näherte sich dem Glasschrank, kauerte vor demselben und sprach also zur neuen Puppe: «Ich bitte dich recht sehr, Mamsell Klärchen, tritt dein Bettchen dem kranken wunden Nußknacker ab und behelfe dich, so gut wie es geht, mit dem Sofa. Bedenke, daß du sehr gesund und recht bei Kräften bist, denn sonst würdest du nicht solche dicke dunkelrote Backen haben, und daß sehr wenige der allerschönsten Puppen solche weiche Sofas besitzen.»

Mamsell Klärchen sah in vollem glänzenden Weihnachtsputz sehr vornehm und verdrießlich aus und sagte nicht «Muck!» – «Was mache ich aber auch für Umstände», sprach Marie, nahm das Bett hervor, legte sehr leise und sanft Nußknackerchen hinein, wickelte noch ein gar schönes Bändchen, das sie sonst um den Leib getragen, um die wunden Schultern und bedeckte ihn bis unter die Nase. «Bei der unartigen Kläre darf er aber nicht bleiben», sprach sie weiter und hob das Bettchen samt dem darinne liegenden Nußknacker heraus in das obere Fach, so daß es dicht neben dem schönen Dorf zu stehen kam, wo Fritzens Husaren kantonierten. Sie verschloß den Schrank und wollte ins Schlafzimmer, da – horcht auf, Kinder! – da fing es an leise – leise zu wispern und zu flüstern und zu rascheln ringsherum, hinter dem Ofen, hinter den Stühlen, hinter den Schränken. – Die Wanduhr schnurrte dazwischen lauter und lauter, aber sie konnte nicht schlagen. Marie blickte hin, da hatte die große vergoldete Eule, die darauf saß, ihre Flügel herabgesenkt, so daß sie die ganze Uhr überdeckten, und den häßlichen Katzenkopf mit krummem Schnabel weit vorgestreckt. Und stärker schnurrte es mit vernehmlichen Worten: «Uhr, Uhre, Uhre, Uhren, müßt alle nur leise schnurren, leise schnurren. – Mausekönig hat ja wohl ein feines Ohr – purrpurr – pum pum singt nur, singt ihm altes Liedlein vor – purr purr – pum pum schlag an, Glöcklein, schlag an, bald ist es um ihn getan!» Und pum pum ging es ganz dumpf und heiser zwölfmal! – Marien fing an sehr zu grauen, und entsetzt wär sie beinahe davongelaufen, als sie Pate Droßelmeier erblickte, der statt der Eule auf der Wanduhr saß und seine gelben Rockschöße von beiden Seiten wie Flügel herabgehängt hatte, aber sie ermannte sich und rief laut und weinerlich: «Pate Droßelmeier, Pate Droßelmeier, was willst du da oben? Komm herunter zu mir und erschrecke mich nicht so, du böser Pate Droßelmeier!» – Aber da ging ein tolles Kichern und Gepfeife los rundumher, und bald trottierte und lief es hinter den Wänden wie mit tausend kleinen Füßchen, und tausend kleine Lichterchen blickten aus den Ritzen der Dielen. Aber nicht Lichterchen waren es, nein! kleine funkelnde Augen, und Marie wurde gewahr, daß überall Mäuse hervorguckten und sich hervorarbeiteten. Bald ging es trott – trott – hopp hopp in der Stube umher – immer lichtere und dichtere Haufen Mäuse galoppierten hin und her und stellten sich endlich in Reihe und Glied, so wie Fritz seine Soldaten zu stellen pflegte, wenn es zur Schlacht gehen sollte. Das kam nun Marien sehr possierlich vor, und da sie nicht, wie manche andere Kinder, einen natürlichen Abscheu gegen Mäuse hatte, wollte ihr eben alles Grauen vergehen, als es mit einemmal so entsetzlich und so schneidend zu pfeifen begann, daß es ihr eiskalt über den Rücken lief! – Ach, was erblickte sie jetzt! – Nein, wahrhaftig, geehrter Leser Fritz, ich weiß, daß ebensogut wie dem weisen und mutigen Feldherrn Fritz Stahlbaum dir das Herz auf dem rechten Flecke sitzt, aber hättest du *das* gesehen, was Marien jetzt vor Augen kam, wahrhaftig, du wärst davongelaufen, ich glaube sogar, du wärst schnell ins Bette gesprungen und hättest die Decke viel weiter über die Ohren gezogen als gerade nötig. – Ach! – das konnte die arme Marie ja nicht einmal tun, denn hört nur, Kinder! – dicht, dicht vor ihren Füßen sprühte es, wie von unterirdischer Gewalt getrieben, Sand und Kalk und zerbröckelte Mauersteine hervor, und sieben Mauseköpfe mit sieben hellfunkelnden Kronen erhoben sich, recht gräßlich zischend und pfeifend, aus dem Boden. Bald arbeitete sich auch der Mäusekörper, an dessen Hals die sieben Köpfe angewachsen waren, vollends hervor, und der großen, mit sieben Diademen geschmückten Maus jauchzte von vollem Chorus, dreimal laut aufquiekend, das ganze Heer entgegen, das sich nun auf einmal in Bewegung setzte und hott, hott – trott – trott ging es – ach, geradezu auf den Schrank – geradezu auf Marien los, die noch dicht an der Glastüre des Schrankes stand. Vor Angst und Grauen hatte Marien das Herz schon so gepocht, daß sie glaubte, es müsse nun gleich aus der Brust herausspringen, und dann müßte sie sterben; aber nun war es ihr, als stehe ihr das Blut in den Adern still. Halb ohnmächtig wankte sie zurück, da ging es klirr – klirr – prr, und in Scherben fiel die Glasscheibe des Schranks herab, die sie mit dem Ellbogen eingestoßen. Sie fühlte wohl in dem Augenblick einen recht stechenden Schmerz am linken Arm, aber es war ihr plötzlich viel leichter ums Herz, sie hörte kein Quieken und Pfeifen mehr, es war alles ganz still geworden, und obschon sie nicht hinblicken mochte, glaubte sie doch, die Mäuse wären, von dem Klirren der Scheibe erschreckt, wieder abgezogen in ihre Löcher. – Aber was war denn das wieder? – Dicht hinter Marien fing es an im Schrank auf seltsame Weise zu rumoren, und ganz feine Stimmchen fingen an: «Aufgewacht – aufgewacht – wolln zur Schlacht – noch diese Nacht – aufgewacht – auf zur Schlacht.» – Und dabei klingelte es mit harmonischen Glöcklein gar hübsch und anmutig! «Ach, das ist ja mein kleines Glockenspiel», rief Marie freudig und sprang schnell zur Seite. Da sah sie, wie es im Schrank ganz sonderbar leuchtete und herumwirtschaftete und hantierte. Es waren mehrere Puppen, die durcheinanderliefen und mit den kleinen Armen herumfochten. Mit einemmal erhob sich jetzt Nußknacker, warf die Decke weit von sich und sprang mit beiden Füßen zugleich aus dem Bette, indem er laut rief: «Knack – knack – knack – dummes Mausepack – dummer toller Schnack – Mausepack – Knack – Knack – Mausepack – Krick und Krack – wahrer Schnack». Und damit zog er sein kleines Schwert und schwang es in den Lüften und rief: «Ihr meine lieben Vasallen, Freunde und Brüder, wollt ihr mir beistehen im harten Kampf?» – Sogleich schrien heftig drei Skaramuzze, ein Pantalon[3], vier Schornsteinfeger, zwei Zitherspielmänner und ein Tambour: «Ja Herr – wir hängen Euch an in standhafter Treue – mit Euch ziehen wir in Tod, Sieg und Kampf!» und stürzten sich nach dem begeisterten Nußknacker, der den gefährlichen Sprung wagte, vom obern Fach herab. Ja! jene hatten gut sich herabstürzen, denn nicht allein, daß sie reiche Kleider von Tuch und Seide trugen, so war inwendig im Leibe auch nicht viel anders als Baumwolle und Häcksel, daher plumpten sie auch herab wie Wollsäckchen. Aber der arme Nußknacker, der hätte gewiß Arm und Beine gebrochen, denn, denkt euch, es war beinahe zwei Fuß hoch vom Fache, wo er stand, bis zum untersten, und sein Körper war so spröde, als sei er geradezu aus Lindenholz geschnitzt. Ja, Nußknacker hätte gewiß Arm und Beine gebrochen, wäre im Augenblick, als er sprang, nicht auch Mamsell Klärchen schnell vom Sofa aufgesprungen und hätte den Helden mit dem gezogenen Schwert in ihren weichen Armen aufgefangen. «Ach du liebes gutes Klärchen!» schluchzte Marie, «wie habe ich dich verkannt, gewiß gabst du Freund Nußknackern dein Bettchen recht gerne her!» Doch Mamsell

Klärchen sprach jetzt, indem sie den jungen Helden sanft an ihre seidene Brust drückte: «Wollet Euch, o Herr, krank und wund, wie Ihr seid, doch nicht in Kampf und Gefahr begeben, seht, wie Eure tapferen Vasallen, kampflustig und des Sieges gewiß, sich sammeln. Skaramuz, Pantalon, Schornsteinfeger, Zitherspielmann und Tambour sind schon unten, und die Devisenfiguren in meinem Fache rühren und regen sich merklich! Wollet, o Herr, in meinen Armen ausruhen oder von meinem Federhut herab Euern Sieg anschaun!» So sprach Klärchen, doch Nußknacker tat ganz ungebärdig und strampelte so sehr mit den Beinen, daß Klärchen ihn schnell herab auf den Boden setzen mußte. In dem Augenblick ließ er sich aber sehr artig auf ein Knie nieder und lispelte: «O Dame! stets werd ich Euer mir bewiesenen Gnade und Huld gedenken in Kampf und Streit!» Da bückte sich Klärchen so tief herab, daß sie ihn beim Ärmchen ergreifen konnte, hob ihn sanft auf, löste schnell ihren mit vielen Flittern gezierten Leibgürtel los und wollte ihn dem Kleinen umhängen, doch der wich zwei Schritte zurück, legte die Hand auf die Brust und sprach sehr feierlich: «Nicht so wollet, o Dame, Eure Gunst an mir verschwenden, denn» – er stockte, seufzte tief auf, riß dann schnell das Bändchen, womit ihn Marie verbunden hatte, von den Schultern, drückte es an die Lippen, hing es wie eine Feldbinde um und sprang, das blankgezogene Schwertlein mutig schwenkend, schnell und behende wie ein Vögelchen über die Leiste des

Schranks auf den Fußboden. – Ihr merkt wohl, höchst geneigte und sehr vortreffliche Zuhörer, daß Nußknacker schon früher, als er wirklich lebendig geworden, alles Liebe und Gute, was ihm Marie erzeigte, recht deutlich fühlte, und daß er nur deshalb, weil er Marien so gar gut worden, auch nicht einmal ein Band von Mamsell Klärchen annehmen und tragen wollte, unerachtet es sehr glänzte und sehr hübsch aussah. Der treue gute Nußknacker putzte sich lieber mit Mariens schlichtem Bändchen. – Aber wie wird es nun weiter werden? – Sowie Nußknacker herabspringt, geht auch das Quieken und Piepen wieder los. Ach! unter dem großen Tische halten ja die fatalen Rotten unzähliger Mäuse, und über alle ragt die abscheuliche Maus mit den sieben Köpfen hervor! – Wie wird das nun werden! –

Die Schlacht

«Schlagt den Generalmarsch, getreuer Vasalle Tambour!» schrie Nußknacker sehr laut, und sogleich fing der Tambour an, auf die künstlichste Weise zu wirbeln, daß die Fenster des Glasschranks zitterten und dröhnten. Nun krachte und klapperte es drinnen, und Marie wurde gewahr, daß die Deckel sämtlicher Schachteln, worin Fritzens Armee einquartiert war, mit Gewalt auf- und die Soldaten heraus und herab ins unterste Fach sprangen, dort sich aber in blanken Rotten sammelten. Nußknacker lief auf und nieder, begeisterte Worte zu den Truppen sprechend. «Kein Hund von Trompeter regt und rührt sich», schrie Nußknacker erbost, wandte sich aber dann schnell zum Pantalon, der, etwas blaß geworden, mit dem langen Kinn sehr wackelte, und sprach feierlich: «General, ich kenne Ihren Mut und Ihre Erfahrung, hier gilt's schnellen Überblick und Benutzung des Moments – ich vertraue Ihnen das Kommando sämtlicher Kavallerie und Artillerie an – ein Pferd brauchen Sie nicht, Sie haben sehr lange Beine und galoppieren damit leidlich. – Tun Sie jetzt, was Ihres Berufs ist.» Sogleich drückte Pantalon die dürren langen Fingerchen an den Mund und krähte so durchdringend, daß es klang, als würden hundert helle Trompetlein lustig geblasen. Da ging es im Schrank an ein Wiehern und Stampfen, und siehe, Fritzens Kürassiere und Dragoner, vor allen Dingen aber die neuen glänzenden Husaren rückten aus und hielten bald unten auf dem Fußboden. Nun defilierte Regiment auf Regiment mit fliegenden Fahnen und klingendem Spiel bei Nußknacker vorüber und stellte sich in breiter Reihe quer über den Boden des Zimmers. Aber vor ihnen her fuhren rasselnd Fritzens Kanonen auf, von den Kanonieren umgeben, und bald ging es bum – bum, und Marie sah, wie die Zuckererbsen einschlugen in den dicken Haufen der Mäuse, die davon ganz weiß überpudert wurden und sich sehr schämten. Vorzüglich tat ihnen aber eine schwere Batterie viel Schaden, die auf Mamas Fußbank aufgefahren war und pum – pum – pum, immer hintereinander fort

Pfeffernüsse unter die Mäuse schoß, wovon sie umfielen. Die Mäuse kamen aber doch immer näher und überrannten sogar einige Kanonen, aber da ging es Prr – Prr, Prr, und vor Rauch und Staub konnte Marie kaum sehen, was nun geschah. Doch so viel war gewiß, daß jedes Korps sich mit der höchsten Erbitterung schlug, und der Sieg lange hin und her schwankte. Die Mäuse entwickelten immer mehr und mehr Massen, und ihre kleinen silbernen Pillen, die sie sehr geschickt zu schleudern wußten, schlugen schon bis in den Glasschrank hinein. Verzweiflungsvoll liefen Klärchen und Trutchen umher und rangen sich die Händchen wund. «Soll ich in meiner blühendsten Jugend sterben! – ich, die schönste der Puppen!» schrie Klärchen. «Hab ich darum mich so gut konserviert, um hier in meinen vier Wänden umzukommen?» rief Trutchen. Dann fielen sie sich um den Hals und heulten so sehr, daß man es trotz des tollen Lärms doch hören konnte. Denn von dem Spektakel, der nun losging, habt ihr kaum einen Begriff, werte Zuhörer. – Das ging – Prr – Prr – Puff, Pfiff – Schnetterdeng – Schnetterdeng – Bum, Burum, Bum – Burum – Bum – durcheinander, und dabei quiekten und schrien Mauskönig und Mäuse, und dann hörte man wieder Nußknackers gewaltige Stimme, wie er nützliche Befehle austeilte, und sah ihn, wie er über die im Feuer stehenden Bataillone hinwegschritt! – Pantalon hatte einige sehr glänzende Kavallerieangriffe gemacht und sich mit Ruhm bedeckt, aber

Fritzens Husaren wurden von der Mäuseartillerie mit häßlichen, übelriechenden Kugeln beworfen, die ganz fatale Flecke in ihren roten Wämsern machten, weshalb sie nicht recht vor wollten. Pantalon ließ sie links abschwenken, und in der Begeisterung des Kommandierens machte er es ebenso und seine Kürassiere und Dragoner auch, das heißt, sie schwenkten alle links ab und gingen nach Hause. Dadurch geriet die auf der Fußbank postierte Batterie in Gefahr, und es dauerte auch gar nicht lange, so kam ein dicker Haufe sehr häßlicher Mäuse und rannte so stark an, daß die ganze Fußbank mitsamt den Kanonieren und Kanonen umfiel. Nußknacker schien sehr bestürzt und befahl, daß der rechte Flügel eine rückgängige Bewegung machen solle. Du weißt, o mein kriegserfahrner Zuhörer Fritz, daß eine solche Bewegung machen beinahe so viel heißt als davonlaufen, und betrauerst mit mir schon jetzt das Unglück, was über die Armee des kleinen, von Marie geliebten Nußknackers kommen sollte! – Wende jedoch dein Auge von diesem Unheil ab und beschaue den linken Flügel der Nußknackerischen Armee, wo alles noch sehr gut steht und für Feldherrn und Armee viel zu hoffen ist. Während des hitzigen Gefechts waren leise, leise Mäusekavalleriemassen unter der Kommode herausdebouchiert und hatten sich unter lautem gräßlichem Gequiek mit Wut auf den linken Flügel der Nußknackerischen Armee geworfen, aber welchen Widerstand fanden sie da! – Langsam, wie es die Schwierigkeit des Terrains nur erlaubte, da die Leiste des Schranks zu passieren, war das Devisenkorps unter der Anführung zweier chinesischer Kaiser vorgerückt und hatte sich en quarré plain formiert. – Diese wackern, sehr bunten und herrlichen Truppen, die aus vielen Gärtnern, Tirolern, Tungusen, Friseurs, Harlekins, Kupidos, Löwen, Tigern, Meerkatzen und Affen bestanden, fochten mit Fassung, Mut und Ausdauer. Mit spartanischer Tapferkeit hätte dies Bataillon von Eliten dem Feinde den Sieg entrissen, wenn nicht ein verwegener feindlicher Rittmeister, tollkühn vordringend, einem der chinesischen Kaiser den Kopf abgebissen und dieser im Fallen zwei Tungusen und eine Meerkatze erschlagen hätte. Dadurch entstand eine Lücke, durch die der Feind eindrang, und bald war das ganze Bataillon zerbissen. Doch wenig Vorteil hatte der Feind von dieser Untat. Sowie ein Mäusekavallerist mordlustig einen der tapfern Gegner mittendurch zerbiß, bekam er einen kleinen gedruckten Zettel in den Hals, wovon er augenblicklich starb. – Half dies aber wohl auch der Nußknackerischen Armee, die, einmal rückgängig geworden, immer rückgängiger wurde und immer mehr Leute verlor, so daß der unglückliche Nußknacker nur mit einem gar kleinen Häufchen dicht vor dem Glasschranke hielt? «Die Reserve soll heran! – Pantalon – Skaramuz, Tambour – wo seid ihr?» – So schrie Nußknacker, der noch auf neue Truppen hoffte, die sich aus dem Glasschrank entwickeln sollten. Es kamen auch wirklich einige braune Männer und Frauen aus Thorn mit goldnen Gesichtern, Hüten und Helmen heran, die fochten aber so ungeschickt um sich herum, daß sie keinen der Feinde trafen und bald ihrem Feldherrn Nußknacker selbst die Mütze vom Kopfe heruntergefochten hätten. Die feindlichen Chasseurs bissen ihnen auch bald die Beine ab, so daß sie umstülpten und noch dazu einige von Nußknackers Waffenbrüder erschlugen. Nun war Nußknacker, vom Feinde dicht umringt, in der höchsten Angst und Not. Er wollte über die Leiste des Schranks springen, aber die Beine waren zu kurz, Klärchen und Trutchen lagen in Ohnmacht, sie konnten ihm nicht helfen – Husaren – Dragoner sprangen lustig bei ihm vorbei und hinein, da schrie er auf in heller Verzweiflung: «Ein Pferd – ein Pferd – ein Königreich für ein Pferd!»[4] – In dem Augenblick packten ihn zwei feindliche Tirailleurs bei dem hölzernen Mantel, und im Triumph aus sieben Kehlen aufquiekend, sprengte Mausekönig heran. Marie wußte sich nicht mehr zu fassen, «o mein armer Nußknacker! – mein armer Nußknacker!» so rief sie schluchzend, faßte, ohne sich deutlich ihres Tuns bewußt zu sein, nach ihrem linken Schuh und warf ihn mit Gewalt in den dicksten Haufen der Mäuse hinein auf ihren König. In dem Augenblick schien alles verstoben und verflogen, aber Marie empfand am linken Arm einen noch stechendern Schmerz als vorher und sank ohnmächtig zur Erde nieder.

Die Krankheit

Als Marie wie aus tiefem Todesschlaf erwachte, lag sie in ihrem Bettchen, und die Sonne schien hell und funkelnd durch die mit Eis belegten Fenster in das Zimmer hinein. Dicht neben ihr saß ein fremder Mann, den sie aber bald für den Chirurgus Wendelstern erkannte. Der sprach leise: «Nun ist sie aufgewacht!» Da kam die Mutter herbei und sah sie mit recht ängstlich forschenden Blicken an. «Ach liebe Mutter», lispelte die kleine Marie, «sind denn nun die häßlichen Mäuse alle fort, und ist denn der gute Nußknacker gerettet?» – «Sprich nicht solch albernes Zeug, liebe Marie», erwiderte die Mutter, «was haben die Mäuse mit dem Nußknacker zu tun? Aber du, böses Kind, hast uns allen recht viel Angst und Sorge gemacht. Das kommt davon her, wenn die Kinder eigenwillig sind und den Eltern nicht folgen. Du spieltest gestern bis in die tiefe Nacht hinein mit deinen Puppen. Du wurdest schläfrig, und mag es sein, daß ein hervorspringendes Mäuschen, deren es doch sonst hier nicht gibt, dich erschreckt hat; genug, du stießest mit dem Arm eine Glasscheibe des Schranks ein und schnittest dich so sehr in den Arm, daß Herr Wendelstern, der dir eben die noch in den Wunden steckenden Glasscherbchen herausgenommen hat, meint, du hättest, zerschnitt das Glas eine Ader, einen steifen Arm behalten oder dich gar verbluten können. Gott sei gedankt, daß ich, um Mitternacht erwachend und dich noch so spät vermissend, aufstand und in die Wohnstube ging. Da lagst du dicht neben dem Glasschrank ohnmächtig auf der Erde und blutetest sehr. Bald wär ich vor Schreck auch ohnmächtig geworden. Da lagst du nun, und um dich her zerstreut erblickte ich viele von Fritzens bleiernen Soldaten und andere Puppen, zerbrochene Devisen, Pfefferkuchmänner; Nußknacker lag aber auf deinem blutenden Arme und nicht weit von dir dein linker Schuh.» – «Ach Mütterchen, Mütterchen», fiel Marie ein, «sehen Sie wohl, das waren ja noch die Spuren von der großen Schlacht zwischen den Puppen und Mäusen, und nur darüber bin ich so sehr erschrocken, als die Mäuse den armen Nußknacker, der die Puppenarmee kommandierte, gefangennehmen wollten. Da warf ich meinen Schuh unter die Mäuse, und dann weiß ich weiter nicht, was vorgegangen.» Der Chirurgus Wendelstern winkte der Mutter mit den Augen, und diese sprach sehr sanft zu Marien: «Laß es nur gut sein, mein liebes Kind! – beruhige dich, die Mäuse sind alle fort, und Nußknackerchen steht gesund und lustig im Glasschrank.» Nun trat der Medizinalrat ins Zimmer und sprach lange mit dem Chirurgus Wendelstern; dann fühlte er Mariens Puls, und sie hörte wohl, daß von einem Wundfieber die Rede war. Sie mußte im Bette bleiben und Arznei nehmen, und so dauerte es einige Tage, wiewohl sie außer einigem Schmerz am Arm sich eben nicht krank und unbehaglich fühlte. Sie wußte, daß Nußknackerchen gesund aus der Schlacht sich gerettet hatte, und es kam ihr manchmal wie im Traume vor, daß er ganz vernehmlich, wiewohl mit sehr wehmütiger Stimme sprach: «Marie, teuerste Dame, Ihnen verdanke ich viel, doch noch mehr können Sie für mich tun!» Marie dachte vergebens darüber nach, was das wohl sein könnte, es fiel ihr durchaus nicht ein. – Spielen konnte Marie gar nicht recht wegen des wunden Arms, und wollte sie lesen oder in den Bilderbüchern blättern, so flimmerte es ihr seltsam vor den Augen, und sie mußte davon ablassen. So mußte ihr nun wohl die Zeit recht herzlich lang werden, und sie konnte kaum die Dämmerung erwarten, weil dann die Mutter sich an ihr Bett setzte und ihr sehr viel Schönes vorlas und erzählte. Eben hatte die Mutter die vorzügliche Geschichte vom Prinzen Fakardin[5] vollendet, als die Türe aufging und der Pate Droßelmeier mit den Worten hineintrat: «Nun muß ich doch wirklich einmal selbst sehen, wie es mit der kranken und wunden Marie zusteht.» Sowie Marie den Paten Droßelmeier in seinem gelben Röckchen erblickte, kam ihr das Bild jener Nacht, als Nußknacker die Schlacht wider die Mäuse verlor, gar lebendig vor Augen, und unwillkürlich rief sie laut dem Obergerichtsrat entgegen: «O Pate Droßelmeier, du bist recht häßlich gewesen, ich habe dich wohl gesehen, wie du auf der Uhr saßest und sie mit deinen Flügeln bedecktest, daß sie nicht laut schlagen sollte, weil sonst die Mäuse verscheucht worden wären – ich habe es wohl gehört, wie du dem Mausekönig riefest! –, warum kamst du dem Nußknacker, warum

222

kamst du mir nicht zu Hilfe, du häßlicher Pate Droßelmeier, bist du denn nicht allein schuld, daß ich verwundet und krank im Bette liegen muß?» – Die Mutter fragte ganz erschrocken: «Was ist dir denn, liebe Marie?» Aber der Pate Droßelmeier schnitt sehr seltsame Gesichter und sprach mit schnarrender, eintöniger Stimme: «Perpendikel mußte schnurren – picken – wollte sich nicht schicken – Uhren – Uhren – Uhrenperpendikel müssen schnurren – leise schnurren – schlagen Glocken laut kling klang – Hink und Honk, und Honk und Hank – Puppenmädel, sei nicht bang! – schlagen Glöcklein, ist geschlagen, Mausekönig fortzujagen, kommt die Eul im schnellen Flug – Pak und Pik, und Pik und Puk – Glöcklein bim bim – Uhren – schnurr schnurr – Perpendikel müssen schnurren – picken wollte sich nicht schicken – Schnarr und schnurr, und pirr und purr!» – Marie sah den Paten Droßelmeier starr mit großen Augen an, weil er ganz anders und noch viel häßlicher aussah als sonst und mit dem rechten Arm hin und her schlug, als würd er gleich einer Drahtpuppe gezogen. Es hätte ihr ordentlich grauen können vor dem Paten, wenn die Mutter nicht zugegen gewesen wäre, und wenn nicht endlich Fritz, der sich unterdessen hineingeschlichen, ihn mit lautem Gelächter unterbrochen hätte. «Ei, Pate Droßelmeier», rief Fritz, «du bist heute wieder auch gar zu possierlich, du gebärdest dich ja wie mein Hampelmann, den ich längst hinter den Ofen geworfen.» Die Mutter blieb sehr ernsthaft und sprach:

«Lieber Herr Obergerichtsrat, das ist ja ein recht seltsamer Spaß, was meinen Sie denn eigentlich?» «Mein Himmel!» erwiderte Droßelmeier lachend, «kennen Sie denn nicht mehr mein hübsches Uhrmacherliedchen? Das pfleg ich immer zu singen bei solchen Patienten wie Marie.» Damit setzte er sich schnell dicht an Mariens Bett und sprach: «Sei nur nicht böse, daß ich nicht gleich dem Mausekönig alle vierzehn Augen ausgehackt, aber es konnte nicht sein, ich will dir auch statt dessen eine rechte Freude machen.» Der Obergerichtsrat langte mit diesen Worten in die Tasche, und was er nun leise, leise hervorzog, war – der Nußknacker, dem er sehr geschickt die verlornen Zähnchen fest eingesetzt und den lahmen Kinnbacken eingerenkt hatte. Marie jauchzte laut vor Freude, aber die Mutter sagte lächelnd: «Siehst du nun wohl, wie gut es Pate Droßelmeier mit deinem Nußknacker meint?» – «Du mußt es aber doch eingestehen, Marie», unterbrach der Obergerichtsrat die Medizinalrätin, «du mußt es aber doch eingestehen, daß Nußknacker nicht eben zum besten gewachsen und sein Gesicht nicht eben schön zu nennen ist. Wie sotane Häßlichkeit in seine Familie gekommen und vererbt worden ist, das will ich dir wohl erzählen, wenn du es anhören willst. Oder weißt du vielleicht schon die Geschichte von der Prinzessin Pirlipat, der Hexe Mauserinks und dem künstlichen Uhrmacher?» – «Hör mal», fiel hier Fritz unversehens ein, «hör mal, Pate Droßelmeier, die Zähne hast du dem Nußknacker richtig eingesetzt, und der Kinnbacken ist auch nicht mehr so wackelig, aber warum fehlt ihm das Schwert, warum hast du ihm kein Schwert umgehängt?» – «Ei», erwiderte der Obergerichtsrat ganz unwillig, «du mußt an allem mäkeln und tadeln, Junge! – Was geht mich Nußknackers Schwert an, ich habe ihn am Leibe kuriert, mag er sich nun selbst ein Schwert schaffen, wie er will.» – «Das ist wahr», rief Fritz, «ist's ein tüchtiger Kerl, so wird er schon Waffen zu finden wissen!» – «Also Marie», fuhr der Obergerichtsrat fort, «sage mir, ob du die Geschichte weißt von der Prinzessin Pirlipat?» – «Ach nein», erwiderte Marie, «erzähle, lieber Pate Droßelmeier, erzähle!» – «Ich hoffe», sprach die Medizinalrätin, «ich hoffe, lieber Herr Obergerichtsrat, daß Ihre Geschichte nicht so graulich sein wird, wie gewöhnlich alles ist, was Sie erzählen?» – «Mitnichten, teuerste Frau Medizinalrätin», erwiderte Droßelmeier, «im Gegenteil ist das gar spaßhaft, was ich vorzutragen die Ehre habe.» – «Erzähle, o erzähle, lieber Pate», so riefen die Kinder, und der Obergerichtsrat fing also an:

Das Märchen von der harten Nuß

«Pirlipats Mutter war die Frau eines Königs, mithin eine Königin, und Pirlipat selbst in demselben Augenblick, als sie geboren wurde, eine geborne Prinzessin. Der König war außer sich vor Freude über das schöne Töchterchen, das in der Wiege lag, er jubelte laut auf, er tanzte und schwenkte sich auf einem Beine und schrie einmal über das andere: ‹Heisa! – hat man was Schöneres jemals gesehen als mein Pirlipatchen?› – Aber alle Minister, Generale und Präsidenten und Stabsoffiziere sprangen, wie der Landesvater, auf einem Beine herum und schrien sehr: ‹Nein, niemals!› Zu leugnen war es aber auch in der Tat gar nicht, daß wohl, solange die Welt steht, kein schöneres Kind geboren wurde als eben Prinzessin Pirlipat. Ihr Gesichtchen war wie von zarten lilienweißen und rosenroten Seidenflocken gewebt, die Äugelein lebendige funkelnde Azure, und es stand hübsch, daß die Löckchen sich in lauter glänzenden Goldfaden kräuselten. Dazu hatte Pirlipatchen zwei Reihen kleiner Perlzähnchen auf die Welt gebracht, womit sie zwei Stunden nach der Geburt dem Reichskanzler in den Finger biß, als er die Lineamente näher untersuchen wollte, so daß er laut aufschrie: ‹O jemine!› – Andere behaupten, er habe: ‹Au weh!› geschrien, die Stimmen sind noch heutzutage darüber sehr geteilt. – Kurz, Pirlipatchen biß wirklich dem Reichskanzler in den Finger, und das entzückte Land wußte nun, daß auch Geist, Gemüt und Verstand in Pirlipats kleinem engelschönem Körperchen wohne. – Wie gesagt, alles war vergnügt, nur die Königin war sehr ängstlich und unruhig, niemand wußte warum. Vorzüglich fiel es auf, daß sie Pirlipats Wiege so sorglich bewachen ließ. Außerdem, daß die Türen von Trabanten besetzt waren, mußten die beiden Wärterinnen dicht an der Wiege abgerechnet, noch sechs andere

Nacht für Nacht ringsumher in der Stube sitzen. Was aber ganz närrisch schien, und was niemand begreifen konnte, jede dieser sechs Wärterinnen mußte einen Kater auf den Schoß nehmen und ihn die ganze Nacht streicheln, daß er immerfort zu spinnen genötigt wurde. Es ist unmöglich, daß ihr, liebe Kinder, erraten könnt, warum Pirlipats Mutter all diese Anstalten machte, ich weiß es aber und will es euch gleich sagen. – Es begab sich, daß einmal an dem Hofe von Pirlipats Vater viele vortreffliche Könige und sehr angenehme Prinzen versammelt waren, weshalb es denn sehr glänzend herging und viele Ritterspiele, Komödien und Hofbälle gegeben wurden. Der König, um recht zu zeigen, daß es ihm an Gold und Silber gar nicht mangle, wollte nun einmal einen recht tüchtigen Griff in den Kronschatz tun und was Ordentliches daraufgehen lassen. Er ordnete daher, zumal er von dem Oberhofküchenmeister insgeheim erfahren, daß der Hofastronom die Zeit des Einschlachtens angekündigt, einen großen Wurstschmaus an, warf sich in den Wagen und lud selbst sämtliche Könige und Prinzen – nur auf einen Löffel Suppe ein, um sich der Überraschung mit dem Köstlichen zu erfreuen. Nun sprach er sehr freundlich zur Frau Königin: ‹Dir ist ja schon bekannt, Liebchen, wie ich die Würste gern habe!› – Die Königin wußte schon, was er damit sagen wollte, es hieß nämlich nichts anders, als sie selbst sollte sich, wie sie auch sonst schon getan, dem sehr nützlichen Geschäft des Wurstmachens unterziehen. Der Oberschatzmeister mußte sogleich den großen goldnen Wurstkessel und die silbernen Kasserollen zur Küche abliefern; es wurde ein großes Feuer von Sandelholz angemacht, die Königin band ihre damastne Küchenschürze um, und bald dampften aus dem Kessel die süßen Wohlgerüche der Wurstsuppe. Bis in den Staatsrat drang der anmutige Geruch; der König, von innerem Entzücken erfaßt, konnte sich nicht halten. ‹Mit Erlaubnis, meine Herren!› rief er, sprang schnell nach der Küche, umarmte die Königin, rührte etwas mit dem goldnen Zepter in dem Kessel und kehrte dann beruhigt in den Staatsrat zurück. Eben nun war der wichtige Punkt gekommen, daß der Speck in Würfel geschnitten und auf silbernen Rosten geröstet werden sollte. Die Hofdamen traten ab, weil die Königin dies Geschäft aus treuer Anhänglichkeit und Ehrfurcht vor dem königlichen Gemahl allein unternehmen wollte. Allein sowie der Speck zu braten anfing, ließ sich ein ganz feines wisperndes Stimmchen vernehmen: ‹Von dem Brätlein gib mir auch, Schwester! – will auch schmausen, bin ja auch Königin – gib mir von dem Brätlein!› – Die Königin wußte wohl, daß es Frau Mauserinks war, die also sprach. Frau Mauserinks wohnte schon seit vielen Jahren in des Königs Palast. Sie behauptete, mit der königlichen Familie verwandt und selbst Königin in dem Reiche Mausolien zu sein, deshalb hatte sie auch eine große Hofhaltung unter dem Herde. Die Königin war eine gute mildtätige Frau, wollte sie daher auch sonst Frau Mauserinks nicht gerade als

Königin und als ihre Schwester anerkennen, so gönnte sie ihr doch von Herzen an dem festlichen Tage die Schmauserei und rief: ‹Kommt nur hervor, Frau Mauserinks, Ihr möget immerhin von meinem Speck genießen.› Da kam auch Frau Mauserinks sehr schnell und lustig hervorgehüpft, sprang auf den Herd und ergriff mit den zierlichen kleinen Pfötchen ein Stückchen Speck nach dem andern, das ihr die Königin hinlangte. Aber nun kamen alle Gevattern und Muhmen der Frau Mauserinks hervorgesprungen und auch sogar ihre sieben Söhne, recht unartige Schlingel, die machten sich über den Speck her, und nicht wehren konnte ihnen die erschrockene Königin. Zum Glück kam die Oberhofmeisterin dazu und verjagte die zudringlichen Gäste, so daß noch etwas Speck übrigblieb, welcher nach Anweisung des herbeigerufenen Hofmathematikers sehr künstlich auf alle Würste verteilt wurde. – Pauken und Trompeten erschallten, alle anwesenden Potentaten und Prinzen zogen in glänzenden Feierkleidern zum Teil auf weißen Zeltern, zum Teil in kristallnen Kutschen zum Wurstschmause. Der König empfing sie mit herzlicher Freundlichkeit und Huld und setzte sich dann, als Landesherr mit Kron und Zepter angetan, an die Spitze des Tisches. Schon in der Station der Leberwürste sah man, wie der König immer mehr und mehr erblaßte, wie er die Augen gen Himmel hob – leise Seufzer entflohen seiner Brust – ein gewaltiger Schmerz schien in seinem Innern zu wühlen! Doch in der Station der Blutwürste sank er, laut schluchzend und ächzend, in den Lehnsessel zurück, er hielt beide Hände vors Gesicht, er jammerte und stöhnte. – Alles sprang auf von der Tafel, der Leibarzt bemühte sich vergebens, des unglücklichen Königs Puls zu erfassen, ein tiefer, namenloser Jammer schien ihn zu zerreißen. Endlich, endlich, nach vielem Zureden, nach Anwendung starker Mittel, als da sind gebrannte Federposen und dergleichen, schien der König etwas zu sich selbst zu kommen, er stammelte kaum hörbar die Worte: ‹Zu wenig Speck.› Da warf sich die Königin trostlos ihm zu Füßen und schluchzte: ‹O mein armer unglücklicher königlicher Gemahl! – o welchen Schmerz mußten Sie dulden! – Aber sehen Sie hier die Schuldige zu Ihren Füßen – strafen, strafen Sie sie hart! – Ach – Frau Mauserinks mit ihren sieben Söhnen, Gevattern und Muhmen hat den Speck aufgefressen und› – damit fiel die Königin rücklings über in Ohnmacht. Aber der König sprang voller Zorn auf und rief laut: ‹Oberhofmeisterin, wie ging das zu?› Die Oberhofmeisterin erzählte, soviel sie wußte, und der König beschloß Rache zu nehmen an der Frau Mauserinks und ihrer Familie, die ihm den Speck aus der Wurst weggefressen hatten. Der Geheime Staatsrat wurde berufen, man beschloß, der Frau Mauserinks den Prozeß zu machen und ihre sämtlichen Güter einzuziehen; da aber der König meinte, daß sie unterdessen ihm doch noch immer den Speck wegfressen könnte, so wurde die ganze Sache dem Hofuhrmacher und Arkanisten[6] übertragen. Dieser Mann, der ebenso hieß als ich, nämlich Christian Elias Droßelmeier, versprach durch eine ganz besonders staatskluge Operation die Frau Mauserinks mit ihrer Familie auf ewige Zeiten aus dem Palast zu vertreiben. Er erfand auch wirklich kleine, sehr künstliche Maschinen, in die an einem Fädchen gebratener Speck getan wurde, und die Droßelmeier rings um die Wohnung der Frau Speckfresserin aufstellte. Frau Mauserinks war viel zu weise, um nicht Droßelmeiers List einzusehen, aber alle ihre Warnungen, alle ihre Vorstellungen halfen nichts, von dem süßen Geruch des gebratenen Specks verlockt, gingen alle sieben Söhne und viele, viele Gevattern und Muhmen der Frau Mauserinks in Droßelmeiers Maschinen hinein und wurden, als sie eben den Speck wegnaschen wollten, durch ein plötzlich vorfallendes Gitter gefangen, dann aber in der Küche selbst schmachvoll hingerichtet. Frau Mauserinks verließ mit ihrem kleinen Häufchen den Ort des Schreckens. Gram, Verzweiflung, Rache erfüllte ihre Brust. Der Hof jubelte sehr, aber die Königin war besorgt, weil sie die Gemütsart der Frau Mauserinks kannte und wohl wußte, daß sie den Tod ihrer Söhne und Verwandten nicht ungerächt hingehen lassen würde. In der Tat erschien auch Frau Mauserinks, als die Königin eben für den königlichen Gemahl einen Lungenmus bereitete, den er sehr gern aß, und sprach: ‹Meine Söhne – meine Gevattern und Muhmen sind erschlagen, gib wohl acht, Frau Königin, daß Mausekönigin dir nicht dein Prinzeßchen entzwei beißt – gib wohl acht.› Darauf verschwand sie wieder und ließ sich nicht mehr sehen, aber die Königin war so erschrocken, daß sie den Lungenmus ins Feuer fallen ließ, und zum zweitenmal verdarb Frau Mauserinks dem Könige eine Lieblingsspeise, worüber er sehr zornig war. – Nun ist's aber genug für heute abend, künftig das übrige.»

So sehr auch Marie, die bei der Geschichte ihre ganz eignen Gedanken hatte, den Paten Droßelmeier bat, doch nur ja weiter zu erzählen, so ließ er sich doch nicht erbitten, sondern sprang auf, sprechend: «Zuviel auf einmal ist ungesund, morgen das übrige.» Eben als der Obergerichtsrat im Begriff stand, zur Tür hinauszuschreiten, fragte Fritz: «Aber sag mal, Pate Droßelmeier, ist's denn wirklich wahr, daß du die Mausefallen erfunden hast?» «Wie kann man nur so albern fragen», rief die Mutter, aber der Obergerichtsrat lächelte sehr seltsam und sprach leise: «Bin ich denn nicht ein künstlicher Uhrmacher und sollt nicht einmal Mausefallen erfinden können?»

Fortsetzung des Märchens von der harten Nuß

«Nun wißt ihr wohl, Kinder», so fuhr der Obergerichtsrat Droßelmeier am nächsten Abende fort, «nun wißt ihr wohl, Kinder, warum die Königin das wunderschöne Prinzeßchen Pirlipat so sorglich bewachen ließ. Mußte sie nicht fürchten, daß Frau Mauserinks ihre Drohung erfüllen, wiederkommen und das Prinzeßchen totbeißen würde? Droßelmeiers Maschinen halfen gegen die kluge und gewitzigte Frau Mauserinks ganz und gar nichts, und nur der Astronom des Hofes, der zugleich Geheimer Oberzeichen- und Sterndeuter war, wollte wissen, daß die Familie des Katers Schnurr imstande sein werde, die Frau Mauserinks von der Wiege abzuhalten; demnach geschah es also, daß jede der Wärterinnen einen der Söhne jener Familie, die übrigens bei Hofe als Geheime Legationsräte angestellt waren, auf dem Schoße halten und durch schickliches Krauen ihm den beschwerlichen Staatsdienst zu versüßen suchen mußte. Es war einmal schon Mitternacht, als die eine der beiden Geheimen Oberwärterinnen, die dicht an der Wiege saßen, wie aus tiefem Schlaf auffuhr. – Alles rund umher lag vom Schlafe befangen – kein Schnurren – tiefe Totenstille, in der man das Picken des Holzwurms vernahm! – doch wie ward der Geheimen Oberwärterin, als sie dicht vor sich eine große, sehr häßliche Maus erblickte, die auf den Hinterfüßen aufgerichtet stand und den fatalen Kopf auf das Gesicht der Prinzessin gelegt hatte. Mit einem Schrei des Entsetzens sprang sie auf, alles erwachte, aber in dem Augenblick rannte Frau Mauserinks (niemand anders war die große Maus an Pirlipats Wiege) schnell nach der Ecke des Zimmers. Die Legationsräte stürzten ihr nach, aber zu spät – durch eine Ritze in dem Fußboden des Zimmers war sie verschwunden. Pirlipatchen erwachte von dem Rumor und weinte sehr kläglich. ‹Dank

233

dem Himmel›, riefen die Wärterinnen, ‹sie lebt!›
Doch wie groß war ihr Schrecken, als sie hinblick-
ten nach Pirlipatchen und wahrnahmen, was aus
dem schönen zarten Kinde geworden. Statt des
weiß und roten goldgelockten Engelsköpfchens
saß ein unförmlicher dicker Kopf auf einem win-
zig kleinen zusammengekrümmten Leibe, die
azurblauen Äugelein hatten sich verwandelt in
grüne hervorstehende, starrblickende Augen, und
das Mündchen hatte sich verzogen von einem Ohr
zum andern. Die Königin wollte vergehen in Weh-
klagen und Jammer, und des Königs Studierzim-
mer mußte mit wattierten Tapeten ausgeschlagen
werden, weil er ein Mal über das andere mit dem
Kopf gegen die Wand rannte und dabei mit sehr
jämmerlicher Stimme rief: ‹O ich unglückseliger
Monarch!› – Er konnte zwar nun einsehen, daß es
besser gewesen wäre, die Würste ohne Speck zu
essen und die Frau Mauserinks mit ihrer Sippschaft
unter dem Herde in Ruhe zu lassen, daran dachte
aber Pirlipats königlicher Vater nicht, sondern er
schob einmal alle Schuld auf den Hofuhrmacher
und Arkanisten Christian Elias Droßelmeier aus
Nürnberg. Deshalb erließ er den weisen Befehl,
Droßelmeier habe binnen vier Wochen die Prinzessin Pirlipat in den vorigen Zustand herzustellen
oder wenigstens ein bestimmtes untrügliches Mittel anzugeben, wie dies zu bewerkstelligen sei,
widrigenfalls er dem schmachvollen Tode unter
dem Beil des Henkers verfallen sein solle. – Droßelmeier erschrak nicht wenig, indessen vertraute

er bald seiner Kunst und seinem Glück und schritt sogleich zu der ersten Operation, die ihm nützlich schien. Er nahm Prinzeßchen Pirlipat sehr geschickt auseinander, schrob ihr Händchen und Füßchen ab und besah sogleich die innere Struktur, aber da fand er leider, daß die Prinzessin, je größer, desto unförmlicher werden würde, und wußte sich nicht zu raten und zu helfen. Er setzte die Prinzessin behutsam wieder zusammen und versank an ihrer Wiege, die er nie verlassen durfte, in Schwermut. Schon war die vierte Woche angegangen – ja bereits Mittwoch, als der König mit zornfunkelnden Augen hineinblickte und, mit dem Zepter drohend, rief: ‹Christian Elias Droßelmeier, kuriere die Prinzessin, oder du mußt sterben!› Droßelmeier fing an bitterlich zu weinen, aber Prinzeßchen Pirlipat knackte vergnügt Nüsse. Zum erstenmal fiel dem Arkanisten Pirlipats ungewöhnlicher Appetit nach Nüssen und der Umstand auf, daß sie mit Zähnchen zur Welt gekommen. In der Tat hatte sie gleich nach der Verwandlung so lange geschrien, bis ihr zufällig eine Nuß vorkam, die sie sogleich aufknackte, den Kern aß und dann ruhig wurde. Seit der Zeit konnten die Wärterinnen nicht geraten, ihr Nüsse zu bringen. ‹O heiliger Instinkt der Natur, ewig unerforschliche Sympathie aller Wesen›, rief Christian Elias Droßelmeier aus, ‹du zeigst mir die Pforte zum Geheimnis, ich will anklopfen, und sie wird sich öffnen!› Er bat sogleich um die Erlaubnis, mit dem Hofastronomen sprechen zu können und wurde mit starker

Wache hingeführt. Beide Herren umarmten sich unter vielen Tränen, da sie zärtliche Freunde waren, zogen sich dann in ein geheimes Kabinett zurück und schlugen viele Bücher nach, die von dem Instinkt, von den Sympathien und Antipathien und andern geheimnisvollen Dingen handelten. Die Nacht brach herein, der Hofastronom sah nach den Sternen und stellte mit Hilfe des auch hierin sehr geschickten Droßelmeiers das Horoskop der Prinzessin Pirlipat. Das war eine große Mühe, denn die Linien verwirrten sich immer mehr und mehr, endlich aber – welche Freude, endlich lag es klar vor ihnen, daß die Prinzessin Pirlipat, um den Zauber, der sie verhäßlicht, zu lösen, und um wieder so schön zu werden als vorher, nichts zu tun hätte, als den süßen Kern der Nuß Krakatuk zu genießen.

Die Nuß Krakatuk hatte eine solche harte Schale, daß eine achtundvierzigpfündige Kanone darüber wegfahren konnte, ohne sie zu zerbrechen. Diese harte Nuß mußte aber von einem Manne, der noch nie rasiert worden und der niemals Stiefel getragen, vor der Prinzessin aufgebissen und ihr von ihm mit geschlossenen Augen der Kern dargereicht werden. Erst nachdem er sieben Schritte rückwärts gegangen, ohne zu stolpern, durfte der junge Mann wieder die Augen erschließen. Drei Tage und drei Nächte hatte Droßelmeier mit dem Astronomen ununterbrochen gearbeitet, und es saß gerade des Sonnabends der König bei dem Mittagstisch, als Droßelmeier, der sonntags in aller Frühe geköpft werden sollte, voller Freude und

Jubel hineinstürzte und das gefundene Mittel, der Prinzessin Pirlipat die verlorne Schönheit wiederzugeben, verkündete. Der König umarmte ihn mit heftigem Wohlwollen, versprach ihm einen diamantnen Degen, vier Orden und zwei neue Sonntagsröcke. ‹Gleich nach Tische›, setzte er freundlich hinzu, ‹soll es ans Werk gehen, sorgen Sie, teurer Arkanist, daß der junge unrasierte Mann in Schuhen mit der Nuß Krakatuk gehörig bei der Hand sei, und lassen Sie ihn vorher keinen Wein trinken, damit er nicht stolpert, wenn er sieben Schritte rückwärts geht wie ein Krebs, nachher kann er erklecklich saufen!› Droßelmeier wurde über die Rede des Königs sehr bestürzt, und nicht ohne Zittern und Zagen brachte er es stammelnd heraus, daß das Mittel zwar gefunden wäre, beides, die Nuß Krakatuk und der junge Mann zum Aufbeißen derselben aber erst gesucht werden müßten, wobei es noch obenein zweifelhaft bliebe, ob Nuß und Nußknacker jemals gefunden werden dürften. Hoch erzürnt schwang der König den Zepter über das gekrönte Haupt und schrie mit einer Löwenstimme: ‹So bleibt es bei dem Köpfen.› Ein Glück war es für den in Angst und Not versetzten Droßelmeier, daß dem Könige das Essen gerade den Tag sehr wohl geschmeckt hatte, er mithin in der guten Laune war, vernünftigen Vorstellungen Gehör zu geben, an denen es die großmütige und von Droßelmeiers Schicksal gerührte Königin nicht mangeln ließ. Droßelmeier faßte Mut und stellte zuletzt vor, daß er doch eigentlich die Aufgabe, das Mittel, wodurch die Prinzessin geheilt werden könnte, zu nennen, gelöst und sein Leben gewonnen habe. Der König nannte das dumme Ausreden und einfältigen Schnickschnack, beschloß aber endlich, nachdem er ein Gläschen Magenwasser zu sich genommen, daß beide, der Uhrmacher und der Astronom, sich auf die Beine machen und nicht anders als mit der Nuß Krakatuk in der Tasche wiederkehren sollten. Der Mann zum Aufbeißen derselben sollte, wie es die Königin vermittelte, durch mehrmaliges Einrücken einer Aufforderung in einheimische und auswärtige Zeitungen und Intelligenzblätter herbeigeschafft werden.» – Der Obergerichtsrat brach hier wieder ab und versprach, den andern Abend das übrige zu erzählen.

Beschluß des Märchens von der harten Nuß

Am andern Abende, sowie kaum die Lichter angesteckt worden, fand sich Pate Droßelmeier wirklich wieder ein und erzählte also weiter. «Droßelmeier und der Hofastronom waren schon fünfzehn Jahre unterwegs, ohne der Nuß Krakatuk auf die Spur gekommen zu sein. Wo sie überall waren, welche sonderbare seltsame Dinge ihnen widerfuhren, davon könnt ich euch, ihr Kinder, vier Wochen lang erzählen, ich will es aber nicht tun, sondern nur gleich sagen, daß Droßelmeier in seiner tiefen Betrübnis zuletzt eine sehr große Sehnsucht nach seiner lieben Vaterstadt Nürnberg empfand. Ganz besonders überfiel ihn diese Sehnsucht, als er gerade einmal mit seinem Freunde mitten in einem großen Walde in Asien ein Pfeifchen Knaster rauchte. ‹O schöne – schöne Vaterstadt Nürnberg – schöne Stadt, wer dich nicht gesehen hat, mag er auch viel gereist sein nach London, Paris und Peterwardein[7], ist ihm das Herz doch nicht aufgegangen, muß er doch stets nach dir verlangen – nach dir, o Nürnberg, schöne Stadt, die schöne Häuser mit Fenstern hat.› – Als Droßelmeier so sehr wehmütig klagte, wurde der Astronom von tiefem Mitleiden ergriffen und fing so jämmerlich zu heulen an, daß man es weit und breit in Asien hören konnte. Doch faßte er sich wieder, wischte sich die Tränen aus den Augen und fragte: ‹Aber wertgeschätzter Kollege, warum sitzen wir hier und heulen? Warum gehen wir nicht nach Nürnberg, ist's denn nicht gänzlich egal, wo und wie wir die fatale Nuß Krakatuk suchen?› ‹Das ist auch wahr›, erwiderte Droßelmeier getröstet. Beide standen alsbald auf, klopften die Pfeifen aus und gingen schnurgerade in einem Strich fort, aus dem Walde mitten in Asien nach Nürnberg. Kaum waren sie dort angekommen, so lief Droßelmeier schnell zu seinem Vetter, dem Puppendrechsler, Lackierer und Vergolder Christoph Zacharias Droßelmeier, den er in vielen, vielen Jahren nicht mehr gesehen. Dem erzählte nun der Uhrmacher die ganze Geschichte von der Prinzessin Pirlipat, der Frau Mauserinks und der Nuß Krakatuk, so daß der einmal über das andere die Hände zusammenschlug und voll Erstaunen ausrief: ‹Ei, Vetter, Vetter, was sind das für wunderbare Dinge!› Dro-ßelmeier erzählte weiter von den Abenteuern sei-ner weiten Reise, wie er zwei Jahre bei dem Dattelkönig zugebracht, wie er vom Mandel-fürsten schnöde abgewiesen, wie er bei der natur-forschenden Gesellschaft in Eichhornshausen ver-gebens angefragt, kurz, wie es ihm überall miß-lungen sei, auch nur eine Spur von der Nuß Kraka-tuk zu erhalten. Während dieser Erzählung hatte Christoph Zacharias oftmals mit den Fingern ge-schnippt – sich auf einem Fuß herumgedreht – mit der Zunge geschnalzt – dann gerufen – ‹Hm hm – I – Ei – O – das wäre der Teufel!› – Endlich warf er Mütze und Perücke in die Höhe, umhalste den Vet-ter mit Heftigkeit und rief: ‹Vetter – Vetter! Ihr seid geborgen, geborgen seid Ihr, sag ich, denn alles müßte mich trügen, oder ich besitze selbst die Nuß Krakatuk.› Er holte alsbald eine Schachtel hervor, aus der er eine vergoldete Nuß von mittelmäßiger Größe hervorzog. ‹Seht›, sprach er, indem er die Nuß dem Vetter zeigte, ‹seht, mit dieser Nuß hat es folgende Bewandtnis: Vor vielen Jahren kam einst zur Weihnachtszeit ein fremder Mann mit einem Sack voll Nüssen hieher, die er feilbot. Gerade vor meiner Puppenbude geriet er in Streit und setzte den Sack ab, um sich besser gegen den hiesigen Nußverkäufer, der nicht leiden wollte, daß der Fremde Nüsse verkaufe, und ihn deshalb angriff, zu wehren. In dem Augenblick fuhr ein schwer beladener Lastwagen über den Sack, alle Nüsse wurden zerbrochen bis auf eine, die mir der fremde Mann, seltsam lächelnd, für einen blanken Zwanziger vom Jahre 1720 feilbot. Mir schien das wunderbar, ich fand gerade einen solchen Zwanziger in meiner Tasche, wie ihn der Mann haben wollte, kaufte die Nuß und vergoldete sie, selbst nicht recht wissend, warum ich die Nuß so teuer bezahlte und dann so wert hielt.› Jeder Zweifel, daß des Vetters Nuß wirklich die gesuchte Nuß Krakatuk war, wurde augenblicklich behoben, als der herbeigerufene Hofastronom das Gold sauber abschabte und in der Rinde der Nuß das Wort Krakatuk mit chinesischen Charakteren eingegraben fand. Die Freude des Reisenden war groß, und der Vetter der glücklichste Mensch unter der Sonne, als Droßelmeier ihm versicherte, daß sein Glück gemacht sei, da er außer einer ansehnlichen Pension hinfüro alles Gold zum Vergolden umsonst erhalten werde. Beide, der Arkanist und der Astronom, hatten schon die Schlafmützen aufgesetzt und wollten zu Bette gehen, als letzterer, nämlich der Astronom, also anhob: ‹Bester Herr Kollege, ein Glück kommt nie allein – glauben Sie, nicht nur die Nuß Krakatuk, sondern auch den jungen Mann, der sie aufbeißt und den Schönheitskern der Prinzessin darreicht, haben wir gefunden! – Ich meine niemanden anders als den Sohn Ihres Herrn Vetters! – Nein, nicht schlafen will ich›, fuhr er begeistert fort, ‹sondern noch in dieser Nacht des Jünglings Horoskop stellen!› – Damit riß er die Nachtmütze vom Kopf und fing gleich an zu observieren. – Des Vetters Sohn war in der Tat ein netter wohlgewachsener Junge, der noch nie rasiert worden und niemals Stiefel getragen. In früher Jugend war er zwar ein paar Weihnachten hindurch ein Hampelmann gewesen, das merkte man ihm aber nicht im mindesten an, so war er durch des Vaters Bemühungen ausgebildet worden. An den Weihnachtstagen trug er einen schönen roten Rock mit Gold, einen Degen, den Hut unter dem Arm und eine vorzügliche Frisur mit einem Haarbeutel. So stand er sehr glänzend in seines Vaters Bude und knackte aus angeborner Galanterie den jungen Mädchen die Nüsse auf, weshalb sie ihn auch schön Nußknackerchen nannten. – Den andern Morgen fiel der Astronom dem Arkanisten entzückt um den Hals und rief: ‹Er ist es, wir haben ihn, er ist gefunden; nur zwei Dinge, liebster Kollege, dürfen wir nicht außer acht lassen. Fürs erste müssen Sie Ihrem vortrefflichen Neffen einen robusten hölzernen Zopf flechten, der mit dem untern Kinnbacken so in Verbindung steht, daß dieser dadurch stark angezogen werden kann; dann müssen wir aber, kommen wir nach der Residenz, auch sorgfältig verschweigen, daß wir den jungen Mann, der die Nuß Krakatuk aufbeißt, gleich mitgebracht haben; er muß sich vielmehr lange nach uns einfinden. Ich lese in dem Horoskop, daß der König, zerbeißen sich erst einige die Zähne ohne weitern Erfolg, dem, der die Nuß aufbeißt und der Prinzessin die verlorene Schönheit wiedergibt, Prinzessin und Nachfolge im Reich zum Lohn versprechen wird.› Der Vetter Puppendrechsler war gar höchlich damit zufrieden, daß sein Söhnchen die Prinzessin Pirlipat heiraten und Prinz und König werden sollte, und überließ ihn daher den Gesandten gänzlich. Der Zopf, den Droßelmeier dem jungen hoffnungsvollen Neffen ansetzte, geriet überaus wohl, so daß er mit dem Aufbeißen der härtesten Pfirsichkerne die glänzendsten Versuche anstellte.

Da Droßelmeier und der Astronom das Auffinden der Nuß Krakatuk sogleich nach der Residenz berichtet, so waren dort auch auf der Stelle die nötigen Aufforderungen erlassen worden, und als die Reisenden mit dem Schönheitsmittel ankamen, hatten sich schon viele hübsche Leute, unter denen es sogar Prinzen gab, eingefunden, die ihrem gesunden Gebiß vertrauend, die Entzauberung der Prinzessin versuchen wollten. Die Gesandten erschraken nicht wenig, als sie die Prinzessin wiedersahen. Der kleine Körper mit den winzigen Händchen und Füßchen konnte kaum den unförmlichen Kopf tragen. Die Häßlichkeit des Gesichts wurde noch durch einen weißen baumwollenen Bart vermehrt, der sich um Mund und Kinn gelegt hatte. Es kam alles so, wie es der Hofastronom im Horoskop gelesen. Ein Milchbart in Schuhen nach dem andern biß an der Nuß Krakatuk Zähne und Kinnbacken wund, ohne der Prinzessin im mindesten zu helfen, und wenn er dann von den dazu bestellten Zahnärzten halb ohnmächtig weggetragen wurde, seufzte er: ‹Das war eine harte Nuß!› –

Als nun der König in der Angst seines Herzens dem, der die Entzauberung vollenden werde, Tochter und Reich versprochen, meldete sich der artige sanfte Jüngling Droßelmeier und bat auch, den Versuch beginnen zu dürfen. Keiner als der junge Droßelmeier hatte so sehr der Prinzessin Pirlipat gefallen; sie legte die kleinen Händchen auf das Herz und seufzte recht innig: ‹Ach, wenn es doch *der* wäre, der die Nuß Krakatuk wirklich aufbeißt und mein Mann wird.› Nachdem der junge Droßelmeier den König und die Königin, dann aber die Prinzessin Pirlipat sehr höflich gegrüßt, empfing er aus den Händen des Oberzeremonienmeisters die Nuß Krakatuk, nahm sie ohne weiteres zwischen die Zähne, zog stark den Zopf an, und Krak – Krak zerbröckelte die Schale in viele Stükke. Geschickt reinigte er den Kern von den noch daran hängenden Fasern und überreichte ihn mit einem untertänigen Kratzfuß der Prinzessin, worauf er die Augen verschloß und rückwärts zu schreiten begann. Die Prinzessin verschluckte alsbald den Kern, und o Wunder! – verschwunden war die Mißgestalt, und statt ihrer stand ein engelschönes Frauenbild da, das Gesicht wie von lilienweißen und rosaroten Seidenflocken gewebt, die Augen wie glänzende Azure, die vollen Locken wie von Goldfaden gekräuselt. Trompeten und Pauken mischten sich in den lauten Jubel des Volks. Der König, sein ganzer Hof tanzte wie bei Pirlipats Geburt auf einem Beine, und die Königin mußte mit Eau de Cologne bedient werden, weil sie in

Ohnmacht gefallen vor Freude und Entzücken. Der große Tumult brachte den jungen Droßelmeier, der noch seine sieben Schritte zu vollenden hatte, nicht wenig aus der Fassung, doch hielt er sich und streckte eben den rechten Fuß aus zum siebenten Schritt, da erhob sich, häßlich piepend und quiekend, Frau Mauserinks aus dem Fußboden, so daß Droßelmeier, als er den Fuß niedersetzen wollte, auf sie trat und dermaßen stolperte, daß er beinahe gefallen wäre. – O Mißgeschick! – urplötzlich war der Jüngling ebenso mißgestaltet, als es vorher Prinzessin Pirlipat gewesen. Der Körper war zusammengeschrumpft und konnte kaum den dicken ungestalten Kopf mit großen hervorstechenden Augen und dem breiten, entsetzlich aufgähnenden Maule tragen. Statt des Zopfes hing ihm hinten ein schmaler hölzerner Mantel herab, mit dem er den untern Kinnbacken regierte. – Uhrmacher und Astronom waren außer sich vor Schreck und Entsetzen, sie sahen aber, wie Frau Mauserinks sich blutend auf dem Boden wälzte. Ihre Bosheit war nicht ungerächt geblieben, denn der junge Droßelmeier hatte sie mit dem spitzen Absatz seines Schuhes so derb in den Hals getroffen, daß sie sterben mußte. Aber indem Frau Mauserinks von der Todesnot erfaßt wurde, da piepte und quiekte sie ganz erbärmlich: ‹O Krakatuk, harte Nuß – an der ich nun sterben muß – hi hi – pipi fein Nußknackerlein, wirst auch bald des Todes sein – Söhnlein mit den sieben Kronen wird's dem Nußknacker lohnen, wird die Mutter rächen

fein an dir, du klein Nußknackerlein – o Leben, so
frisch und rot, von dir scheid ich, o Todesnot! –
Quiek› – Mit diesem Schrei starb Frau Mauserinks
und wurde von dem königlichen Ofenheizer fort-
gebracht. – Um den jungen Droßelmeier hatte sich
niemand bekümmert, die Prinzessin erinnerte aber
den König an sein Versprechen, und sogleich befahl
er, daß man den jungen Helden herbeischaffe. Als
nun aber der Unglückliche in seiner Mißgestalt
hervortrat, da hielt die Prinzessin beide Hände vors
Gesicht und schrie: ‹Fort, fort mit dem abscheulichen Nußknacker!› Alsbald ergriff ihn auch der
Hofmarschall bei den kleinen Schultern und warf
ihn zur Türe hinaus. Der König war voller Wut,
daß man ihm habe einen Nußknacker als Eidam
aufdringen wollen, schob alles auf das Ungeschick
des Uhrmachers und des Astronomen und verwies
beide auf ewige Zeiten aus der Residenz. Das hatte
nun nicht in dem Horoskop gestanden, welches
der Astronom in Nürnberg gestellt, er ließ sich
aber nicht abhalten, aufs neue zu observieren, und
da wollte er in den Sternen lesen, daß der junge
Droßelmeier sich in seinem neuen Stande so gut
nehmen werde, daß er trotz seiner Ungestalt Prinz
und König werden würde. Seine Mißgestalt könne
aber nur dann verschwinden, wenn der Sohn der
Frau Mauserinks, den sie nach dem Tode ihrer sieben Söhne mit sieben Köpfen geboren, und welcher Mausekönig geworden, von seiner Hand
gefallen sei, und eine Dame ihn trotz seiner Mißgestalt liebgewinnen werde. Man soll denn auch

wirklich den jungen Droßelmeier in Nürnberg zur Weihnachtszeit in seines Vaters Bude, zwar als Nußknacker, aber doch als Prinzen gesehen haben! – Das ist, ihr Kinder, das Märchen von der harten Nuß, und ihr wißt nun, warum die Leute so oft sagen: ‹Das war eine harte Nuß!› und wie es kommt, daß die Nußknacker so häßlich sind.» –

So schloß der Obergerichtsrat seine Erzählung. Marie meinte, daß die Prinzessin Pirlipat doch eigentlich ein garstiges undankbares Ding sei; Fritz versicherte dagegen, daß, wenn Nußknacker nur sonst ein braver Kerl sein wolle, er mit dem Mausekönig nicht viel Federlesens machen und seine vorige hübsche Gestalt bald wieder erlangen werde.

Onkel und Neffe

Hat jemand von meinen hochverehrtesten Lesern oder Zuhörern jemals den Unfall erlebt, sich mit Glas zu schneiden, so wird er selbst wissen, wie wehe das tut, und welch schlimmes Ding es überhaupt ist, da es so langsam heilt. Hatte doch Marie beinahe eine ganze Woche im Bett zubringen müssen, weil es ihr immer ganz schwindlig zumute wurde, sobald sie aufstand. Endlich aber wurde sie ganz gesund und konnte lustig wie sonst, in der Stube umherspringen. Im Glasschrank sah es ganz hübsch aus, denn neu und blank standen da Bäume und Blumen und Häuser und schöne glänzende Puppen. Vor allen Dingen fand Marie ihren lieben

Nußknacker wieder, der, in dem zweiten Fache stehend, mit ganz gesunden Zähnchen sie anlächelte. Als sie nun den Liebling so recht mit Herzenslust anblickte, da fiel es ihr mit einemmal sehr bänglich aufs Herz, daß alles, was Pate Droßelmeier erzählt habe, ja nur die Geschichte des Nußknackers und seines Zwistes mit der Frau Mauserinks und ihrem Sohne gewesen. Nun wußte sie, daß ihr Nußknacker kein anderer sein könne als der junge Droßelmeier aus Nürnberg, des Pate Droßelmeiers angenehmer, aber leider von der Frau Mauserinks verhexter Neffe. Denn daß der künstliche Uhrmacher am Hofe von Pirlipats Vater niemand anders gewesen als der Obergerichtsrat Droßelmeier selbst, daran hatte Marie schon bei der Erzählung nicht einen Augenblick gezweifelt. «Aber warum half dir der Onkel denn nicht, warum half er dir nicht?» so klagte Marie, als sich es immer lebendiger und lebendiger in ihr gestaltete, daß es in jener Schlacht, die sie mit ansah, Nußknackers Reich und Krone galt. Waren denn nicht alle übrigen Puppen ihm untertan, und war es denn nicht gewiß, daß die Prophezeiung des Hofastronomen eingetroffen und der junge Droßelmeier König des Puppenreichs geworden? Indem die kluge Marie das alles so recht im Sinn erwägte, glaubte sie auch, daß Nußknacker und seine Vasallen in dem Augenblick, daß sie ihnen Leben und Bewegung zutraute, auch wirklich leben und sich bewegen müßten. Dem war aber nicht so, alles im Schrank blieb vielmehr starr und regungslos, und

Marie, weit entfernt, ihre innere Überzeugung aufzugeben, schob das nur auf die fortwirkende Verhexung der Frau Mauserinks und ihres sieben-köpfigen Sohnes. «Doch», sprach sie laut zum Nußknacker, «wenn Sie auch nicht imstande sind, sich zu bewegen oder ein Wörtchen mit mir zu sprechen, lieber Herr Droßelmeier, so weiß ich doch, daß Sie mich verstehen und es wissen, wie gut ich es mit Ihnen meine; rechnen Sie auf meinen Beistand, wenn Sie dessen bedürfen. – Wenigstens will ich den Onkel bitten, daß er Ihnen mit seiner Geschicklichkeit beispringe, wo es nötig ist.» Nuß-knacker blieb still und ruhig, aber Marien war es so, als atme ein leiser Seufzer durch den Glas-schrank, wovon die Glasscheiben kaum hörbar, aber wunderlieblich ertönten, und es war, als sänge ein kleines Glockenstimmchen: «Maria klein – Schutzenglein mein – dein werd ich sein – Maria mein.» Marie fühlte in den eiskalten Schauern, die sie überliefen, doch ein seltsames Wohlbehagen. Die Dämmerung war eingebrochen, der Medizi-nalrat trat mit dem Paten Droßelmeier hinein, und nicht lange dauerte es, so hatte Luise den Teetisch geordnet, und die Familie saß ringsumher, allerlei Lustiges miteinander sprechend. Marie hatte ganz still ihr kleines Lehnstühlchen herbeigeholt und sich zu den Füßen des Paten Droßelmeier gesetzt. Als nun gerade einmal alle schwiegen, da sah Marie mit ihren großen blauen Augen dem Oberge-richtsrat starr ins Gesicht und sprach: «Ich weiß jetzt, lieber Pate Droßelmeier, daß mein Nußknacker dein Neffe, der junge Droßelmeier aus Nürnberg ist; Prinz oder vielmehr König ist er geworden, das ist richtig eingetroffen, wie es dein Begleiter, der Astronom, vorausgesagt hat; aber du weißt es ja, daß er mit dem Sohne der Frau Mauserinks, mit dem häßlichen Mausekönig, in offnem Kriege steht. Warum hilfst du ihm nicht?» Marie erzählte nun nochmals den ganzen Verlauf der Schlacht, wie sie sie angesehen, und wurde oft durch das laute Gelächter der Mutter und Luisens unterbrochen. Nur Fritz und Droßelmeier blieben ernsthaft. «Aber wo kriegt das Mädchen all das tolle Zeug in den Kopf?» sagte der Medizinalrat. «Ei nun», erwiderte die Mutter, «hat sie doch eine lebhafte Phantasie – eigentlich sind es nur Träume, die das heftige Wundfieber erzeugte.» – «Es ist alles nicht wahr», sprach Fritz, «solche Poltrons sind meine roten Husaren nicht, Potz Bassa Manelka, wie würd ich sonst darunterfahren.» Seltsam lächelnd nahm aber Pate Droßelmeier die kleine Marie auf den Schoß und sprach sanfter als je: «Ei, dir, liebe Marie, ist ja mehr gegeben als mir und uns allen; du bist, wie Pirlipat, eine geborne Prinzessin, denn du regierst in einem schönen blanken Reich. – Aber viel hast du zu leiden, wenn du dich des armen mißgestalteten Nußknackers annehmen willst, da ihn der Mausekönig auf allen Wegen und Stegen verfolgt. – Doch nicht ich – du, du allein kannst ihn retten, sei standhaft und treu.» Weder Marie noch irgend jemand wußte, was Droßelmeier mit diesen Worten sagen wollte, vielmehr

kam es dem Medizinalrat so sonderbar vor, daß er
dem Obergerichtsrat an den Puls fühlte und sagte:
«Sie haben, wertester Freund, starke Kongestionen
nach dem Kopfe, ich will Ihnen etwas aufschrei-
ben.» Nur die Medizinalrätin schüttelte bedächtig
den Kopf und sprach leise: «Ich ahne wohl, was der
Obergerichtsrat meint, doch mit deutlichen Worten sagen kann ich's nicht.»

Der Sieg

Nicht lange dauerte es, als Marie in der mondhel-
len Nacht durch ein seltsames Poltern geweckt
wurde, das aus einer Ecke des Zimmer zu kommen
schien. Es war, als würden kleine Steine hin und
her geworfen und gerollt, und recht widrig pfiff
und quiekte es dazwischen. «Ach, die Mäuse, die
Mäuse kommen wieder», rief Marie erschrocken
und wollte die Mutter wecken, aber jeder Laut
stockte, ja sie vermochte kein Glied zu regen, als sie
sah, wie der Mausekönig sich durch ein Loch der
Mauer hervorarbeitete und endlich mit funkelnden Augen und Kronen im Zimmer herum, dann
aber mit einem gewaltigen Satz auf den kleinen
Tisch, der dicht neben Mariens Bette stand, herauf-
sprang. «Hi – hi – hi – mußt mir deine Zuckererbsen – deinen Marzipan geben, klein Ding – sonst
zerbeiß ich deinen Nußknacker – deinen Nußknacker!» – So pfiff Mausekönig, knapperte und
knirschte dabei sehr häßlich mit den Zähnen und
sprang dann schnell wieder fort durch das Mauer-

loch. Marie war so geängstet von der graulichen Erscheinung, daß sie den andern Morgen ganz blaß aussah und, im Innersten aufgeregt, kaum ein Wort zu reden vermochte. Hundertmal wollte sie der Mutter oder der Luise, oder wenigstens dem Fritz klagen, was ihr geschehen, aber sie dachte: «Glaubt's mir denn einer, und werd ich nicht obendrein tüchtig ausgelacht?» – Das war ihr denn aber wohl klar, daß sie, um den Nußknacker zu retten, Zuckererbsen und Marzipan hergeben müsse. Soviel sie davon besaß, legte sie daher den andern Abend hin vor der Leiste des Schranks. Am Morgen sagte die Medizinalrätin: «Ich weiß nicht, woher die Mäuse mit einemmal in unser Wohnzimmer kommen, sieh nur, arme Marie! sie haben dir all dein Zuckerwerk aufgefressen.» Wirklich war es so. Den gefüllten Marzipan hatte der gefräßige Mausekönig nicht nach seinem Geschmack gefunden, aber mit scharfen Zähnen benagt, so daß er weggeworfen werden mußte. Marie machte sich gar nichts mehr aus dem Zuckerwerk, sondern war vielmehr im Innersten erfreut, da sie ihren Nußknacker gerettet glaubte. Doch wie ward ihr, als in der folgenden Nacht es dicht an ihren Ohren pfiff und quiekte. Ach, der Mausekönig war wieder da, und noch abscheulicher wie in der vorigen Nacht funkelten seine Augen, und noch widriger pfiff er zwischen den Zähnen. «Mußt mir deine Zucker-, deine Dragantpuppen geben, klein Ding, sonst zerbeiß ich deinen Nußknacker, deinen Nußknacker», und damit sprang der grauliche Mausekönig wieder fort! – Marie war sehr betrübt, sie ging den andern Morgen an den Schrank und sah mit den wehmütigsten Blicken ihre Zucker- und Dragantpüppchen an. Aber ihr Schmerz war auch gerecht, denn nicht glauben magst du's, meine aufmerksame Zuhörerin Marie, was für ganz allerliebste Figürchen, aus Zucker oder Dragant geformt, die kleine Marie Stahlbaum besaß. Nächstdem, daß ein sehr hübscher Schäfer mit seiner Schäferin eine ganze Herde milchweißer Schäflein weidete, und dabei sein muntres Hündchen herumsprang, so traten auch zwei Briefträger mit Briefen in der Hand einher, und vier sehr hübsche Paare, sauber gekleidete Jünglinge mit überaus herrlich geputzten Mädchen schaukelten sich in einer russischen Schaukel. Hinter einigen Tänzern stand noch der Pächter Feldkümmel[8] mit der Jungfrau von Orleans, aus denen sich Marie nicht viel machte, aber ganz im Winkelchen stand ein rotbackiges Kindlein, Mariens Liebling, die Tränen stürzten der kleinen Marie aus den Augen. «Ach», rief sie, sich zu dem Nußknacker wendend, «lieber Herr Droßelmeier, was will ich nicht alles tun, um Sie zu retten; aber es ist doch sehr hart!» – Nußknacker sah indessen so weinerlich aus, daß Marie, da es überdem ihr war, als sähe sie Mausekönigs sieben Rachen geöffnet, den unglücklichen Jüngling zu verschlingen, alles aufzuopfern beschloß. Alle Zuckerpüppchen setzte sie daher abends, wie zuvor das Zuckerwerk, an die Leiste des Schranks. Sie küßte den Schäfer, die Schäferin, die Lämmerchen und holte auch zuletzt ihren Liebling, das kleine rotbackige Kindlein von Dragant, aus dem Winkel, welches sie jedoch ganz hinterwärts stellte. Pächter Feldkümmel und die Jungfrau von Orleans mußten in die erste Reihe. «Nein, das ist zu arg», rief die Medizinalrätin am andern Morgen. «Es muß durchaus eine große garstige Maus in dem Glasschrank hausen, denn alle schönen Zuckerpüppchen der armen Marie sind zernagt und zerbissen.» Marie konnte sich zwar der Tränen nicht enthalten, sie lächelte aber doch bald wieder, denn sie dachte: «Was tut's, ist doch Nußknacker gerettet.» Der Medizinalrat sagte am Abend, als die Mutter dem Obergerichtsrat von dem Unfug erzählte, den eine Maus im Glasschrank der Kinder treibe: «Es ist doch aber abscheulich, daß wir die fatale Maus nicht vertilgen können, die im Glasschrank so ihr Wesen treibt und der armen Marie alles Zuckerwerk wegfrißt.» – «Ei», fiel Fritz ganz lustig ein, «der Bäcker unten hat einen ganz vortrefflichen grauen Legationsrat, den will ich heraufholen. Er wird dem Dinge bald ein Ende machen und der Maus den Kopf abbeißen, ist sie auch die Frau Mauserinks selbst oder ihr Sohn, der Mausekönig.» – «Und», fuhr die Medizinalrätin lachend fort, «auf Stühle und Tische herumspringen und Gläser und Tassen herabwerfen und tausend andern Schaden anrichten.» – «Ach nein doch», erwiderte Fritz, «Bäckers Legationsrat ist ein geschickter Mann, ich möchte nur so zierlich auf dem spitzen Dach gehen können wie er.» – «Nur keinen

Kater zur Nachtzeit», bat Luise, die keine Katzen leiden konnte. «Eigentlich», sprach der Medizinalrat, «eigentlich hat Fritz recht, indessen können wir ja auch eine Falle aufstellen; haben wir denn keine?» – «Die kann uns Pate Droßelmeier am besten machen, der hat sie ja erfunden», rief Fritz. Alle lachten, und auf die Versicherung der Medizinalrätin, daß keine Falle im Haus sei, verkündete der Obergerichtsrat, daß er mehrere dergleichen besitze, und ließ wirklich zur Stunde eine ganz vortreffliche Mausfalle von Hause herbeiholen. Dem Fritz und der Marie ging nun des Paten Märchen von der harten Nuß ganz lebendig auf. Als die Köchin den Speck röstete, zitterte und bebte Marie und sprach, ganz erfüllt von dem Märchen und den Wunderdingen darin, zur wohlbekannten Dore: «Ach, Frau Königin, hüten Sie sich doch nur vor der Frau Mauserinks und ihrer Familie.» Fritz hatte aber seinen Säbel gezogen und sprach: «Ja, die sollten nur kommen, denen wollt ich eins auswischen.» Es blieb aber alles unter und auf dem Herde ruhig. Als nun der Obergerichtsrat den Speck an ein feines Fädchen band und leise, leise die Falle an den Glasschrank setzte, da rief Fritz: «Nimm dich in acht, Pate Uhrmacher, daß dir Mausekönig keine Possen spielt.» – Ach, wie ging es der armen Marie in der folgenden Nacht! Eiskalt tupfte es auf ihrem Arm hin und her, und rauh und ekelhaft legte es sich an ihre Wange und piepte und quiekte ihr ins Ohr. – Der abscheuliche Mausekönig saß auf ihrer Schulter, und blutrot geiferte er aus den sieben geöffneten Rachen, und mit den Zähnen knatternd und knirschend, zischte er der vor Grauen und Schreck erstarrten Marie ins Ohr: «Zisch aus – zisch aus, geh nicht ins Haus – geh nicht zum Schmaus – werd nicht gefangen – zisch aus – gib heraus, gib heraus deine Bilderbücher all, dein Kleidchen dazu, sonst hast keine Ruh – magst's nur wissen, Nußknackerlein wirst sonst missen, der wird zerbissen – hi hi – pi pi – quiek quiek!» – Nun war Marie voll Jammer und Betrübnis – sie sah ganz blaß und verstört aus, als die Mutter am andern Morgen sagte: «Die böse Maus hat sich noch nicht gefangen», so daß die Mutter in dem Glauben, daß Marie um ihr Zuckerwerk traure und sich überdem vor der Maus fürchte, hinzufügte: «Aber sei nur ruhig, liebes Kind, die böse Maus wollen wir schon vertreiben. Helfen die Fallen nichts, so soll Fritz seinen grauen Legationsrat herbeibringen.» Kaum befand sich Marie im Wohnzimmer allein, als sie vor den Glasschrank trat und schluchzend also zum Nußknacker sprach: «Ach mein lieber guter Herr Droßelmeier, was kann ich armes unglückliches Mädchen für Sie tun? – Gäb ich nun auch alle meine Bilderbücher, ja selbst mein schönes neues Kleidchen, das mir der Heilige Christ einbeschert hat, dem abscheulichen Mausekönig zum Zerbeißen her, wird er denn nicht doch noch immer mehr verlangen, so daß ich zuletzt nichts mehr haben werde und er gar mich selbst statt Ihrer zerbeißen wollen wird? – O ich armes Kind, was soll ich denn nun tun – was soll ich denn nun tun?»

– Als die kleine Marie so jammerte und klagte, bemerkte sie, daß dem Nußknacker von jener Nacht her ein großer Blutfleck am Halse sitzen geblieben war. Seit der Zeit, daß Marie wußte, wie ihr Nußknacker eigentlich der junge Droßelmeier, des Obergerichtsrats Neffe sei, trug sie ihn nicht mehr auf dem Arm und herzte und küßte ihn nicht mehr, ja, sie mochte ihn aus einer gewissen Scheu gar nicht einmal viel anrühren; jetzt nahm sie ihn aber sehr behutsam aus dem Fache und fing an, den Blutfleck am Hals mit ihrem Schnupftuch abzureiben. Aber wie ward ihr, als sie plötzlich fühlte, daß Nußknackerlein in ihrer Hand erwarmte und sich zu regen begann. Schnell setzte sie ihn wieder ins Fach, da wackelte das Mündchen hin und her, und mühsam lispelte Nußknackerlein: «Ach, werteste Demoiselle Stahlbaum – vortreffliche Freundin, was verdanke ich Ihnen alles – nein, kein Bilderbuch, kein Christkleidchen sollen Sie für mich opfern – schaffen Sie nur ein Schwert – ein Schwert, für das übrige will ich sorgen, mag er –» Hier ging dem Nußknacker die Sprache aus, und seine erst zum Ausdruck der innigsten Wehmut beseelten Augen wurden wieder starr und leblos. Marie empfand gar kein Grauen, vielmehr hüpfte sie vor Freuden, da sie nun ein Mittel wußte, den Nußknacker ohne weitere schmerzhafte Aufopferungen zu retten. Aber wo nun ein Schwert für den Kleinen hernehmen? – Marie beschloß, Fritzen zu Rate zu ziehen, und erzählte ihm abends, als sie, da die Eltern ausgegangen, einsam in der Wohnstube am Glasschrank saßen, alles, was ihr mit dem Nußknacker und dem Mausekönig widerfahren, und worauf es nun ankomme, den Nußknacker zu retten. Über nichts wurde Fritz nachdenklicher als darüber, daß sich, nach Mariens Bericht, seine Husaren in der Schlacht so schlecht benommen haben sollten. Er frug noch einmal sehr ernst, ob es sich wirklich so verhalte, und nachdem es Marie auf ihr Wort versichert, so ging Fritz schnell nach dem Glasschrank, hielt seinen Husaren eine pathetische Rede und schnitt dann, zur Strafe ihrer Selbstsucht und Feigheit, einem nach dem andern das Feldzeichen von der Mütze und untersagte ihnen auch, binnen einem Jahr den Gardehusarenmarsch zu blasen. Nachdem er sein Strafamt vollendet, wandte er sich wieder zu Marien, sprechend: «Was den Säbel betrifft, so kann ich dem Nußknacker helfen, da ich einen alten Obristen von den Kürassiers gestern mit Pension in Ruhestand versetzt habe, der folglich seinen schönen scharfen Säbel nicht mehr braucht.» Besagter Obrist verzehrte die ihm von Fritzen angewiesene Pension in der hintersten Ecke des dritten Faches. Dort wurde er hervorgeholt, ihm der in der Tat schmucke silberne Säbel abgenommen und dem Nußknacker umgehängt.

Vor bangem Grauen konnte Marie in der folgenden Nacht nicht einschlafen, es war ihr um Mitternacht so, als höre sie im Wohnzimmer ein seltsames Rumoren, Klirren und Rauschen. – Mit einemmal ging es: «Quiek!» – «Der Mausekönig!

der Mausekönig!» rief Marie und sprang voll Entsetzen aus dem Bette. Alles blieb still; aber bald klopfte es leise, leise an die Türe, und ein feines Stimmchen ließ sich vernehmen: «Allerbeste Demoiselle Stahlbaum, machen Sie nur getrost auf – gute fröhliche Botschaft!» Marie erkannte die Stimme des jungen Droßelmeier, warf ihr Röckchen über und öffnete flugs die Türe. Nußknakkerlein stand draußen, das blutige Schwert in der rechten, ein Wachslichtchen in der linken Hand. Sowie er Marien erblickte, ließ er sich auf die Knie nieder und sprach also: «Ihr, o Dame, seid es allein, die mich mit Rittermut stählte und meinem Arme Kraft gab, den Übermütigen zu bekämpfen, der es wagte, Euch zu höhnen. Überwunden liegt der verräterische Mausekönig und wälzt sich in seinem Blute! – Wollet, o Dame, die Zeichen des Sieges aus der Hand Eures Euch bis in den Tod ergebenen Ritters anzunehmen nicht verschmähen!» Damit streifte Nußknackerchen die sieben goldenen Kronen des Mausekönigs, die er auf den linken Arm heraufgestreift hatte, sehr geschickt herunter und überreichte sie Marien, welche sie voller Freude annahm. Nußknacker stand auf und fuhr also fort: «Ach, meine allerbeste Demoiselle Stahlbaum, was könnte ich in diesem Augenblicke, da ich meinen Feind überwunden, Sie für herrliche Dinge schauen lassen, wenn Sie die Gewogenheit hätten, mir nur ein paar Schrittchen zu folgen! – O, tun Sie es – tun Sie es, beste Demoiselle!» –

Ich glaube, keins von euch, ihr Kinder, hätte auch
nur einen Augenblick angestanden, dem ehrlichen
gutmütigen Nußknacker, der nie Böses im Sinn
haben konnte, zu folgen. Marie tat dies um so
mehr, da sie wohl wußte, wie sehr sie auf Nußknackers Dankbarkeit Anspruch machen könne
und überzeugt war, daß er Wort halten und viel
Herrliches ihr zeigen werde. Sie sprach daher: «Ich
gehe mit Ihnen, Herr Droßelmeier, doch muß es
nicht weit sein und nicht lange dauern, da ich ja gar
nicht ausgeschlafen habe.» «Ich wähle deshalb», erwiderte Nußknacker, «den nächsten, wiewohl etwas beschwerlichen Weg.» Er schritt voran, Marie
ihm nach, bis er vor dem alten mächtigen Kleider-
schrank auf dem Hausflur stehenblieb. Marie wurde zu ihrem Erstaunen gewahr, daß die Türen
dieses sonst wohl verschlossenen Schranks offen-
standen, so daß sie deutlich des Vaters Reisefuchs-
pelz erblickte, der ganz vorne hing. Nußknacker
kletterte sehr geschickt an den Leisten und Verzierungen herauf, daß er die große Troddel, die an
einer dicken Schnur befestigt, auf dem Rückteile
jenes Pelzes hing, erfassen konnte. Sowie Nußknacker diese Troddel stark anzog, ließ sich schnell
eine sehr zierliche Treppe von Zedernholz durch
den Pelzärmel herab. «Steigen Sie nur gefälligst
aufwärts, teuerste Demoiselle», rief Nußknacker.
Marie tat es, aber kaum war sie durch den Ärmel
gestiegen, kaum sah sie zum Kragen heraus, als ein

blendendes Licht ihr entgegenstrahlte, und sie mit
einemmal auf einer herrlich duftenden Wiese
stand, von der Millionen Funken wie blinkende
Edelsteine emporstrahlten. «Wir befinden uns auf
der Kandiswiese», sprach Nußknacker, «wollen
aber alsbald jenes Tor passieren.» Nun wurde Marie, indem sie aufblickte, erst das schöne Tor gewahr, welches sich nur wenige Schritte vorwärts
auf der Wiese erhob. Es schien ganz von weiß,
braun und rosinfarben gesprenkeltem Marmor erbaut zu sein, aber als Marie näher kam, sah sie
wohl, daß die ganze Masse aus zusammengebacke-
nen Zuckermandeln und Rosinen bestand, weshalb
denn auch, wie Nußknacker versicherte, das Tor,
durch welches sie nun durchgingen, das Mandeln-
und Rosinentor hieß. Gemeine Leute hießen es sehr
unziemlich die Studentenfutterpforte. Auf einer
herausgebauten Galerie dieses Tores, augenscheinlich aus Gerstenzucker, machten sechs in rote
Wämserchen gekleidete Äffchen die allerschönste
Janitscharenmusik, die man hören konnte, so daß
Marie kaum bemerkte, wie sie immer weiter, weiter auf bunten Marmorfliesen, die aber nichts anders waren als schön gearbeitete Morschellen,
fortschritt. Bald umwehten sie die süßesten Gerü-
che, die aus einem wunderbaren Wäldchen strömten, das sich von beiden Seiten auftat. In dem
dunkeln Laube glänzte und funkelte es so hell hervor, daß man deutlich sehen konnte, wie goldene
und silberne Früchte an buntgefärbten Stengeln
herabhingen und Stamm und Äste sich mit Bän-

dern und Blumensträußen geschmückt hatten, gleich fröhlichen Brautleuten und lustigen Hochzeitsgästen. Und wenn die Orangendüfte sich wie wallende Zephire rührten, da sauste es in den Zweigen und Blättern, und das Rauschgold knitterte und knatterte, daß es klang wie jubelnde Musik, nach der die funkelnden Lichterchen hüpfen und tanzen müßten. «Ach, wie schön ist es hier», rief Marie ganz selig und entzückt. «Wir sind im Weihnachtswalde, beste Demoiselle», sprach Nußknackerlein. «Ach», fuhr Marie fort, «dürft ich hier nur etwas verweilen, o, es ist ja hier gar zu schön.» Nußknacker klatschte in die kleinen Händchen, und sogleich kamen einige kleine Schäfer und Schäferinnen, Jäger und Jägerinnen herbei, die so zart und weiß waren, daß man hätte glauben sollen, sie wären von purem Zucker, und die Marie, unerachtet sie im Walde umherspazierten, noch nicht bemerkt hatte. Sie brachten einen allerliebsten, ganz goldenen Lehnsessel herbei, legten ein weißes Kissen von Reglisse darauf und luden Marien sehr höflich ein, sich darauf niederzulassen. Kaum hatte sie es getan, als Schäfer und Schäferinnen ein sehr artiges Ballett tanzten, wozu die Jäger ganz manierlich bliesen, dann verschwanden sie aber alle in dem Gebüsche. «Verzeihen Sie», sprach Nußknacker, «verzeihen Sie, werteste Demoiselle Stahlbaum, daß der Tanz so miserabel ausfiel, aber die Leute waren alle von unserm Drahtballett, die können nichts anders machen als immer und ewig dasselbe; und daß die Jäger so schläfrig und flau dazu bliesen, das hat auch seine Ursachen. Der Zuckerkorb hängt zwar über ihrer Nase in den Weihnachtsbäumen, aber etwas hoch! – Doch wollen wir nicht was weniges weiter spazieren?» – «Ach, es war doch alles recht hübsch, und mir hat es sehr wohl gefallen!» so sprach Marie, indem sie aufstand und dem voranschreitenden Nußknacker folgte. Sie gingen entlang eines süß rauschenden, flüsternden Baches, aus dem nun eben all die herrlichen Wohlgerüche zu duften schienen, die den ganzen Wald erfüllten. «Es ist der Orangenbach», sprach Nußknacker auf Befragen, «doch, seinen schönen Duft ausgenommen, gleicht er nicht an Größe und Schönheit dem Limonadenstrom, der sich gleich ihm in den Mandelmilchsee ergießt.» In der Tat vernahm Marie bald ein stärkeres Plätschern und Rauschen und erblickte den breiten Limonadenstrom, der sich in stolzen isabelfarbenen Wellen zwischen gleich grün glühenden Karfunkeln leuchtendem Gesträuch fortkräuselte. Eine ausnehmend frische, Brust und Herz stärkende Kühlung wogte aus dem herrlichen Wasser. Nicht weit davon schleppte sich mühsam ein dunkelgelbes Wasser fort, das aber ungemein süße Düfte verbreitete und an dessen Ufer allerlei sehr hübsche Kinderchen saßen, welche kleine dicke Fische angelten und sie alsbald verzehrten. Näher gekommen, bemerkte Marie, daß diese Fische aussahen wie Lampertsnüsse. In einiger Entfernung lag ein sehr nettes Dörfchen an diesem Strome, Häuser, Kirche, Pfarrhaus, Scheuern, alles war dunkelbraun, jedoch mit goldenen Dächern geschmückt, auch waren viele Mauern so bunt gemalt, als seien Zitronat und Mandelkerne darauf geklebt. «Das ist Pfefferkuchheim», sagte Nußknacker, «welches am Honigstrome liegt, es wohnen ganz hübsche Leute darin, aber sie sind meistens verdrießlich, weil sie sehr an Zahnschmerzen leiden, wir wollen daher nicht erst hineingehen.» In dem Augenblick bemerkte Marie ein Städtchen, das aus lauter bunten durchsichtigen Häusern bestand und sehr hübsch anzusehen war. Nußknacker ging geradezu darauf los, und nun hörte Marie ein tolles lustiges Getöse und sah, wie tausend niedliche kleine Leutchen viele hoch bepackte Wagen, die auf dem Markte hielten, untersuchten und abzupacken im Begriff standen. Was sie aber hervorbrachten, war anzusehen wie buntes gefärbtes Papier und wie Schokoladetafeln. «Wir sind in Bonbonshausen», sagte Nußknacker, «eben ist eine Sendung aus dem Papierlande und vom Schokoladenkönige angekommen. Die armen Bonbonshäuser wurden neulich von der Armee des Mückenadmirals hart bedroht, deshalb überziehen sie ihre Häuser mit den Gaben des Papierlandes und führen Schanzen auf von den tüchtigen Werkstücken, die ihnen der Schokoladenkönig sandte. Aber, beste Demoiselle Stahlbaum, nicht alle kleinen Städte und Dörfer dieses Landes wollen wir besuchen – zur Hauptstadt – zur Hauptstadt!» Rasch eilte Nußknacker vorwärts und Marie voller Neugierde ihm nach. Nicht lange dauerte es, so stieg ein herrlicher

Rosenduft auf, und alles war wie von einem hinhauchenden Rosenschimmer umflossen. Marie bemerkte, daß dies der Widerschein eines rosenrot glänzenden Wassers war, das in kleinen rosasilbernen Wellchen vor ihnen her wie in wunderlieblichen Tönen und Melodien plätscherte und rauschte. Auf diesem anmutigen Gewässer, das sich immer mehr und mehr wie ein großer See ausbreitete, schwammen sehr herrliche silberweiße Schwäne mit goldnen Halsbändern und sangen miteinander um die Wette die hübschesten Lieder, wozu diamantne Fischlein aus den Rosenfluten auf- und niedertauchten wie im lustigen Tanze. «Ach», rief Marie ganz begeistert aus, «ach, das ist der See, wie ihn Pate Droßelmeier mir einst machen wollte, wirklich, und ich selbst bin das Mädchen, das mit den lieben Schwänchen kosen wird.» Nußknackerlein lächelte so spöttisch, wie es Marie noch niemals an ihm bemerkt hatte, und sprach dann: «So etwas kann denn doch wohl der Onkel niemals zustande bringen; Sie selbst viel eher, liebe Demoiselle Stahlbaum, doch lassen Sie uns darüber nicht grübeln, sondern vielmehr über den Rosensee hinüber nach der Hauptstadt schiffen.»

Die Hauptstadt

Nußknackerlein klatschte abermals in die kleinen Händchen, da fing der Rosensee an stärker zu rauschen, die Wellen plätscherten höher auf, und Marie nahm wahr, wie aus der Ferne ein aus lauter

bunten, sonnenhell funkelnden Edelsteinen ge-
formter Muschelwagen, von zwei goldschuppigen
Delphinen gezogen, sich nahte. Zwölf kleine allerliebste Mohren mit Mützchen und Schürzchen, aus
glänzenden Kolibrifedern gewebt, sprangen ans
Ufer und trugen erst Marien, dann Nußknackern,
sanft über die Wellen gleitend, in den Wagen, der
sich alsbald durch den See fortbewegte. Ei, wie war
das so schön, als Marie im Muschelwagen, von
Rosenduft umhaucht, von Rosenwellen umflossen, dahinfuhr. Die beiden goldschuppigen Del-
phine erhoben ihre Nüstern und spritzten kristal-
lene Strahlen hoch in die Höhe, und wie die in
flimmernden und funkelnden Bogen niederfielen,
da war es, als sängen zwei holde feine Silberstimm-
chen: «Wer schwimmt auf rosigem See? – die Fee!
Mücklein! bim bim, Fischlein, sim sim – Schwäne!
Schwa schwa, Goldvogel! trarah, Wellenströme –
rührt euch, klinget, singet, wehet, spähet – Feelein,
Feelein, kommt gezogen; Rosenwogen, wühlet,
kühlet, spület – spült hinan – hinan!» – Aber die
zwölf kleinen Mohren, die hinten auf den Muschelwagen aufgesprungen waren, schienen das
Gesinge der Wasserstrahlen ordentlich übel zu nehmen, denn sie schüttelten ihre Sonnenschirme so
sehr, daß die Dattelblätter, aus denen sie geformt
waren, durcheinander knitterten und knatterten,
und dabei stampften sie mit den Füßen einen ganz
seltsamen Takt und sangen: «Klapp und klipp und
klipp und klapp, auf und ab – Mohrenreigen darf
nicht schweigen; rührt euch, Fische – rührt euch,

Schwäne, dröhne, Muschelwagen, dröhne, klapp und klipp und klipp und klapp und auf und ab!» – «Mohren sind gar lustige Leute», sprach Nußknakker etwas betreten, «aber sie werden mir den ganzen See rebellisch machen.» In der Tat ging auch bald ein sinnverwirrendes Getöse wunderbarer Stimmen los, die in See und Luft zu schwimmen schienen, doch Marie achtete dessen nicht, sondern sah in die duftenden Rosenwellen, aus deren jeder ihr ein holdes anmutiges Mädchenantlitz entgegenlächelte. «Ach», rief sie freudig, indem sie die kleinen Händchen zusammenschlug, «ach, schauen Sie nur, lieber Herr Droßelmeier! Da unten ist die Prinzessin Pirlipat, die lächelt mich an so wunderhold. – Ach, schauen Sie doch nur, lieber Herr Droßelmeier!» – Nußknacker seufzte aber fast kläglich und sagte: «O beste Demoiselle Stahlbaum, das ist nicht die Prinzessin Pirlipat, das sind Sie und immer nur Sie selbst, immer nur Ihr eignes holdes Antlitz, das so lieb aus jeder Rosenwelle lächelt.» Da fuhr Marie schnell mit dem Kopf zurück, schloß die Augen fest zu und schämte sich sehr. In demselben Augenblick wurde sie auch von den zwölf Mohren aus dem Muschelwagen gehoben und an das Land getragen. Sie befand sich in einem kleinen Gebüsch, das beinahe noch schöner war als der Weihnachtswald, so glänzte und funkelte alles darin, vorzüglich waren aber die seltsamen Früchte zu bewundern, die an allen Bäumen hingen und nicht allein seltsam gefärbt waren, sondern auch ganz wunderbar dufteten. «Wir sind im

Konfitürenhain», sprach Nußknacker, «aber dort ist die Hauptstadt.» Was erblickte Marie nun! Wie werd ich es denn anfangen, euch, ihr Kinder, die Schönheit und Herrlichkeit der Stadt zu beschreiben, die sich jetzt breit über einen reichen Blumenanger hin vor Mariens Augen auftat. Nicht allein daß Mauern und Türme in den herrlichsten Farben prangten, so war auch wohl, was die Form der Gebäude anlangt, gar nichts Ähnliches auf Erden zu finden. Denn statt der Dächer hatten die Häuser zierlich geflochtene Kronen aufgesetzt und die Türme sich mit dem zierlichsten buntesten Laubwerk gekränzt, das man nur sehen kann. Als sie durch das Tor, welches so aussah, als sei es von lauter Makronen und überzuckerten Früchten erbaut, gingen, präsentierten silberne Soldaten das Gewehr, und ein Männlein in einem brokatnen Schlafrock warf sich dem Nußknacker an den Hals mit den Worten: «Willkommen, bester Prinz, willkommen in Konfektburg!» Marie wunderte sich nicht wenig, als sie merkte, daß der junge Droßelmeier von einem sehr vornehmen Mann als Prinz anerkannt wurde. Nun hörte sie aber so viel feine Stimmchen durcheinandertoben, solch ein Gejuchze und Gelächter, solch ein Spielen und Singen, daß sie an nichts anders denken konnte, sondern nur gleich Nußknackerchen fragte, was denn das zu bedeuten habe. «O beste Demoiselle Stahlbaum», erwiderte Nußknacker, «das ist nichts Besonderes, Konfektburg ist eine volkreiche lustige Stadt, da geht's alle Tage so her, kommen Sie

aber nur gefälligst weiter.» Kaum waren sie einige
Schritte gegangen, als sie auf den großen Markt-
platz kamen, der den herrlichsten Anblick gewähr-
te. Alle Häuser ringsumher waren von durchbro-
chener Zuckerarbeit, Galerie über Galerie ge-
türmt, in der Mitte stand ein hoher überzuckerter
Baumkuchen als Obelisk, und um ihn her spritzten
vier sehr künstliche Fontänen Orsade, Limonade
und andere herrliche süße Getränke in die Lüfte;
und in dem Becken sammelte sich lauter Crème,
den man gleich hätte auslöffeln mögen. Aber hübscher als alles das waren die allerliebsten kleinen
Leutchen, die sich zu Tausenden Kopf an Kopf
durcheinanderdrängten und jauchzten und lachten
und scherzten und sangen, kurz, jenes lustige Getöse erhoben, das Marie schon in der Ferne gehört
hatte. Da gab es schön gekleidete Herren und
Damen, Armenier und Griechen, Juden und Tiro-
ler, Offiziere und Soldaten und Prediger und Schäfer und Hanswürste, kurz, alle nur möglichen
Leute, wie sie in der Welt zu finden sind. An der
einen Ecke wurde größer der Tumult, das Volk
strömte auseinander, denn eben ließ sich der Großmogul auf einem Palankin vorübertragen, begleitet von dreiundneunzig Großen des Reichs und
siebenhundert Sklaven. Es begab sich aber, daß an
der andern Ecke die Fischerzunft, an fünfhundert
Köpfe stark, ihren Festzug hielt, und übel war es
auch, daß der türkische Großherr gerade den Einfall hatte, mit dreitausend Janitscharen über den
Markt spazierenzureiten, wozu noch der große

Zug aus dem «Unterbrochenen Opferfeste»[9] kam, der mit klingendem Spiel und dem Gesange: «Auf, danket der mächtigen Sonne», gerade auf den Baumkuchen zu wallte. Das war ein Drängen und Stoßen und Treiben und Gequieke! – Bald gab es auch viel Jammergeschrei, denn ein Fischer hatte im Gedränge einem Brahmin den Kopf abgestoßen, und der Großmogul wäre beinahe von einem Hanswurst überrannt worden. Toller und toller wurde der Lärm, und man fing bereits an, sich zu stoßen und zu prügeln, als der Mann im brokatnen Schlafrock, der am Tor den Nußknacker als Prinz begrüßt hatte, auf den Baumkuchen kletterte und, nachdem eine sehr hell klingende Glocke dreimal angezogen worden, dreimal laut rief: «Konditor! Konditor! – Konditor!» – Sogleich legte sich der Tumult, ein jeder suchte sich zu behelfen, wie er konnte, und nachdem die verwickelten Züge sich entwickelt hatten, der besudelte Großmogul abgebürstet und dem Brahmin der Kopf wieder aufgesetzt worden, ging das vorige lustige Getöse aufs neue los. «Was bedeutet das mit dem Konditor, guter Herr Droßelmeier?» fragte Marie. «Ach, beste Demoiselle Stahlbaum», erwiderte Nußknacker, «Konditor wird hier eine unbekannte, aber sehr grauliche Macht genannt, von der man glaubt, daß sie aus dem Menschen machen könne, *was* sie wolle; es ist das Verhängnis, welches über dies kleine lustige Volk regiert, und sie fürchten dieses so sehr, daß durch die bloße Nennung des Namens der größte Tumult gestillt werden kann, wie es eben der Herr Bürgermeister bewiesen hat. Ein jeder denkt dann nicht mehr an Irdisches, an Rippenstöße und Kopfbeulen, sondern geht in sich und spricht: ‹Was ist der Mensch, und was kann aus ihm werden?›» — Eines lauten Rufs der Bewunderung, ja des höchsten Erstaunens konnte sich Marie nicht enthalten, als sie jetzt mit einemmal vor einem in rosenrotem Schimmer hell leuchtenden Schlosse mit hundert luftigen Türmen stand. Nur hin und wieder waren reiche Buketts von Veilchen, Narzissen, Tulpen, Levkoyen auf die Mauern gestreut, deren dunkelbrennende Farben nur die blendende, ins Rosa spielende Weiße des Grundes erhöhten. Die große Kuppel des Mittelgebäudes sowie die pyramidenförmigen Dächer der Türme waren mit tausend golden und silbern funkelnden Sternlein besäet. «Nun sind wir vor dem Marzipanschloß», sprach Nußknacker. Marie war ganz verloren in dem Anblick des Zauberpalastes, doch entging es ihr nicht, daß das Dach eines großen Turmes gänzlich fehlte, welches kleine Männerchen, die auf einem von Zimtstangen erbauten Gerüste standen, wiederherstellen zu wollen schienen. Noch ehe sie den Nußknacker darum befragte, fuhr dieser fort: «Vor kurzer Zeit drohte diesem schönen Schloß arge Verwüstung, wo nicht gänzlicher Untergang. Der Riese Leckermaul kam des Weges gegangen, biß schnell das Dach jenes Turmes herunter und nagte schon an der großen Kuppel, die Konfektbürger brachten ihm aber ein ganzes Stadtviertel, sowie einen ansehnlichen Teil des

Konfitürenhains als Tribut, womit er sich abspeisen ließ und weiterging.» In dem Augenblick ließ sich eine sehr angenehme sanfte Musik hören, die Tore des Schlosses öffneten sich, und es traten zwölf kleine Pagen heraus mit angezündeten Gewürznelkenstengeln, die sie wie Fackeln in den kleinen Händchen trugen. Ihre Köpfe bestanden aus einer Perle, die Leiber aus Rubinen und Smaragden, und dazu gingen sie auf sehr schön aus purem Gold gearbeiteten Füßchen einher. Ihnen folgten vier Damen, beinahe so groß als Mariens Klärchen, aber so über die Maßen herrlich und glänzend geputzt, daß Marie nicht einen Augenblick in ihnen die gebornen Prinzessinnen verkannte. Sie umarmten den Nußknacker auf das zärtlichste und riefen dabei wehmütig freudig: «O mein Prinz! – mein bester Prinz! – o mein Bruder!» Nußknacker schien sehr gerührt, er wischte sich die sehr häufigen Tränen aus den Augen, ergriff dann Marien bei der Hand und sprach pathetisch: «Dies ist die Demoiselle Marie Stahlbaum, die Tochter eines sehr achtungswerten Medizinalrates und die Retterin meines Lebens! Warf sie nicht den Pantoffel zur rechten Zeit, verschaffte sie mir nicht den Säbel des pensionierten Obristen, so läg ich, zerbissen von dem fluchwürdigen Mausekönig, im Grabe. – O! dieser Demoiselle Stahlbaum! gleicht ihr wohl Pirlipat, obschon sie eine geborne Prinzessin ist, an Schönheit, Güte und Tugend? – Nein, sag ich, nein!» Alle Damen riefen: «Nein!» und fielen der Marie um den Hals und riefen schluchzend: «O Sie

edle Retterin des geliebten prinzlichen Bruders –
vortreffliche Demoiselle Stahlbaum!» – Nun ge-
leiteten die Damen Marien und den Nußknacker
in das Innere des Schlosses und zwar in einen Saal,
dessen Wände aus lauter farbig funkelnden Kristal-
len bestanden. Was aber vor allem übrigen der
Marie so wohlgefiel, waren die allerliebsten kleinen Stühle, Tische, Kommoden, Sekretärs und so
weiter, die ringsherum standen, und die alle von
Zedern- oder Brasilienholz mit daraufgestreuten
goldnen Blumen verfertigt waren. Die Prinzessinnen nötigten Marien und den Nußknacker zum
Sitzen und sagten, daß sie sogleich selbst ein Mahl
bereiten wollten. Nun holten sie eine Menge kleiner Töpfchen und Schüsselchen von dem feinsten
japanischen Porzellan, Löffel, Messer und Gabeln,
Reibeisen, Kasserollen und andere Küchenbedürf-
nisse von Gold und Silber herbei. Dann brachten
sie die schönsten Früchte und Zuckerwerk, wie es
Marie noch niemals gesehen hatte, und fingen an,
auf das zierlichste mit den kleinen schneeweißen
Händchen die Früchte auszupressen, das Gewürz
zu stoßen, die Zuckermandeln zu reiben, kurz, so
zu wirtschaften, daß Marie wohl einsehen konnte,
wie gut sich die Prinzessinnen auf das Küchenwe-
sen verstanden, und was das für ein köstliches Mahl
geben würde. Im lebhaften Gefühl, sich auf dergleichen Dinge ebenfalls recht gut zu verstehen,
wünschte sie heimlich, bei dem Geschäft der Prinzessinnen selbst tätig sein zu können. Die schönste
von Nußknackers Schwestern, als ob sie Mariens

geheimen Wunsch erraten hätte, reichte ihr einen kleinen goldnen Mörser mit den Worten hin: «O süße Freundin, teure Retterin meines Bruders, stoße eine Wenigkeit von diesem Zuckerkandel!» Als Marie nun so wohlgemut in den Mörser stieß, daß er gar anmutig und lieblich, wie ein hübsches Liedlein ertönte, fing Nußknacker an sehr weitläufig zu erzählen, wie es bei der grausenvollen Schlacht zwischen seinem und des Mausekönigs Heer erging, wie er der Feigheit seiner Truppen halber geschlagen wurde, wie dann der abscheuliche Mausekönig ihn durchaus zerbeißen wollte, und Marie deshalb mehrere seiner Untertanen, die in ihre Dienste gegangen, aufopfern mußte und so weiter. Marien war es bei dieser Erzählung, als klängen seine Worte, ja selbst ihre Mörserstöße immer ferner und unvernehmlicher, bald sah sie silberne Flöre wie dünne Nebelwolken aufsteigen, in denen die Prinzessinnen – die Pagen, der Nußknacker, ja sie selbst schwammen – ein seltsames Singen und Schwirren und Summen ließ sich vernehmen, das wie in die Weite hin verrauschte; nun hob sich Marie wie auf steigenden Wellen immer höher und höher – höher und höher – höher und höher –

Beschluß

Prr – puff ging es! – Marie fiel herab aus unermeßlicher Höhe. – *Das* war ein Ruck! – Aber gleich schlug sie auch die Augen auf, da lag sie in ihrem Bettchen, es war heller Tag, und die Mutter stand vor ihr, sprechend: «Aber wie kann man auch so lange schlafen, längst ist das Frühstück da!» Du merkst es wohl, versammeltes, höchst geehrtes Publikum, daß Marie, ganz betäubt von all den Wunderdingen, die sie gesehen, endlich im Saal des Marzipanschlosses eingeschlafen war, und daß die Mohren oder die Pagen oder gar die Prinzessinnen selbst sie zu Hause getragen und ins Bett gelegt hatten. «O Mutter, liebe Mutter, wo hat mich der junge Herr Droßelmeier diese Nacht überall hingeführt, was habe ich alles Schönes gesehen!» Nun erzählte sie alles beinahe so genau, wie ich es soeben erzählt habe, und die Mutter sah sie ganz verwundert an. Als Marie geendet, sagte die Mutter: «Du hast einen langen, sehr schönen Traum gehabt, liebe Marie, aber schlag dir das alles nur aus dem Sinn.» Marie bestand hartnäckig darauf, daß sie nicht geträumt, sondern alles wirklich gesehen habe, da führte die Mutter sie an den Glasschrank, nahm den Nußknacker, der wie gewöhnlich im dritten Fache stand, heraus und sprach: «Wie kannst du, du albernes Mädchen, nur glauben, daß diese Nürnberger Holzpuppe Leben und Bewegung haben kann.» – «Aber liebe Mutter», fiel Marie ein, «ich weiß es ja wohl, daß der kleine Nußknacker der junge Herr Droßelmeier aus Nürnberg, Pate Droßelmeiers Neffe ist.» Da brachen beide, der Medizinalrat und die Medizinalrätin, in ein schallendes Gelächter aus. «Ach», fuhr Marie beinahe weinend fort, «nun lachst du gar meinen Nußknacker aus, lieber Vater, und er hat doch von dir gut gesprochen, denn als wir im Marzipanschloß ankamen, und er mich seinen Schwestern den Prinzessinnen, vorstellte, sagte er, du seist ein sehr achtungswerter Medizinalrat!» – Noch stärker wurde das Gelächter, in das auch Luise, ja sogar Fritz einstimmte. Da lief Marie ins andere Zimmer, holte schnell aus ihrem kleinen Kästchen die sieben Kronen des Mausekönigs herbei und überreichte sie der Mutter mit den Worten: «Da sieh nur, liebe Mutter, das sind die sieben Kronen des Mausekönigs, die mir in voriger Nacht der junge Herr Droßelmeier zum Zeichen seines Sieges überreichte.» Voll Erstaunen betrachtete die Medizinalrätin die kleinen Krönchen, die von einem ganz unbekannten, aber sehr funkelnden Metall so sauber gearbeitet waren, als hätten Menschenhände das unmöglich vollbringen können. Auch der Medizinalrat konnte sich nicht satt sehen an den Krönchen, und beide, Vater und Mutter, drangen sehr ernst in Marien, zu bestehen, wo sie die Krönchen her habe. Sie konnte ja aber nur bei dem, was sie gesagt, stehen bleiben, und als sie nun der Vater hart anließ und sie sogar eine kleine Lügnerin schalt, da fing sie an heftig zu weinen und klagte: «Ach ich armes Kind, ich armes Kind! was soll ich denn nun sagen!» In dem Augenblick ging die Tür auf. Der Obergerichtsrat trat hinein und rief: «Was ist da – was ist da? mein Patchen Marie weint und schluchzt? – Was ist da – was ist da?» Der Medizinalrat unterrichtete ihn von allem, was geschehen, indem er ihm die Krönchen zeigte. Kaum hatte der Obergerichtsrat aber diese angesehen, als er lachte und rief: «Toller Schnack, toller Schnack, das sind ja die Krönchen, die ich vor Jahren an meiner Uhrkette trug und die ich der kleinen Marie an ihrem Geburtstage, als sie zwei Jahre alt geworden, schenkte. Wißt ihr's denn nicht mehr?» Weder der Medizinalrat noch die Medizinalrätin konnten sich dessen erinnern, als aber Marie wahrnahm, daß die Gesichter der Eltern wieder freundlich geworden, da sprang sie los auf Pate Droßelmeier und rief: «Ach, du weißt ja alles, Pate Droßelmeier, sag es doch nur selbst, daß mein Nußknacker dein Neffe, der junge Herr Droßelmeier aus Nürnberg ist, und daß er mir die Krönchen geschenkt hat?» – Der Obergerichtsrat machte aber ein sehr finsteres Gesicht und murmelte: «Dummer einfältiger Schnack.» Darauf nahm der Medizinalrat die kleine Marie vor sich und sprach sehr ernsthaft: «Hör mal, Marie, laß nun einmal die Einbildungen und Possen, und wenn du noch einmal sprichst, daß der einfältige mißgestaltete Nußknacker der Neffe des Herrn Obergerichtsrats sei, so werf ich nicht allein den Nußknacker, sondern auch alle deine übrigen Puppen, Mamsell Klärchen nicht ausgenommen, durchs Fenster.» – Nun durfte freilich die arme Marie gar nicht mehr davon sprechen, wovon denn doch ihr ganzes Gemüt erfüllt war, denn ihr möget es euch wohl denken, daß man solch Herrliches und Schönes, wie es Marien widerfahren, gar nicht vergessen kann. Selbst – sehr geehrter Leser oder Zuhörer Fritz – selbst dein Kamerad Fritz Stahlbaum drehte der Schwester sogleich den Rücken, wenn sie ihm von dem Wunderreiche, in dem sie so glücklich war, erzählen wollte. Er soll sogar manchmal zwischen den Zähnen gemurmelt haben: «Einfältige Gans!» doch das kann ich seiner sonst erprobten guten Gemütsart halber nicht glauben, so viel ist aber gewiß, daß, da er nun an nichts mehr, was ihm Marie erzählte, glaubte, er seinen Husaren bei öffentlicher Parade das ihnen geschehene Unrecht förmlich abbat, ihnen statt der verlornen Feldzeichen viel höhere, schönere Büsche von Gänsekielen anheftete und ihnen auch wieder erlaubte, den Gardehusarenmarsch zu blasen. Nun! – wir wissen am besten, wie es mit dem Mut der Husaren aussah, als sie von den häßlichen Kugeln Flecke auf die roten Wämser kriegten! –

Sprechen durfte nun Marie nicht mehr von ihrem Abenteuer, aber die Bilder jenes wunderbaren Feenreichs umgaukelten sie in süßwogendem Rauschen und in holden lieblichen Klängen; sie sah alles noch einmal, sowie sie nur ihren Sinn fest darauf richtete, und so kam es, daß sie, statt zu spielen wie sonst, starr und still, tief in sich gekehrt dasitzen konnte, weshalb sie von allen eine kleine Träumerin gescholten wurde. Es begab sich, daß der Obergerichtsrat einmal eine Uhr in dem Hause des Medizinalrats reparierte, Marie saß am Glasschrank und schaute, in ihre Träume vertieft, den

Nußknacker an, da fuhr es ihr wie unwillkürlich heraus: «Ach, lieber Herr Droßelmeier, wenn Sie doch nur wirklich lebten, ich würd's nicht so machen wie Prinzessin Pirlipat und Sie verschmähen, weil Sie um meinetwillen aufgehört haben, ein hübscher junger Mann zu sein!» In dem Augenblick schrie der Obergerichtsrat: «Hei, hei – toller Schnack.» – Aber in dem Augenblick geschah auch ein solcher Knall und Ruck, daß Marie ohnmächtig vom Stuhle sank. Als sie wieder erwachte, war die Mutter um sie beschäftigt und sprach: «Aber wie kannst du nur vom Stuhle fallen, ein so großes Mädchen! – Hier ist der Neffe des Herrn Obergerichtsrats aus Nürnberg angekommen – sei hübsch artig!» – Sie blickte auf, der Obergerichtsrat hatte wieder seine Glasperücke aufgesetzt, seinen gelben Rock angezogen und lächelte sehr zufrieden, aber an seiner Hand hielt er einen zwar kleinen, aber sehr wohlgewachsenen jungen Mann. Wie Milch und Blut war sein Gesichtchen, er trug einen herrlichen roten Rock mit Gold, weißseidene Strümpfe und Schuhe, hatte im Jabot ein allerliebstes Blumenbukett, war sehr zierlich frisiert und gepudert, und hinten über den Rücken hing ihm ein ganz vortrefflicher Zopf herab. Der kleine Degen an seiner Seite schien von lauter Juwelen, so blitzte er, und das Hütlein unterm Arm von Seidenflokken gewebt. Welche angenehme Sitten der junge Mann besaß, bewies er gleich dadurch, daß er Marien eine Menge herrlicher Spielsachen, vorzüglich aber den schönsten Marzipan und dieselben Figuren, welche der Mausekönig zerbissen, dem Fritz aber einen wunderschönen Säbel mitgebracht hatte. Bei Tische knackte der Artige für die ganze Gesellschaft Nüsse auf, die härtesten widerstanden ihm nicht, mit der rechten Hand steckte er sie in den Mund, mit der linken zog er den Zopf an – Krak – zerfiel die Nuß in Stücke! – Marie war glutrot geworden, als sie den jungen artigen Mann erblickte, und noch röter wurde sie, als nach Tisch der junge Droßelmeier sie einlud, mit ihm in das Wohnzimmer an den Glasschrank zu gehen. «Spielt nur hübsch miteinander, ihr Kinder, ich habe nun, da alle meine Uhren richtig gehen, nichts dagegen», rief der Obergerichtsrat. Kaum war aber der junge Droßelmeier mit Marien allein, als er sich auf ein Knie niederließ und also sprach: «O meine allervortrefflichste Demoiselle Stahlbaum, sehn Sie hier zu Ihren Füßen den beglückten Droßelmeier, dem Sie an dieser Stelle das Leben retteten! – Sie sprachen es gütigst aus, daß Sie mich nicht wie die garstige Prinzessin Pirlipat verschmähen wollten, wenn ich Ihretwillen häßlich geworden! – sogleich hörte ich auf ein schnöder Nußknacker zu sein und erhielt meine vorige nicht unangenehme Gestalt wieder. O vortreffliche Demoiselle, beglücken Sie mich mit Ihrer werten Hand, teilen Sie mit mir Reich und Krone, herrschen Sie mit mir auf Marzipanschloß, denn dort bin ich jetzt König!» – Marie hob den Jüngling auf und sprach leise: «Lieber Herr Droßelmeier! Sie sind ein sanftmütiger guter Mensch, und da Sie dazu noch ein anmutiges

Land mit sehr hübschen lustigen Leuten regieren, so nehme ich Sie zum Bräutigam an!» – Hierauf wurde Marie sogleich Droßelmeiers Braut. Nach Jahresfrist hat er sie, wie man sagt, auf einem goldnen, von silbernen Pferden gezogenen Wagen abgeholt. Auf der Hochzeit tanzten zweiundzwanzigtausend der glänzendsten, mit Perlen und Diamanten geschmückten Figuren, und Marie soll noch zur Stunde Königin eines Landes sein, in dem man überall funkelnde Weihnachtswälder, durchsichtige Marzipanschlösser, kurz, die allerherrlichsten, wunderbarsten Dinge erblicken kann, wenn man nur darnach Augen hat.

Das war das Märchen vom Nußknacker und Mausekönig.

Das Weihnachtsfest des Gerichtsrats

Der Dampfer fuhr um fünf, aber schon um halb
vier war er von Dritte-Klasse-Reisenden überfüllt:
Bauern mit dem Quersack in der Hand, Soldaten
auf Urlaub, Verurteilte, die ihre Haft verbüßt hatten oder in die Strafkolonie der Insel verlegt wurden, Carabinieri, die sie begleiteten. Später kamen
die Zweite-Klasse-Reisenden: Kleinbürger, Beam-
te, ein paar Studenten; schließlich ging ein kleiner
Herr in einem pelzbesetzten Übergangsmantel an
Bord, gefolgt von Trägern, die mit gelbledernen
Koffern, Kartons und Hutschachteln beladen waren. Der Herr war beleibt, hatte ein bleiches,
glattrasiertes Gesicht, die eine Hand steckte in
einem grauen Handschuh, die andere war mit
schweren, goldenen Ringen besetzt.

Ein alter Viehhändler, der als Dritte-Klasse-Pas-
sagier mit Quersack reiste, erkannte ihn und machte seine Gefährten auf ihn aufmerksam. Darauf
grüßten diese den Herrn mit Ehrerbietung, in
die sich eine Art achtungsvolle Furcht mischte.
Der alte Händler ging auf ihn zu, um ihn anzu-
sprechen, er wurde aber von den Trägern zurück-
gedrängt und wollte einen geeigneteren Augenblick abwarten.

Und wirklich kehrte der Reisende auf das Deck

zurück, nachdem seine Koffer in eine Erste-Klasse-Kabine gebracht waren. Er lehnte sich an die Reling und betrachtete die Landschaft. Obwohl es auf das Jahresende zuging, war das Wetter schön und trocken, das Meer ruhig, grauschimmernd gegen den Hafen hin, dunkelblau am Horizont, unter dem rotlila Himmel der Abenddämmerung.

In der klaren, kalten Luft vibrierten die Geräusche des Hafens und der Stadt, die noch im violetten Licht des Sonnenuntergangs lag. Jemand spielte Handharmonika wie an schönen Herbstabenden, groß und rot ging der Mond über dem schwarzen Turm der Mole auf und begann sich glitzernd im Wasser zu spiegeln.

Der Reisende sah zum Ufer und auf das Meer, und in seinem bleichen, leicht eingefallenen Gesicht und seinen blaßblauen, kalten, etwas vorstehenden Augen lag weder Freude noch Trauer; nur die gräulichen Lippen drückten manchmal eine Art Abscheu aus.

Der alte Viehhändler in seiner Ecke hatte die lebhaften schwarzen Äuglein keinen Augenblick von der wichtigen Persönlichkeit abgewandt und hielt nun den Augenblick für gekommen. Wenn der Dampfer erst ablegte und der Reisende in seine Kabine oder auf das Erste-Klasse-Deck zurückkehrte, würde er keine Gelegenheit mehr haben, ihm seine Aufwartung zu machen. Er faßte also Mut, ging der feuchten Reling entlang nach vorn, wobei er die Hand an den Leinenhosen abwischte, um sie dem Reisenden sauber reichen zu können.

«Entschuldigen Sie, Don Salvator Angelo Carta, gestatten Sie, daß ich Sie grüße. Ich bin ...»

«Ziu [1] Predu Camboni! Wie geht es Ihnen denn? Sind Sie auf Reisen?»

«Ich bin immer auf Reisen, Don Salvatorà! Was bleibt mir schon anderes übrig? Unsereins verdient nicht zweitausend Scudi wie Euer Gnaden. Natürlich sind wir auch nicht so begabt wie Sie.»

«Woher kommen Sie denn?»

Der Alte war in Rom gewesen und fuhr nun in sein Dorf zurück, das ganz in der Nähe desjenigen von Don Salvator Angelo lag.

«Seit drei Jahren habe ich Sie nicht mehr gesehen, Don Salvatorà. Euer Gnaden kommen nicht jedes Jahr nach Sardinien? Recht haben Sie. Sie haben sicher ganz anderes im Kopf. Und jetzt fahren Sie über die Festtage zur Familie? Ihre Neffen werden sich bestimmt sehr freuen: sie reden nur von Ihnen.»

«Meine Neffen sind Liederjane, die bloß auf meinen Tod warten!» sagte Don Salvator Angelo barsch, und der Alte begann zu lachen, anstatt zu widersprechen.

«Wissen Sie noch, Don Salvatorà, wie ich ins Dorf kam, um bei Ihrer Großmutter Färsen zu kaufen? Sie waren damals ein junger Student, voller Übermut, und trugen Hütchen mit Bändern wie die Frauen. Ihre Großmutter, Donna Mariantonia, Gott hab' sie selig, sagte immer: ‹Dieser Spatz da wird alle unreifen Feigen anpicken.› Und sie klagte mir, Gott hab' sie selig, daß Euer Gnaden weder Nachbarinnen noch Mägde in Ruhe ließen. Sie sprangen über alle Mauern wie ein Teufel. Erinnern Sie sich noch an die schöne, dunkle Magd, die hochgewachsen war wie eine Palme? Sie hieß Grassiarosa, und Euer Gnaden liefen ihr nach wie ein Verzauberter. Aber Donna Mariantonia hat sich getäuscht, Gott hab' sie selig, und dabei war sie so klug wie eine Äbtissin. Ihre Neffen, ja, die haben unreife Feigen gegessen, aber Sie . . . Sie haben dem Dorf alle Ehre gemacht!»

«Ach was!»

Ehrfurchtsvolle Verwunderung legte sich über das kantige, sonnenverbrannte Gesicht des alten Nomaden.

«Rat am Berufungsgericht, ist das etwa nichts?»

«Es gibt höhere Ämter.»

«Wenn es sie gibt, wird man sie Ihnen geben. Wenn der Vizekönig[2] noch regieren würde, wären Sie schon . . .

Don Salvator Angelo lächelte, wider Willen geschmeichelt, und fragte nach Neuigkeiten aus dem Dorf und von seinen Bekannten.

Es waren böse Zeiten, die Ernten waren schlecht; alle hatten Sorgen, die Leute wanderten nach Amerika und in andere Länder aus wie die Juden zur Zeit des Mose. Viele starben in der Fremde oder verschwanden, man hörte nichts mehr von ihnen, es war, als hätte das Meer sie verschlungen; unter den Verstorbenen war auch ein ehemaliger Knecht der Großmutter von Salvator Angelo, den alle «Bambineddu» nannten, weil er arglos war wie ein Kind. Bambineddu hatte die schöne Grassiarosa geheiratet, die «Palme», die dem vornehmen jungen Herrn früher so gut gefallen hatte.

«Und was ist aus ihr geworden?»

«Aus ihr? Sie ist Witwe und hat sechs oder sieben Kinder, so klein wie die Finger an den Händen. Neulich habe ich sie in einem Bahnwärterhäuschen gesehen mit der Signalfahne in der Hand. Ja, in einem Häuschen kurz vor Bonifai, wo, glaube ich, einer ihrer Brüder Bahnwärter ist, auch er Witwer mit einer Menge Kinder. Der Hunger stand ihr ins Gesicht geschrieben.»

Kettengerassel und Sirenengeheul ließen die Luft erzittern; der Dampfer legte ab, zusammenfahrend wie ein Meerungeheuer, das plötzlich erwacht und so schnell wie möglich ins offene Meer zurückkommen will.

Bald verlor sich das Festland im Abenddunst, doch der Mond folgte dem Schiff und leuchtete ihm den Weg durch die unendliche Meeresfläche. Eine tödliche Blässe ließ Don Salvator Angelos Gesicht jetzt noch trauriger erscheinen. Beunruhigte ihn die Entfernung vom Festland, oder erinnerte er sich an die junge «Palme» und bereute, sie geliebt und dann vergessen zu haben?

Ziu Predu Camboni betrachtete ihn fast etwas verschmitzt; aber da machte Salvator Angelo schwankend ein paar Schritte, um sich zurückzuziehen, und sagte durch die zusammengebissenen Zähne: «Mir wird immer unwohl, auch wenn das

Meer ruhig ist...» Der alte Viehhändler begleitete ihn bis zum vergoldeten Zugang zur ersten Klasse und begriff, daß die geheimnisvolle Beklemmung, die den Gerichtsrat plagte, nichts anderes als Seekrankheit war, das schlimmste aller Übel, das der Mensch sich manchmal selber zuzieht.

«Warum wegfahren, wenn man leiden muß?» fragte sich Ziu Predu Camboni und kehrte in seine Dritte-Klasse-Gefilde zurück, wo die Soldaten sangen und die Verurteilten vor sich hin dösten, gefesselt wie Sklaven.

«Warum wegfahren, wenn man leiden muß?» fragt sich Don Salvator Angelo, der reglos in seiner weißen Koje liegt. Eine tiefe Beklemmung überkommt ihn, er glaubt, auf dem Rücken eines ungezähmten, wilden Tieres durch eine unendlich weite, gefährliche Wüste zu reiten. Wenn er sich bewegt, ist er verloren; und er verhält sich möglichst still und denkt an den Tag, da er sich nicht mehr bewegen wird!

Er hat furchtbare Angst, als stehe der Tod vor der Tür: Die traurigsten und heitersten Erinnerungen, die verhaßtesten und liebsten Bilder drehen sich in seinem Kopf, die Kabine scheint ihm ein Grab, in dem er alle Eitelkeit und allen Ehrgeiz abgelegt hat.

«Warum wegfahren, wenn man leiden muß?» fragt sich Don Salvator Angelo, während der Wind durch die klare Nacht pfeift und wie ein Nachtvogel ans Fenster klopft, heult, stöhnt, Ein-

laß begehrt, ausruhen will. «Immer dasselbe: wegfahren, um zu leiden. Leiden für die andern, für
die kindisch gewordene Großmutter, für nutzlose
Verwandte, für zügellose Neffen, für unerzogene
Fratze. Immer dasselbe, vorangehen, vorwärts-
kommen für die andern. Vizekönig...? Ja, als
Junge, bevor ich das Bänderhütchen trug, bevor
ich über Mauern sprang – ah, Grassiarosa, ‹Palme›,
wie biegsam und süß du warst! –, träumte ich davon, Vizekönig zu werden oder sogar König, ich
wäre gerne überallhin gegangen, hätte verkleidet
die Armen besucht und ihnen Geld und Perlen geschenkt... Ich war ein richtiger Romantiker.
Schon damals dachte ich immer an die andern...
Wann habe ich je an mich selbst gedacht? Im Guten
wie im Schlechten, immer nur an die andern;
und doch gelte ich als eingefleischter Egoist,
und meine lieben Neffen behaupten, daß ich nicht
heirate, weil mir meine Frau bestimmt davonlaufen würde...»

Die Neffen? Es sind sechs wie die Kinder von
Grassiarosa. Grassiarosa wohnt in einem Bahnwärterhäuschen kurz vor Bonifai; er wird fast angekommen sein, wenn er ihre Fahne sehen wird...

Der Gedanke an die Ankunft erfüllt ihn mit
kindlicher Freude. Ankommen, sich von diesem
Bett der Qualen erheben, wieder leben! Es scheint
ihm, den wilden, prächtigen Golf zu sehen, die
Berge, die Inseln, die Felsen, von nächtlichen
Schleiern bedeckt, aber wie von einem fernen
Licht erhellt; es scheint ihm, die Insel zu riechen,

den Geruch der Heide, und seine Freude ist so groß, daß er sich wieder jung glaubt, in Sinneslust entflammt beim Gedanken an Grassiarosa, die hochgewachsene, bewegliche Palme... Der Zug fährt zwischen Felsen hindurch, über die Heide; da ist der Himmel, der tief über der Insel hängt, die Horizonte der fernen Jugendzeit... und da ist die öde Ebene von Bonifai, der kleine graue Hügel im Hintergrund, das schwarze Dorf auf dem grauen Hügelchen, die Wanderherde, die Steine, die sumpfigen Flüßchen; und da ist eine Steinmauer, dunkelgrau und grünlich wie eine Schlange, die in der bleichen Winterdämmerung schläft. Über den fernen Bergen liegt violetter Nebel, eine Öllampe leuchtet im Wärterhäuschen vor dem Bahnhof; eine zerlumpte und abgezehrte Frau steht reglos vor dem Zaun, die Fahne in der Hand, und ein Schwarm heißhungriger, schmutziger Kinder schwärmt um sie herum. Und da nimmt die Beklemmung der Seekrankheit wieder ganz von Don Salvator Angelo Cartas Körper und Seele Besitz.

Als der Zug verschwunden war, ging die Frau mit der Fahne ins Wärterhäuschen zurück und fachte ein Feuer an. Der große Kamin war der einzige Luxus im feuchten, trostlosen Zimmer, das dem Bahnwärter und seiner doppelten Familie als Unterkunft diente. Die kleineren und größeren Kinder, die bis jetzt mutig der Kälte auf dem Vorplatz und im Macchiawäldchen getrotzt hatten, kamen angelaufen wie vom Licht angezogene Falter und versammelten sich um die über das Feuer gebeugte Witwe. Wie viele mochten es sein? Genauso viele wie Küken um die Glucke: die zwei kleinsten klammerten sich an die Hüften der Frau; zwei etwas größere, die einander lachend nachliefen, warfen sich an ihren Rücken, ein anderes versteckte sich zwischen ihren Beinen und der steinernen Kamineinfassung, um der Verfolgung durch ein Mädchen mit roter Kappe zu entgehen, dessen große schwarze Augen voller wilder Entrüstung aus einem bläßlichen Gesichtchen blitzten; die ganze Kinderschar wirkte wegen der Farbe von Gesichtern und Kleidern wie eine Bronzegruppe.

Die Schatten der zerzausten Köpfe tanzten an Wänden und Decke im roten Feuerschein, und die Frau versuchte, sich sanft und heftig zugleich aus diesem Knäuel zu befreien, sie stieß die einen zurück, zog die anderen an sich und sprach dabei bald mit lieber, bald mit drohender Stimme.

«Jetzt reicht's, Bellía, laß mich los, sonst leg' ich dich übers Knie; Grassiedda, mein Schatz, zerr nicht an meiner Bluse; sie ist schon zerrissen genug; und du, Antonié, du Erzbengel, hör auf; wenn dein Vater kommt, werd' ich ihm was erzählen; ich habe deine Streiche satt. Du bist alt genug, um mir zu helfen, und dabei machst du mir nur das Leben schwer. Ein schöner Segen seid ihr mir, wie der Reif für die Blumen.»

Antonietta, das Mädchen mit der roten Kappe, fluchte leise vor sich hin, dann stellte es sich hinter die Tür, als liege es auf der Lauer; die Tante predigte

Geburt Jesu (Luk. 2,7)

weiter, während sie den Kochtopf über dem Feuer festhakte, worauf die Kinder endlich Ruhe gaben. Einige stellten sich im Halbkreis um den Kamin, die anderen halfen der Frau, lange schwarze Makkaroni, die sie am Morgen vorbereitet hatte, aus einem Korb zu nehmen. Es war Heiligabend; und selbst die Ärmsten der Armen, selbst die Einsamsten in ihrer Trostlosigkeit wollten für einmal ihr Elend vergessen. Koche also, Töpfchen, brate also, Pfännchen, koche den Sugo aus Öl und Mehl...! «Selbst für den Armen geht einmal ein Tag auf», sagt ein sardisches Sprichwort. Grassiarosa war auch gar nicht traurig, trotz ihrer Klagen; sie war es nie gewesen; warum also hätte sie jetzt damit anfangen sollen? Wie die vielen Kinder um sie herum, die bei der geringsten Ursache weinten und lachten, ihr aber nicht übermäßig viel Arbeit machten, kümmerte sie sich nicht um das Schicksal, dachte nicht an die Zukunft, und wenn sie an Vergangenes dachte, fand sie darin Ermutigung.

«Nächte wie diese! Da gab es bei meiner Herrschaft Feste! Ganze Ferkel wurden gebraten; und meine Dienstherren sangen die ganze Nacht hindurch. Wie lustig wir es hatten, Heilige Muttergottes! Aber auch für sie sind die Schlemmerzeiten vorbei, und sie lassen die Ferkel denen, die sie haben. Nur einer meiner Dienstherren ist noch reich; ich denke, sogar reicher als Ziu Predu Camboni, der auf das Gut kam, um Kühe zu kaufen. Er schien der Übermütigste von allen, der junge Herr, und doch ist er der Ernsteste geworden, aber wer weiß, ob er glücklich ist! Das war wohl er, heute im Zug; sein Gesicht war bleich und aufgequollen wie frischer Käse...»

Die Kinder brachen in Gelächter aus; aber sie sagte das im Ernst, mehr zu sich als zu den andern.

«Was gibt es da zu lachen? Können Reiche etwa nicht blaß sein?»

«Der Bahnhofvorstand ist rot wie ein Apfel», verkündete Bellía, in einem Ton, der keine Widerrede zuließ.

Nach kurzer Zeit waren die Makkaroni gekocht und gewürzt; die Kinder umringten die Frau und betrachteten den Kochtopf, als sei er ein unendlich kostbarer Schatz, einzig der Gedanke, auf den Vater und Onkel warten zu müssen, trübte ihre gierige Freude.

«Gebt uns wenigstens die Bratpfanne, wo der Sugo drin gewesen ist», flehte Antoneddu, ein rothaariges Bürschchen mit großen, grünschimmernden Augen. «Ihr werdet sehen, ich schlecke sie so gut aus, daß man sie gar nicht mehr abwaschen muss...»

«In der Bratpfanne halte ich die Portion von Battista warm, falls er spät kommt. Und wenn er ins Dorf gegangen ist und dort in der Schenke sitzt, wird es bestimmt später, und wir beginnen zu essen.»

Da liefen die Kinder hinaus, bis zur Steinmauer, und hielten Ausschau, ob der Bahnwärter auf dem Heimweg war. Hinter den Bergen von Nuoro ging flammengelb der Mond auf und stieg zwischen den langen schwarzen Wolken hoch, die den fahlen Abendhimmel verdunkelten; wie Wasserstrahlen glitzerten die Geleise neben dem Weg, und im Zwielicht des Abends erinnerten Felsen und Macchia an schlafende Tiere.

Die Kinder waren abergläubisch, aber auch mutig; sie lebten immer in der Erwartung, Pferde vorbeisprengen zu sehen, sagenumwobene Hunde, den Teufel in Hirtengestalt, mit einer Herde verdammter, in Wildschweine verzauberter Seelen, oder eine weiße Frau zu erblicken, die auf einer Anhöhe den Mond spann. Antoneddu war jeden Augenblick darauf gefaßt, der Muttergottes als alter Bettlerin zu begegnen; die stotternde, blonde Grassiedda betrachtete den Himmel, um zu sehen, ob er sich öffne und durch die hellerleuchteten Tore die Welt der Wahrheit aufflamme; Antonietta dachte mit Schrecken, aber gleichzeitig auch mit einer gewissen Lust an Lusbé, den Anführer der Teufel; und Bellía, der Maulheld der Bande, behauptete, einmal einen Riesen gesehen zu haben, einen Kometen, oder den Antichrist in Person, auf einem schwarzen Esel.

Er wagte sich an jenem Abend bis zur Abschrankung der Eisenbahn vor und kam mit der Nachricht zurück, ein schwarzer Herr mit einem Pelz um den Hals und einer gelben Schachtel in der Hand komme dem Geleise entlang...

«Vielleicht ist es der Teufel, der sich als Herr verkleidet hat...?»

Die Geschwister, Vettern und Basen lachten ihn

aus, doch als die geheimnisvolle Erscheinung hinter der Abschrankung auftauchte und den Vorplatz betrat, fuhr ihnen der Schreck in die Glieder, sie verstummten, und einige flüchteten sich ins Haus.

«Tante, Tante, Mamma, Mamma, ein ganz rabenschwarzer Mann!»

Die Frau lief zur Tür und erkannte im Licht der Lampe den Herrn, den sie im Zug gesehen hatte, Don Salvator Angelo, bleich und dick. Was wollte er? Und kindlich-naiv dachte sie: «Er hat erfahren, daß ich Witwe bin und sucht mich auf ... wie früher!» Aber da erinnerte sie sich, daß sie eine fast alte Frau war, abgearbeitet und zerlumpt, und begann zu lachen.

«Sehen Sie nur, was aus mir geworden ist!» murmelte sie, die Arme auf der Brust kreuzend, wie um ihr zerschlissenes Mieder zu verbergen; doch er legte einen Finger auf den Mund, und auch sie ließ sich, als Antonietta näher kam, nicht weiter anmerken, daß sie den geheimnisvollen Mann erkannt hatte.

Er ging geradewegs zum Kamin, setzte sich und stellte die gelbe Schachtel ab.

«Was gibt es Neues? Erzähl!»

Sie begann zu berichten, brach in Tränen aus, lachte wieder, ihr unbeschwertes, fröhliches Lachen, das immer noch auf ihrem Gesicht blühte wie Rosen in den Ruinen; doch mehr als ihren Worten galt die Aufmerksamkeit des Mannes den neugierigen, ungeduldigen Kindern, die sich wieder um die Frau geschart hatten. Während er die schönen, wilden Köpfchen betrachtete, die schwarzen, staubbedeckten Locken, die rötlichen Haare und gelben Zöpfchen, die im Flammenschein golden aufleuchteten, die schwarzen und grünschimmernden Augen, die ihn gebannt anschauten und ihn ebenfalls in einer Mischung von Freude und Trauer faszinierten, dachte er: «Wenn ich sie geheiratet hätte, wären alle diese kleinen Schlingel meine Kinder.» Er stellte sich ein schönes, vornehm bürgerliches Eßzimmer vor, einen Weihnachtsbaum auf dem Tisch, die Kinder in Spitzen und Samt gekleidet, und das schöne blonde Mädchen mit den Katzenaugen schaukelte auf einem Stuhl und sagte zum Fest ein Gedicht auf.

Nein, es war besser so; es war eindrucksvoller, romantischer und auch bequemer. Und auf einmal zog der schwarze Herr den Handschuh aus und zeigte mit dem Finger auf ein dunkles Gesichtchen voller Grübchen, in denen eine ganz spitzbübische Freude aufzublitzen schien.

«Und du, kleiner Schelm, wie heißt du?»

«Murru Giovanni Maria oder Bellía.»

«Gehst du zur Schule?»

«Ja, mein Herr.»

«In Bonifai?»

«Ja, mein Herr.»

«Auch wenn es schneit und regnet?»

«Das macht mir nichts aus!» sagte Bellía keck. Er hatte sich, von der Mutter geschubst, vor den Fremden hingestellt; die Geschwister, Vettern und Basen beobachteten ihn, warfen sich gegenseitig

Blicke zu und unterdrückten mit Mühe das La- chen; ein Lachen des Neides, wie man weiß. Aber da wandte sich der schwarze Mann der ganzen Schar zu.

«Habt ihr schon gegessen?»

Statt zu antworten, begannen einige zu gähnen.

«Hättet ihr vielleicht Lust, etwas zu essen, bis euer Battista endlich nach Hause kommt? Murru Giovanni Maria, hilf mir, die Schachtel aufzuma- chen. Sachte, sachte! Das ist alles, was der Bahnhof von Bonifai zu bieten hat, der es natürlich nicht mit dem von London aufnehmen kann. Aber wir stel- len die Schachtel besser auf den Tisch.»

«Was tun Sie denn? Was haben Sie sich bloß für Umstände gemacht? Sie werden ja schmutzig!» sagte die Frau, während sie verwirrt hin und her lief.

«Beruhigen Sie sich! So, das hätten wir...»

Wie Mücken um den Honigtopf verteilten sich die Kinder in einem Kranz um den Tisch, und auf dem erschienen, wie im Märchen bei der Berüh- rung durch den Zauberstab, jetzt ganz viele herr- liche Dinge. Sogar Birnen und Trauben, in dieser Jahreszeit! Und eine gelbfunkelnde Flasche mit goldenem Hals!

«Ich habe den Rotwein lieber», erklärte Bellía. Die Frau schimpfte. «Sei nicht so unverschämt, du frecher Kerl!» Aber der schwarze Mann sagte: «Du hast recht!»

Langsam und feierlich begann die Verteilung, und um Ungerechtigkeiten zu vermeiden, mußte sich die Schar, dem Alter entsprechend, in eine Reihe stellen. Als alle ihren Teil bekommen hatten, wurde ihnen erlaubt wegzugehen. Da gab es ein wildes Durcheinander, viele stürmten hinaus, um die Geschenke besser kommentieren und austauschen zu können.

Nur Antonietta verharrte in ihrer stummen, beobachtenden Ruhe: an die Ecke hinter der Türe gelehnt, die Füße gekreuzt, das rote Kopftuch im Halbschatten, betrachtete sie den Unbekannten und dachte an Lusbé. Jesus Christus und der heilige Franziskus zogen als Arme in der Welt herum; nur Lusbé zieht prächtige Kleider an und trägt Ringe und Goldketten ...

Doch die ruhige Stimme und der immer noch bäuerliche Tonfall des geheimnisvollen Herrn riefen sie in die Wirklichkeit zurück.

«Essen wir auch etwas, Grassiarò! Letzte Nacht habe ich kein Auge zugetan. Heute, im Zug, habe ich die ganze Zeit geschlafen und nichts gegessen ... Setz dich dorthin und nimm ein Stück von dieser Pastete ... Erzähl weiter, was mit dem Laden passiert ist, von dem du vorhin gesprochen hast!»

Sie wehrte ab, beschämt und gerührt; aber dann nahm sie das Stück Pastete und begann wieder zu erzählen. Ihr Mann hatte, bevor er nach Amerika ausgewandert war, einen Lebensmittelladen aufgemacht. Es ging alles gut, aber das Kapital gehörte nicht ihm, und er hatte gehofft, es sich in Amerika zu verdienen. Doch dann hatte der Wind des Todes ihn und sein kleines Vermögen weggefegt. Sie fuhr sich mit den Fingern über die Augen, die von der Pastete fettig geworden waren.

«Kopf hoch, Grassiarò! Die guten Menschen sind noch nicht ausgestorben. Vielleicht findet sich ja das kleine Kapital, um den Laden wieder einzurichten. Liegt dir das? Wenn du gut einkaufen und verkaufen kannst, ergibt sich alles andere von selber.»

Sie schaute ihn aus weit aufgerissenen Augen an; dann brach sie in Tränen aus, verstummte aber gleich wieder und bekreuzigte sich. Genau in dem Augenblick tönte vom Dorf her zitterndes Glokkengeläut den Hügel hinunter, weit weg, sanft wie das Bimmeln einer weidenden Herde. Man begann zur Messe zu läuten.

«Wenn es Lusbé ist, wird er davonrennen!» dachte Antonietta, als sie sah, wie die Tante sich bekreuzigte. Sie tat es ihr gleich und wurde ihrerseits von den andern Kindern nachgeahmt.

Doch der schwarze Mann nahm, anstatt wegzurennen, die Flasche und begann mit dem Nagel das Goldpapier aufzukratzen.

«Grassiarò, Kopf hoch! Du kennst doch das sardische Sprichwort: ‹Selbst für den Armen geht einmal ein Tag auf.› Also, was brauchen wir für den Laden? Hilf mir, die Flasche zu entkorken, und bring Gläser.»

Sie hatte nur ein Glas, dafür aber ein großes. Die Kinder durften den schönen, goldenen Wein aus Solarussa als erste kosten.

«Langsam, immer schön langsam! Es ist ‹Vernaccia›[3], wißt ihr, und der steigt zu Kopf. He du, Bellía! Du hast doch gesagt, daß dir nur Rotwein schmeckt! Aber der weiße scheint dir ebenso zu gefallen! – Und jetzt zu uns.»

Die Frau wusch das Glas, trocknete es aus und stellte es erneut vor den schwarzen Herrn hin; die Hand zitterte, aber der verblühte Mund lächelte wieder.

«Immer noch sie!» murmelte er leise vor sich hin, und laut fügte er hinzu: «Und warum das alles?»

Warum? Er wußte es selbst nicht. Seine Neffen fielen ihm ein, die sagten, er nehme sich immer das, was er wolle, und er antwortete: «Einfach so, weil es mir Freude macht! Trink!»

Sie wies den schönen, goldfarbenen Wein einmal, zweimal zurück; doch schließlich mußte sie nachgeben. Und beide tranken, wie damals, aus dem gleichen Glas.

O. HENRY

1862–1910

Weihnacht auf Geheiß

Cherokee war der Stadtvater von Yellowhammer. Yellowhammer war eine neue Goldgräberstadt, zur Hauptsache aus Segeltuch und unbehauenem Kiefernholz errichtet. Cherokee war Goldgräber. Eines Tages, während sein Esel Quarzsand und Föhrensamen fraß, kam Cherokee mit einem dreißig Unzen schweren Nugget an. Er steckte seine Parzelle ab und lud als nobler, freigebiger Mann seine Freunde aus drei Staaten schriftlich ein, herzukommen und sein Glück mit ihm zu teilen.

Kein einziger der Geladenen ließ sich entschuldigen. Sie strömten herbei aus der Gegend von Gila, vom Salt River, vom Rio Pecos, aus Albuquerque, Phoenix und Santa Fé und den Zeltlagern dazwischen.

Als sich tausend Leute eingefunden und ihre Claims gesteckt hatten, tauften sie die Stadt Yellowhammer, bestimmten einen Sicherheitsausschuß und schenkten Cherokee eine Uhrkette aus Goldstücken.

Drei Stunden nach der Übergabefeier war Cherokees Claim erschöpft. Er war auf ein Goldnest statt auf eine Ader gestoßen. Er gab die Parzelle auf und steckte neue, eine nach der andern. Das Glück hatte sich von ihm verabschiedet. Er fand in Yellowhammer nie mehr genug Staub, um auch nur an der Bar seine Rechnung zu bezahlen. Dagegen ging es den meisten seiner tausend Gäste gut, und Cherokee lächelte und beglückwünschte sie.

Yellowhammer bestand aus Männern, die vor einem lächelnden Verlierer den Hut zogen, und so fragten sie Cherokee, was er sich denn wünsche.

«Was ich mir wünsche? – Na, vielleicht Ausrüstung und Verpflegung gegen Gewinnbeteiligung», meinte Cherokee. «Ich werd' wohl in den Mariposas schürfen gehen. Wenn ich dort fündig werde, lass' ich's euch alle ganz bestimmt wissen. Ich hab' es nie fertiggebracht, meine Karten vor meinen Freunden zu verstecken.»

Im Mai packte Cherokee seinen Esel und lenkte dessen mausfarbene Denkerstirn nach Norden. Viele Einwohner begleiteten ihn zu den nie verbindlich festgelegten Grenzen Yellowhammers und gaben ihm Glück- und Abschiedswünsche mit auf den Weg. Fünf Feldflaschen ohne eine Luftblase zwischen Inhalt und Korken wurden ihm aufgedrängt; und er wurde gebeten, darauf zu zählen, in Yellowhammer immer ein Bett, Eier mit Speck und heißes Rasierwasser vorzufinden, falls das Glück nicht die Hände an seinem Lagerfeuer in den Mariposas wärmen wolle.

«Vater von Yellowhammer» nannten ihn die Goldsucher nach ihrem üblichen System der Namengebung. Niemand brauchte seinen Taufschein vorzuweisen, um zu einem Beinamen zu kommen. Der Name eines Mannes gehörte ihm allein. Aus praktischen Gründen behalf man sich, wenn einer zur Bar gerufen und von andern Blauhemden unterschieden werden sollte, mit einem Namen, Titel oder Beiwort auf Zeit. Quelle der meisten dieser inoffiziellen Taufnamen waren persönliche Eigenarten. Viele ließen sich auch bequem geographisch benennen, nach den Gegenden, aus denen sie zu stammen behaupteten. Einige gaben sich so frech und lautstark als «Thompson», «Adams» und dergleichen aus, daß es verdächtig war. Und ein paar verrieten schamlos und stolz ihre unbestreitbar echten Namen. Dies galt als unpassende Arroganz und machte unbeliebt. Einem Mann, der von sich sagte, er heiße Chesterton L. C. Belmont, und dies mit Schriftstücken belegte, gab man bis Sonnenuntergang Zeit, die Stadt zu verlassen. Gern gebraucht wurden Namen wie «Zwerg», «O-Bein», «Texas», «Fauler Bill», «Durstiger Rogers», «Hinkender Riley», «Richter» und «Kalifornien-Ed». «Cherokee» leitete seinen Titel von der Tatsache ab, daß er geltend machte, eine Zeitlang beim Indianervolk der Cherokee gelebt zu haben.

Am 20. Dezember brachte «Glatzkopf», der Postreiter, Neuigkeiten für Yellowhammer.

«Was glaubt ihr, wen ich in Albuquerque gesehen hab'?» fragte Glatzkopf die Barbesucher. «Unsern Cherokee, herausgeputzt und ausstaffiert wie der Türkenzar, und Geld gab er aus, haufenweise. Wir beide haben alles gesehen, was es zu sehen gab, und wir tranken von diesem Seidlitz-Sprudel, und Cherokee bezahlte alles bar auf die

Hand. Seine Taschen sahen aus wie bei 'nem Billardtisch nach 'ner Fünfzehn-Kugeln-Partie.»

«Cherokee muß wieder auf 'ne lohnende Ader gestoßen sein», meinte Kalifornien-Ed. «Na, er ist ein anständiger Kerl. Ich mag ihm seinen Erfolg gönnen.»

«Trotzdem könnt' er sich mal zu seinen Freunden nach Yellowhammer bemühen», sagte einer leicht beleidigt. «Aber so geht es eben. Der Glückliche hat kein Gedächtnis.»

«Wartet nur», sagte Glatzkopf, «darauf komm' ich noch. Cherokee trifft also auf eine drei Fuß lange Ader in den Mariposas, mit dem Goldwert von einer Europareise pro Tonne, und er stößt sie für hunderttausend schnelle Dollar bar an eine Gesellschaft ab. Dann kauft er sich einen Jungrobbenpelz und 'nen roten Schlitten, und was setzt er sich dann in den Kopf, glaubt ihr wohl?»

«Das Glücksspiel», sagte Texas, nach den Vorstellungen eines Hasardeurs vom süßen Leben.

«Komm und küß mich, Schatz», sang der Zwerg, der Ferrotypien in der Tasche trug und mit roter Krawatte auf seinem Claim arbeitete.

«Hat er einen Saloon gekauft?» rätselte der Durstige Rogers.

«Cherokee hat mich zu einem Zimmer geführt», sprach Glatzkopf weiter, «und es mir gezeigt. Dieses Zimmer hat er voll Trommeln und Puppen und Schlittschuhen und Bonbontüten und Hampelmännern und Spielzeuglämmern und Pfeifen und solchem Kinderkram. Und was, glaubt ihr, hat er mit diesem unnützen Zeug vor? Ihr braucht nicht zu raten – Cherokee hat's mir gesagt. Er will alles auf seinen roten Schlitten laden und – wartet, noch keine Runde bestellen – und damit zu uns nach Yellowhammer fahren und den Kindern – den Kindern von dieser Stadt hier – mit dem größten Christbaum und der größten Heulpuppe und dem größten Riesenwerkzeugkasten die größte Weihnachtsüberraschung bescheren, die es westlich von Cape Hatteras je gegeben hat.»

Zwei Minuten lang blieb es nach Glatzkopfs Worten absolut still. Dann brach der Wirt, der den Augenblick glücklich für gekommen hielt, einen auszugeben, die Stille und schickte ein Dutzend Whiskygläser die Theke hinunter, die langsamere Flasche hinterher.

«Hast du es ihm denn nicht gesagt?» fragte der Goldsucher, den sie Trinidad nannten.

«Hm, nein», gestand Glatzkopf reuig. «Ich bin nie so recht dazugekommen. Cherokee hatte doch diesen Weihnachtsplunder schon gekauft und bezahlt und war mächtig stolz auf seine Idee, und dieser Brausewein hatte uns ziemlich geschafft, und drum hab' ich nichts angedeutet.»

«Ich kann ein gewisses Erstaunen nicht verbergen», sagte der Richter und hängte seinen Stock mit Elfenbeingriff an die Theke, «daß unser Freund Cherokee eine so irrige Vorstellung von – hm – seiner sozusagen eigenen Stadt besitzen sollte.»

«Na, grad Bauklötze staunt man da nun auch wieder nicht», meinte Glatzkopf. «Cherokee ist schon mehr als sieben Monate von Yellowhammer weg. In der Zeit kann viel passieren. Wie soll er da wissen, daß es in der ganzen Stadt kein einziges Kind gibt und auch keins unterwegs ist?»

«Eigentlich», sinnierte Kalifornien-Ed, «ist es schon seltsam, daß uns noch keine reingeschneit sind. Die Stadt ist noch zu unruhig für die Beißringbrigade, denk' ich mir.»

«Das Beste an Cherokees Weihnachtsbaumorgie ist», fuhr Glatzkopf fort, «daß er als Nikolaus auftreten will. Er hat eine weiße Perücke und einen Bart, daß er genau so aussieht wie dieser William Cullen Longfellow[1] auf den Bildern in den Büchern, mit einem roten Anzug mit Hose wie pelzbesetzte Unterwäsche für drüber und Acht-Unzen-Trainingshandschuh und einer roten Häkelmütze, unten steif, oben schlapp. Ist es nicht 'ne Schande, daß es einfach nicht das ist, was Annie und Willie zum Kirchgang anziehn?»

«Wann will Cherokee mit seinem Plunder denn herkommen?» fragte Trinidad.

«Am Morgen vor Weihnachten», sagte Glatzkopf. «Und ihr sollt ein Zimmer hergerichtet und einen Baum aufgestellt und rausgeputzt haben. Und dazu ein paar Damen, die lang genug den Mund halten können, daß es den Knirpsen nicht die Überraschung verdirbt.»

Der ungesegnete Zustand Yellowhammers war Tatsache. Nie hatten Kinderstimmen die hinfälligen Unterkünfte belebt und nie rastlos trippelnde Füßchen die holperige Hauptstraße zwischen den zwei Reihen von Zelten und notdürftigen Bauten geweiht. Später würden sie kommen. Aber noch war Yellowhammer nur ein Lager in den Bergen; und nirgends gab es schelmische, erwartungsfrohe Augen, die sich in der Frühe des zauberhaften Tages weit öffneten, nirgendwo eifrige Händchen, die nach den blendenden Schätzen des Weihnachtsmanns griffen, und jene kindlich begeisterte, jubelnde Festtagsfreude, die der gütige Cherokee doch erwarten durfte, wenn er mit seinen Herrlichkeiten kam.

Frauen gab es fünf in Yellowhammer: die Frau des Prüfers, die Besitzerin des Hotels «Lucky Strike» und eine Waschfrau, deren Bottich eine Unze Goldstaub am Tag eintrug. Soweit die ansässige Weiblichkeit; dazu kamen die Spangler-Schwestern, Miss Fanchon und Miss Erma, von der «Transkontinentalen Schauspieltruppe», die gerade im (improvisierten) «Empire-Theater» gastierte. Aber Kinder fehlten. Manchmal spielte Miss Fanchon mit Verve und Geschick die stürmische Jugend, doch zwischen ihrer Darstellung und dem Wunschbild der angemessenen Empfänger von Cherokees Festtagsgaben schien ein Abgrund zu liegen.

Weihnachten fiel auf einen Donnerstag. Am Dienstagmorgen ging Trinidad statt zur Arbeit zum Richter im Hotel «Lucky Strike».

«Es ist eine Schande für Yellowhammer», sagte Trinidad, «wenn es Cherokee seinen Christbaumspaß verdirbt. Der Mann hat diese Stadt sozusagen gemacht. Ich will jedenfalls schauen, was sich tun läßt, damit Nikolaus auf seine Rechnung kommt.»

«Meine Unterstützung», sagte der Richter, «ist dir gewiß. Ich bin Cherokee für geleistete Dienste zu Dank verpflichtet. Aber ich sehe nicht ... wobei ich bisher die Abwesenheit von Kindern eher als Wohltat empfand ... doch in diesem Fall ... trotzdem, ich sehe nicht ...»

«Schau mich an», sagte Trinidad, «und du erblickst einen Tausendsassa. Ich organisier' ein Gespann und schnapp' mir eine Ladung Kinder für Cherokees Auftritt als Nikolaus, und wenn ich ein Waisenhaus plündern muß.»

«Heureka!» rief der Richter begeistert.

«Stimmt nicht», wehrte sich Trinidad entschieden. «*Ich* hab' es herausgefunden. Ich hab' von diesem lateinischen Wort in der Schule gehört.»

«Ich begleite dich», erklärte der Richter und schwang seinen Stock. «Vielleicht können Beredsamkeit und Sprachbegabung, über die ich verfüge, das Ihre dazu beitragen, unsere jungen Freunde für unser Vorhaben zu gewinnen.»

Es verging keine Stunde, bis Yellowhammer vom Plan Trinidads und des Richters wußte und ihm zustimmte. Wer von Familien mit Kindern in einem Umkreis von vierzig Meilen um Yellowhammer Kenntnis hatte, meldete sich. Trinidad schrieb alles sorgfältig auf und eilte davon, um ein Gespann und einen Wagen aufzutreiben.

Nach der Liste war der erste Halt bei einem doppelten Blockhaus fünfzehn Meilen von Yellow-hammer. Ein Mann öffnete auf Trinidads Rufen hin die Tür, kam heraus und stützte sich mit den Ellbogen auf das wacklige Tor. Im Eingang standen dichtgedrängt Kinder, ein paar in Lumpen und alle voll Neugier und kerngesund.

«Die Sache ist die», erklärte Trinidad, «wir sind aus Yellowhammer und haben eine Art sanfte Kindsentführung vor. Einer von unsern führenden Bürgern hat die Weihnachtsmannkrankheit er-wischt, und morgen erwarten wir ihn in der Stadt mit dem Kitsch, der rot bemalt ist und aus Deutschland kommt. Unser Jüngster in Yellow-hammer führt einen Fünfundvierziger-Colt und ein Rasiermesser. Drum haben wir schrecklich Hemmungen, ‹oh!› und ‹ah!› zu rufen, wenn die Christbaumkerzen brennen. Wenn du uns 'n paar Kinder leihst, Partner, bringen wir sie garantiert am Weihnachtstag gesund und munter zurück. Und sie werden mit 'nem Haufen schöner Erinne-rungen, ‹Schweizerischen Robinsons›, Wunder-tüten und roten Trommeln und anderem Anden-kenkram zurückkommen. Also, was meinst du?»

«Mit anderen Worten», sagte der Richter, «wir haben zum erstenmal in unserem noch unentwik-kelten, aber aufstrebenden Städtchen die Abwe-senheit der jungen Generation nachteilig bemerkt. Und da nun etwa die Zeit im Jahr herangerückt ist, da es Sitte ist, die zarte Jugend mit entbehrlichen, doch oft geschätzten Gaben zu beschenken...»

«Ich versteh'», sagte der Vater und stopfte seine

Pfeife mit dem Zeigefinger. «Ich glaube, ich brauch' euch Herren nicht länger aufzuhalten. Ich und meine Alte bringen es auf sieben Kinder, und wenn ich sie mir so durch den Kopf gehen lass', seh' ich keines, das wir euch für euer Fest abgeben könnten. Die Alte hat süßes Popcorn und Stoffpuppen in der Wäschetruhe versteckt, und wir wollen an Weihnachten auf unsre bescheidene Art selber etwas machen. Nein, ich kann mich mit dem Gedanken gar nicht befreunden, eines gehen zu lassen. Habt Dank, Gentlemen.»

Sie fuhren den Hügel hinunter und einen andern hinauf zur Ranch von Schlaufuchs Wilson. Trinidad trug seine Bitte vor, und der Richter polterte die bombastische Gegenstrophe. Mrs. Schlaufuchs zog ihre beiden rotbäckigen Kleinen eng an ihre Röcke und gab kein Lächeln, bis sie Schlaufuchs lachend den Kopf schütteln sah. Auch hier eine Absage.

Trinidad und der Richter klapperten mehr als die halbe Liste ab, bis es in den Bergen dunkel zu werden begann. Sie übernachteten in einer Pferdewechselstation und brachen am nächsten Morgen wieder früh auf. Es saß noch kein einziger Passagier im Wagen.

«Mir dämmert es langsam», meinte Trinidad, «dieses Kinderborgen zu Weihnachten ist wie jemandem die Butter stehlen, der sich auf heiße Pfannkuchen freut.»

«Es ist unzweifelhaft unbestreitbare Tatsache», sagte der Richter, «daß die... hm... Familien-

bande sich zu dieser Jahreszeit als stärker und aus-
schließlicher als sonst erweisen.»

Am Tag vor Weihnachten legten sie dreißig
Meilen zurück, hielten an vier Orten und baten
vergebens. Überall standen Kinder sehr hoch im
Kurs.

Die Sonne stand bereits tief, als die Frau eines
Streckenwärters an einer einsamen Bahnstrecke ihren nicht verfügbaren Nachwuchs um sich scharte
und sagte: «Da ist eine Frau, die gerade die Eisen-
bahn-Gaststätte unten an der Granite Junction
übernommen hat. Soviel ich weiß, hat sie einen
kleinen Jungen. Vielleicht läßt sie ihn gehen.»

Trinidad hielt seine Maultiere um fünf Uhr
nachmittags bei Granite Junction an. Eben war der
Zug mit den gesättigten und zufriedengestellten
Passagieren weitergefahren.

Auf den Stufen zur Gaststätte trafen sie einen
mageren, finster blickenden Zehnjährigen mit einer
Zigarette im Mund. Der Appetit der Reisenden
hatte in der Gaststube ein Chaos hinterlassen. Eine
jüngere Frau ruhte sich erschöpft in einem Stuhl
aus. Ihr Gesicht war von Sorgenfalten gezeichnet.
Sie hatte einmal eine gewisse Schönheit besessen,
die nie ganz verschwinden und nie ganz wiederkehren würde. Trinidad verkündete seine Mission.

«Es wäre ein Segen, wenn Sie Bobby mitnehmen würden», sagte sie müde. «Ich bin von früh bis
spät auf den Beinen und hab' keine Zeit, mich um
ihn zu kümmern. Er nimmt von den Männern
schlechte Gewohnheiten an. Es wäre seine einzige

Gelegenheit, überhaupt etwas von Weihnachten zu merken.»

Die Männer gingen hinaus und berieten sich mit Bobby. Trinidad malte die Pracht von Christbaum und Geschenken in allen Farben.

«Und außerdem, junger Freund», ergänzte der Richter, «wird der Weihnachtsmann persönlich die Gaben verteilen, welche die Geschenke versinnbildlichen, die von den Hirten Bethlehems gebracht wurden zum ...»

«Hört doch auf», sagte der Junge und kniff die Augen zusammen. «Ich bin kein Kind mehr. Es gibt keinen Weihnachtsmann. Das sind die Alten, die Geschenke kaufen und reinschmuggeln, wenn man schläft. Und dann ziehen sie mit der Feuerzange Spuren in den Ruß im Kamin, daß es aussieht wie vom Nikolausschlitten.»

«Kann schon sein», räumte Trinidad ein, «aber Christbäume sind nicht aus dem Märchen. Unserer wird aussehn wie der Zehn-Cent-Laden in Albuquerque, alles wird an einer Riesentanne hängen. Kreisel und Trommeln und die Arche Noah und ...»

«Vergiß es!» winkte Bobby müde ab. «Das hab' ich längst aufgegeben. Ich möchte ein Gewehr – keins zum Scheibenschießen –, ein richtiges, mit dem man auf Luchse schießt. Aber solche wird's wohl keine an Ihrem dämlichen Baum haben.»

«Na, wer weiß», sagte Trinidad diplomatisch; «kann schon sein. Du mußt mitkommen und selber schauen.»

Die Hoffnung, die da, wenn auch nur schwach, winkte, rang dem Jungen eine zögernde Einwilligung ab. Und mit diesem einzigen Nutznießer von Cherokees Festtagswohltätigkeit jagten die Propagandisten über die Straße heimwärts.

In Yellowhammer war der leere Lagerraum in einen Ort verwandelt worden, der das Schloß einer Fee aus Arizona hätte sein können. Die Damen hatten ganze Arbeit geleistet. In der Mitte des Raums stand ein Christbaum, der bis zum obersten Ast mit Kerzen, Flitter und Geschenken, die für mehr als zwanzig Kinder gereicht hätten, geschmückt war. Als die Sonne allmählich unterging, hatten ungeduldige Blicke die Straße nach den heimkehrenden beiden Kinderjägern abzusuchen begonnen. Am Mittag war Cherokee mit seinem neuen Schlitten, vollbeladen mit Bündeln, Schachteln und Ballen jeglicher Art und Größe, in die Stadt gebraust. Die Vorbereitungen für seine menschenfreundlichen Absichten hatten ihn so in Bann geschlagen, daß ihm der Kindermangel nicht auffiel. Niemand ließ von den schmählichen Zuständen in Yellowhammer ein Wort verlauten, denn die Bemühungen Trinidads und des Richters versprachen ja Abhilfe.

Bei Sonnenuntergang zog sich Cherokee unter wiederholtem Blinzeln und verschmitztem Grinsen auf seinem wetterharten Gesicht mit dem Bündel, welches das Weihnachtsmannkostüm enthielt, und einem Sack besonderer Überraschungsgeschenke zurück.

«Wenn die Kinder versammelt sind», wies er das Festkomitee der Freiwilligen an, «zündet ihr die Kerzen am Baum an und laßt die Kinder ‹Kätzchen will ein Plätzchen› und ‹Kaiser, König› spielen. Wenn sie dann richtig bei der Sache sind – na, dann kommt der alte Nikolaus zur Tür herein. Ich denke, es sind genug Geschenke für alle da.»

Die Damen huschten um den Baum herum und legten nie ganz zum letztenmal letzte Hand an. Die Spangler-Schwestern trugen ihre Kostüme als Lady Violet de Vere und Zofe Marie aus ihrem neuen Schauspiel «Die Goldgräberbraut». Das Theater öffnete erst um neun, und sie waren als Helferinnen im Christbaumkomitee willkommen. Jede Minute streckte jemand den Kopf zur Tür hinaus und war ganz Auge und Ohr für das Nahen von Trinidads Gespann. Inzwischen geschah dies sorgenvoll, denn es war Nacht geworden, bald würde man die Lichter am Baum anzünden müssen, und Cherokee konnte jeden Augenblick in seinem Christkindkostüm hereinplatzen.

Schließlich kam der Wagen der Kinderdiebe die Straße herunter zur Tür gerattert. Die Damen zündeten unter spitzen Schreien der Aufregung und mit fliegenden Fingern die Kerzen an. Die Männer von Yellowhammer kamen und gingen ruhelos oder standen verlegen grüppchenweise im Raum herum.

Trinidad und der Richter traten, von der ausgedehnten Reise gezeichnet, ein und führten einen einzigen Lausebengel zwischen sich, der den aufgeputzten Baum mürrisch und skeptisch anstarrte.

«Wo sind die anderen Kinder?» fragte die Frau des Prüfers, die bei allen gesellschaftlichen Anlässen unbestritten den Ton angab.

«Madam», seufzte Trinidad, «zur Weihnachtszeit nach Kindern schürfen ist wie Silber im Kalkstein suchen. Die Sache mit diesem Elternsein ist mir einfach zu hoch. Anscheinend kümmert es Väter und Mütter dreihundertvierundsechzig Tage im Jahr nicht sonderlich, wenn ihre Sprößlinge ersäuft, gestohlen, vom Sumach vergiftet und von Pumas gefressen werden, aber am Weihnachtstag bestehen sie darauf, ihre lästige Gesellschaft genießen zu können. Zwei Tagewerke, Madam, haben bloß gerade dieses jugendliche Exemplar hier ausgewaschen.»

«Oh, der süße Kleine!» gurrte Miss Erma und rauschte in ihrer De-Vere-Robe ins Rampenlicht.

«Ach, halten Sie doch den Mund», grollte Bobby. «Wer ist hier ein Kind? Sie jedenfalls nicht.»

«Rotznase!» japste Miss Erma unter ihrem geschminkten Lächeln.

«Wir haben unser Bestes getan», sagte Trinidad. «Es ist schlimm für Cherokee, aber da kann man nichts machen.»

Dann ging die Tür auf, und Cherokee trat im traditionellen Nikolauskostüm herein. Ein gekräuselter weißer Bart und wallendes Haar bedeckten sein Gesicht fast bis zu den dunklen, glänzenden Augen. Über der Schulter trug er einen Sack.

Es wurde totenstill, als er hereinkam. Selbst die Spangler-Schwestern gaben ihr kokettes Getue auf

und starrten die hochgewachsene Gestalt neugierig
an. Bobby stand mit den Händen in den Hosentaschen da und blickte den weibischen, kindlichen
Baum finster an. Cherokee stellte seinen Sack ab
und sah suchend durch den Raum. Vielleicht
glaubte er, man habe irgendwo eine Schar ungeduldige Kinder zusammengepfercht, um sie bei
seinem Eintritt loszulassen. Er ging auf Bobby zu
und streckte seine Hand im roten Fäustling aus.

«Frohe Weihnachten, Kleiner», sagte Cherokee.
«Ich hol' dir vom Baum, was du willst. Magst du
dem Weihnachtsmann nicht die Hand geben?»

«Es gibt keinen Weihnachtsmann», greinte der
Junge. «Sie haben da einen falschen alten Ziegen-
bockbart im Gesicht. Ich bin kein kleines Kind.
Was soll ich mit Puppen und Zinnpferden? Der
Kutscher hat gesagt, Sie haben ein Gewehr, aber
Sie haben keins. Ich will nach Hause.»

Trinidad sprang in die Bresche. Er hieß Cherokee
mit einem herzlichen Händedruck willkommen.

«Tut mir leid, Cherokee», erklärte er. «Es hat in
Yellowhammer nie ein Kind gegeben. Wir versuchten ein paar für deinen großen Abend einzu-
fangen, aber wir haben bloß den hier erwischt. Er
ist ein gottloser Kerl und glaubt nicht an den Weihnachtsmann. Es ist jammerschade um all den Plunder. Aber ich und der Richter waren sicher, wir
könnten einen Wagen voll Abnehmer für deinen
Flitterkram zusammentreiben.»

«Ist schon gut», sagte Cherokee würdevoll. «Die
Auslagen sind nicht der Rede wert. Wir können

den Bruch einen Schacht runterkippen oder auch fortwerfen. Ich weiß gar nicht, was ich mir gedacht hab'; aber es wär' mir nie eingefallen, daß es in Yellowhammer keine Kinder gibt.»

Inzwischen hatte sich die Gesellschaft so weit gefaßt, daß sie auf wenig überzeugende, aber löbliche Weise so tun konnte, als gebe es etwas zu feiern.

Bobby hatte sich zu einem Stuhl abseits getrollt, betrachtete die Szene kühl und tat mit seinem ganzen Gehabe seine unsägliche Langeweile kund. Cherokee mochte seinen ursprünglichen Plan noch nicht ganz aufgeben und setzte sich zu ihm.

«Wo wohnst du, Kleiner?» fragte er respektvoll.

«Granite Junction», antwortete Bobby ausdruckslos.

Es war warm im Raum. Cherokee nahm seine Mütze ab und dann auch Bart und Perücke.

«He!» interessierte sich Bobby plötzlich. «Ich kenn' Ihre Visage.»

«Hast du mich je gesehen?» fragte Cherokee.

«Ich weiß nicht; aber Ihr Bild hab' ich schon oft gesehen.»

«Wo?»

Der Junge zögerte. «Auf der Kommode, zu Hause», antwortete er.

«Wie heißt du denn, Junge?»

«Robert Lumsden. Das Bild gehört meiner Mutter. Sie legt es nachts unters Kopfkissen. Und einmal hab' ich gesehen, wie sie's geküßt hat. Würd' ich nie tun. Aber Frauen sind eben so.»

Cherokee stand auf und winkte Trinidad zu sich.

«Paß auf den Jungen auf, bis ich zurück bin», sagte er. «Ich steig' aus dem Weihnachtsaufzug und spann' meinen Schlitten an. Ich bring' diesen Jungen nach Hause.»

«Na, du Ungläubiger», sagte Trinidad und setzte sich auf den Stuhl, den Cherokee freigegeben hatte, «bist also zu bejahrt und verbraucht, um nach solchem Blendwerk wie Süßigkeiten und Spielzeug zu trachten.»

«Ich mag Sie nicht», sagte Bobby bitter. «Sie haben gesagt, da wär' ein Gewehr. Nicht mal rauchen kann man. Wenn ich bloß daheim wär'.»

Cherokee fuhr mit seinem Schlitten vor, und sie hoben Bobby auf den Sitz neben ihm. Das schöne Gespann tänzelte über den festen Schnee. Cherokee trug den Jungrobbenpelz, der fünfhundert Dollar gekostet hatte. Die Reisedecke, die er über sie zog, war warm wie Samt.

Bobby nahm eine Zigarette aus der Tasche und wollte ein Streichholz anzünden.

«Wirf diese Zigarette fort», sagte Cherokee ruhig, doch mit veränderter Stimme.

Bobby zögerte, dann warf er sie weg.

«Die Schachtel auch», befahl die neue Stimme.

Mit größerem Widerstreben gehorchte der Junge.

«Hm», sagte Bobby darauf, «ich mag Sie. Ich weiß nicht warum. Noch nie hat mich jemand zu was gebracht, was ich nicht wollte.»

«Sag mal, Junge», fragte Cherokee, jetzt nicht

mit seiner neuen Stimme: «Bist du sicher, daß deine Mutter dieses Bild, das mir ähnlich sieht, geküßt hat?»

«Todsicher. Ich hab' sie beobachtet.»

«Hast du vor einer Weile nicht etwas von einem Gewehr gesagt?»

«Und ob! Schenken Sie mir eins?»

«Morgen – mit Silberdekor.»

Cherokee nahm seine Uhr hervor.

«Halb zehn. Schlag Weihnachten sind wir in Granite Junction. Ist dir kalt? Rück näher, Sohn.»

Weihnachten am Minho

Es ist Weihnachtstag.

Die Stadt ist fröhlich aufgewacht unter einem kühlen blauen Himmel. Die Glocken läuten festlich von den Kirchen. Die Wurstläden, die Restaurants, die Konditoreien prangen in den Auslagen mit ihren leckersten Erzeugnissen: den mächtigen Schweinen mit blankrasierter Schwarte, die von der Decke kopfunter herabhängen, den Würsten und den Blutwürsten, die in Schaukeln aufgehängt sind, den lymphatisch bleichen Kalbsköpfen, eingefaßt mit Brunnenkresse, den fetten Putern mit Bäuchen wie Domherren, deren Kropf mit dem dazugehörigen Geflügelklein gefüllt ist, den marmorn geäderten Fleischgelees, den gebräunten, zu Pyramiden aufgetürmten Rebhühnern, den Koteletts, den topasfarben schillernden Sülzen, den Gemüsen in pikanter Sauce, den dicken Säulenbündeln der Spargel, den Weihnachtskrapfen, den Zimtplätzchen, den Windbeuteln, den Mohrenköpfen, den Waffeln, den Käsekuchen, den Christmas cakes, den Puddings, den Eisbomben.

Und die verschwenderische Fülle der Auslagen gibt der Stadt den kulinarischen Anstrich von Überfluß, von Sättigung.

Die Veilchensträußchen mit ihren aus zwei Malven gebildeten Manschetten bevölkern allenthalben die Aufschläge der Überzieher und erfüllen die Straße mit einem taufrischen Duft. Die Kamelienkörbe funkeln wie große Placken von Schmelzfluß. In den Schmuckläden hat man den mächtigen Weihnachtsbaum aufgestellt, dessen Zweige behängt sind mit eingewickelten Mandeln, vergoldeten Pappstreifen, mit Tieren so ziemlich aller Gattungen, die in der Arche Aufnahme fanden, mit Wägelchen aus Blech, Pferdchen aus Karton, mit roten Hampelmännern, die auf Becken schlagen, mit niedlichen Puppen in Atlaskleidern samt ihren Turnüren, ihren Haarknoten und ihren Muffen.

Ganz Lissabon lustwandelt in der strahlenden Heiterkeit der Sonne. Die Männer schleppen ihre Pakete, die Frauen führen ihre Kinder an der Hand.

Die kleinen Mädchen in ihren neuen Kleidern, in großer Toilette, taufrisch wie Fliederblüten, mit ihren vom Nordostwind geröteten Näschen, sind unterwegs zu einem Kinderball, den ein Damenverein im Foyer eines Theaters zugunsten einer wohltätigen Einrichtung veranstaltet.

Das Piano ruft mit beschwingten Läufen die vierjährigen jungen Damen zur Quadrille nebst ihren gleichaltrigen Kavalieren. Der Weihnachtsbaum streckt mit gebreiteten Armen seine herrlichen Gaben über dem großen Miniaturball aus.

Geht, meine lieben kleinen Freunde, geht und vergnügt euch! Der hier zu euch spricht, war zu seiner Zeit – lang, lang ist's her – genauso einer

wie ihr heute, erlebte wie ihr sein völlig ungetrüb-
tes, uneingeschränkt glückliches Fest. Der einzige
Unterschied ist, daß in jener fernen Zeit und in
dem abgelegenen Winkel der Provinz, wo er zur
Welt kam, der Weihnachtsbaum eine noch unbekannte Einrichtung war.

Es war das ein unbelecktes Stück Erde, auf dem
dieser Großpapa das Licht der Welt erblickte, aber
wie oft hat er es durchwandert, mal schaukelnd auf
der Landstraße in holpernden und säumigen Post-
kutschen, mal zu Pferd in einen weiten Kragen-
mantel gehüllt, mal zu Fuß, ganz allein, mit einem
Stock in der Hand!

Er kannte es zu jener Zeit wie sein eigenes Zimmer, dieses Stück Erde! Er wußte die Löcher im
Makadam der Straßen der Zahl nach auswendig,
kannte die Spalten in den alten Mauern, aus denen
Moose und Geißblatt sproßten, die weißen Türme
der Kirchen am Grund der Täler, zwischen den
Nußbäumen und den Eichen, auf die lange Teppi-
che zuliefen, die von den buntgewirkten Flächen
der Kleefelder gebildet wurden. Er wußte, in welchen Gehöften man im Sommer morgens die beste
Milch trank, in welchen Flüssen man mit der An-
gel die schmackhaftesten Salme und die größten
Forellen fing. Es stand allmorgendlich für ihn fest,
auf welchen von Heidekraut und Disteln, von
harschen Ginsterstauden und dichtem Farnkraut
überwachsenen Hügeln am Abend vorher der
Rebhuhnschwarm eingefallen war. Er kannte die
unterschiedlichen Landweine im schattenkühlen

Inneren der Tavernen, die sich an den Biegungen der sonnenhellen Straßen, an den Böschungen der steilen gebuckelten Berghänge und am Auslauf der langen Brücken aus Tannenholz duckten. Er kannte die Namen der Geistlichen. Und jetzt noch, nach einer Abwesenheit von so vielen Jahren, treten ihm, wenn er daran zurückdenkt und die Augen schließt, die Bilder alle wieder vor Augen: die strotzenden Wiesenfluren, die frischgrünen Buschwälder der Niederungen, die durchtönt sind vom Gemurmel des Wassers, das in den Gräben fließt oder über die Wehre und die Mühlräder stürzt; der üppige Wuchs von Mais und Kastanien, und geführt von einem kleinen schmutzigen Hirtenjungen, der rittlings auf einer alten struppigen Stute sitzt, die wenigen von Arbeit und Entbehrung abgemagerten Rinder, die träge den Bach überqueren oder vorgeneigt und demütig an der kühlen Strömung zur Tränke gehen. Und dann im hochgelegenen Land die Kiefernwälder, die Wegspinnen mit ihren Kreuzen aus Granit, die Almosenbüchsen für die armen Seelen, die plumpen Nischen in Form eines Küchenschranks, im Bogen ausgehauen, mit ihren verräucherten Laternen davor, die in einem Korb aus Eisengeflecht oben an der Nische mit einem Haken befestigt sind; und ausgesät an den gekrümmten und buckligen Straßen die kleinen, mit Steinpfosten eingehegten Tennen, deren Geländer rot angestrichen sind, die offenen Werkstätten der Schmiede unter dem Vordach, auf dem die Stare in den Ziegelritzen picken, die strohbedeckten, ewig in Rauch gehüllten Hütten am Rand der Tennen, von denen die Mieten wie hohe spitzige Hüte aufragen.

Der Hauptgegenstand des Kults, der Bewunderung, der Begeisterung, des Entzückens der Kleinen aus meiner Zeit war die Krippe, die so naiv, so im tiefsten kindlich war, so voll lustiger, anschaulicher, prächtiger, unvermuteter Dinge.

Sie bestand aus einem großen Moosberg, der mit Quellen, Wasserfällen, kleinen Seen gesprenkelt war, durchschlängelt von Zickzackstraßen und Bächlein, über welche ländliche Brückchen führten.

Ganz unten in einem kleinen, von Lichtern eingesäumten Tabernakel war das Jesuskind, blond, pausbäckig, rosig wie eine Erdbeere, lächelnd im Stroh seiner behelfsmäßigen Wiege, angewärmt vom Atemhauch der gütigen Natur, die von der arbeitsamen und friedfertigen Kuh und dem sanft und zärtlich blickenden Esel dargestellt wurde. Die Heilige Familie schaute mit entzückter Liebe auf das wonnige Neugeborene, während die Hirten kniend ihre Geschenke darboten: die Früchte, die Hähnchen, den Honig, die frischgemachten Käse.

Der große Stern aus Goldpapier, der an einem unsichtbaren Seidenfaden vom Dach herabhängt, führt die drei Weisen aus dem Morgenland herbei, die zu Pferd den Berghang herunterkommen mit ihren Purpurmänteln um die Schultern und ihren Kronen auf den Häuptern. Melchior brachte das Gold, Balthasar die Myrrhe, und Kaspar kam gar prächtig mit seinem Weihrauch in einer großen Räucherpfanne, wie sie die Familien im Haus gebrauchten, um Lavendel mit Zucker zu brennen oder die gedörrten Schalen der Camoeseräpfel.

Ihnen nach folgte die gesamte Christenheit, die von der höchsten Höhe des Bergs zur Krippe herabsteigend vorgeführt wurde. In diesem unaufzählbaren Pilgerzug vom reizendsten Anachronismus – welch eine Vielfalt an Effekten und Kontrasten, welche Beselung, welche Fröhlichkeit, welcher Seelenfrieden, welche Unschuld, welche Gutherzigkeit!

Alles bewegte sich in volkstümlichen Reigentänzen, alten Moriskentänzen, neumodischen Tanzschritten und Halbschwenkern, ausgelassenen Gavotten, zierlichen Menuetts von Engelchen mit blitzblanken Schnallenschuhchen.

Alles war ein einziges Lachen und Singen bei diesen herzerfrischenden Scharen von Freudenpilgern aller Altersklassen, aller Berufe, aus aller Herren Ländern, aus allen Zeiten. Da waren die Blinden, die ihre Leierkästen drehten, die Schwarzen, die eine Sarabande hüpften, die Walliser mit ihrem Dudelsack, die die *muñera* tanzten, da war die Bäuerin mit spitzem Hütchen und knallrotem Rock, die einen Korb voll Eier trug, der Bauer mit dem Puter, dem Kalb oder dem Ferkelchen auf dem Rücken, der Wasserträger mit seinem neuen Faß, der Schnitter mit seiner Sense und seiner Korngarbe, der Holzfäller, der den heiligen Kloben zum Feuerstoß der Christmesse heranschleppte, der kleine Savoyarde mit seinem Murmeltier, der Drehorgelmann, der die Kurbel seines Instruments drehte, der Hirte mit einem Lämmchen oder Zicklein unterm Arm, der Vogelsteller mit seinen Schlingen und seiner Falle, in der eine Amsel saß, die spanische Tänzerin mit ihrem Fächer und ihrer um die Taille geschlungenen Sevillaner Mantilla, der Oberschäfer, gitarrespielend auf dem bunten Saumsattel seines Maultiers einherreitend, die Zigeuner beim Anstimmen der Seguidilla, zahlreiche Herden von Truthühnern, von Enten, von Gänsen, von Schweinen und Böckchen; und viele Personen in bunten exotischen Gewändern, die Tamburins, Schellentrommeln und Kastagnetten rührten wie in den alten Hirtenspielen, den Zwiegesängen und den *Vilancicos,* wie sie ehedem von den Steinmetzen im Figurenschmuck der mittelalterlichen Kathedralen festgehalten wurden.

Einige – die kostspieligsten Krippen – hatten im Inneren ein Uhrwerk, das Vögel zwitschern ließ, die hin und her flogen, die Flügel regten und an den Quellen aus Glas nippten, in die ein ebenfalls gläserner Wasserstrahl fiel, der mittels einer geheimnisvollen Mechanik von einem rundumgehenden Zylinder vorgetäuscht wurde.

Alle Figuren der alten Krippe meiner Kindheit hatten einen Ausdruck naiver, ursprünglicher Fröhlichkeit, wie ihn in Urvätertagen David gehabt haben mag, als er vor König Saul tanzte. Von diesen freundlichen Feiertagsgesichtern, deren einige von inspirierten Künstlern einer verschollenen Überlieferung modelliert waren, ging stets ein ansteckender Jubel aus wie von einem großen Halleluja.

Ein anderes Bübchen – nicht das im Tabernakel, das mit einer Schraube in der Wiege befestigt war –, ein größerer Bub auf einem Spitzentuch wurde herumgereicht und bekam auf seine winzigen, gepolsterten, wohlgebildeten rötlichen Füßchen reihum die Küsse all der unschuldigen, blühenden, gespitzten Mündchen gedrückt, die begierig waren auf die Grübchen dieses niedlichen kleinen Gottes, der so blond, so lieb, so hübsch war.

Danach wurde das Christmahl begangen, die feierlichste Festmahlzeit der Familien am Minho. Zu ihm kamen die Söhne und Töchter, die Schwiegertöchter, die Schwäger, die Enkel. Der Tisch wurde ausgezogen, das große Tafeltuch wurde aufgedeckt, das Festtagsbesteck aufgelegt – die Stielgläser, die alten goldenen Karaffen. Unzählige Lichter wurden in den silbernen Leuchtern entzündet. Die Dienstmägde in neuen Kleidern liefen rüstig ein und aus, trugen Stöße von Tellern herbei, zählten die Bestecke, schnitten das Brot auf, ordneten das Obst, entstöpselten die Karaffen.

Die am selben Abend von weither gekommen waren, teilten Umarmungen aus, empfingen Küsse, fragten nach Neuigkeiten, erzählten Geschichten, Vorfälle von der Reise; die Straßen waren fürchterliche reißende Schluchten, sie sprachen vom Hagelschauer, vom Schnee, von der Kälte der Nacht, während sie sich die Hände rieben, froh, im

Trockenen zu sein, umsorgt, gestärkt, durch und durch warm, in Erwartung einer guten Mahlzeit, auf dem alten Familiensofa sitzend.

Und der Nordost pfiff durch die Fensterritzen, man hörte in der Ferne das Meer brüllen oder den Eichenwald tosen, indessen aus der Küche, wo im Herd das große Feuer brannte, in lindem Schwall der Duft von Würzwein mit Honig, Weinbeeren von Alicante und Zimt hereindrang.

Endlich war der gesottene Kabeljau und ebenso der Dorsch auf provenzalische Art zum letztenmal aufgekocht, die in Öl gebackenen Zwergkürbisse, Rettiche und Morcheln hatten die Bratpfanne verlassen und wurden jetzt auf den großen Platten pyramidenförmig aufgehäuft. Eine Stimme sagte: «Zu Tisch! Zu Tisch!»

Jetzt kam das Scharren der Stühle, das Klirren der Gläser und Bestecke, das Entfalten der Servietten, das Dampfen der Terrine. Man nahm die Suppe ein, man trank das erste Glas Wein, saß Schulter an Schulter, die Füße derer auf der einen Seite stießen an die Füße der Gegenübersitzenden. So richtig gemütlich, so schön behaglich! Die Gesichter nahmen einen Ausdruck von Wohlbehagen, von inniger Zufriedenheit an. Zum Teufel! Mehr zu verlangen hieße viel verlangen. Alles, was es im Herzen des Menschen an Tiefstem gibt: die Liebe, die Religion, das Vaterland, die Familie – alles war hier in einem holden, durchaus nicht üppigen, aber von Frohsinn geglätteten und gestillten Frieden versammelt. Ist das nicht alles?

Es ist nicht alles. Die von den Tischgästen als erste dieses Gefühl der Unvollkommenheit hatte, war das alte Mütterchen, das in der Mitte der Tafel saß. Sie, die für uns nur noch die Großmutter war, war auch einmal die Tochter gewesen, war die Schwester gewesen, war die Ehefrau gewesen, war die Mutter gewesen ... In ihrem armen Herzen – wie viele Trauerfälle, einer über dem anderen, wie viele aufgehäufte Wehmutsgefühle! Deshalb auch bebte, während die anderen lachten und sich fröhlich unterhielten, ihre abgemagerte und verrunzelte Hand, wenn sie zum Glas griff, und aus ihren müden Augen stahlen sich still zwei Tränen, die sie mit der Serviette abtupfte, während ihr Mund sich zu einem Lächeln zwang und zu einem Gestammel ergebener, getroster, glücklicher Worte.

Diese Tränen waren gleichsam die Beschwörung, die den Geist der Abwesenden, den Geist der Toten zu diesem Festmahl lud. Da traten in dem Feiertagstrubel schwere, nachdenkliche Schweigepausen ein, in denen jeder bei sich selber Einkehr hielt und ein wenig in die Vergangenheit und ein wenig in die Zukunft blickte.

Von denen, die sich an diesen Tisch in einer Nacht wie dieser gesetzt hatten – waren wie viele gegangen, ohne je wiederzukehren. Welche Lücken in diesen letzten Jahren! Binnen weniger Jahre wie viele weitere!

Es gab da, wie es fast immer vorkommt, einen Sohn, einen Enkel, einen Bruder, die abwesend waren, und in der Erinnerung an sie verdichteten sich und gerannen diese unbestimmten zerstreuten Sorgen. Der Schmerz um die Vergangenheit und die Ungewißheit der Zukunft nahmen am Ende für jeden die abenteuerliche Gestalt des unerschrockenen Reisenden oder des kraftvollen Arbeiters an, der diese Nacht in fernem Land oder auf den Wassern des Meeres feierte.

Und dieser geliebte Abwesende war der Gast, dem ein jeder sich zunächst an diesem Tisch fühlte, seinem Herzen zunächst.

Nur wir, die Kinder, wir genossen dieses Fest mit einer unbeirrbaren, vollkommenen Fröhlichkeit, weil wir die bittere Einsicht der vergeblichen Sehnsucht noch nicht besaßen, sowenig wie das sorgenvolle Bangen um die Zukunft. Für uns hatte alles im Leben unwandelbaren und ewigen Charakter. Das Schicksal dünkte uns lachend stillzustehen wie im Moos die fröhlichen Figuren der Krippe. Wir nahmen an, die Züge unserer Mutter würden ewig glatt bleiben, ewig schwarz der Schnurrbart unseres Vaters, ewig ergeben und bedauernswert die hinfällige Gestalt unserer Großmutter in ihren schwarzen Spitzen in dem großen Armsessel.

Wir hatten noch nicht den vollen Sinn des Weihnachtsfestes begriffen. Wir hatten uns noch nicht genügend klargemacht, daß der blonde kleine Christus, der uns aus der Wiege anlächelte, so sorglos, so fröhlich inmitten des strahlenden Scheins der Kerzen und im Duft der Veilchen, derselbe abgehärmte und leichenfahle Gott war, der mit

Dornen gekrönt, von einem Lanzenstich ins Herz getroffen, ans Kreuz geheftet auf dem Altar ausgestellt war. Es hätte uns widerstrebt, daran zu glauben, wenn man es uns damals gesagt hätte, daß das zarte und holde Knäblein in der Krippe, so umringt von Liebesgefühlen, von Gesängen, von Jubelklängen, von Gaben, von Ausrufen des Entzückens, überhäuft mit Liebkosungen und Küssen, eines Tages dazu bestimmt sein sollte, ein Blutzeuge, ein Held, ein Gott zu sein, und daß ihn, damit dies geschähe, die Menschen verfolgen würden wie einen Aufrührer, foltern würden wie einen Verbrecher, aburteilen würden wie einen Räuber, daß er geohrfeigt, gegeißelt, verraten werden würde, daß er den Judaskuß empfangen würde, daß er unter seinen Jüngern im Ölbaumhain verhaftet werden würde, daß er Petrus befehlen würde, sein Schwert in die Scheide zu stecken, um den bitteren Kelch zu trinken, daß er von Kaiphas zu Pilatus gebracht werden würde, daß er verurteilt werden würde, daß sie ihm die Dornenkrone aufsetzen würden, daß sie ihn den Weg zur Schädelstätte unter der Last des Kreuzes hinaufgehen lassen würden, daß sie ihn am Ende kreuzigen würden zwischen den beiden Missetätern vor den Augen seiner eigenen Mutter.

Nein, das Leben ist kein andauerndes und unbewegliches Fest, es ist eine ständige und herbe Entwicklung. Weihnachten ist das Fest der Tränen für alle die, für die es nicht das Fest der Unerfahrenheit ist. Und trotzdem haben einige gemeint, es sei nützlich, nicht aufzuhören, Weihnachten zu feiern. Was liegt daran, ob Zahl oder Name der Geladenen in jedem Jahr wechselt? Was liegt daran, daß einige geliebte Alte beim Festmahl fehlen? Was liegt daran, ob wir selber im kommenden Jahr beim allerjüngsten Weihnachtsfest fehlen werden?

Diese Freudennacht für die Kinder wird für die Erwachsenen immer nicht ohne einen Tropfen Wehmut sein. Doch so bleibt uns die leise Hoffnung, für eine gewisse Zeit in der Erinnerung derer, die wir lieben, fortzuleben – ein einziges Mal wenigstens – von Jahr zu Jahr.

JULES VERNE

1828–1905

Herr Dis und Fräulein Es

I

Wir waren an die dreißig Kinder in der Schule von Kalfermatt, etwa zwanzig Knaben im Alter von sechs bis zwölf und rund zehn Mädchen im Alter von vier bis neun Jahren. Wenn ihr wissen möchtet, wo genau sich dieses Nest befindet, so kann ich euch sagen, daß es gemäß meinem Geographie-buch (S. 47) in einem der katholischen Kantone der Schweiz, nicht weit vom Bodensee entfernt, am Fuße der Appenzeller Berge liegt.

«Nun denn, du dort hinten, Joseph Müller!»

«Ja, Herr Walrügis?» antwortete ich.

«Was schreibst du, während ich diese Geschichts-stunde abhalte?»

«Ich mache Notizen, Herr Lehrer.»

«Gut.»

In Tat und Wahrheit zeichnete ich ein Männ-chen, während der Lehrer uns zum tausendsten Mal die Geschichte von Wilhelm Tell und vom grausamen Gessler erzählte. Niemand beherrschte sie so gut wie er. Der einzige Punkt, den er noch nicht geklärt hatte, war folgender: Zu welcher Sorte, zu den Renetten oder zu den Schlotter-äpfeln, gehörte der historische Apfel, den der Held der Eidgenossenschaft auf den Kopf seines Sohnes gelegt hatte und über den ebensoviel diskutiert wird wie über jenen, den unsere Stammutter Eva vom Baum des Guten und des Bösen gepflückt hatte?

Der Marktflecken Kalfermatt befindet sich in vorteilhafter Lage in einer jener Bodensenken, die man als «Wanne» bezeichnet. Die Senke ist auf der Vorderseite eines Gebirges eingebettet, wo sie im Sommer von den Sonnenstrahlen nicht erreicht wird. Das von üppigem Laubwerk beschattete Schulhaus am äußersten Dorfrand sieht keineswegs wie eine grimmige Fabrik für die Ausbildung von Primarschülern aus. Es bietet einen heiteren Anblick, ist von stattlicher Erscheinung mit seinem weiten bepflanzten Hof, einer Spielhalle für Regentage und einem kleinen Turm, in dem die Glocke singt wie ein Vogel im Gezweig.

Herr Walrügis leitet die Schule gemeinsam mit seiner Schwester Lisbeth, einer alten Jungfer, die strenger ist als er. Die beiden bestreiten zusammen den Unterricht im Lesen, Schreiben, Rechnen, in Geographie und Geschichte – in der Geschichte und Geographie der Schweiz wohlverstanden. Wir gehen jeden Tag zur Schule, außer am Donnerstag und Sonntag. Man trifft um acht Uhr ein mit einem Korb und den mit einem Riemen zusammengeschnallten Büchern. Der Korb enthält etwas zum Essen: Brot, kaltes Fleisch, Käse, Obst, zusammen mit einer halben Flasche verschnittenen Wei-

nes. Die Bücher enthalten etwas zum Lernen:
Diktate, Zahlen, Aufgaben. Um vier Uhr trägt
man den bis auf die letzten Brosamen leergegesse-
nen Korb wieder nach Hause.

«... Fräulein Betty Clère ...?»

«Herr Walrügis ...?» antwortete das Mädchen.

«Du scheinst nicht darauf zu achten, was ich dik-
tiere. Wo bin ich stehengeblieben, bitte?»

«Im Augenblick», sagte Betty stammelnd, «da
Tell sich weigert, den Hut zu grüßen ...»

«Falsch! Wir sind nicht mehr beim Gesslerhut,
sondern beim Apfel welcher Sorte auch immer!»

Betty Clère senkte ganz verwirrt den Blick,
nachdem sie mich mit ihren lieben Augen ange-
schaut hatte, die mir so sehr gefielen.

«Zweifellos», setzte Herr Walrügis ironisch hinzu, «hätten Sie mit Ihrer Vorliebe für Lieder mehr
Freude an dieser Geschichte, wenn sie, statt vorge-
lesen, gesungen würde! Aber nie wird es ein Komponist wagen, ein solches Thema in Musik umzusetzen!»

Vielleicht hatte unser Schulmeister recht? Welcher Komponist würde sich anmaßen, solche Töne
anzuschlagen ...! Und doch, wer weiß ...? Vielleicht in der Zukunft ...?[1]

Aber Herr Walrügis fährt mit seinem Diktat
fort. Ob groß oder klein, wir sind ganz Ohr. Man
könnte den Pfeil von Wilhelm Tell durch das Klassenzimmer schwirren hören ... das hundertste Mal
seit den letzten Schulferien.

II

Mit Sicherheit räumt Herr Walrügis der Musik lediglich einen sehr untergeordneten Rang ein. Hat er recht? Wir waren damals zu jung, um uns darüber eine Meinung zu bilden. Denkt bloß, ich gehörte zu den Großen und war noch keine zehn Jahre alt. Und doch liebte ein gutes Dutzend von uns die Heimatlieder, die alten Abendlieder und auch die kirchlichen Festhymnen sowie die Wechselgesänge aus dem Chorgesangbuch, wenn die Orgel der Kalfermatter Kirche sie begleitete. Dann erzittern die Glasscheiben der Fenster, die Kinder des Schülerchors lassen ihre Stimmen im Falsett ertönen, die Weihrauchkessel schwanken hin und her, und es ist, als ob die Liedstrophen, die Motetten, die Wechselgesänge inmitten der duftenden Dämpfe davonschweben würden...

Ich möchte mich nicht selbst rühmen, das ist eine Untugend, und obwohl ich zu den Besten der Klasse gehörte, ist es nicht an mir, das zu sagen. Wenn ihr mich jetzt fragt, weshalb man mir, Joseph Müller, dem Sohn des Wilhelm Müller und der Margarete Haas, heute als Nachfolger seines Vaters Posthalter in Kalfermatt, den Übernamen *Dis* gab und weshalb Betty Clère, Tochter des Hans Clère und der Jenny Rose, Gastwirte am genannten Ort, den Übernamen *Es* bekam, so kann ich euch antworten: «Geduld, ihr werdet es gleich erfahren. Geht nicht schneller voran, als es sich gehört, meine lieben Kinder.» Sicher ist, daß unsere beiden

Stimmen sich vortrefflich miteinander vermählten, während wir darauf warteten, uns selbst miteinander zu vermählen. Und zu dem Zeitpunkt, da ich diese Geschichte aufschreibe, bin ich schon in einem schönen Alter, meine lieben Kinder, und weiß Bescheid über Dinge, die ich damals – sogar auf musikalischem Gebiet – noch nicht wußte.

Ja, Herr Dis hat Fräulein Es geheiratet, und wir sind sehr glücklich geworden, und unsere Geschäfte waren dank Fleiß und gutem Benehmen erfolgreich! Wenn ein Posthalter sich nicht zu benehmen wüßte, wer weiß ...

Also, vor etwa vierzig Jahren sangen wir in der Kirche, denn ich muß euch sagen, daß die kleinen Mädchen wie auch die kleinen Knaben der Singschule von Kalfermatt angehörten. Man fand dies nicht unpassend, und das mit Recht. Wer hat sich schon je darüber Sorgen gemacht, ob die Engel im Himmel männlichen oder weiblichen Geschlechts sind?

III

Der Schülerchor unseres Marktfleckens war dank seinem Leiter, dem Organisten Eglisack, weitherum bekannt. Was war er doch für ein Meister im Solfeggieren, und mit wieviel Geschick ließ er uns Stimmübungen machen! Erstaunlich, wie er uns den Takt, die Notenlänge, die Klangfarbe, den Grundton, die Tonleiter beibrachte! Sehr tüchtig war er, wirklich sehr tüchtig, der ehrenwerte

Eglisack ... Man sagte von ihm, er sei ein genialer Musiker, ein unübertroffener Kontrapunktist, und er habe eine außergewöhnliche Fuge, eine vierstimmige Fuge komponiert.

Da wir nicht so recht wußten, was das war, fragten wir ihn eines Tages danach.

«Eine Fuge», antwortete er und hob seinen Kopf, der die Form einer Baßgeige hatte.

«Ist es ein Musikstück?» fragte ich.

«Ein Stück erhabener Musik, mein Kind.»

«Wir möchten es gerne hören», rief ein kleiner Italiener namens Farina, der eine hübsche Altstimme besaß, die hinaufstieg ... und hinaufstieg ... bis zum Himmel.

«Ja», fügte der kleine Deutsche Albert Hockt hinzu, dessen Stimme hinabstieg ... und hinabstieg ... bis auf den Grund der Erde.

«Bitte, Herr Eglisack ...!» wiederholten die anderen kleinen Knaben und Mädchen.

«Nein, Kinder. Ihr werdet meine Fuge erst kennenlernen, wenn sie vollendet ist ...»

«Und wann wird das sein?» fragte ich.

«Nie.»

Wir blickten uns an, und er lächelte hintergründig.

«Eine Fuge ist nie vollendet», sagte er zu uns. «Man kann immer neue Stimmen hinzufügen.»

Also bekommen wir die berühmte Fuge des weltlichen Eglisack nie zu Gehör; aber er hatte den Hymnus zu Ehren des heiligen Johannes für uns in Musik umgesetzt, ihr wißt ja, jenen Psalm, dessen

Anfangssilben Guido d'Arezzo[2] zur italienischen Bezeichnung der Töne verwendete:

Ut (Do) queant laxis
Resonare fibris
Mira gestorum
Famuli tuorum,
Solve polluti,
Labii reatum,
Sancte Joannes.

Das Si existierte zur Zeit von Guido d'Arezzo noch nicht. Erst im Jahr 1026 ergänzte ein gewisser Guido die Tonleiter, indem er den siebten Ton hinzufügte, und nach meiner Meinung hat er gut daran getan.

Wirklich, wenn wir diesen Hymnus sangen, waren die Leute von weither gekommen, nur um ihn zu hören. Was aber die Bedeutung dieser merkwürdigen Worte anbelangt, so kannte sie an der Schule niemand, nicht einmal Herr Walrügis. Man nahm an, es handle sich um Latein, aber das war nicht so sicher. Immerhin soll dieser Psalm am Tag des Jüngsten Gerichts gesungen werden, und sehr wahrscheinlich wird der Heilige Geist, der alle Sprachen kennt, ihn in das Idiom des Paradieses übersetzen.

Und trotzdem galt Herr Eglisack als ein großer Komponist. Unglücklicherweise litt er jedoch an einem sehr bedauernswerten Gebrechen, das die Tendenz hatte, sich zu verschlimmern: er wurde im Alter schwerhörig. Wir bemerkten es, aber er wollte es nicht zugeben. Übrigens schrien wir, wenn wir mit ihm sprachen, um ihm keinen Kummer zu bereiten, und es gelang uns, sein Trommelfell mit unseren Falsettstimmen in Schwingung zu versetzen. Aber die Stunde seiner völligen Taubheit nahte.

Es geschah an einem Sonntag, nach der Vesper. Der letzte Psalm der Komplet war soeben beendet, und Eglisack gab sich auf der Orgel den Launen seiner Phantasie hin. Er spielte, er spielte, und das wollte nicht mehr aufhören. Man wagte die Kirche nicht zu verlassen aus Furcht, ihn in Verlegenheit zu bringen. Aber da setzte der Balgtreter aus, hatten die Kräfte verlassen. Der Orgel geht die Luft aus... Eglisack hat es nicht bemerkt. Seine Finger schlagen die Akkorde an, breiten die Arpeggien aus. Kein einziger Ton kommt heraus, und doch hört er sich immer noch in seiner Künstlerseele... Man hat begriffen: er ist vom Unglück getroffen worden. Niemand wagt es ihm zu sagen, obwohl der Balgtreter die enge Treppe von der Empore herabgestiegen ist...

Eglisack hörte nicht zu spielen auf. Und den ganzen Abend ging es so weiter, auch die ganze Nacht hindurch, und noch am nächsten Tag bewegte er seine Finger auf der stummen Tastatur. Man mußte ihn wegschleppen... Der Arme wurde sich endlich bewußt, daß er taub war. Aber das hinderte ihn nicht daran, seine Fuge zu vollenden. Er würde sie nie hören, das war alles.

Seit jenem Tage spielte in der Kirche von Kalfermatt die große Orgel nicht mehr.

IV

Sechs Monate gingen vorüber. Es kam ein sehr kalter November. Ein weißer Mantel bedeckte das Gebirge und reichte bis in die Straßen hinunter. Wir kamen mit einer roten Nase und mit blau angelaufenen Wangen in der Schule an. Ich wartete an der Ecke des Dorfplatzes auf Betty. Wie hübsch sie doch aussah unter der hochgeschlagenen Kapuze!

«Bist du es, Joseph?» fragte sie.

«Ja, ich bin es, Betty. Es ist bissigkalt heute morgen. Pack dich gut ein! Knöpfe deinen Pelzmantel zu ...»

«Ja, Joseph. Wollen wir nicht rennen?»

«Sicher. Gib mir deine Bücher, ich werde sie tragen. Paß auf, damit du dich nicht erkältest. Es wäre wirklich ein Unglück, wenn du deine hübsche Stimme verlieren würdest ...»

«Und du erst, Joseph, deine Stimme!»

Es wäre tatsächlich ein Unheil gewesen. Und nachdem wir in unsere Hände gehaucht hatten, rannten wir aus Leibeskräften los, um warm zu bekommen. Zum Glück war das Klassenzimmer geheizt. Der Ofen fauchte. Mit dem Holz wurde nicht gespart. Es gibt so viel davon am Fuß des Berges, und der Wind sorgt dafür, daß es gefällt wird. Man braucht es nur noch aufzulesen. Wie lustig knisterten die Zweige! Wir setzten uns dicht gedrängt um das Feuer. Herr Walrügis blieb auf seinem Katheder, seine pelzgefütterte Mütze hatte er bis zu den Augen heruntergezogen. Prasselndes Knallen begleitete die Geschichte von Wilhelm Tell, als wären es Gewehrschüsse. Und ich dachte, wenn Gessler nur einen einzigen Hut besessen habe, so müsse er sich erkältet haben, während seiner zuoberst an der Stange hing, falls sich diese Dinge im Winter ereignet hatten!

Wir arbeiteten tüchtig: Lesen, Schreiben, Rechnen, Auswendiglernen, Diktat, und der Lehrer war zufrieden. Hingegen ruhte der Musikunterricht. Man hatte niemanden gefunden, der den alten Eglisack hätte ersetzen können. Natürlich würden wir alles, was er uns beigebracht hatte, vergessen! Wie klein war doch die Wahrscheinlichkeit, daß je ein anderer Leiter an die dörfliche Singschule nach Kalfermatt kommen würde! Schon begann die Kehle zu rosten, die Orgel auch, und das würde Reparaturen kosten, Reparaturen...

Der Pfarrer verbarg seinen Verdruß keineswegs. Wie oft sang er doch falsch, der Arme, jetzt, da ihn die Orgel nicht mehr begleitete, besonders während der Einleitung zur Messe! Die Tonlage wurde immer tiefer, und wenn er das *supplici confessione dicentes* anstimmen sollte, konnte er lange die Noten unter seinem Chorhemd suchen, er fand sie nicht mehr. Das reizte einige zum Lachen. Bei mir erregte es Mitleid – bei Betty auch. Nichts war jetzt so erbärmlich wie die Gottesdienste. An Allerheiligen gab es keine einzige schöne Musik, und Weihnachten kam näher mit seinen *Gloria*, seinen *Adeste Fideles*, seinen *Exultet...!*

Der Pfarrer hatte es zwar mit einem anderen Mittel versucht, nämlich, die Orgel durch ein Schlangenhorn zu ersetzen. Zumindest würde er mit einem Schlangenhorn nicht mehr falsch singen. Die Schwierigkeit bestand nicht darin, sich dieses vorsintflutliche Instrument zu beschaffen. Es gab eines, das an der Wand der Sakristei hing und dort seit Jahren schlief. Aber wo den Bläser hernehmen? Könnte denn nicht der Balgtreter dafür zu gebrauchen sein, der jetzt ohne Beschäftigung war? «Kannst du blasen?» fragte ihn der Pfarrer eines Tages.

«Ja», entgegnete der gute Mann, «mit meinem Blasebalg, aber nicht mit meinem Mund.»

«Macht nichts! Versuche es doch einmal ...»

«Ich will es versuchen.»

Und er versuchte es, er blies in das Schlangenhorn, aber der Ton, den er hervorbrachte, war jämmerlich. Lag es an ihm, lag es an dem hölzernen Tier? Schwer zu sagen. Man mußte also verzichten, und wahrscheinlich würde die kommende Weihnachtsfeier ebenso traurig sein wie das verflossene Allerheiligenfest. Denn wenn die Orgel mangels Eglisack ausfiel, funktionierte auch der Schülerchor nicht. Niemand, der uns Gesangstunden erteilte, niemand, der den Takt schlug: Die Kalfermatter waren untröstlich. Da ereignete sich im Dorf eines Abends eine Revolution.

Man schrieb den 15. Dezember. Es herrschte eine trockene Kälte, eine Kälte, die jeden Luftzug weit weg zu tragen vermag. Der Klang einer Stimme auf dem Berggipfel wäre dann im Dorf hörbar;

ein Pistolenschuß, in Kalfermatt abgegeben, würde Reischarden erreichen, und das ist eine gute Meile von uns entfernt.

Ich war an jenem Samstag zum Nachtessen bei Herrn Clère. Keine Schule am nächsten Tag. Wenn man die ganze Woche gearbeitet hat, ist es erlaubt, am Sonntag zu ruhen, nicht wahr? Wilhelm Tell hat auch das Recht, seine Arbeit niederzulegen, denn er muß müde sein, nachdem er eine Woche lang von Herrn Walrügis ausgefragt wurde.

Das Haus des Gastwirts grenzte an den kleinen Dorfplatz, es stand linkerseits, fast gegenüber der Kirche, deren Wetterfahne man auf der Turmspitze knarren hörte. Etwa ein halbes Dutzend Gäste hielten sich bei Clère auf, und man war an jenem Abend übereingekommen, daß Betty und ich ihnen ein hübsches Abendlied von Salviati vorsingen würden.

Nach dem Abendessen hatte man also das Geschirr abgeräumt, die Stühle ordentlich hingestellt, und wir wollten gerade beginnen, als ein ferner Ton unser Ohr erreichte.

«Was ist das?» fragte einer.

«Es ist, als käme es aus der Kirche», antwortete ein anderer.

«Aber, das ist ja die Orgel...!»

«Wo denkst du hin? Die Orgel spielt doch nicht ganz von alleine...!»

Indessen hörte man deutlich, wie die Klänge aus der Kirche strömten, einmal *crescendo,* dann wieder *diminuendo,* und sie schwollen manchmal an, als würden sie den mächtigen Bombarden des Instrumentes entweichen.

Man öffnete trotz der Kälte die Tür des Gasthauses. Das alte Gotteshaus war dunkel, kein einziger Lichtschimmer drang durch die Fenster des Kirchenschiffs. Zweifellos war es nur der Wind, der durch irgendeinen Mauerspalt strich. Wir hatten uns getäuscht. Man wollte gerade wieder zur Abendunterhaltung zurückkehren, als sich das Phänomen in einer solchen Lautstärke wiederholte, daß kein Irrtum mehr möglich war.

«Aber man spielt doch in der Kirche!» rief Jean Clère aus.

«Das ist bestimmt der Teufel!» sagte Jenny.

«Kann der Teufel Orgel spielen?» erwiderte der Gastwirt.

«Und warum nicht?» dachte ich für mich selber.

Betty ergriff meine Hand. «Der Teufel?» fragte sie.

Inzwischen sind am Dorfplatz die Türen nach und nach aufgegangen; Menschen erscheinen an den Fenstern. Man stellt sich gegenseitig Fragen. Jemand im Gasthof meint: «Der Priester wird einen Organisten gefunden haben, den er hieher bestellt hat.»

Weshalb hatten wir bloß nicht an diese einfache Erklärung gedacht? Soeben ist der Pfarrer auf der Schwelle seines Hauses aufgetaucht.

«Was geht hier vor?» fragt er.

«Es wird auf der Orgel gespielt, Herr Pfarrer», ruft ihm der Gastwirt zu.

«Nun gut! Das ist Eglisack, der sich wieder an seine Klaviatur gesetzt hat.»

In der Tat hindert die Taubheit niemanden daran, seine Finger über die Tasten gleiten zu lassen, und es ist möglich, daß der alte Meister von der Laune gepackt wurde, mit dem Balgtreter nochmals auf die Orgelempore zu steigen. Man muß hingehen und sehen. Aber der Eingang zur Kirche ist geschlossen.

«Joseph», sagt der Pfarrer zu mir, «geh rasch zu Eglisack.»

Ich laufe hin mit Betty an der Hand, die mich nicht loslassen wollte.

Fünf Minuten später sind wir zurück.

«Nun?» fragt der Pfarrer.

«Der Meister ist zu Hause», sage ich atemlos.

Das stimmte. Seine Magd hatte mir bestätigt, daß er in seinem Bett wie ein Murmeltier schlafe und der ganze Orgellärm ihn nicht hätte aufwecken können.

«Aber wer ist es denn?» murmelt Frau Clère eher beunruhigt.

«Wir werden es gleich wissen!» ruft der Pfarrer aus und knöpft seinen Pelzmantel zu.

Die Orgel spielte weiter. Es war, als würde ein Sturm von Tönen aus ihr aufsteigen. Die sechzehnfüßigen Pfeifen dröhnten unter vollem Winddruck; das mächtige Gemshorn stieß laute Wohlklänge aus; selbst das zweiunddreißigfüßige Register, das den tiefsten Ton erzeugt, beteiligte sich an diesem ohrenbetäubenden Konzert. Es war, als würde ein musikalischer Windstoß über den Platz fegen. Man hätte glauben können, die Kirche sei nur noch ein riesiges Orgelgehäuse mit dem Turm als Schnarrwerk, das phantastische Kontra-F von sich gab.

Ich habe gesagt, das Hauptportal sei geschlossen gewesen, aber auf der anderen Seite der Kirche stand die kleine Tür genau gegenüber dem Wirtshaus «Clère» halb offen. Durch diesen Eingang mußte der Eindringling die Kirche betreten haben. Zuerst ging der Pfarrer, dann der Küster, der eben hinzugekommen war, hinein. Im Vorbeigehen tauchten sie vorsichtshalber ihre Finger in die Weihwasserschale und bekreuzigten sich. Dann tat das ganze Gefolge dasselbe.

Plötzlich hörte das Orgelspiel auf. Das von dem geheimnisvollen Organisten gespielte Stück endete auf einem Quartsextakkord, der sich unter dem düsteren Gewölbe verlor.

War der Auftritt all dieser Leute daran schuld, daß dem Künstler die Inspiration entzogen wurde? Wir hatten Anlaß, es anzunehmen. Aber nun versank das zuvor mit Harmonien gefüllte Kirchenschiff wieder in Schweigen, denn wir standen alle stumm zwischen den Säulen mit einem ähnlichen Gefühl, wie wenn man nach einem hellen Blitz auf das Krachen des Donners wartet.

Aber das hielt nicht lange an. Wir mußten wissen, woran wir waren. Der Küster und zwei bis drei der Tapfersten schritten zur Wendeltreppe am Ende des Kirchenschiffs, die zur Orgelempore hinaufführt. Sie erklommen die Stufen. Als sie oben ankamen, fanden sie niemanden. Der Deckel über der Klaviatur war zugeklappt. Der Blasebalg, noch halb mit der Luft gefüllt, die nicht mehr entweichen konnte, bewegte sich nicht, sein Hebel ragte in die Luft.

Sehr wahrscheinlich war es dem Eindringling gelungen, den Tumult und die Dunkelheit auszunützen, um die Wendeltreppe hinabzusteigen, durch die kleine Tür zu verschwinden und durchs Dorf zu flüchten.

Sei dem, wie ihm wolle: Der Küster fand, daß es vielleicht angebracht wäre, vorsichtshalber eine Teufelsbeschwörung vorzunehmen. Aber der Pfarrer war dagegen, und er hatte recht, denn er hätte diese Beschwörung umsonst durchgeführt.

v

Am nächsten Tag hatte der Marktflecken Kalfermatt einen – ja sogar zwei – Einwohner mehr. Man sah sie über den Dorfplatz spazieren, die Hauptstraße entlang flanieren, einen Abstecher zum Schulhaus machen und schließlich zum Gasthof «Clère» zurückkehren, wo sie ein Doppelzimmer belegten, ohne anzugeben, für wie lange.

«Es kann einen Tag, eine Woche, einen Monat, ein Jahr sein», hatte – so berichtete mir Betty, als sie mich auf dem Dorfplatz traf – die bedeutendere der beiden Personen gesagt.

«Ist es vielleicht der Organist von gestern?» fragte ich.

«In der Tat, das wäre möglich, Joseph.»

«Mit seinem Balgtreter...?»

«Zweifellos der Dicke», antwortete Betty.

«Und wie sind sie?»

«Wie alle Menschen.»

Wie alle Menschen, das war klar, da sie einen Kopf zwischen den Schultern, am Oberkörper angewachsene Arme und zuunterst an den Beinen Füße hatten. Aber man kann das alles besitzen und doch niemandem gleichen. Und das wurde mir bewußt, als ich die beiden so fremdartigen Fremden gegen elf Uhr erblickte.

Sie gingen einer hinter dem andern.

Der eine, fünfunddreißig bis vierzig Jahre alt, war schmächtig, mager, wie ein großer Reiher mit einem langen gelblichen Gehrock als Gefieder, dessen Beine von einem engen Strumpf umhüllt waren, aus welchem spitze Füße hervorragten, und der eine weit ausladende Mütze mit einem Federbusch trug. Wie schmal und kahl war doch sein Kopf! Zusammengekniffene kleine Augen, aber mit stechendem Blick und voller Glut in der Tiefe der Pupillen, weiße, spitze Zähne, lange Nase, zusammengepreßte Lippen, vorspringendes Kinn. Und was für Hände! Lange, lange Finger... Finger, die sich auf einer Klaviatur über anderthalb Oktaven spannen konnten!

Der andere war untersetzt, alles nur Schultern, alles nur Brust, ein dicker Kopf mit struppigem Haar unter einem gräulichen Filz, mit dem Gesicht eines starrköpfigen Stieres, einem Bauch in der

Form eines Baßschlüssels; ein Kerl von etwa dreißig Jahren und von einer Kraft, mit der er die stärksten Männer der Gemeinde verprügeln könnte.

Niemand kannte die beiden. Man sah sie zum erstenmal in der Gegend. Mit Sicherheit waren es keine Schweizer, sondern eher Leute aus dem Osten, von jenseits des Gebirges, aus dem Ungarischen. Und tatsächlich erfuhren wir später, daß dem so war.

Nachdem sie im Gasthof «Clère» eine Woche im voraus bezahlt hatten, nahmen sie mit großem Appetit ein Mittagsmahl ein und verschmähten dabei auch die guten Dinge nicht. Und nun machten sie einen Rundgang, gingen im Gänsemarsch, wobei der Große die Arme schlenkerte, schlendernd umherschaute, vor sich hin sang, unaufhörlich die Finger bewegte und sich manchmal mit der Hand auf den Nacken schlug und immer wieder sagte: «Das *A*... das *A*...! Gut!»

Der Dicke wälzte sich mit rollenden Hüften vorwärts und rauchte eine saxophonförmige Pfeife, der ganze Fluten weißlicher Wolken entströmten.

Ich starrte sie mit weitoffenen Augen an, da erblickte mich der Große und winkte mich zu sich heran.

Ehrlich gesagt, ich hatte ein wenig Angst, aber schließlich ging ich das Wagnis ein, und er fragte mit einer Stimme, die wie das Falsett eines Chorknaben klang: «Das Haus, wo der Priester wohnt, Kleiner?»

«Das Haus, wo... das Pfarrhaus...?»

«Ja. Kannst du mich hinführen?»

Ich fürchtete, daß der Pfarrer mir einen Verweis erteilen würde, wenn ich ihm diese beiden Individuen bringe – besonders den Großen, dessen Blick mich fesselte. Ich hätte gerne nein gesagt. Aber es war unmöglich, und schon strebte ich dem Pfarrhaus zu.

Als wir noch etwa fünfzig Schritte davon entfernt waren, zeigte ich auf die Tür und brachte mich rennend in Sicherheit, während der Türklopfer drei Achtel- und dann eine Viertelnote anschlug.

Auf dem Dorfplatz erwarteten mich ein paar Kameraden zusammen mit Herrn Walrügis. Dieser fragte mich aus, und ich berichtete, was geschehen war. Man schaute mich an ... Denkt bloß! *Er* hatte mit mir gesprochen!

Aber das, was ich zu erzählen wußte, brachte uns nicht viel weiter hinsichtlich der Gründe, welche die beiden Männer nach Kalfermatt geführt hatten. Warum das Gespräch mit dem Pfarrer? Wie war wohl sein Empfang gewesen? Und hoffentlich war ihm kein Unheil zugestoßen oder seiner Magd, einer Frau von ehrwürdigem Alter, die manchmal etwas wirr im Kopf war!

Alles erklärte sich am Nachmittag.

Der seltsame Typ – der größere – hieß Effarane. Er war Ungar, zugleich Künstler, Orgelstimmer und Orgelbauer, der Reparaturen ausführte, von Stadt zu Stadt zog und mit diesem Beruf seinen Lebensunterhalt bestritt.

Er war es gewesen, das war leicht zu erraten, der

am Abend zuvor, nachdem er mit dem anderen, seinem Gehilfen und Balgtreter, die Seitentür benutzt hatte, in der alten Kirche den Widerhall hervorgerufen hatte, indem er einen Sturm von Wohlklängen entfesselte. Aber nach seinen Worten benötigte das teilweise schadhafte Instrument einige Reparaturen, und er anerbot sich, sie zu einem sehr günstigen Preis auszuführen. Mit Zeugnissen belegte er seine Befähigung zu solchen Arbeiten.

«Machen Sie es, bitte... machen Sie es!» hatte der Pfarrer geantwortet, sich beeilend, das Angebot anzunehmen. Und er hatte hinzugefügt: «Zweimal sei dem Himmel Dank, uns einen so bedeutenden Orgelbauer wie Sie zu schicken, und dreimal würde ich dem Himmel danken, wenn er uns auch einen Organisten bescheren würde...»

«Ach, so ist also der arme Eglisack...?» fragte Meister Effarane.

«Taub wie eine Nuß. Sie kennen ihn?»

«Nun, wer kennt den Mann der Fuge nicht?»

«Es sind nun schon sechs Monate her, seit er nicht mehr in der Kirche spielt und auch nicht mehr an der Schule unterrichtet. Deshalb haben wir an Allerheiligen eine Messe ohne Musik abgehalten, und wahrscheinlich werden wir an Weihnachten...»

«Machen Sie sich keine Sorgen, Herr Pfarrer», entgegnete Meister Effarane. «Ich kann die Reparaturen bis in vierzehn Tagen beenden, und wenn Sie wollen, werde ich mich, wenn Weihnachten erst da ist, an die Orgel setzen.»

Und während er sprach, bewegte er seine endlos langen Finger, zog sie wie Gummischläuche in die Länge und knackte mit den Gelenken.

Der Pfarrer dankte dem Künstler mit freundlichen Worten und fragte ihn, was er von der Kalfermatter Orgel halte.

«Sie ist gut», erwiderte Meister Effarane, «aber unvollständig.»

«Und was fehlt ihr denn? Hat sie nicht vierundzwanzig Register, ganz zu schweigen vom Register der menschlichen Stimmen?»

«Nun, was ihr fehlt, Herr Pfarrer, ist gerade das Register, das ich erfunden habe und womit ich solche Instrumente auszustatten versuchte.»

«Welches Register denn?»

«Das Register der Kinderstimmen»[3], entgegnete der sonderbare Kerl und richtete seine lange Gestalt auf. «Ja, ich habe diese Ergänzung ersonnen! Es wird das Ideal sein, und dann wird mein Name besser klingen als die Namen von Fabri, von Kleng, von Erhart Smid, von André, von Castendorter, von Krebs, von Müller, von Agricola, von Kranz, die Namen von Antegnati, von Costanzo, von Graziadei, von Serassi, von Tronci, von Nanchinini, von Callido, die Namen von Sébastien Erard, von Abbey, von Cavaillé-Coll . . .»

Der Pfarrer mußte befürchten, daß das Namensregister bis zur bevorstehenden Vesperzeit nicht beendet sein würde.

Dann fügte der Orgelbauer hinzu, indem er sich mit den Fingern durchs Haar fuhr: «Und wenn mir das mit der Orgel von Kalfermatt gelingt, wird sich keine andere Orgel mit ihr vergleichen lassen, weder jene der Alexander-Kathedrale in Bergamo, noch jene der Pauls-Kathedrale in London, noch jene in Freiburg, noch jene in Harlem, noch jene in Amsterdam, noch jene in Frankfurt, noch jene in Weingarten, noch jene in der Notre-Dame zu Paris, in der Madeleine, in Saint-Roch, in Saint-Denis, in Beauvais...»

Und er sagte das alles mit begeisterter Miene und mit Gebärden, die in der Luft launenhafte Linien beschrieben. Bestimmt hätte er jedem anderen Menschen als einem Priester – der den Teufel mit einigen Worten Latein jederzeit vernichten kann – Angst eingeflößt.

Glücklicherweise ließ sich die Vesperglocke vernehmen, und indem er seine Mütze ergriff und deren Federbusch mit einer leichten Fingerbewegung kräuselte, vollführte Meister Effarane eine tiefe Verbeugung und kehrte zu seinem Balgtreter auf dem Dorfplatz zurück. Obwohl er nun fort war, glaubte die alte Magd etwas wie Schwefelgeruch[4] in der Luft festzustellen.

In Tat und Wahrheit rauchte aber der Ofen.

VI

Es versteht sich von selbst, daß von diesem Tage an nur noch über diesen ernsten Vorfall gesprochen wurde, der die Leute im Dorf leidenschaftlich bewegte. Der große Künstler namens Effarane, zugleich ein großer Erfinder, traute es sich zu, unsere Orgel mit einem Kinderstimmenregister zu bereichern. So würde man also nächste Weihnachten nach den Hirten und den Heiligen Drei Königen, die von Trompetenstößen, vom Schnarrwerk und von Flötenklängen begleitet wurden, die frischen, kristallklaren Stimmen der Engel hören, die um das kleine Jesuskind und um die Gottesmutter herumflattern.

Die Arbeiten begannen schon am nächsten Tag; Meister Effarane und sein Gehilfe hatten sich ans Werk gemacht. Während der Schulpausen gingen ich und ein paar andere aus der Klasse die beiden besuchen. Man ließ uns auf die Empore hinaufsteigen unter der Bedingung, daß wir nicht stören würden. Das ganze Orgelgehäuse war geöffnet, in seinen Urzustand zurückversetzt. Eine Orgel ist lediglich eine an den Windkasten angebaute Panflöte mit Blasebalg und Register, das heißt mit einem Regierwerk, das die Windzufuhr steuert. Unser Instrument war ein großes Modell mit vierundzwanzig Hauptregistern und vier Manualen zu je vierundfünfzig Tasten, überdies mit einem Pedal für die zwei Oktaven umfassenden Grundstimmen der Baßlage. Wie riesig kam uns doch dieser Wald von Zungen- oder Lippenpfeifen aus Holz und aus Zinn vor! Man hätte sich in diesem dichten Massiv verlieren können! Und was für komische Namen kamen über die Lippen von Meister Effarane: Doppelregister, Flötenregister, Krummhörner, Bombarden, Prinzipal, Gemshörner!

Wenn ich denke, daß es sechzehn Fuß lange Pfeifen aus Holz und zweiunddreißig Fuß lange aus Zinn gab! In diesen Pfeifen hätte man die ganze Schule mitsamt Herrn Walrügis verstauen können! Wir betrachteten das Durcheinander mit einer an Schrecken grenzenden Verblüffung.

«Henri», sagte Hockt und wagte einen Blick unter das Gehäuse, «es sieht einer Dampfmaschine ähnlich ...»

«Nein, eher einer Geschützbatterie», sagte Farina, «es sind Kanonen, die mit Musikkugeln auf einen schießen ...!»

Ich fand keinen Vergleich, aber wenn ich an die Windstöße dachte, die der doppelte Blasebalg durch diese Riesenpfeifen hindurchjagen konnte, ergriff mich ein Schauer, der mich stundenlang erzittern ließ.

Meister Effarane arbeitete inmitten dieses Wirrwarrs, ohne je in Verlegenheit zu geraten. In Wirklichkeit befand sich die Orgel von Kalfermatt in einem ziemlich guten Zustand, und die Reparaturen, die sie benötigte, waren nur geringfügig, dafür hätten mehrere Jahre alte Staubschichten entfernt werden müssen. Was die größten Schwierigkeiten bereiten würde, war der Einbau des Kinderstimmenregisters. Diese Vorrichtung, eine Reihe von Kristallflöten, die sicher liebliche Töne hervorbringen würden, lag in einem Kasten bereit. Meister Effarane, ein ebenso geschickter Orgelbauer, wie er ein hervorragender Organist war, hoffte, daß ihm endlich das gelingen würde, was ihm bis dahin mißlungen war. Allerdings bemerkte ich, daß er nur zögernd zu Werk ging, auf der einen Seite probierte, dann auf der anderen, und, wenn es nicht klappte, Schreie ausstieß wie ein wütender Papagei, der von seiner Besitzerin geneckt wird.

Brrrr... diese Schreie jagten mir Schauer über den ganzen Körper, und ich spürte, wie mir die Haare zu Berg standen.

Ich möchte betonen, daß das, was ich sah, mich im höchsten Maß beeindruckte. Die Innereien des geräumigen Orgelgehäuses, dieses aufgeschlitzten Riesentieres mit seinen vor mir ausgebreiteten Organen, das alles beschäftigte mich bis zur Besessenheit.

Nachts träumte ich davon, und tagsüber kehrten meine Gedanken unaufhörlich dahin zurück. Vor allem der Kasten mit den Kinderstimmen, den ich nicht zu berühren gewagt hätte, erschien mir wie ein Käfig voller Kinder, die Meister Effarane züchtete, um sie mit seinen Organistenfingern zum Singen zu bringen.

«Was hast du, Joseph?» fragte mich Betty.

«Ich weiß nicht», antwortete ich.

«Ist es vielleicht, weil du zu oft zur Orgel hinaufsteigst?»

«Ja... vielleicht.»

«Geh nicht mehr hin, Joseph!»

«Ich werde nicht mehr hingehen, Betty.»

Und gegen meinen Willen begab ich mich noch am selben Tag wieder zur Orgel. Ich bekam Lust, mich in diesem Wald aus Pfeifen zu verlieren, in die dunkelsten Winkel zu schlüpfen, Meister Effarane, dessen Hammer ich zuhinterst im Gehäuse klopfen hörte, dorthin zu folgen. Ich hütete mich, zu Hause über all das zu reden; mein Vater und meine Mutter hätten mich für verrückt gehalten.

VII

Acht Tage vor Weihnachten saßen wir im morgendlichen Klassenzimmer, die Mädchen auf der einen, die Knaben auf der anderen Seite. Herr Walrügis thronte auf seinem Katheder; seine betagte Schwester strickte in ihrer Ecke mit langen Nadeln, wahren Bratspießen von Stricknadeln. Und Wilhelm Tell hatte bereits den Gesslerhut verhöhnt, als die Tür aufging.

Herein kam der Pfarrer.

Wir erhoben uns anstandshalber alle, aber hinter dem Pfarrer tauchte Meister Effarane auf.

Alle senkten den Blick vor den durchdringenden Augen des Orgelbauers. Was wollte er in der Schule, und weshalb wurde er vom Pfarrer begleitet?

Ich glaubte zu bemerken, daß er mich schärfer ansah als die anderen. Zweifellos hatte er mich wiedererkannt, und mir war unbehaglich zumute.

Indessen hatte Herr Walrügis sein Katheder verlassen und ging auf den Pfarrer zu, indem er sagte: «Was verschafft mir die Ehre?»

«Herr Schulmeister, ich wollte Ihnen Meister

Effarane vorstellen, der Ihre Schüler zu besuchen wünschte.»

«Und weshalb?»

«Er hat mich gefragt, ob es in Kalfermatt einen Schülerchor gebe, Herr Walrügis. Ich habe das bejaht. Ich habe ihm ferner gesagt, daß der Chor hervorragend war zu der Zeit, als der arme Eglisack ihn leitete. Daraufhin äußerte Meister Effarane den Wunsch, den Chor zu hören. So habe ich den Meister heute morgen in Ihre Klasse mitgenommen und bitte Sie, ihn zu entschuldigen.»

Herr Walrügis hatte keine Entschuldigungen entgegenzunehmen. Denn alles, was der Pfarrer tat, war wohlgetan. Wilhelm Tell würde für einmal warten müssen.

Und dann, auf ein Handzeichen von Herrn Walrügis hin, setzten wir uns; der Pfarrer auf einen Sessel, den ich für ihn holte, Meister Effarane auf eine Ecke des Tisches, an dem die Mädchen saßen, die bereitwillig zur Seite gerückt waren, um ihm Platz zu machen.

Am nächsten bei Meister Effarane saß Betty, und ich sah wohl, daß die liebe Kleine sich ängstigte vor den langen Händen und den langen Fingern, die neben ihr luftige Arpeggien beschrieben.

Meister Effarane ergriff das Wort und sagte mit seiner schneidenden Stimme: «Das sind also die Kinder, die im Chor sind?»

«Sie gehören nicht alle dazu», antwortete Herr Walrügis.

«Wie viele?»

«Sechzehn.»

«Knaben und Mädchen?»

«Ja», sagte der Pfarrer, «Knaben und Mädchen, und weil sie in diesem Alter dieselbe Stimmlage haben...»

«Irrtum», entgegnete Meister Effarane aufgebracht, «und das Ohr eines Kenners würde sich da nicht täuschen lassen.»

Natürlich erstaunte uns diese Antwort. Gerade Bettys und meine Stimme glichen sich so sehr im Klang, daß man zwischen ihrer und meiner nicht unterscheiden konnte, wenn wir sprachen; später sollte es dann anders sein, da nach dem Stimmbruch bei Frauen und Männern unterschiedliche Stimmlagen entstehen. Auf jeden Fall gab es mit einer Persönlichkeit wie Meister Effarane nichts zu diskutieren, und alle ließen sich das gesagt sein.

«Die Kinder, welche im Chor singen, mögen vortreten», bat er und hob den Arm wie einen Dirigentenstock.

Acht Knaben, darunter ich, und acht Mädchen, darunter Betty, stellten sich in zwei Reihen einander gegenüber auf. Und jetzt begann er uns viel gründlicher zu prüfen, als wir es zu Zeiten von Eglisack je erlebt hatten. Wir mußten den Mund öffnen, die Zunge herausstrecken, lange ein- und ausatmen, ihm die Stimmbänder bis auf den Grund der Kehle zeigen, und es schien, als wollte er sie mit den Fingern zupfen. Ich glaubte, er werde uns stimmen, als wären wir Geigen oder Violoncelli.

Ehrlich gesagt, wir waren, die einen wie die anderen, eingeschüchtert.

Der Pfarrer, Herr Walrügis und seine betagte Schwester saßen verdutzt da und wagten kein Wort zu sagen.

«Achtung!» rief Meister Effarane, «die C-Dur-Tonleiter solfeggieren! Ich gebe euch den Ton an.»

Den Ton? Ich erwartete, daß er einen kleinen Gegenstand mit zwei Zinken, ähnlich jenem des guten Eglisack, aus der Tasche ziehen würde, dessen Schwingungen in Kalfermatt wie andernorts das offizielle A erzeugen würden.

Aber da erlebte ich eine weitere Überraschung.

Meister Effarane hatte den Kopf gesenkt, und mit seinem gekrümmten Daumen versetzte er sich am Schädelansatz einen scharfen Schlag. O Wunder! Sein oberster Wirbel gab einen metallischen Ton von sich, und es war genau das A mit seinen offiziell festgelegten achthundertsiebzig Schwingungen.

Meister Effarane hatte in seinem Innern von Natur eine Stimmgabel! Und nun gab er uns eine kleine Terz höher das C an, während sein Zeigefinger am Ende des Armes leicht zitterte, und sagte wieder: «Achtung! Zuerst ein Auftakt!»

Und so solfeggierten wir die C-Tonleiter, zuerst aufwärts, dann abwärts.

«Schlecht… schlecht…», rief Meister Effarane aus, als der letzte Ton verklungen war, «ich höre sechzehn verschiedene Stimmen, und ich sollte nur eine einzige hören.»

Ich bin der Meinung, daß er sich viel zu heikel verhielt, denn wir waren es gewohnt, mit großer Präzision zusammen zu singen, was uns immer sehr viele Komplimente eingebracht hatte.

Meister Effarane schüttelte den Kopf, warf unzufriedene Blicke nach rechts und nach links. Es kam mir vor, als würden sich seine Ohren, die eine gewisse Beweglichkeit aufwiesen wie bei den Hunden, Katzen und anderen Vierfüßern, aufrichten.

«Beginnen wir nochmals!» rief er laut. «Diesmal eines nach dem anderen. Jedes von euch sollte einen persönlichen Ton, sozusagen einen physiologischen Ton haben, den einzigen, den es in einem Chor je singen sollte.»

Einen einzigen Ton – einen physiologischen! Was mochte dieses Wort bedeuten? Nun, ich hätte gerne gewußt, welches *sein* Ton, der Ton dieses Originals und auch der Ton des Pfarrers war, der immerhin eine hübsche Sammlung von Tönen besaß, von denen einer falscher war als der andere!

Wir begannen nicht ohne anfängliche Bangigkeit – würde uns dieser schreckliche Mann etwa noch grob behandeln? – und nicht ohne eine gewisse Neugierde, welches wohl unser persönlicher Ton sei, den wir in unserer Kehle pflegen sollten wie eine Pflanze in ihrem Topf.

Hockt war der erste, und nachdem er die einzelnen Noten der Tonleiter gesungen hatte, wurde ihm von Meister Effarane das G als *physiologisch* zugestanden, als der präziseste, der wärmste Ton, den sein Kehlkopf hervorzubringen vermochte.

Nach Hockt kam Farina an die Reihe, der auf immer und ewig zum A verurteilt wurde.

Dann mußten sich auch meine übrigen Kameraden dieser peinlich genauen Prüfung unterziehen, und ihr günstigster Ton erhielt den offiziellen Kontrollstempel von Meister Effarane.

Jetzt trat ich vor.

«Ah, du bist es, Kleiner!» sagte der Organist.

Und indem er meinen Kopf in die Hände nahm, drehte er ihn hin und her, so daß ich befürchtete, er werde ihn schließlich noch abschrauben.

«Laß hören, welches dein Ton ist», meinte er dann.

Ich sang die Tonleiter vom C bis zum hohen C hinauf und hinunter. Meister Effarane schien nicht befriedigt zu sein. Er befahl mir, nochmals zu beginnen ... Es ging nicht ... Es ging nicht. Ich fühlte mich sehr gedemütigt. Mir, einem der Besten in der Singschule, sollte der individuelle Ton fehlen?

«Los!» rief Meister Effarane. «Die chromatische Tonleiter ... Vielleicht werde ich dort deinen Ton entdecken.»

Und meine Stimme kletterte in Halbtönen die Oktave hinauf. «Gut ... gut!» sagte der Organist. «Ich habe deinen Ton, und du wirst ihn nun während eines ganzen Taktes aushalten!»

«Und welcher ist es –?» fragte ich ein wenig zitternd.

«Das Dis.»

Und ich hielt das Dis aus, ohne einmal Atem zu holen.

Der Priester und Herr Walrügis ließen es sich nicht nehmen, ihre Befriedigung zu zeigen.

«Jetzt kommen die Mädchen an die Reihe!» befahl Meister Effarane.

Und ich dachte: «Wenn Bettys Ton nur auch das Dis wäre.» Es hätte mich nicht gewundert, unsere beiden Stimmen paßten ja so gut zusammen!

Die Mädchen wurden eines nach dem anderen geprüft. Der Ton des einen war das H, jener des anderen das E. Als Betty Clère an der Reihe war, stellte sie sich sehr eingeschüchtert vor Meister Effarane hin.

«Laß hören, Kleine.»

Und sie sang mit ihrer lieblichen Stimme, die so angenehm klang, daß man einen Distelfink zu hören glaubte. Aber es war bei Betty dasselbe wie bei ihrem Freund Joseph Müller. Man mußte die chromatische Tonleiter zu Hilfe nehmen, um ihren individuellen Ton zu finden, und schließlich wurde ihr das Es zugeteilt.

Zunächst war ich betrübt, aber nach reiflicher Überlegung konnte ich nicht anders, als stolz sein. Betty hatte das Es und ich das Dis. Nun, ist das nicht dasselbe . . .? Und ich begann in die Hände zu klatschen.

«Was hast du denn, Kleiner?» fragte mich der Organist und runzelte die Stirn.

«Ich habe große Freude», wagte ich zu antworten, «denn Betty und ich, wir haben den gleichen Ton . . .»

«Den gleichen?» schrie Meister Effarane. Und er

richtete sich so hoch auf, daß sein Arm die Zimmerdecke berührte. «Den gleichen Ton!» wiederholte er. «Ach, du glaubst, ein Dis und ein Es, das sei dasselbe, du Ignorant, Eselsohren sollte man dir aufsetzen! War es wohl euer Eglisack, der euch einen solchen Stumpfsinn beibrachte? Und Sie ließen das zu, Priester...? Und Sie auch, Schulmeister...? Und Sie ebenfalls, altes Fräulein?»

Die Schwester von Herrn Walrügis suchte nach einem Tintenfaß, das sie ihm an den Kopf werfen konnte.

Aber er fuhr fort und überließ sich dabei der vollen Wucht seines Zornes: «Du kleiner Unglücksrabe, du weißt also nicht, was ein Komma ist, dieser Achtelton, der das Dis vom Es, das Ais vom B unterscheidet und so weiter? Das ist ja allerhand! Ist hier wirklich niemand imstande, Achteltöne zu beurteilen? Gibt es denn nur geschrumpfte, verhärtete, verkalkte, geplatzte Trommelfelle in den Ohren von Kalfermatt?»

Wir wagten uns nicht zu rühren. Die Fensterscheiben klirrten von Meister Effaranes gellender Stimme. Ich war untröstlich darüber, diesen Ausbruch provoziert zu haben, und sehr traurig, daß zwischen Bettys und meiner Stimme dieser Unterschied bestand, wenn es auch nur ein Achtelton war. Der Pfarrer schaute mich bedeutungsvoll an, Herr Walrügis warf mir Blicke zu...

Dann beruhigte sich der Organist plötzlich und sagte: «Aufgepaßt! Jedes nimmt seinen Platz in der Tonleiter ein!»

Wir begriffen, was gemeint war, und jedes Kind begab sich an den seinem persönlichen Ton zukommenden Platz, Betty als Es an den vierten Platz und ich als Dis neben sie, unmittelbar neben sie. Das heißt, wir stellten eine Panflöte oder vielmehr Orgelpfeifen dar mit dem jeweils einzigen Ton, den jede einzelne Pfeife hervorzubringen vermag.

«Die chromatische Tonleiter», rief Meister Effarane, «und zwar richtig. Sonst...!»

Wir ließen es uns nicht zweimal sagen. Der mit dem C betraute Schulkamerad begann; es ging weiter; Betty sang ihr Es, dann ich mein Dis, und den Unterschied konnten die Ohren des Organisten, wie er sagte, beurteilen. Nachdem wir die Tonleiter hochgeklettert waren, sangen wir sie dreimal hintereinander abwärts.

Meister Effarane schien sogar ziemlich befriedigt zu sein.

«Gut, Kinder!» sagte er. «Es wird mir gelingen, aus euch eine lebende Klaviatur zu machen!»

Und da der Pfarrer mit nicht sehr überzeugter Miene mißbilligend den Kopf schüttelte, entgegnete Meister Effarane: «Warum nicht? Man hat doch auch mit Katzen ein Klavier zusammengestellt, mit Katzen, die je nach dem Miauen ausgewählt wurden, das sie ausstießen, wenn man sie in den Schwanz kniff! Ein Katzenklavier, ein Katzenklavier!» wiederholte er.

Wir begannen zu lachen, ohne recht zu wissen, ob es Meister Effarane bei diesen Worten ernst war oder nicht. Aber später erfuhr ich, daß er die Wahrheit gesagt hatte, als er von diesem Klavier aus Katzen sprach, die miauten, wenn ein Mechanismus sie in den Schwanz kniff! Gütiger Gott! Was den Menschen nicht alles einfällt!

Dann ergriff Meister Effarane seine Mütze, grüßte, wandte sich um und verließ das Schulzimmer, indem er sagte: «Vergeßt euren Ton nicht, vor allem du nicht, Herr Dis, und auch du nicht, Fräulein Es!»

Und diese Übernamen sind uns geblieben.

VIII

Das war also der Besuch von Meister Effarane an der Kalfermatter Schule. Er hatte bei mir einen sehr starken Eindruck hinterlassen. Es kam mir vor, als würde zuhinterst in meiner Kehle unablässig ein Dis schwingen.

Unterdessen schritten die Arbeiten an der Orgel voran. Noch acht Tage waren es bis Weihnachten. Meine ganze freie Zeit verbrachte ich auf der Empore. Es war stärker als ich. Ich half sogar, so gut ich konnte, dem Orgelbauer und seinem Balgtreter, aus dem man kein Wort herausbrachte. Jetzt waren die Register wieder in gutem Zustand, das Blasewerk funktionstüchtig, das Gehäuse frisch instandgesetzt, und seine Kupferteile glänzten im Halbschatten des Kirchenschiffes. Ja, man wäre bereit für die Weihnachtsfeier, ausgenommen vielleicht in bezug auf das berühmte Kinderstimmenregister.

Dort haperte es in der Tat mit der Arbeit. Das war nur zu offensichtlich angesichts der Verdrießlichkeit von Meister Effarane. Er versuchte, er versuchte nochmals... Die Sache klappte nicht. Ich weiß nicht, was seinem Register fehlte, er wußte es auch nicht. Dies rief bei ihm eine Enttäuschung hervor, die sich in heftigen Wutausbrüchen äußerte. Er gab der Orgel die Schuld, dem Blasewerk, dem Balgtreter, dem armen Dis, der nichts dafür konnte! Einige Male befürchtete ich, er werde alles kurz und klein schlagen, so daß ich die Flucht ergriff... Und was würde die um ihre Hoffnung betrogene Kalfermatter Bevölkerung sagen, wenn die Hauptfeier des Kirchenjahres nicht mit dem ganzen Prunk, der ihr gebührt, abgehalten würde?

Nicht zu vergessen, daß der Schülerchor diese Weihnachten nicht singen konnte, da er sich aufgelöst hatte, und daß man deshalb auf die Orgelmusik angewiesen sein würde.

Kurz und gut, der Festtag kam. Während der letzten vierundzwanzig Stunden hatte sich der immer stärker enttäuschte Meister Effarane zu derartigen Zornesausbrüchen hinreißen lassen, daß man um seinen Verstand zu bangen hatte. Würde er auf diese Kinderstimmen verzichten müssen? Ich wußte es nicht, denn er hatte mich derart erschreckt, daß ich mich nicht mehr auf die Empore, ja nicht einmal mehr in die Kirche wagte.

Am Abend der Weihnachtsfeier schickte man die Kinder gewöhnlich schon beim Eindämmern ins Bett, und sie schliefen dann, bis es Zeit für den Kirchgang war. So waren sie imstande, während der Mitternachtsmesse wach zu bleiben. An jenem Abend begleitete ich denn die kleine Es – ich war dazu übergegangen, sie so zu nennen – nach der Schule bis vor ihre Haustür.

«Versäume ja die Messe nicht», sagte ich zu ihr.

«Nein, Joseph, und du vergiß dein Gebetbuch nicht.»

«Keine Angst.»

Ich kehrte nach Hause zurück, wo man mich erwartete.

«Du gehst jetzt zu Bett», sagte meine Mutter zu mir.

«Ja», antwortete ich, «aber ich bin nicht schläfrig.»

«Das macht nichts!»

«Trotzdem...»

«Tu, was deine Mutter sagt», entgegnete mein Vater, «und wir werden dich wecken, wenn es Zeit zum Aufstehen ist.»

Ich gehorchte, ich gab meinen Eltern einen Kuß, und ich ging in mein Zimmerchen hinauf. Meine sauberen Kleider lagen auf einer Stuhllehne, und meine geputzten Schuhe standen neben der Tür. Ich würde das alles beim Aufstehen nur noch anziehen müssen, nachdem ich mir Gesicht und Hände gewaschen hatte.

Sobald ich unter mein Bettlaken geschlüpft war,

löschte ich die Kerze aus, aber von der Schnee-
decke auf den Dächern der Nachbarhäuser blieb
ein schwacher Lichtschimmer zurück.

Natürlich war ich nicht mehr in dem Alter, da
man einen Schuh in den Kamin stellt in der Hoffnung, ein Weihnachtsgeschenk darin zu finden.
Aber ich erinnerte mich, daß dies damals eine schöne Zeit gewesen war, die nicht mehr zurückkommen würde. Das letzte Mal, vor drei oder vier
Jahren, hatte meine geliebte Es ein hübsches Silber-
kreuz in ihrem Pantoffel gefunden ... Ihr dürft es
nicht weitersagen, aber ich war derjenige, der es
hineingelegt hatte!

Dann verwischten sich diese erfreulichen Dinge
in meinem Kopf. Ich dachte an Meister Effarane.
Ich sah ihn neben mir sitzen, sah seinen langen
Gehrock, seine langen Beine, seine langen Hände,
sein langes Gesicht ... Ich konnte meinen Kopf
noch so sehr ins Kissen wühlen, ich sah ihn trotzdem, ich spürte, wie seine Finger dem Bett entlang
strichen ... Doch nachdem ich mich hin und
her gewälzt hatte, fand ich endlich den Schlaf.
Wie lange dauerte mein Schlummer? Ich weiß es
nicht. Aber plötzlich wurde ich unsanft geweckt,
eine Hand hatte sich auf meine Schulter gelegt.

«Los, Dis!» sagte eine Stimme, die ich sogleich
erkannte, zu mir. Es war die Stimme von Meister
Effarane.

«Nun aber los, Dis ... Es ist Zeit ... Willst du
etwa die Messe versäumen?»

Ich hörte ihn, ohne zu begreifen.

«Muß ich dich denn aus dem Bett zerren, wie man das Brot aus dem Ofen holt?»

Mein Bettlaken wurde kurzerhand beiseite geschoben. Ich öffnete die Augen, sie wurden vom Schein einer Laterne geblendet, die in einer Hand baumelte ... Ich wurde von einem unbeschreiblichen Schrecken ergriffen ... Es war wirklich Meister Effarane, der mit mir sprach.

«Los, Dis, zieh dich an.»

«Mich anziehen ...?»

«Es sei denn, du möchtest im Nachthemd zur Messe gehen! Hörst du denn die Glocke nicht?»

Tatsächlich läutete die Kirchenglocke mit aller Kraft.

«Also, Dis, wirst du dich nun anziehen?»

Ohne mir dessen bewußt zu sein, war ich innerhalb einer Minute angekleidet. Es stimmt, Meister Effarane hatte mir geholfen, und was er tat, tat er rasch.

«Komm», sagte er und nahm seine Laterne wieder auf.

«Aber mein Vater, meine Mutter ...», wandte ich ein.

«Sie sind schon in der Kirche.»

Es erstaunte mich, daß sie nicht auf mich gewartet hatten. Schließlich gehen wir die Treppe hinab. Die Haustür wird geöffnet, dann wieder geschlossen, und schon stehen wir auf der Straße.

Was für eine bissige Kälte! Der Dorfplatz ist ganz weiß, der Himmel ganz mit Sternen übersät. Die Kirche und der Kirchturm heben sich vom Hintergrund ab, und es ist, als wäre die Turmspitze von einem Stern angezündet worden.

Ich folgte Meister Effarane. Aber statt in Richtung Kirche zu gehen, biegt er hier und dort in Seitenstraßen ein. Er bleibt vor Häusern stehen, deren Türen aufgehen, ohne daß er anzuklopfen braucht. Aus den Türen treten meine Kameraden in ihren Festtagskleidern, Hockt, Farina, all jene, die zum Schülerchor gehörten. Dann sind die Mädchen an der Reihe und zuallererst meine kleine Es. Ich nehme sie bei der Hand.

«Ich habe Angst!» sagt sie zu mir.

Ich wagte nicht zu antworten: «Ich auch!», da ich befürchtete, sie damit noch mehr zu erschrecken.

Endlich sind wir vollzählig. Alle, die ihren persönlichen Ton haben, die ganze chromatische Tonleiter eben... Aber was beabsichtigt denn der Organist? Möchte er etwa in Ermangelung seines Kinderstimmenregisters mit dem Schülerchor ein Register bilden?

Ob man will oder nicht, man muß dieser phantastischen Person gehorchen, so wie die Musiker ihrem Dirigenten gehorchen, wenn der Stock in seinen Fingern bebt. Wir kommen an der Seitentür der Kirche an und schreiten paarweise hindurch. Noch niemand ist im Kirchenschiff, das kalt, düster, still daliegt. Dabei hat er mir doch gesagt, daß mein Vater und meine Mutter mich hier erwarten...! Ich frage ihn, ich wage es, ihn zu fragen. «Schweig, Dis», antwortet er, «und hilf der kleinen Es hinaufsteigen.»

Das tat ich. Nun erklimmen wir alle die enge Wendeltreppe und erreichen die oberste Stufe, die zur Empore führt. Diese ist plötzlich hell erleuchtet. Das Manual der Orgel ist geöffnet, der Balgtreter an seinem Posten, es ist, als wäre er vom heftigen Wind des Blasewerkes aufgebläht, so riesengroß erscheint er!

Auf ein Zeichen von Meister Effarane stellen wir uns in der richtigen Reihenfolge auf. Er streckt den Arm aus; das Orgelgehäuse geht auf und hinter uns wieder zu ...

Alle sechzehn Kinder sind wir in den Pfeifen des Grandjeu eingeschlossen, jedes für sich, aber nebeneinander stehend. Betty befindet sich als Es in der vierten Pfeife und ich als Dis in der fünften! Ich hatte also das Vorhaben von Meister Effarane richtig erraten. Es gab keinen Zweifel mehr. Da er sein Werk nicht einbauen konnte, setzte er das Kinderstimmenregister mit uns Kindern des Schülerchors zusammen, und wenn der Wind uns über das Pfeifenmaul erreicht, wird jedes seinen eigenen Ton von sich geben! Das sind keine Katzen, sondern wir sind es, ich und Betty und alle unsere Schulkameraden, die über die Tasten der Klaviatur manipuliert werden sollen!

«Betty, bist du da?» rief ich.

«Ja, Joseph.»

«Hab keine Angst, ich bin neben dir.»

«Ruhe!» kreischte die Stimme von Meister Effarane.

Und wir schwiegen.

IX

Unterdessen hatte sich die Kirche nach und nach mit Leuten gefüllt. Durch den schrägen Spalt meiner Pfeife konnte ich sehen, wie die Menge der Gläubigen in das jetzt hell erleuchtete Kirchenschiff strömte. Und diese Familien wußten nicht, daß sechzehn ihrer Kinder in der Orgel eingeschlossen waren! Ich hörte deutlich das Geräusch der Schritte auf den Bodenfliesen, das Zusammenstoßen der Stühle, das Klappern der Schuhe und auch der Holzpantinen in jener Klangfülle, die den Kirchen eigen ist. Die Gläubigen nahmen ihre Plätze ein, um der Mitternachtsmesse beizuwohnen, und die Glocke läutete immer noch.

«Bist du da?» fragte ich Betty nochmals.

«Ja, Joseph», antwortete mir eine schwache, zitternde Stimme.

«Hab keine Angst ... Hab keine Angst, Betty! Wir sind nur während der Messe hier ... Nachher wird man uns wieder freilassen.»

Im Grunde genommen glaubte ich nicht, daß dies geschehen würde. Nie würde Meister Effarane diese Käfigvögel fliegen lassen, und dank seiner diabolischen Macht würde er uns lange gefangenhalten können ... vielleicht für immer!

Schließlich ertönt die Chorklingel. Der Priester und seine beiden Ministranten stehen vor den Altarstufen. Die Messe wird gleich beginnen.

Aber wie war es möglich, daß unsere Eltern sich keine Sorgen um uns gemacht hatten? Ich sah meinen Vater und meine Mutter ruhig an ihren Plätzen sitzen. – Ebenso ruhig waren Herr und Frau Clère. – Ruhig die Familien unserer Kameraden. Es war unerklärlich.

Ich dachte noch darüber nach, als ein Wirbelwind durch das Orgelgehäuse brauste. Alle Pfeifen erbebten wie ein Wald im Sturm. Der Balg arbeitete mit ganzer Kraft. Meister Effarane hatte die Einleitung zum Introitus zu spielen begonnen. Das Grandjeu und sogar die Pedalstimmen erklangen wie Donnergrollen. Es endete mit einem großartigen Schlußakkord, der auf der Baßstimme des zweiunddreißigfüßigen Schnarrwerkes ausgehalten wurde. Dann stimmte der Priester den Introitus an: *Dominus dixit ad me: Filius meus es tu.* Und beim *Gloria* eine erneute Attacke von Meister Effarane mit dem schmetternden Trompetenregister.

Ich lauerte voller Bangigkeit auf den Moment, da die Windstöße des Blasewerkes durch unsere Pfeifen fegen würden; aber der Organist sparte uns zweifellos für den Mittelteil der Messe auf...

Nach der Kollekte kommt die Epistel. Nach der Epistel das Graduale, das mit zwei glanzvollen Halleluja unter Begleitung des Grandjeu der Orgel abschließt. Und dann schwieg die Orgel für eine Weile während des Evangeliums und der Predigt, in welcher der Pfarrer dem Organisten dafür dankte, daß er der Kirche von Kalfermatt ihre verstummten Stimmen zurückgegeben hatte... Ach, hätte ich doch schreien, mein Dis durch den Spalt der Pfeife senden können!

Wir sind beim Offertorium angekommen. Nach den Worten *Laetentur coeli, et exultet terra ante faciem Domini quoniam venit* ein bewundernswertes Präludium von Meister Effarane mit dem Hauptflötenregister, im Verein mit dem Doppelregister. Es war großartig, ich muß es zugeben. Bei diesen Harmonien von unaussprechlichem Zauber herrscht Freude im Himmel, und es ist, als würden die himmlischen Chöre die Herrlichkeit des göttlichen Kindes besingen.

Dies dauert fünf Minuten, die mir wie fünf Jahrhunderte vorkommen, denn ich ahne, daß bei der Wandlung, für welche große Künstler die erhabensten Improvisationen ihrer Schöpferkraft aufsparen, die Kinderstimmen an die Reihe kommen werden . . . Wirklich, ich bin mehr tot als lebendig. Mir scheint, daß meine von der Erwartungsangst ausgetrocknete Kehle niemals einen Ton hervorbringen wird. Aber ich habe nicht mit dem unwiderstehlichen Wind gerechnet, der mich aufblähen wird, sobald die mich regierende Taste sich unter dem Finger des Organisten senkt.

Schließlich ist sie da, die gefürchtete Wandlung. Die Klingel läßt ihr etwas sprödes Läuten vernehmen. Im Kirchenschiff herrscht die Stille der allgemeinen Andacht. Die Köpfe beugen sich, während die beiden Ministranten das Meßgewand des Priesters hochheben . . .

Nun, obwohl ich ein frommes Kind bin, *ich* bin nicht andächtig! Ich denke an nichts anderes als an das Gewitter, das sich unter meinen Füßen entfesseln wird! Und da sage ich mit halblauter Stimme, damit nur sie mich hört: «Betty?»

«Was ist, Joseph?»

«Sei auf der Hut, wir sind gleich an der Reihe!»

«Ach, Jesus Maria!» ruft die arme Kleine.

Ich habe mich nicht getäuscht. Ein gedämpftes Geräusch ist zu hören, das Geräusch des Regierwerkes, das dem Wind den Zugang zu dem Windkasten verschafft, in welchen die Pfeifen des Kinderstimmenregisters münden. Eine süße, durchdringende Melodie schwebt unter dem Kirchengewölbe im Moment, da die Wandlung vollzogen wird. Ich höre das C von Hockt, das A von Farina; dann ertönt das Es meines geliebten neben mir stehenden Mädchens, dann schwillt meine Brust von einem Wind an, einem sanft erzeugten Wind, der das Dis durch meine Lippen bläst. Wollte man auch schweigen, man könnte nicht. Ich bin nur noch ein Instrument in der Hand des Organisten. Die Taste, die er auf seiner Klaviatur beherrscht, ist wie ein Ventil meines Herzens, das sich halb öffnet ... Ach, es ist herzzerreißend! Nein! Wenn er so weitermacht, werden die Laute, die uns entströmen, keine Töne mehr sein, sondern Schreie, Schmerzensschreie ...! Und wie soll ich meine Qual beschreiben, als Meister Effarane mit fürchterlicher Wucht einen kleinen Septakkord anschlägt, in dem ich den zweiten Platz einnehme: C, Dis, Fis, A ...! Und da der grausame, der unerbittliche Künstler den Akkord endlos lange aushält, falle ich in Ohnmacht, ich spüre, wie ich sterbe, und verliere das Bewußtsein ...

Aus diesem Grund läßt sich gemäß der Harmonielehre die berühmte kleine Septime, da ihr nun das Dis fehlt, nie mehr auflösen...

X

«Na, na, was hast du denn?» sagte mein Vater zu mir.

«Ich... ich...»

«Wach auf, es ist Zeit, zur Kirche zu gehen...»

«Zeit...?»

«Ja... Heraus aus dem Bett, sonst versäumst du die Messe, und du weißt, ohne Messe kein Weihnachtsessen!»

Wo war ich? Was war geschehen? War das alles nur ein Traum gewesen... das Eingesperrtsein in den Orgelpfeifen, die Musik während der Wandlung, mein in die Brüche gehendes Herz, meine Kehle, die ihr Dis nicht mehr hervorbringen konnte...?

Ja, meine lieben Kinder, von dem Augenblick an, da ich eingeschlafen war, bis zu dem Augenblick, da mein Vater mich aufweckte, hatte ich all das infolge meiner grenzenlos überreizten Phantasie geträumt.

«Meister Effarane?» fragte ich.

«Meister Effarane ist in der Kirche», antwortete mein Vater.

«Deine Mutter ist auch schon dort... Na also, willst du dich nicht anziehen?»

Wie im Rausch zog ich mich an und hörte im-

378

mer noch die quälende und endlos lange kleine Septime...

Ich betrat die Kirche. Ich sah alle an ihren gewohnten Plätzen: meine Mutter, Herrn und Frau Clère, meine geliebte kleine Betty, fest eingemummelt, denn es war sehr kalt. Die Glocke brummte noch hinter den Jalousien der Schallöcher im Kirchturm, und ich konnte ihr Ausschwingen hören.

Der Priester trat in dem für große Kirchenfeiern üblichen Ornat vor den Altar und wartete auf den Triumphmarsch, den die Orgel spielen würde.

Aber wie groß war die Überraschung, als die Orgel, statt die majestätischen Akkorde erklingen zu lassen, die dem Introitus vorangehen sollten, still blieb! Nichts! Kein einziger Ton!

Der Küster stieg zur Empore hinauf... Meister Effarane war nicht dort. Man suchte ihn. Vergeblich. Verschwunden war er, der Organist, und verschwunden war auch der Balgtreter. Meister Effarane hatte, zweifellos voller Wut darüber, daß es ihm nicht gelungen war, sein Kinderstimmenregister einzubauen, die Kirche, dann das Dorf verlassen, ohne sich sein Guthaben ausbezahlen zu lassen, und tatsächlich sah man ihn in Kalfermatt nie wieder.

Ich war ihm deswegen nicht böse, das gebe ich zu, meine lieben Kinder, denn in der Nähe dieses seltsamen Menschen wäre ich niemals mit einem Traum davongekommen, sondern so verrückt geworden, daß man mich ins Irrenhaus hätte stecken müssen!

Und wenn er verrückt geworden wäre, so hätte Herr Dis zehn Jahre später nicht Fräulein Es heiraten und mit ihr eine vom Himmel gesegnete Ehe – wenn es das denn gibt – eingehen können. Was beweist, daß man trotz des Unterschiedes von einem Achtelton, eines «Kommas», wie Meister Effarane es nannte, in der Ehe doch glücklich sein kann.

FRANCISCO AYALA

geb. 1906

Ein Weihnachtsfest im Land
der Ungläubigen
oder Sie sind wie die Kinder

Schon ging es auf Weihnachten zu. Unsere Stadt-
väter trafen Vorbereitungen für das jährlich wie-
derkehrende Wunder: Glühlämpchen sollten die
winterlich kahlen Bäume den Straßen entlang zum
Blühen bringen. Aus Radio- und Fernsehapparaten
erreichten uns die üblichen Schreckensmeldungen
– Terroranschläge, Überschwemmungen und Feu-
ersbrünste, Entführungen, Geiselmorde und Un-
glücksfälle aller Art – im Wechsel mit frommen
Aufforderungen, das bevorstehende Fest der Liebe,
des guten Willens und der weltweiten Versöhnung
mit dem umgehenden Kauf verlockender Waren
zu feiern. Es waren wohlbekannte, überzeugende,
gebieterische Stimmen. Meister des Belcanto riefen uns freundlich und inbrünstig verschiedene
Schaumweinmarken in Erinnerung; berühmte
Schriftsteller legten mit großem Geschick das Gewicht ihres Namens in die Waagschale und rieten
uns, die Muße der Festtage der edlen Beschäftigung zu widmen, in kostbar gebundenen Büchern
zu lesen; verführerische Filmschauspielerinnen und
geschniegelte Galane lobten überschwenglich die
Zauberwirkung dieses oder jenes Schönheitsmit-

tels; falls die Tragödie hungernder oder verstümmelter Kinder in andern Erdteilen uns für Augenblicke zu erschüttern vermochte, so war es wohltuend, gleich darauf das Glück unserer pausbackigen Blondschöpfe mitzuerleben, die von den Herstellern ein farbenfrohes Spielzeug in die Hände gedrückt bekamen.

Das alles wirkte irgendwie gespenstisch und mutete uns ziemlich unwirklich an. Ebenso wie von den angepriesenen Parfums nur die Form des Fläschchens und der Markenname unsere Augen und Ohren erreichten, der Geruch aber nicht unsere Nase, berührten auch die verschiedenen Schreckensmeldungen, das allgegenwärtige tausendfache Sterben kaum unsere durch die Gewöhnung abgestumpften Sinne, und alles schien uns fremd und entrückt.

Ein Vorfall auf der Straße holte uns aber bald aus der trügerischen Scheinwelt heraus. Wir wurden um diese Zeit Opfer eines Diebstahls, wie sie mittlerweile so häufig sind, daß die Zeitungen nicht einmal mehr darüber berichten. Ein geschickter Schnitt mit dem Messer genügte den dreisten Kerlen im Gedränge, uns im Nu alles zu rauben, was wir bei uns hatten, und wir standen verdutzt da, wütend und machtlos. Somit gab es das alles tatsächlich. Somit waren auch wir keineswegs sicher vor Ungemach; was andern zustieß, konnte auch uns treffen. Jetzt, da wir zu Hauptbeteiligten – vielmehr zu Opfern – eines, wie wir wohl wußten, täglich sich mehrfach wiederholenden unbedeutenden Delikts geworden waren, ohne bis anhin selbst behelligt worden zu sein, erschreckte und verwirrte uns der Zwischenfall weit mehr, als es die Ursache vermutlich rechtfertigte. Obwohl an sich eine belanglose Erfahrung, war sie uns in die Knochen gefahren. Noch zwei oder drei Tage später hatten wir das Unbehagen nicht überwunden, das sie ausgelöst hatte; vielmehr schien sich das ungute Gefühl zeitweise sogar noch zu verstärken. Wir verspürten nicht eigentliche Angst, eher waren wir uns unserer Ohnmacht bewußt.

In diesem Zustand der Niedergeschlagenheit entschieden wir uns schließlich, die Stadt zu verlassen, uns für einige Tage ihren unbestimmten, aber ach nur zu offenkundigen Gefahren zu entziehen und damit dem ehrwürdigen Beispiel der Heiligen Familie zu folgen, die mit ihrer Flucht nach Ägypten der Blutgier des Königs Herodes entronnen war. Unsere Flucht kam allerdings nicht wie die ihre der Erlösung der Menschheit durch den Sohn Gottes zugute, sondern nur gerade uns selbst, der Erholung unseres verwirrten Gemüts: wir mußten Abstand gewinnen und uns mit ein paar Tagen Ferien eine Verschnaufpause schaffen.

Und warum denn eigentlich nicht in Ägypten? Ja, genau, Ägypten, dessen einmalige Sehenswürdigkeiten die Reiseunternehmen in ihren Werbeprospekten begeistert anpriesen: unvergleichliche Baudenkmäler, die berühmten Pyramiden, Palmenhaine und Kamele am Nilufer, und obendrein das zu dieser Jahreszeit angenehme Klima. Die Heilige Familie war überstürzt vor der Schlächterei geflohen, Mutter und Kind auf dem Rücken des Eseleins, das der Vater geduldig und selbstlos hinter sich herzog; sie wohnten wenigstens nicht weit weg von dem Land, wo sie Zuflucht suchten, und außerdem war die damalige Zeit ganz anders. Dafür waren wir nicht so arm wie unsere heiligen Vorbilder. Wir hatten schließlich noch etwas Geld auf der Bank und durften es verwenden, um uns in einer exotischen Umgebung abzulenken und unser inneres Gleichgewicht wiederzufinden.

Wie wir es uns ausgedacht hatten, so machten wir es auch. Da es für uns nicht in Frage kam, uns Unsicherheiten und Beschwernissen auszusetzen, wie sie Reisen mit sich bringen, wenn man auf gut Glück losfährt und auf sich selbst angewiesen ist, wandten wir uns an eines der Unternehmen, die unerfahrenen Touristen alles bequem bereithalten. Wenn wir es ratsam fanden, uns während der kommenden Festtage den Gefahren der modernen Zivilisation zu entziehen, so war es auch ratsam, uns der Fürsorge kluger und gewitzter Fachleute anzuvertrauen, um uns auf sicheren Pfaden in das Wesen der ältesten Zivilisation der Welt einführen zu lassen.

Das Reisebüro, dem wir uns anvertrauten, hatte mehrere Programme im Angebot, eines verlockender als das andere. Es waren Gruppenreisen, denen an jedem Ort eigene Vertreter und kundige Führer zur Verfügung standen, die uns alle nöti-

Flucht nach Ägypten (Matth. 2,14)

gen und sonstwie aus Neugier oder Interesse gewünschten Auskünfte erteilen konnten. Wir verglichen die verschiedenen Möglichkeiten und wählten schließlich ein Arrangement, das laut Prospekt unsern Wünschen und finanziellen Mitteln entsprach. Es umfaßte nicht nur den unumgänglichen Besuch des Ägyptischen Museums, der Mohammed-Ali-Moschee, der Bazare Khan el Khalili in Kairo, den ebenso unumgänglichen Kamelritt und die anschließenden Fotos am Fuß der Pyramiden, sondern außerdem noch eine Fahrt den Nil hinauf auf einem Luxusschiff zu den Tempelwundern von Karnak und Luxor – dem ägyptischen Theben –, nach Memphis und Sakkara und dem Staudamm von Assuan; unter vielem andern bot sich uns sogar die herzbewegende Gelegenheit zu einem Gebet in der Kirche über der Gruft, wo die Heilige Familie auf ihrer überstürzten Flucht vor zweitausend Jahren Unterschlupf gefunden hatte. Freundlich und bewundernswert geduldig gaben uns die Angestellten im Reisebüro über alle gewünschten Einzelheiten Auskunft. Als sämtliche Fragen endlich beantwortet waren, bezahlten wir, und nach der Zusicherung, daß alles pünktlich wie vereinbart für uns bereit sein würde, brauchten wir uns nur noch zur angegebenen Zeit auf dem Flughafen einzufinden, um zusammen mit der Gruppe die Reise anzutreten.

Bis dahin hatten wir es ausschließlich mit sachlich-höflichen, vielbeschäftigten und tüchtigen Büroangestellten zu tun gehabt. Am Flughafen sollten wir nun die andern Reiseteilnehmer und vor allem den Vertreter oder die Vertreterin – ob Mann oder Frau, wußten wir nämlich noch nicht – des Reisebüros kennenlernen, der oder die uns auf der ganzen Fahrt betreuen würde.

Wie sich dann zeigte, war es ein Mann in den Vierzigern, der sich uns locker vorstellte: «Ich heiße Victor», sagte er, «Victor Cachafaz, und stehe Ihnen zu Diensten.» Dabei hob er den Kopf und schien uns über die Schultern hinweg anzuschauen. In Tat und Wahrheit zählte er unauffällig die Leute, die sich um ihn geschart hatten: wir mochten rund unser dreißig sein. Er hielt ein Blatt Papier in der einen Hand, vermutlich die Teilnehmerliste, in der andern ein Bündel Flugscheine, die unseren. Von jedem verlangte er den Reisepaß und entfernte sich dann, um die nötigen Formalitäten zu erledigen.

Wir Reiseteilnehmer musterten uns gerade verstohlen – es waren Leute aller Altersstufen in der Gruppe, frisch vermählte Pärchen, einige bestandene Ehepaare, junge Mädchen, ein älterer Herr von gebieterischem Aussehen –, als uns im Auftrag des Reisebüros Tragtaschen mit auffälligem Firmenaufdruck überreicht wurden sowie für jedes von uns eine hübsch verpackte Flasche Schaumwein, und am Mäschchen hing ein Kärtchen mit Wünschen zu einem fröhlichen Weihnachtsfest. Wie uns Señor Cachafaz aufklärte, war dies eine besondere Aufmerksamkeit des Reisebüros, damit wir den Heiligen Abend, der auf unsere Nilfahrt fiel, bei heimatlichem Schaumwein feiern könnten. Das war ein guter Anfang, kein Zweifel. Wir Reiseteilnehmer – Männer, Frauen, junge und nicht mehr ganz junge, sogar auch alte – verstauten die Flasche geschmeichelt in die Tragtasche, und nachdem wir uns unseres Gepäcks entledigt hatten – das hatte unser Betreuer veranlaßt – und anhand der Liste festgestellt war, daß niemand fehlte, gingen wir unbelastet in den Warteraum, um in Bälde das Flugzeug zu besteigen.

Im Warteraum löste sich die Gruppe wieder auf, die sich Augenblicke zuvor um unsern Betreuer gedrängt hatte, und vermischte sich mit Flugpassagieren nach Kairo und Jiddah in Saudi-Arabien, die vielleicht zu einer Reisegruppe eines andern Veranstalters gehörten, unter ihnen wohl der eine oder andere Diplomat oder Ingenieur, sehr wahrscheinlich auch gläubige Muslime auf der Pilgerfahrt nach Mekka, denn für sie wird das religiöse Gebot mit den nötigen Geldmitteln ebenfalls leichter und bequemer erfüllbar.

Im Flugzeug waren uns Plätze beieinander zugeteilt, und so kamen wir in die Reihe vor dem alten Herrn mit dem gebieterischen Schnurrbart zu sitzen, der sich tatsächlich als Oberst im Ruhestand entpuppte,und einem weiteren Herrn unbestimmten Alters und von klerikalem Benehmen, von dem später, obwohl auch er keine Berufskleidung trug, bekannt wurde, daß er Priester war; zwischen diesen beiden saß Victor Cachafaz, der Hirt der Touristenherde, zu der wir gehörten.

Kaum hatte das Flugzeug abgehoben und eine gewisse Höhe erreicht, begannen die drei ein Gespräch, das während des ganzen Fluges nicht mehr abbrach und das wir in der vorderen Reihe mitbekamen, ohne die Ohren spitzen zu müssen. Angefangen hatte es mit den üblichen Belanglosigkeiten über Flugreisen – wieviel bequemer und sicherer sie seien, als stürmische Ozeane zu durchfurchen oder sich am Boden fortzubewegen – und ging dann zu philosophischen, mit allerlei Anekdoten für jeden Geschmack gewürzten Erwägungen über, was für Bildungswerte, Vorteile, Unannehmlichkeiten und Freuden Reisen in exotische Länder mit sich bringen. Der Oberst, ein gesprächiger, begeisterungsfähiger Mann, kannte bereits viele, war er doch schon in Japan, Burma und am Amazonas gewesen; jetzt wollte er Ägypten und afrikanische Länder kennenlernen. Für den Geistlichen hingegen war dies bereits die dritte Ägyptenreise. Er war, wie er zu merken gab, in den Geheimnissen des Isis- und Osiris-Kultes sehr bewandert. Die Vertrautheit der beiden mit der weiten Welt ermöglichte sogleich eine muntere Unterhaltung mit unserem Cachafaz, der seinerseits – wie es sich in den folgenden Tagen bestätigte – ein überschwenglicher, gewinnender Mensch war, redselig, lebhaft, witzig, eine Spur unziemlich auch, ausweichend, zögerlich und schwankend nur, wenn es Einzelheiten im Fortgang der Reise betraf, da er in einem Land wie Ägypten seine Bedenken hatte, ob die Dinge wirklich klappten.

Abgesehen von solchen Augenblicken etwas verdächtiger Zurückhaltung verströmte der gute Mann eine berückende Herzlichkeit. Seinen Sitznachbarn erzählte er fröhlich und recht schalkhaft aus seinem Leben und von den wunderbaren Fügungen darin, genau wie er später dasselbe oder Ähnliches allen erzählte, die Lust hatten zuzuhören. Er bekannte, daß er schon von klein auf mit Gelegenheitsarbeiten Geld verdienen mußte: er sei Laufbursche in einem Bürobetrieb gewesen, dann Schlosserlehrling, einige Zeit habe er als Kellner in einem Hotel an der Côte d'Azur gearbeitet, dann sei er Gehilfe des Sekretärs (so sagte er) eines bedeutenden Sportvereins in Barcelona gewesen, danach Angestellter bei den «Aerolíneas Argentinas», aber vor allem – und diese Tätigkeit entspreche seinen Neigungen am besten – habe er für verschiedene Reisebüros gearbeitet. Es seien dies, wie er betonte, sehr verantwortungsvolle Posten, die einige Opfer abforderten, wofür man immerhin auch wieder reichlich entschädigt werde; nicht gering einzuschätzen sei es zum Beispiel, zu wissen, daß man im Dienst von Leuten stehe, die möglicherweise nach Jahren des Sparens sich nach der Pensionierung den langgehegten Traum erfüllen können, Ferien in Saus und Braus an einem märchenhaft schönen Ort zu verbringen. «Sie beide», sagte er zu seinen Sitznachbarn, «sind gebildete und weitgereiste Herren, für Sie ist das alles nicht neu; aber glauben Sie mir, der größte Teil unserer Kundschaft sind einfache Leute, die sich gutgläubig und in kindlichem Vertrauen in unsere Obhut begeben. Alles erstaunt sie, alles entzückt sie; wenn ihre Hoffnungen enttäuscht werden, denn es ist nicht zu vermeiden, daß dies gelegentlich vorkommt, so geben sie es vor sich selbst nicht zu, denn sie haben schließlich ihre Ersparnisse eingesetzt, und es wäre für sie traurig, einzugestehen, daß sie nur Ärger und Verdruß geerntet haben. Glauben Sie mir, sie sind wie die Kinder. Sie sind wie die Kinder! Glauben Sie mir!»

Solcherlei Geplauder in der hintern Reihe, das wir streckenweise mithörten, verkürzte uns die Zeit, bis wir am frühen Nachmittag in Kairo landeten. Unser Reiseleiter trat nun in Aktion: er rief uns alle zusammen und befahl uns zu überprüfen, ob alle ihr vollständiges Reisegepäck hätten; dann ging er weg und kam wieder, redete aufgeregt mit verschiedenen Leuten, und nach weiterem rätselhaft geschäftigem Hin und Her hieß er uns ohne Umschweife am Zollschalter vorbeigehen und händigte uns unsere Pässe aus, die bereits mit schönen Stempeln und Unterschriften in arabischen Zeichen versehen waren. Darauf bat er um Ruhe und Aufmerksamkeit. Er hatte uns mitzuteilen, daß sich unser Schiff für die Nilfahrt in Luxor befinde. Das Reiseprogramm mußte also leicht umgestellt werden. Anstatt wie vorgesehen mit der Besichtigung von Kairo zu beginnen, würden wir gleich nach Luxor weiterfliegen, wo wir uns von den Wundern Oberägyptens begeistern lassen könnten. Wir müßten nun auf den Flug der ägyptischen Luftfahrtgesellschaft warten, der – zu seinem Leidwesen – nicht vorhersagbar sei. Ein bißchen Geduld sei nötig.

Wir hatten sie, was blieb uns anderes übrig. In den schmuddeligen Räumen des Flughafens mußten wir den ganzen Nachmittag und einen guten Teil der Nacht verbringen und dazu noch unsere Tragtaschen mit den Schaumweinflaschen hüten, bis wir gegen Morgen endlich nach Luxor geflogen wurden – das antike Theben, wie unser Führer uns belehrte –, dann ging es im Autobus zum Flußufer, wo unser Schiff vertäut war.

Unser Schiff? Das sollte unser Schiff sein? Was unsere übernächtigten müden Augen sahen, glich in keiner Weise der verlockenden Farbaufnahme und den vielversprechenden Beschreibungen, womit uns der Faltprospekt des Reiseveranstalters verführt hatte. Proteste wurden laut. Die Leute weigerten sich, den Betrug hinzunehmen. «Es ist unannehmbar!» schrien einige. «Ein Skandal, wir fordern unser Geld zurück!» meldeten sich andere. «Hören Sie, Victor, was sagen denn *Sie* dazu? Das ist doch unerhört, Señor Cachafaz!» Der arme Señor Cachafaz gab sich alle Mühe, die Gemüter zu besänftigen und die Leute zur Vernunft zu bringen: Ja, ja, er verstand sehr wohl... Natürlich... Er werde sich der Sache annehmen... Man wisse ja, daß die Werbung immer ein bißchen übertreibe... Das sei nun einmal so... Wer kennt das nicht! «Aber, meine Herrschaften...» Unterdessen hatten einige zerlumpte Araber unser Gepäck aus

dem Autobus geholt und auf der Hafenmole vor
dem häßlichen Schiff aufgereiht.

Da standen wir nun zwischen der Kofferreihe
und dem Schiff (der Autobus war weggefahren,
kaum daß er ausgeladen war) und wußten nicht,
was tun, und unser Betreuer rührte keinen Finger.
Er schaute auf den Boden, zum Schiff hinüber, zu
den Koffern, schaute zu uns hin und ließ die Zeit
vergehen. Offenbar war es seine Taktik, zu warten,
bis sich die Leute mit ihren Klagen und Beschwer-
den Luft gemacht hatten und der allgemeine
Unwille sich legte. Eine gute Taktik, in der Tat.
Einige hoben schon wie schutzlose Kinder die Augen zu ihm empor, in Erwartung einer Lösung,
und jemand äußerte sogar mit leiser Stimme seine Gedanken: «Er ist ja nicht schuld, sondern das
Reiseunternehmen; was kann der Arme denn
dafür?»

Tatsache war – ich habe es schon gesagt –, daß
Cachafaz ein netter, gesprächiger Kerl war, und in
den endlosen Wartestunden im Flughafen von Kairo hatte er sich bemüht, mit uns ins Gespräch zu
kommen, um uns mit seinem Geplauder die Langeweile erträglich zu machen, und mit seinem
Redeschwall verstand er es, die Sympathien der
Reiseteilnehmer zu gewinnen.

«Señor Cachafaz, was stehen wir eigentlich herum?» drohte eine der Damen, deren Tochter, ein
hübsches, schlankes Mädchen, ihr dauernd ins Ohr
flüsterte, vielleicht weil sich bei ihr ein dringendes
Bedürfnis meldete. «Wir werden hier doch nicht

den ganzen Vormittag zubringen!» Der Oberst
trat näher und unterstützte sie in ihrer Forderung:
«Ja, lieber Freund Victor, Sie sind Leiter dieser
Wüstenexpedition, es liegt an Ihnen, die nötigen
Vorkehrungen zu treffen.»

«Meine Herrschaften», sagte der Angesproche-
ne, «in wenigen Minuten wird der Autobus ein-
treffen und uns zu den Tempeln bringen, Sie
wissen, zu diesen herrlichen Tempeln ...»

«Wie bitte? Was sagen Sie da?» Unser Reiseleiter
hatte sanft und wie beiläufig gesprochen, aber seine
Worte lösten einen Sturm der Entrüstung aus: «Das
geht nicht; das kommt überhaupt nicht in Frage!
Nach der schlaflosen Nacht, die wir hinter uns
haben, wollen wir uns zuerst einmal ausruhen. Wir
steigen jetzt in diesen Schrotthaufen von Schiff ein,
machen es uns in den Kabinen einigermaßen bequem, und dann, vielleicht am Nachmittag ...»

«Leider ...», erklärte Victor Cachafaz mit kum-
mervoller Stimme, «leider sind die Kabinen noch
nicht frei. Die andere Reisegruppe räumt sie nicht
vor dem Mittagessen.»

Wozu mehr sagen. Es gab einen mittleren Tumult. Cachafaz ließ das Gewitter über sich ergehen, ohne sich vom Fleck zu rühren, und breitete
zum Zeichen seiner Machtlosigkeit und Zerknir-
schung die Arme aus; es tat ihm aufrichtig leid, und
er gab zu, daß wir vollumfänglich im Recht waren, aber er hatte keine Möglichkeit, die mißliche
Lage zu ändern. «Bitte, meine Herrschaften, beruhigen Sie sich doch, und versuchen wir, die Sache

nicht noch schlimmer zu machen . . .» – «Erwarten Sie denn tatsächlich von uns, daß wir jetzt auf eine Exkursion gehen, ohne die Hände vorher zu waschen? Und unsere Koffer? Sollen die einfach so mitten auf der Straße herumstehen? Und sollen wir den ganzen geschlagenen Vormittag unsere Tragtaschen mit den lästigen Schaumweinflaschen herumschleppen? Muß man sich das denn gefallen lassen?» Als größtmögliches Entgegenkommen erreichte unser Betreuer, daß wir, eines nach dem andern, in einer Mannschaftskajüte unsere Notdurft verrichten und unsere Tragtaschen stehen lassen konnten. Nach dem Mittagessen – so versicherte er uns – fänden wir unser Gepäck wieder vor, es bestehe keine Diebstahlgefahr, denn es werde in der Zwischenzeit bewacht. So machten wir uns mehr schlafend als wach auf die Fahrt, um die eindrucksvollen Überreste der Pharaonentempel zu besichtigen.

Erschöpft kamen wir auf das Mittagessen zurück und legten uns schlafen; von diesem Nachmittag an verbrachten wir drei Tage auf dem Schiff, das uns den Nil hinauf bis nach Assuan fuhr und dazwischen noch in Edfu und Kowm Ombo anlegte, wo es Tempel zu sehen gab.

Die Bläue und Ruhe des Flusses, die milde, fast kühle Luft, die schmeichelnde Sonne, die Landschaft mit den Palmen im Hintergrund auf dem gold- oder ockerfarbenen Boden versetzten uns nach ausgiebigem erquickendem Schlaf in die Stimmung, uns dem Traum hinzugeben, für den

wir einen ordentlichen Preis bezahlt hatten: endlich konnten unsere unersättlichen Augen sich an
all den Schönheiten laben, welche die Geschichte,
die Literatur, die Touristenwerbung auf dieser Reise versprachen. Ägypten bedeutete in unserer Vorstellung ein Durcheinander verschiedenster Kennt-
nisse und Wissensfetzen, die in einen einzigen
Namen zusammengeflossen waren: Ägypten war
die biblische Erzählung von Josephs Abenteuer mit
der Frau des Potiphar, die Thomas Mann in seinem
bekannten Roman ausgestaltete und an die uns
Melodien aus der Oper «Am Hof der Pharaonen» [1]
erinnerten; Ägypten waren die Statuen, die wir in
den großen Museen der Welt gesehen hatten, oder
die Abbildungen in Kunstbüchern von solchen,
deren Originale wir noch nicht kannten; es waren
die Skarabäen und die Juwelen und Kleinodien in
den Vitrinen; es waren die rätselhafte Legende von
der Rache des Tutanchamun-Grabes [2] und die Aus-
stellung der Schätze daraus, die vor einigen Jahren
in verschiedenen Ländern gezeigt wurden; es war
die «Aida» von Verdi; es waren Reliefs, womit eine
schwärmerische Freundin ihr Studio geschmückt
hatte; es waren undeutliche Erinnerungen an
schlecht und recht während der Gymnasialzeit auswendig gelernte Dynastien; es waren die napoleo-
nischen Mamelukken auf dem Gemälde von Goya,
es war «Antonius und Cleopatra» von Shakespeare,
es war wer weiß was alles sonst noch.

Dieses malerische Kunterbunt stellten wir uns
als irgendwie im Unwirklichen schwebend vor, als

Gaukelspiel unserer Phantasie, ohne Bezug zu unserm wirklichen Leben. Erst jetzt, da wir vor den Gebäuden, Trümmern, Hieroglyphen, Wandmalereien und Gerätschaften standen, zog deren alleiniges Vorhandensein uns unmerklich in das längst vergangene Leben hinein, das andere Menschen tatsächlich gelebt hatten – die Vorfahren vieler Männer, Frauen und Kinder, denen wir in den engen Gassen begegneten oder die uns wie ein lästiger Fliegenschwarm an den Eingängen zu den berühmten Stätten Halsketten und Postkarten und allen möglichen Ramsch zum Andenken verkaufen wollten und in deren Gesichtszügen wir zu unserer freudigen Überraschung und unserem Ergötzen hin und wieder Ähnlichkeiten mit den jahrtausendealten Abbildungen zu erkennen glaubten, die wir in Alabaster oder Granit gemeißelt an den Mauern vor uns hatten.

Mußte es sich da nicht irgendwie um Wunschträume unserer erregten Phantasie handeln? Wir wußten doch, daß sich in Ägypten im Lauf der Jahrhunderte mehrere Reiche abgelöst hatten und mit den Muselmanen eine beträchtliche Anzahl arabischer Volksstämme eingewandert waren, die ihre Zivilisation der antiken aufgepfropft hatten. Auf unserm Reiseprogramm stand denn auch der Besuch von Denkmälern aus neuerer Zeit: dem Mausoleum von Aga Khan, der Moschee von Mohammad Ali[3] – und ist übrigens nicht heute Arabisch die Landessprache? Bei genauerem Betrachten der Leute . . . ja, vielleicht entdeckte man in ihren Gesichtszügen Merkmale der alten Ägypter, aber verwässert durch die lange Vermischung mit den verschiedenen Eroberervölkern.

Die jüngste Einwanderungswelle war allerdings auf den ersten Blick erkennbar. Die neusten Eindringlinge waren wir Touristen. Kleidung, Aussehen, Gangart, Benehmen und Gebärden, unser ganzes Gehabe kennzeichnete uns als eine seltsame, Devisen bringende und danach wieder abziehende Wanderherde, die sich von den Einheimischen deutlich unterschied. Zu unserer Gruppe gehörten etwa dreißig Personen, vielleicht etwas mehr. Wir hetzten von einem Ort zum andern, standen an ausgewählten Punkten still, um uns aufmerksam die Erklärungen des Führers anzuhören, hoben alle miteinander die Köpfe, wenn wir dazu aufgefordert wurden, bewunderten, was man uns als bewunderungswürdig darstellte, und wenn wir fertig waren mit Bewundern, begaben wir uns wieder zum Autobus, der uns zum nächsten Schauplatz, zum nächsten Tempel, zum nächsten Denkmal, zum nächsten Mausoleum, zum nächsten Bazar, zur nächsten malerischen Landschaft mit Palmen und Kamelen brachte.

Unsere Gruppe war natürlich nur eine kleine, immerhin gut ausgerüstete Einheit, eine begeisterte und gut gedrillte Söldnerschar sozusagen, im modernen Kreuzzugheer heutiger touristischer Eroberungskriege. Viele ähnliche Gruppen, eine jede am Emblem des betreffenden Reiseunternehmens kenntlich, machten uns das Feld streitig,

kamen uns in die Quere, besetzten da und dort vor
uns den Eingang zu einer Sehenswürdigkeit, hatten andere Male zu warten, bis wir die Stellung
freigaben, um sie sogleich ihrerseits zu besetzen,
versperrten bald unserer Vorhut den Weg oder
schnitten bald unsere Nachhut beinahe ab. Oft
gönnten sie uns im Vorbeigehen einen freundlichen Gruß, und es kam nicht selten vor, daß wir
Gruppen überholten, deren Führer mit ausholen-
den Gebärden und feurigen Worten auf deutsch
oder katalanisch, französisch oder englisch oder sogar in unserer eigenen kastilischen Sprache auf
seine Truppe einredete. Von jedem Ausflug kehrten
wir müde, von Kopf bis Fuß mit Staub bedeckt,
aber reich an geistiger Beute auf unser Schiff zurück, wo uns als Entschädigung das Mittag- oder
Abendessen erwartete.

Was übrigens das Essen betrifft: bis anhin war es
uns noch nicht vergönnt gewesen, die exotischen
Gerichte zu kosten, die uns auch ein wenig zu dieser Reise verlockt hatten. Bei mehr als einer Gelegenheit hatten wir die Vorzüge der arabischen
Küche rühmen hören, und unsern Gaumen gelü-
stete es, sie kennenzulernen; aber wir hatten Ver-
ständnis dafür, daß die Reiseagentur während der
Dauer der Nilfahrt es nicht wagen wollte, das Miß-
fallen jener Teilnehmer zu erregen – gewöhnlich ist
es die Mehrzahl –, die auf die häuslichen Gewohnheiten ungern verzichten, und sie mußte sich an die
übliche Kost halten, die sich mit Vorliebe hinter
der anspruchsvollen Bezeichnung «französische

Küche» verbirgt. Was wir im Schiffchen aufgetischt bekamen, war ordentlich: es entlockte uns kein besonderes Lob, rechtfertigte aber auch keinen Tadel. Als wir uns zum ersten Essen hinsetzten, bestellten wir eine Flasche Wein, einheimischen natürlich; seine Qualität schien uns unterdurchschnittlich, ja minderwertig, sein Preis dafür sündhaft hoch – was sich allerdings leicht erklären läßt: der Islam, zu dem sich dieses Volk bekennt, verbietet, wie jedermann weiß, den Genuß alkoholischer Getränke, und es ist nur begreiflich, daß es teuer zu stehen kommt, der Sünde zu verfallen. Gewitzigt hielten wir uns daraufhin an Mineralwasser.

Aber der Heilige Abend stand bevor, und in unserer Kabine bewahrten wir wie alle die Flasche Schaumwein auf, die uns die Agentur großzügigerweise geschenkt hatte und die wir seit dem Antritt der Reise im Handgepäck mitschleppten. Ihren Inhalt wollten wir uns am Fest der Geburt unseres Erlösers zu Gemüte führen.

Am Morgen des Festtages teilte uns Señor Cachafaz mit gebührendem Nachdruck mit, daß für das Abendessen ein besonderer Nachtisch vorgesehen sei und wir dann mit unserem «berühmten Schaumwein» anstoßen könnten; beiläufig ließ er die Bemerkung fallen, *pour déboucher* (für das «Entkorken», wie er uns den eleganten französischen Ausdruck sogleich übersetzte) werde er einen bestimmten Betrag einziehen; angesichts des entrüsteten Erstaunens eines Reiseteilnehmers, der unbedingt wissen wollte, wie hoch die unerwartete Steuer sei, nannte er eine Summe, die – wir hatten die Rechnung rasch gemacht – in ägyptischer Währung den wohlbekannten ursprünglichen Preis der Flasche versechsfachte. «Wie bitte? Um unsern bescheidenen Schaumwein zu trinken, sollen wir das Sechsfache seines Wertes hinblättern?» Wir schauten uns gegenseitig verblüfft an.

«Was hat er da gesagt?» erkundigte sich eine Dame, «wir sollen unsern Champagner bezahlen?»

«Nein, Liebste, ‹pour déboucher›», erklärte ihr spöttisch der Gatte.

Die Stimmung wurde zusehends gereizter. «Das geht zu weit», schimpfte einer.

«Eine Unverschämtheit!» verkündete ein anderer. «Das dulden wir nicht.»

Die Empörung verschärfte sich; niemand wußte, wie sich das Gewitter entladen würde. Schließlich meldete sich der Priester nach kurzem Nachdenken zu Wort; er war ein besonnener, vernünftiger Mann und wandte sich nun mit würdevollem Ernst an Victor Cachafaz: «Schauen Sie, lieber Freund Victor, etwas möchte ich Ihnen sagen: In der Leidensgeschichte unseres Herrn Jesus Christus, die an sich schon grausam ist, gibt es eine Episode, die ich besonders widerlich finde, denn zur Grausamkeit kommt noch der Hohn hinzu; ich meine die Stelle, wo die niederträchtigen Schergen ihm befahlen, das Kreuz den Berg hinaufzutragen, wo sie ihn nachher annageln wollten. Der Vergleich mag zwar ungebührlich, ja unehrerbietig sein, Tatsache ist, daß das Unternehmen, das Sie vertreten, uns diese Flasche aufgeladen hat, an denen es uns später festnageln wollte.» Der Priester machte eine Pause und fügte dann hinzu: «Vielleicht sollte ich meinen Reisegefährten empfehlen, wie das sanftmütige Lamm Gottes zu handeln; aber ich müßte selbst mit dem guten Beispiel vorangehen, und das kann ich nicht; ich meinerseits bin nicht bereit, der Forderung Folge zu leisten. Lieber gieße ich den Schaumwein in die Klosettschüssel. Der Spaß hört nun auf!»

Das Machtwort des Stellvertreters Jesu Christi wirkte befreiend, «entkorkte» sozusagen die Wut, die wir alle (je nach Temperament mehr oder weniger schäumend) in uns hochsteigen spürten, und nun ergoß sich ein Strom wutschnaubender Verwünschungen über unsern Reiseleiter. «Ein Skandal!» – «Eine Schande!» – «Reiner Betrug!» – «Diese Herren erlauben sich, uns zu mißbrauchen; lassen uns unter dem Deckmantel eines Weihnachtsgeschenkes einen Haraß Wein zollfrei über die ägyptische Grenze bringen, um uns dann den sechsfachen Preis abzuverlangen, damit wir ihn trinken dürfen! Das ist ja witzig!»

«Was meinen denn diese Herren eigentlich? Glauben sie tatsächlich, wir seien Kinder, daß sie uns auf diese Weise übers Ohr hauen wollen? Halten sie uns für Dummköpfe, für Trottel? Ich für mein Teil, ich lasse mich nicht auf diese Weise schröpfen . . .»

Doch wir saßen in der Falle. Victor Cachafaz

schaute nachdenklich zu Boden, bewegte nochmals mißmutig und zerknirscht den Kopf hin und
her und gab keinen Laut von sich.

«So sagen Sie doch etwas, Menschenskind!»
herrschte ihn der Oberst an, um ihn aus seinem
beharrlichen Schweigen herauszulocken. «Was
sagen denn Sie zu dem allem? Sind Sie vielleicht
nicht der Beauftragte?»

Nichts zu machen! Er schaute immer noch auf
den Boden, bewegte den Kopf hin und her – und
schwieg. Es entstand eine unheildrohende Stille.
Endlich hörten wir ihn etwas murmeln; fast tonlos
und sichtlich beklommen äußerte er etwas von Be-
dauern, die Schuld liege nicht bei ihm, es sei ihm
unmöglich, Abhilfe zu schaffen, es tue ihm furchtbar leid, denn wenn es auf ihn ankäme, doch auch
bei allerbestem Willen...

Wir saßen in der Falle. Das Festessen an Bord
fand an diesem Abend statt. Als Gefangene im
Schiff würden wir auf den stillen Wassern des Nils
schaukeln und die Geburt des Jesuskindes feiern...
Sollte jemand zum Nachtisch sein Glas Schaumwein erheben wollen, so wußte er ja... Die Es-
senszeit war da. Die Glocke rief uns in den Salon,
und wir begaben uns zu Tisch. Einige hatten klein
beigegeben und beschlossen, das «Entkorken» zu
bezahlen; andere hatten vereinbart, das kleinere
Übel zu wählen, nur eine Flasche für mehrere gemeinsam zu entkorken und so die Tranksame und
die Gebühr aufzuteilen; andere hatten ihre Flasche
heimlich schon in der Kabine geleert, wieder

andere würden es wahrscheinlich nachher tun; einige waren immer noch wütend und schmissen ihre Flasche in den Fluß, aus dessen Wassern vor Zeiten der kleine Moses von der Pharaonentochter errettet worden war ... Es ist sogar möglich, daß einzelne das Danaergeschenk in Form einer Flasche Schaumwein in ihrem Reisegepäck wieder nach Hause trugen.

Die Reise endete in Kairo, wo wir nach dem Besuch von Memphis und Sakkara die berühmten Pyramiden von Gizeh bestaunen durften, die nicht minder berühmte Sphinx, die großartigen Moscheen und das Ägyptische Museum. Es gelang uns sogar, für eine Weile der Obhut des Reiseleiters zu entkommen, uns von der Herde und ihrem Wachhund zu trennen und in einem ägyptischen Restaurant ein paar köstliche Häppchen der arabischen Küche zu genießen.

Nicht in Erfüllung ging allerdings unser Wunsch, an dem Ort zum Gebet niederzuknien, wo einst die Heilige Familie Zuflucht gefunden hatte: die Kirche des heiligen Sergius[4] war schon geschlossen, als wir hinkamen. Gleichwohl hatten wir auf der ganzen Reise durch das Wunderland Ägypten eine Menge Fotos gemacht, und sie werden uns immer wieder neu an die herrlichen Erlebnisse erinnern, wenn wir sie uns in Zukunft vor Augen führen.

Heilignachtgeschichte

Bruder Longinos de Santa María war die Perle des
Klosters. Perle ist zuwenig gesagt; er war ein Juwel,
ein Schmuckstück, beispiellos, einmalig: er half
dem gelehrten Bruder Benediktus beim Abschrei-
ben der Bücher und malte die Anfangsbuchstaben
der Kapitel mit unvergleichlichem Kunstsinn; in
der Küche entströmten seinen Gerichten, die nach
der Fastenzeit wieder erlaubt waren, zarteste
Wohlgerüche; ebenso trefflich diente er als Küster
oder pflanzte Bohnen im Garten; in der Matutin
und in der Vesper amtete er als Vorsänger, und
seine warme Stimme erfüllte den Kapellenraum
mit Wohlklang. Sein höchstes Ansehen aber ver-
dankte er seiner erstaunlichen Begabung für das
Orgelspiel, seinen Händen, seinen Meisterhänden
auf den Tasten. Niemand in der ganzen Klostergemeinschaft beherrschte das Instrument wie er,
niemand entlockte ihm Melodien, als singe da
oben ein ganzer Schwarm jubilierender Vögel;
niemand begleitete die Lesungen und die Hymnen
und die Gemeinschaftsgesänge so beseelt und so
himmlisch wie er. Als Seine Hochwürden, der
Kardinal, dem Kloster seinen unvergeßlichen Besuch abstattete, segnete er Bruder Longinos, umarmte ihn, und nachdem er ihn spielen gehört

hatte, drückte er ihm sein Lob sogar auf lateinisch aus. Alles, was Bruder Longinos leistete, wirkte um so überzeugender, weil er es mit der liebenswürdigsten Selbstverständlichkeit und in kindlicher Freude tat. Wenn er an der Arbeit war, hatte er immer ein Lied auf den Lippen – wie seine gefiederten Brüder, die Vögel des Himmels. Wenn er mit der Satteltasche voller Almosen auf dem Heimritt sein Eselchen antrieb, strahlte sein Gesicht trotz der sengenden Sonne so vergnüglich, daß die Bauern aus den Häusern traten und ihm freundlich zuriefen: «Kommt doch herein, Bruder Longinos, und trinkt ein Glas mit uns...»

Sein Bild könnt ihr auf Holz gemalt noch heute in der Abtei sehen: unter einer edlen Stirn zwei demütige dunkle Augen, die Nase kindlich keck ganz leicht nach oben gebogen, der Mund zu einem gütigen Lächeln ein bißchen geöffnet.

*

An einer Weihnacht nun begab es sich, daß Bruder Longinos ins nächste Dorf ritt... Aber habe ich euch denn schon etwas vom Kloster erzählt? Es steht nahe einem Bauerndorf, nicht weit von einem großen Wald, in dem sich vor der Gründung des Klosters die Hexen versammelt hatten, Feen auch und Elfen und andere Wesen, denen der Fürst der Hölle – Gott behüte uns vor ihm! – wohlgesinnt ist. In stillen Nächten oder an klaren Abenden trugen himmlische Winde vom Kloster den Nachhall geheimnisvoller Klänge oder dröhnender Ak-

korde zum Dorf hinüber – es war Bruder Longinos, der seine Mitbrüder in Christo bei ihren
Bittgesängen auf der Orgel begleitete.

An jenem Weihnachtsabend in besagtem Dorf
schlug sich der gute Klosterbruder plötzlich entsetzt an die Stirn, trieb unverzüglich sein braves,
stets geduldiges Reittier an und stieß voller Schreck
aus: «Ach, ich Unseliger! Ich verdiene zur Strafe
dreimal so viele Kieselsteine in den Schuhen und
für den Rest meines Lebens nur noch Wasser und
Brot! Wie mich meine Mitbrüder im Kloster ver-
missen werden!»

Es war schon dunkel geworden, als Bruder Longinos, sich bekreuzigend, in den Weg einbog, der
zum Kloster führte. Die nächtlichen Schatten hatten sich auf die Erde gesenkt. Man sah die Häuser
des Dorfes nicht mehr; der Berg wirkte im Dunkeln wie eine Titanenfestung, in welcher Riesen
und Ungeheuer hausten. Eilends ritt Bruder Longinos weiter, betete ein Paternoster und ein Avemaria nach dem andern – als er zu seiner Überraschung auf einmal gewahrte, daß sein Eselchen
einen andern Weg als sonst eingeschlagen hatte.
Die Tränen schossen ihm in die Augen, er hob sie
zum Himmel und flehte den Allmächtigen um Erbarmen an – da erblickte er am dunklen Himmels-
gewölbe einen wunderbaren goldenen Stern, der
mit ihm wanderte und ihm mit dem Lichtstrahl,
den er auf die Erde warf, als Wegweiser und Fackel
diente. Er dankte Gott für dieses Wunder, und
nach kurzem blieb sein Reittier nicht anders als

seinerzeit das des Propheten Bileam [1] wie angewurzelt stehen und weigerte sich weiterzugehen. Mit
klarer menschlicher Stimme sagte der Esel: «Schätze dich glücklich, Bruder Longinos, deiner Ver-
dienste wegen bist du ausersehen, großen Lohn zu
empfangen!» Kaum hatte das Tier zu Ende geredet,
da hörte er auch schon ein Geräusch, und eine
Woge köstlicher Düfte stieg ihm in die Nase. Auf
dem gleichen Weg, den er gekommen, und vom
gleichen Stern geleitet, dem er gefolgt war, näher-
ten sich drei herrlich gekleidete Gestalten. Ihr
Gehabe und ihre Insignien wiesen sie als Könige
aus. Der vorderste war blond wie der Engel Azrael;
sein langes Haar quoll unter der edelsteinbesetzten
Mitra hervor und fiel wallend über seine Schultern; in seinen langen Bart waren Perlen und
Goldfäden eingeflochten und schimmerten auf seiner Brust; ein weiter Mantel hüllte ihn ein, dessen
reiche Stickereien Zugvögel und Sternkreiszeichen
darstellten. Es war König Kaspar, der auf einem
prächtigen Schimmel ritt. Der zweite hatte
schwarzes Haar, und auch seine Augen glühten
schwarz; sein Gesicht ähnelte einer assyrischen Re-
liefdarstellung, und ein wundervolles Diadem zier-
te seine Stirn; er trug Gewänder von unschätz-
barem Wert, und um seinen Hals hing eine
kabbalistische Edelsteinkette mit einer Sonne aus
funkelnden Diamanten als Schloß. Er war schon
ziemlich alt, und seinem Aussehen nach hätte man
ihn für den Herrscher eines innerasiatischen Mär-
chenreiches gehalten. Er ritt auf einem Kamel mit

einer wunderbaren Decke und reichem orientalischem Zaumzeug. Der dritte hatte ein schwarzes Gesicht mit einem ganz besonders majestätischen Ausdruck, denn die Rubine und Smaragde auf dem Turban umstrahlten sein Antlitz. Wie der stolzeste Märchenkönig saß er in seinem gold- und elfenbeinverzierten Sattel auf einem Elefanten. Es war König Melchior. Die Herrschaften ritten vorbei; und hinter dem Elefanten des Königs Melchior her trottete nun Bruder Longinos ganz und gar nicht standesgemäß auf seinem Eselchen und ließ die Perlen seines langen Rosenkranzes durch die Finger gleiten.

*

Dann ereignete sich genau dasselbe wie zur Zeit des grausamen Herodes: die drei gekrönten Weisen gelangten, vom göttlichen Stern geleitet, zu einer Krippe, wo die Himmelskönigin Maria, der heilige Josef und das neugeborene Gotteskind wie auf den Bildern der berühmten Künstler beisammen waren. Nahebei spendeten der Ochse und der Esel mit ihrem Atem gesunde Wärme in der kalten Nacht. Balthasar fiel auf die Knie und schüttete einen Sack Perlen, Edelsteine und Goldstaub vor dem Kind aus; Kaspar schenkte ihm in vergoldeten Krügen seltene Salben und köstliche Öle; Melchior brachte als Gaben Weihrauch, Elfenbein und Diamanten dar ...

Nun wandte sich der gute Bruder Longinos an das lächelnde Kind und sagte aus tiefstem Herzensgrund: «Herr, ich bin nur dein armer Knecht und diene dir in deinem Kloster, so gut ich vermag. Was kann ich dir schenken, ich Unglückseliger? Was für Schätze besitze ich denn, was für Essenzen, Perlen oder Diamanten? Nimm, Herr, meine Tränen und meine Gebete, das ist alles, was ich dir darbringen kann.»

Da sahen die Könige aus dem Morgenland, wie Bruder Longinos die Rosen seiner Gebete zwischen den Lippen herauswuchsen, und ihr Duft war betörender als alle Salben und Harze; aus seinen Augen strömten die Tränen und verwandelten sich in strahlende Diamanten – sein Glaube und seine Liebe hatten dieses Wunder bewirkt; währenddessen hörte man leise den Chor der Hirten auf dem Feld und den Chor der Engel über dem Dach der Krippe.

*

Mittlerweile herrschte im Kloster große Verzweiflung. Es wurde Zeit für den Gottesdienst. Die Kapelle war von Kerzenlicht erhellt. Tiefbetrübt saß der Abt im festlichen Ornat auf seinem Sessel. Die ganze Klostergemeinschaft war versammelt, und die Mönche schauten einander verwundert und beklommen an. Was für ein Unglück konnte dem guten Mitbruder zugestoßen sein? Warum war er nicht vom Dorf zurückgekehrt? Der Gottesdienst sollte beginnen, alle sind zur Stelle, nur der eine nicht, die Zierde des Klosters, der bescheidene Organist mit dem beseelten Spiel... Wer traut sich zu, seinen Platz einzunehmen? Niemand. Keiner kennt die Geheimnisse des Instruments so

410

gut wie Longinos, keiner hat so viel Sinn für Ton-farben wie er. Als der Abt befiehlt, der Gottes-dienst möge eben ohne Musik stattfinden, stim-men alle irgendwie traurig den Gesang an und erheben ihre Herzen zu Gott ... Als die Orgel hätte einsetzen sollen ... erscholl sie plötzlich und brau-ste wie noch nie: die Bässe waren wie heiliges Donnergrollen, die Trompeten schmetterten wie Himmelsstimmen; alle ihre Pfeifen schienen von unerklärlichem überirdischem Leben beseelt. Die Mönche sangen und sangen, und ihre Stimmen waren vom heiligen Feuer des Wunders durch-glüht. In dieser Christnacht hörten die Bauern herrlichere Musik vom Kloster herüberwehen denn je, und es kam ihnen vor, Engelshände spiel-ten noch nie gehörte Harmonien, die heilige Cäci-lia greife mit ihren reinen, zarten Fingern selbst in die Tasten ...

*

Bruder Longinos de Santa María hauchte wenig später seine Seele aus; er starb im Geruche der Hei-ligkeit. Sein Leib ist unversehrt erhalten; er ruht in einem Marmorsarg unter dem Chor der Kapelle in einem besonders schön gestalteten Grab.

Der Tanz des Räubers Horrificus

Gegen Abend nach der ersten Rast wollte Josef mit den Seinen wieder weiterziehen. Er nahm aber den Esel und ritt voraus hinter einen Hügel, um den Weg zu erkunden. «Es kann doch nicht mehr weit sein bis Ägypten», dachte er.

Indessen blieb die Mutter Gottes mit dem Kinde auf dem Schoß allein unter der Staude sitzen, und da geschah es, daß ein gewisser Horrificus des Weges kam, weithin bekannt als der furchtbarste Räuber in der ganzen Wüste. Das Gras legte sich flach vor ihm auf den Boden, die Palmen zitterten und warfen ihm gleich ihre Datteln in den Hut, und noch der stärkste Löwe zog den Schweif ein, wenn er die roten Hosen des Räubers von weitem sah. Sieben Dolche steckten in seinem Gürtel, jeder so scharf, daß er den Wind damit zerschneiden konnte, an seiner Linken baumelte ein Säbel, genannt der krumme Tod, und auf der Schulter trug er eine Keule, die war mit Skorpionsschwänzen gespickt.

«Ha!» schrie der Räuber und riß das Schwert aus der Scheide. «Guten Abend», sagte die Mutter Maria. «Sei nicht so laut, er schläft!»

Dem Fürchterlichen verschlug es den Atem bei dieser Anrede, er holte aus und köpfte eine Distel mit dem krummen Tod.

«Ich bin der Räuber Horrificus», lispelte er, «ich habe tausend Menschen umgebracht...»

«Gott verzeihe dir!» sagte Maria.

«Laß mich ausreden», flüsterte der Räuber, «... und kleine Kinder wie deines brate ich am Spieß!»

«Schlimm», sagte Maria. «Aber noch schlimmer, daß du lügst!»

Hierbei kicherte etwas im Gebüsch, und der Räuber sprang in die Luft vor Entsetzen, noch nie hatte jemand in seiner Nähe zu lachen gewagt. Es kicherten aber nur die kleinen Engel, im ersten Schreck waren sie alle davongestoben, und nun saßen sie wieder in den Zweigen.

«Fürchtet ihr mich etwa nicht?» fragte der Räuber kleinlaut.

«Ach, Bruder Horrificus», sagte Maria, «was bist du für ein lustiger Mann!»

Das drang dem Räuber lind ins Herz, denn, die Wahrheit zu sagen, dieses Herz war weich wie Wachs. Als er noch in den Windeln lag, kamen schon die Leute gelaufen und entsetzten sich. «Wehe uns», sagten sie, «sieht er nicht wie ein Räuber aus?» Später kam niemand mehr, sondern jedermann lief davon und warf alles hinter sich, und Horrificus lebte gar nicht schlecht dabei, obwohl er kein Blut sehen und kaum ein Huhn am Spieß braten konnte.

Darum tat es nun dem Fürchterlichen in der Seele wohl, daß er endlich jemand gefunden hatte, der ihn nicht fürchtete.

«Ich möchte deinem Knaben etwas schenken», sagte der Räuber, «nur habe ich leider nichts als lauter gestohlenes Zeug in der Tasche. Aber wenn es dir gefällt, dann will ich vor ihm tanzen!»

Und es tanzte der Räuber Horrificus vor dem Kinde, und kein lebendes Wesen hatte je dergleichen gesehen. Den krummen Tod hob er über sich gleich der silbernen Sichel des Mondes, die Beine schwang er unterhalb mit der Anmut einer Antilope und so geschwind, daß man sie nicht mehr zählen konnte. Er schleuderte alle sieben Dolche in die Luft und sprang durch den zerschnittenen Wind, gleich einer Feuerzunge wirbelte er wieder herab. So gewaltig und kunstvoll tanzte der Räuber, so überaus prächtig war er anzusehen mit seinen Ohrringen und dem gestickten Gürtel und den Federn auf dem Hut, daß sogar die Jungfrau Maria ein wenig Glanz in die Augen bekam. Auch die Tiere der Wüste schlichen herbei, die königliche Uräusschlange und die Springmaus und der Schakal, alle stellten sich im Kreise auf und klopften mit ihren Schwänzen den Takt in den Sand.

Schließlich sank der Räuber erschöpft zu Füßen Marias nieder, und da schlief er auch gleich ein. Die Heilige Familie war längst weitergezogen, als er endlich wieder aufwachte und benommen seines Weges ging. Alsbald merkte er auch, daß ihn niemand mehr fürchtete. «Er hat ja ein weiches Herz!» erzählte die Springmaus überall. «Vor dem Kinde hat er getanzt», zischte die Schlange.

Horrificus blieb in der Wüste, er legte seinen

fürchterlichen Namen ab und wurde bald ein mächtiger Heiliger im Alter, es soll verschwiegen bleiben, wie er im Kalender heißt.

Wenn aber einer von euch etwas zu verbergen hätte und nur sein Herz wäre weich geblieben, so mag er getrost sein. Gott wird ihm dereinst verzeihen um des Kindes willen – wie dem großen Räuber Horrificus.

Mademoiselle Perle

I

Welch seltsamen Einfall hatte ich doch an jenem Abend, als ich Mademoiselle Perle zur Königin wählte.

Jedes Jahr gehe ich zu meinem alten Freund Chantal, um den Dreikönigstag zu feiern. Mein Vater, dessen vertrautester Freund er war, führte mich noch in meinem Knabenalter hin. Ich habe das beibehalten, und ich werde es zweifellos beibehalten, solange ich lebe, und solange es auf dieser Welt einen Chantal gibt.

Chantals führen übrigens ein merkwürdiges Dasein; sie leben in Paris, als ob sie in Grasse, in Yvetot oder in Pont-à-Mousson leben würden.

Sie besitzen beim Observatoire [1] ein Haus in einem kleinen Garten. Dort sind sie bei sich daheim wie in der Provinz. Von Paris, dem wahren Paris, kennen sie nichts, ahnen sie nichts; sie sind ja so fern, so fern! Immerhin unternehmen sie manchmal eine Reise dorthin, eine lange Reise. Madame Chantal geht auf «Großeinkauf», wie man das in der Familie nennt. Und auf «Großeinkauf» geht man folgendermaßen.

Mademoiselle Perle, welche die Schlüssel der

Küchenschränke hütet – denn die Wäscheschränke verwaltet die Hausfrau selber –, Mademoiselle Perle meldet, daß der Zucker sich seinem Ende nähere, daß die Konserven erschöpft seien, daß auf dem Boden des Kaffeesacks nicht mehr viel übrigbleibe.

Auf solche Art vor der Hungersnot gewarnt, schreitet Madame zur Inspizierung der Reste und macht sich in einem Notizbüchlein Aufzeichnungen. Dann, nachdem sie viele Zahlen niedergeschrieben hat, ergeht sie sich in langen Berechnungen und nachher in langen Erörterungen mit Mademoiselle Perle. Schließlich einigt man sich und legt fest, wieviel von jedem Artikel man benötigen wird, um sich auf drei Monate zu versorgen: Zucker, Reis, Backpflaumen, Kaffee, Eingemachtes, Büchsen mit grünen Erbsen, mit Bohnen, mit Hummer, aber auch eingesalzene oder geräucherte Fische und so weiter.

Und nun setzt man den Tag des Großeinkaufs fest und fährt in einem Fiaker, einem Fiaker mit Gepäckdach, zu einem angesehenen Kolonialwarenhändler, der sein Geschäft jenseits der Brücken in einem der neuen Viertel hat.

Madame Chantal und Mademoiselle Perle unternehmen diese von Geheimnis umwölkte Fahrt miteinander und kommen zur Stunde des Abendessens, erschöpft, obgleich auch angeregt, und durchgerüttelt in dem Wagen zurück, dessen Dach mit Paketen und Säcken bedeckt ist, als wolle man auswandern.

Für Chantals bedeutet der ganze, am andern

Ufer der Seine gelegene Teil von Paris «die neuen Viertel», Stadtteile, von einer seltsamen, lärmenden, wenig ehrbaren Bevölkerung angefüllt, die ihre Tage in Müßiggang, ihre Nächte mit Lustbarkeiten vergeudet und das Geld zu den Fenstern hinauswirft.

Immerhin führt man die beiden Töchter von Zeit zu Zeit ins Theater, in die Opéra-Comique oder in die Comédie-Française, wenn das Stück von Monsieur Chantals Leibblatt empfohlen wird.

Die jungen Mädchen sind heute neunzehn und siebzehn Jahre alt; es sind zwei schöne, große, frische Mädchen, gut erzogen, allzugut erzogen, so gut erzogen, daß sie ungefähr ebenso unbemerkt bleiben wie zwei hübsche Puppen. Nie käme mir der Gedanke, den Demoiselles Chantal Beachtung zu schenken oder gar den Hof zu machen; kaum daß man wagt, sie anzureden, solch ein Maß an Makellosigkeit strömen sie aus; man hat beinahe Angst, sich unpassend zu benehmen, wenn man sie auch nur begrüßt.

Der Vater wiederum ist ein ganz reizender Mensch, sehr gebildet, sehr aufgeschlossen, sehr herzlich, doch er liebt vor allem die Ruhe, die Stille, die Ungestörtheit, und so hat er denn wesentlich dazu beigetragen, seine Familienmitglieder zu Mumien zu machen, weil dieser Stillstand, diese Reglosigkeit eben seine bevorzugte Lebensform ist. Er liest viel, plaudert gern und läßt sich leicht rühren. Der Mangel an Kontakten, an Reibungen, an Zusammenstößen hat seine Haut, seine

418

moralische Haut, sehr zart und empfindlich gemacht. Der geringste Anlaß erregt ihn, verdrießt ihn, und er leidet.

Dennoch haben Chantals Verkehr, aber einen sehr eingeschränkten Verkehr, der in der Nachbarschaft behutsam ausgewählt wird. Auch werden zwei- oder dreimal im Jahr mit Verwandten, die entfernt wohnen, Besuche ausgetauscht.

Ich aber, ich gehe am 15. August und am Dreikönigstag zu ihnen zum Abendessen. Das gehört ebenso zu meinen Pflichten, wie Ostern die Kommunion zu den Pflichten der Katholiken gehört.

Am 15. August werden noch einige Freunde eingeladen, am Dreikönigstag aber bin ich der einzige Gast.

II

Dieses Jahr nun war ich, wie in den andern Jahren, zum Abendessen bei Chantals, um den Dreikönigstag zu feiern.

Wie es Brauch war, umarmte ich Monsieur Chantal, Madame Chantal und Mademoiselle Perle und verbeugte mich tief vor den Demoiselles Louise und Pauline. Man fragte mich über tausend Dinge aus, über die Ereignisse des Boulevards, über die Politik, darüber, was man denn im Publikum von der Affäre von Tongking[2] und von unseren dortigen Vertretern hielt. Madame Chantal, eine untersetzte Dame, deren Gedanken mir immer den Eindruck machten, als wären sie viereckig zurechtgehauen wie Bauklötze, hatte die

Gewohnheit, jedes politische Gespräch mit der Erkenntnis abzuschließen: «Das alles ist ein schlimmer Keim für die Zukunft!»

Warum habe ich immer geglaubt, die Gedanken Madame Chantals seien viereckig? Ich weiß es nicht; doch alles, was sie sagt, nimmt in meinem Geist diese Form an: ein Viereck, ein großes, symmetrisches Viereck. Andere Menschen gibt es, deren Gedanken in meinem Geist immer rund und rollend wirken wie Reifen. Sobald sie einen Satz über irgend etwas begonnen haben, schon rollt es, schon setzt es sich in Bewegung, schon kommen zehn, zwanzig, fünfzig runde Ideen zum Vorschein, große und kleine, die ich, eine nach der andern, bis zum Horizont eilen sehe. Andere Menschen wieder haben spitzige Gedanken . . . nun, das ist nicht weiter wichtig.

Wie immer setzte man sich zu Tisch, und das Abendessen verlief, ohne daß irgend etwas Bemerkenswertes gesagt worden wäre.

Als Nachtisch wurde der Königskuchen aufgetragen. Sonst war Jahr für Jahr Monsieur Chantal König geworden. War es tatsächlich ein unermüdlicher Zufall oder ein Herkommen in der Familie? Das weiß ich nicht, aber er fand unweigerlich die «Bohne» in seinem Stück Kuchen, und er machte ebenso unweigerlich Madame Chantal zur Königin. So war ich denn verblüfft, als ich in meinem Stück etwas sehr Hartes spürte, das mir beinahe einen Zahn ausgebrochen hätte. Ich zog den Gegenstand behutsam aus dem Mund, und siehe, es war eine kleine Puppe aus Porzellan, nicht größer als eine Bohne. In meiner Überraschung stieß ich ein «Ah!» hervor. Man sah mich an, und Chantal klatschte in die Hände und rief: «Gaston ist's! Es ist Gaston! Es lebe der König! Es lebe der König!»

Und alle Tischgenossen wiederholten im Chor: «Es lebe der König!»

Ich aber wurde bis zu den Ohren rot, wie man so häufig grundlos in den dümmsten Situationen rot wird. Ich hielt die Augen gesenkt, hatte das Stückchen Porzellan zwischen zwei Fingern, zwang mich zu lachen und wußte nicht, was ich tun oder sagen sollte, bis schließlich Chantal wieder das Wort ergriff: «Und jetzt mußt du eine Königin wählen!»

Da war ich völlig verloren. In einer Sekunde durchkreuzten tausend Gedanken, tausend Mutmaßungen meinen Geist. Wollte man mich veranlassen, eine der Demoiselles Chantal zu wählen? War das vielleicht ein Mittel, um mich zu dem Geständnis zu bringen, welche der beiden ich vorzog? War es ein sanfter, leichter, kaum merklicher Druck der Eltern, hinter dem sich der Gedanke an eine mögliche Heirat verbarg? Der Gedanke an die Heirat spukt ja unablässig in allen Häusern mit erwachsenen Töchtern und greift zu allen Formen, allen Verkleidungen, allen Schlichen. Eine schreckliche Angst, mich zu weit einzulassen, packte mich, und gleichzeitig eine übertriebene Schüchternheit vor der so hartnäckig korrekten und abweisenden

Haltung der Demoiselles Louise und Pauline. Eine der beiden zu wählen und dadurch die andere zurückzusetzen, schien mir ebenso schwierig wie die Wahl zwischen zwei Wassertropfen; und dann die Furcht, mich in ein Abenteuer verwickelt zu sehen, bei dem ich gegen meinen Willen, ganz sachte, durch ein diskretes, so unmerkliches, so unauffälliges Verfahren zu einer Heirat gelenkt würde, wie es diese völlig bedeutungslose Königswahl war, bedrückte mich furchtbar.

Doch plötzlich hatte ich eine Eingebung, und ich reichte Mademoiselle Perle die symbolische Puppe. Zunächst waren alle überrascht, dann aber wußte man ohne Zweifel mein Zartgefühl und meine Zurückhaltung zu schätzen, denn es wurde begeistert Beifall geklatscht.

«Es lebe die Königin!» rief man. «Es lebe die Königin!»

Sie aber, die arme alte Jungfer, war völlig aus dem Gleichgewicht geraten; sie zitterte in ihrer Bestürzung und stammelte: «Nein, nein... nein, nein... nicht mich... ich bitte Sie... nicht mich... ich bitte Sie...»

Und da sah ich Mademoiselle Perle zum erstenmal in meinem Leben an und fragte mich, wer sie eigentlich war.

Ich war daran gewöhnt, sie in diesem Hause zu sehen, wie man die alten Gobelinfauteuils sieht, auf die man sich seit seiner Kinderzeit setzt, ohne sie jemals näher zu betrachten. Eines Tages aber, man weiß nicht, warum, weil vielleicht gerade ein Son-

Anbetung der Weisen (Matth. 2,11)

nenstrahl auf das Möbelstück fällt, sagt man sich: «Nein, aber das ist ja ein sehr merkwürdiger Stuhl!» Und man entdeckt, daß das Holz von einem Künstler geschnitzt war und der Stoff prachtvoll ist.

Nie hatte ich Mademoiselle Perle beachtet.

Sie gehörte zur Familie Chantal, und das war alles. Wie aber? In welcher Eigenschaft? Sie war eine hochgewachsene, magere Frau, die sich alle Mühe gab, unbemerkt zu bleiben, die aber keineswegs ohne Persönlichkeit war. Man behandelte sie freundschaftlich, besser als eine Haushälterin, weniger gut als eine Verwandte. Jetzt, mit einemmal, wurde mir eine Fülle von Nuancen bewußt, um die ich mich bisher nicht gekümmert hatte. Madame Chantal nannte sie «Perle». Die jungen Mädchen sagten: «Mademoiselle Perle». Und Chantal sagte nur Mademoiselle zu ihr, vielleicht mit einer gewissen Ehrerbietung.

Ich begann sie näher zu betrachten. Wie alt mochte sie sein? Vierzig Jahre? Ja, vierzig! Sie war nicht alt, die Arme, sie machte sich alt. Diese Feststellung kam mir jäh und verblüffend. Frisur, Kleidung, Schmuck, alles war lächerlich, und dennoch war sie selber durchaus nicht lächerlich, so lebendig war in ihr eine schlichte, natürliche Anmut, eine verschleierte, sorgsam verborgene Anmut. Welch ein eigentümliches Geschöpf! Wie kam es, daß ich sie nie eingehender beobachtet hatte? Sie frisierte sich auf eine groteske Art mit altmodischen, höchst komischen Löckchen; und unter dieser altjüngferlichen Haartracht sah man eine hohe, ruhige Stirne, von zwei tiefen Furchen durchzogen, zwei Furchen, Spuren langen Kummers, und dann zwei große, blaue, sanfte Augen, so scheu, so ängstlich, so demütig, zwei schöne Augen, die sich alle Unbefangenheit, alles Staunen des kleinen Mädchens bewahrt hatten, junge Gefühle, aber auch manchen Gram, der durch sie gezogen war und sie gesänftigt hatte, ohne sie zu trüben.

Das ganze Gesicht war zart, zurückhaltend, eines jener Gesichter, die erlöschen, ohne geleuchtet zu haben, oder unter den Mühen oder den großen Erregungen des Lebens verblüht sind.

Welch ein reizender Mund! Wie reizende Zähne! Und doch hätte man meinen sollen, daß sie nicht zu lächeln wagte.

Und plötzlich verglich ich sie mit Madame Chantal! Gewiß, Mademoiselle Perle war besser, hundertmal besser, feiner, vornehmer, stolzer!

Meine Beobachtungen verwirrten mich. Es wurde Champagner eingeschenkt. Ich hob mein Glas der Königin zu und trank, mit einem geschliffenen Kompliment, auf ihr Wohl. Sie hätte, das merkte ich sehr gut, das Gesicht am liebsten in ihre Serviette versteckt; dann aber, als sie ihre Lippen mit dem hellen Getränk netzte, riefen alle: «Die Königin trinkt! Die Königin trinkt!»

Da wurde sie feuerrot und verschluckte sich. Man lachte, doch ich merkte recht wohl, daß man sie im Haus sehr gern hatte.

III

Sobald das Essen beendet war, nahm Chantal mich
beim Arm. Es war die Stunde seiner Zigarre, eine
heilige Stunde. War er allein, so ging er auf die Straße, um sie zu rauchen; war aber ein Gast bei Tisch, so
stieg man nachher ins Billardzimmer hinauf, und er
rauchte beim Spiel. An jenem Abend war, Drei-
könige wegen, das Billardzimmer sogar geheizt
worden; und mein alter Freund nahm sein Queue,
ein sehr schönes Queue, rieb es sorgsam mit Kreide
ein, und dann sagte er: «Leg los, mein Junge!»

Denn er duzte mich, obgleich ich schon fünfundzwanzig Jahre alt war; aber er hatte mich noch
als Kind gekannt.

So fing ich denn die Partie an. Einige Stöße gelangen mir, andere waren weniger geglückt, doch
da der Gedanke an Mademoiselle Perle mich nicht
locker ließ, fragte ich plötzlich: «Sagen Sie, Monsieur Chantal, ist Mademoiselle Perle eigentlich
mit Ihnen verwandt?»

Er hörte auf zu spielen und sah mich sehr erstaunt an.

«Wie? Du weißt das nicht? Du kennst Mademoiselle Perles Geschichte nicht?»

«Keine Spur!»

«Dein Vater hat sie dir nie erzählt?»

«Nein, nie.»

«Ach, das ist aber merkwürdig! Ja, weiß Gott,
das ist merkwürdig. Nun, es ist doch ein richtiges
Abenteuer!»

Er verstummte; doch dann fuhr er fort: «Und wenn du wüßtest, wie seltsam es ist, daß du mich das gerade heute, am Dreikönigstag, fragst!»

«Warum?»

«Warum! Nun, so hör einmal. Einundvierzig Jahre ist es her, heute genau einundvierzig Jahre, am Epiphaniastag. Wir wohnten damals in Rouy-le-Tors, auf den Befestigungswällen; zuerst aber muß ich dir das Haus schildern, damit du auch gut verstehst. Rouy liegt an einem Hang oder vielmehr auf einem Hügel, der ein weites Gebiet von Wiesen beherrscht. Dort hatten wir ein Haus mit einem schönen hängenden Garten, den die alten Schutzmauern in der Schwebe hielten. Das Haus war also in der Stadt, an der Straße, während der Garten über die Ebene aufragte. Auch eine Türe von diesem Garten ins Freie gab es, am Fuß einer Geheimtreppe, die durch das Mauerwerk in die Höhe führte, wie man das in Romanen findet. Eine Straße ging an dieser Türe, die mit einer großen Glocke versehen war, vorüber. Um den Umweg zu vermeiden, lieferten die Bauern ihre Waren hier ab.

Jetzt siehst du die Lage wohl deutlich vor dir, nicht wahr? Nun, in jenem Jahre schneite es schon seit einer Woche. Man fühlte sich am Ende der Welt. Wenn wir auf die Mauern stiegen und auf die Ebene hinunterschauten, fror es uns in der Seele, dieses unermeßliche weiße Land, ganz weiß, vereist und schimmernd wie Lack. Man hätte meinen können, der liebe Gott habe die Erde eingepackt, um sie auf den Speicher der verbrauchten Welten zu schicken. Ich kann dir versichern, daß es sehr trostlos war.

Wir waren damals in jenem Haus eine zahlreiche, sehr zahlreiche Familie: mein Vater, meine Mutter, mein Onkel und meine Tante, meine beiden Brüder und meine vier Cousinen; es waren hübsche Mädchen. Die Jüngste habe ich geheiratet. Von ihnen allen sind wir nur noch zu dritt am Leben: meine Frau, ich und meine Schwägerin, die in Marseille wohnt. Herrgott, wie sich das verkrümelt, so eine Familie! Mich überläuft's, wenn ich daran denke! Damals war ich fünfzehn Jahre alt, denn jetzt bin ich sechsundfünfzig.

Nun, wir gingen daran, den Dreikönigstag zu feiern, und wir waren sehr guter Laune, sehr, sehr guter Laune. Wir warteten im Salon auf das Abendessen, als mein älterer Bruder, Jacques, erklärte: ‹Draußen auf der Ebene heult ein Hund jetzt schon seit zehn Minuten. Das muß ein armes Biest sein, das sich verlaufen hat.›

Er hatte noch nicht zu Ende geredet, da läutete die Gartenglocke. Sie hatte den dumpfen Klang einer Kirchenglocke, der einen an Tote denken ließ. Es durchschauerte uns. Mein Vater rief den Diener und schickte ihn nachsehen. In tiefem Schweigen warteten wir; wir dachten an den Schnee, der die ganze Erde zudeckte. Als der Mann zurückkam, meldete er, daß er nichts gesehen habe. Der Hund heulte noch immer, unablässig, und sein Geheul kam immer von derselben Stelle her.

Man setzte sich zu Tisch; doch wir alle waren ein wenig aus der Fassung, zumal die jungen Leute. Bis zum Braten ging alles gut, dann aber läutete die Glocke wieder, dreimal hintereinander, drei starke, lange Schläge, die bis in unsere Fingerspitzen zitterten und uns den Atem verschlugen. Wir saßen da, die Gabeln gehoben, sahen einander an, und eine gewissermaßen übernatürliche Furcht hatte uns gepackt.

Endlich sagte meine Mutter: ‹Es ist doch erstaunlich, daß man so lange gewartet hat, um wiederzukommen. Gehen Sie jetzt nicht allein, Baptiste; einer der Herren wird Sie begleiten.›

Mein Onkel François stand auf. Er war geradezu ein Herkules, sehr stolz auf seine Kraft und hatte vor nichts auf dieser Welt Angst. Mein Vater meinte: ‹Nimm ein Gewehr. Man kann nicht wissen, was dahintersteckt.›

Doch mein Onkel nahm nur einen Stock und machte sich mit dem Diener auf den Weg.

Wir aber blieben, zitternd vor Angst und Schreck, sitzen, aßen nicht, sagten kein Wort. Mein Vater versuchte, uns zu beruhigen: ‹Ihr werdet sehen›, sagte er, ‹daß es einfach ein Bettler ist oder einer, der sich im Schnee verirrt hat. Er hatte zum erstenmal geläutet, und da man ihm nicht aufmachte, versuchte er, seinen Weg allein zu finden; das ist ihm anscheinend nicht gelungen, und so ist er zu unserer Türe zurückgekehrt.›

Die Abwesenheit meines Onkels schien uns eine Stunde zu dauern. Er kam schließlich wütend und

429

fluchte: ‹Nichts, zum Teufel! Da macht sich einer einen Spaß mit uns! Nichts als dieser verfluchte Hund, der hundert Meter von den Mauern entfernt heult. Hätte ich ein Gewehr mitgehabt, so hätte ich ihn erschossen, um ihn zum Schweigen zu bringen!›

Wir wandten uns wieder unserer Mahlzeit zu, aber die Angst war noch in allen lebendig. Man spürte sehr gut, daß es nicht zu Ende war, daß noch etwas geschehen, daß die Glocke sehr bald wieder läuten werde.

Und sie läutete, just als der Königskuchen angeschnitten wurde. Jetzt erhoben sich alle Männer gleichzeitig. Mein Onkel François, der Champagner getrunken hatte, erklärte, er werde gehn und ‹ihn abmurksen›, und das sagte er so erbittert, daß meine Mutter und meine Tante sich an ihn klammerten, um ihn aufzuhalten. Mein Vater war wohl sehr ruhig und auch ein wenig gehemmt, denn seit einem Sturz vom Pferd hinkte er, aber auch er erklärte, er wolle wissen, um was es sich handle, und er werde mitgehn. Meine Brüder, achtzehn und zwanzig Jahre alt, liefen um ihre Gewehre; und da man gar nicht auf mich achtete, bemächtigte ich mich einer Spielflinte und schickte mich an, die Expedition zu begleiten.

Und so brachen wir auf. Mein Vater und mein Onkel marschierten an der Spitze mit Baptiste, der eine Laterne trug. Meine Brüder, Jacques und Paul, folgten, und ich ging hinter ihnen her, allen Bitten meiner Mutter zum Trotz, die mit ihrer Schwester

430

und meinen Cousinen auf der Schwelle des Hauses blieb.

Seit einer Stunde hatte der Schnee wieder eingesetzt, und die Bäume waren damit befrachtet. Die Tannen neigten sich unter der schweren, fahlen Tracht und glichen weißen Pyramiden, riesigen Zuckerhüten; und durch den grauen Vorhang der kleinen, wimmelnden Flocken sah man kaum die lockereren Büsche, die im Schatten ganz blaß waren. So dicht fiel der Schnee, daß man mühsam zehn Schritte weit schauen konnte. Doch die Laterne warf ein starkes Licht vor uns her. Als wir anfingen, die in die Mauer gegrabene Wendeltreppe hinunterzugehn, hatte ich wirklich Angst. Mir war es, als ginge jemand hinter mir; als würde man mich bei den Schultern packen und davontragen. Und ich hatte große Lust zurückzukehren. Doch da der ganze Garten zu durchqueren gewesen wäre, wagte ich es nicht.

Ich hörte, wie die Türe ins Freie geöffnet wurde; dann fing mein Onkel wieder zu fluchen an: ‹Zum Teufel noch einmal! Jetzt ist er wieder fort! Wenn ich nur seinen Schatten zu Gesicht kriege! Den werde ich nicht verfehlen, diesen Schweinekerl!›

Es war unheimlich, die Ebene vor sich zu sehen oder vielmehr, sie vor sich zu spüren, denn man sah sie überhaupt nicht. Man sah nichts als einen endlosen Schneeschleier, oben, unten, vor sich, rechts, links, überall.

Und wieder erhob mein Onkel die Stimme. ‹He, das ist ja noch immer der Hund, der heult! Ich will ihn lehren, wie ich schieße! Das wenigstens ist dabei zu gewinnen!›

Aber mein Vater, ein gütiger Mensch, erwiderte: ‹Besser wär's, das arme Biest zu suchen, das vor Hunger bellt! Es heult um Hilfe, das bedauernswerte Vieh. Er ruft – ganz wie ein Mensch in Not. Gehen wir zu ihm!›

Und so machte man sich auf den Weg, durch den Schleier hindurch, durch dieses dichte, unablässige Schneegestöber, durch dieses Moos, das Nacht und Luft erfüllte, das wirbelte, schwebte, fiel und im Fallen das Fleisch gefrieren machte, vereisen ließ, als hätte es, mit jeder Berührung der kleinen weißen Flocken, durch einen lebhaften, raschen Schmerz auf der Haut, dieses Fleisch verbrannt.

Bis zu den Knien versanken wir in der kalten, weichen Masse, und wir mußten die Beine sehr hoch heben, um voranzustapfen. Doch je näher wir kamen, desto deutlicher, desto stärker wurde das Gebell des Hundes.

‹Dort ist er!› rief mein Onkel.

Wir blieben stehn, um nach dem Hund auszuschauen, wie man das vor einem Feind tun muß, dem man nachts begegnet.

Ich sah nichts, doch als ich mich zu den andern gesellte, da bemerkte ich ihn auch; er war eine erschreckende, phantastische Erscheinung, dieser Hund, ein großer, schwarzer Hund, ein langhaariger Schäferhund mit dem Kopf eines Wolfes, so stand er auf den vier Beinen aufgerichtet am Ende des langen Lichtstrahls, den die Laterne auf den

Schnee warf. Er rührte sich nicht; er war verstummt, und er beobachtete uns.

‹Das ist merkwürdig›, sagte mein Onkel. ‹Er kommt nicht näher, er läuft aber auch nicht davon. Ich hätte große Lust, ihm eins auf den Pelz zu brennen!›

Doch mein Vater erklärte mit fester Stimme: ‹Nein! Wir müssen ihn mitnehmen.›

Da rief mein Bruder Jacques: ‹Aber er ist ja nicht allein. Neben ihm ist irgendwas.›

Tatsächlich, es war etwas hinter ihm, etwas Graues, das sich unmöglich erkennen ließ. Behutsam rückten wir näher.

Als der Hund uns kommen sah, setzte er sich. Er wirkte keineswegs bösartig. Anscheinend war er sogar zufrieden, daß es ihm gelungen war, Menschen anzulocken.

Mein Vater ging unverzagt auf ihn zu und streichelte ihn. Der Hund leckte ihm die Hände; und jetzt stellten wir fest, daß er an das Rad eines Wägelchens gebunden war, anscheinend eines Puppenwagens, der in drei oder vier Wolldecken gewickelt war. Sorgsam wurden diese Decken entfernt, und als Baptiste seine Laterne der Öffnung des Fahrzeugs näherte, das einer Hütte auf Rädern glich, da bemerkten wir darin ein kleines Kind, das schlief.

Wir waren derart verblüfft, daß wir kein Wort hervorbrachten. Mein Vater war der erste, der seine Fassung wiederfand, und da er sehr großherzig und sogar ein klein wenig überspannt war, streckte er die Hand über das Dach des Wagens und sagte:

‹Armes, verlassenes Geschöpf, du wirst bei uns dein Heim haben!›

Und er befahl meinem Bruder Jacques, unsern Fund vor uns herzuziehen.

‹Ein Kind der Liebe›, meinte mein Vater, als dächte er laut. ‹Die arme Mutter hat in der Dreikönigsnacht an meiner Türe geläutet. Sie hat an das Gotteskind gedacht!›

Abermals blieb er stehn, und mit aller Kraft rief er viermal durch die Nacht nach den vier Himmelsrichtungen: ‹Wir haben es gefunden!› Und dann legte er seinem Bruder die Hand auf die Schulter und flüsterte: ‹Wenn du geschossen hättest, François...›

Mein Onkel antwortete nicht, aber er bekreuzigte sich im Dunkeln, denn er war, trotz seiner Großmäuligkeit, sehr fromm.

Den Hund hatten wir losgebunden, und er trottete hinter uns her.

Ach, war das ein freundliches Bild, unsere Rückkehr ins Haus. Zunächst war es sehr mühsam, den Wagen über die Wendeltreppe hinaufzutragen. Aber es gelang, und nun rollten wir ihn bis zum Flur.

Wie komisch war Mama, wie zufrieden und aufgeregt! Und meine vier kleinen Cousinen – die jüngste war damals sechs Jahre alt! Sie waren wie vier Hennen um ein Nest. Schließlich hob man das Kind, das noch immer schlief, aus dem Wagen. Es war ein Mädchen von ungefähr sechs Wochen. Und in seiner Wäsche fanden sich zehntausend

Francs in Gold, ja, zehntausend Francs, die mein
Vater als Mitgift für die Kleine anlegte. Es war also
nicht das Kind armer Leute ... vielleicht aber das
Kind eines Adligen mit einer Kleinbürgerin aus der
Stadt ... oder auch ... tausend Vermutungen stellten wir an, aber man hat es niemals erfahren ...
nichts ... nichts ... niemals. Auch den Hund erkannte kein Mensch. Er war fremd in der Gegend.
Jedenfalls mußte, wer immer an unserer Türe geläutet hatte, ob Mann oder Frau, meine Eltern gut
gekannt haben, um gerade sie auszuwählen.

Und so gelangte, im Alter von sechs Wochen,
Mademoiselle Perle in das Haus Chantal.

Mademoiselle Perle nannte man sie übrigens erst
später. Zunächst wurde sie auf die Namen Marie
Simone Claire getauft, und Claire sollte ihr Zu-
name sein.

Ja, das kann ich dir versichern – es war eine komische Rückkehr in das Eßzimmer mit der Kleinen, die unterdessen aufgewacht war und sich mit
ihren blauen, verdutzten Augen inmitten all der
Leute und Lichter umsah.

Wir setzten uns wieder zu Tisch, und der Königskuchen wurde verteilt. Ich war König, und als
Königin wählte ich Mademoiselle Perle, ganz wie
du es vorhin getan hast. An jenem Tag allerdings
ahnte sie nichts von der Ehre, die ihr widerfuhr.

So wurde das Kind denn adoptiert und in der
Familie großgezogen. Sie wuchs, die Jahre verstri-
chen. Sie war freundlich, sanft, gehorsam. Alle
Leute hatten sie gern, und man hätte sie schrecklich

435

verwöhnt, wenn meine Mutter das nicht verhindert hätte.

Meine Mutter war eine Frau mit Sinn für Ordnung und Rang. Sie war bereit, die kleine Claire wie ihre eigenen Kinder zu behandeln, und doch legte sie Wert darauf, daß der Abstand, der uns trennte, deutlich gewahrt blieb und die Situation klargestellt wurde.

Sobald die Kleine es verstehn konnte, erzählte meine Mutter ihr denn auch ihre Geschichte und brachte dem Kind sanft, sogar zärtlich zum Bewußtsein, daß sie für die Familie Chantal ein Findelkind war, adoptiert, gewiß, aber alles in allem doch eine Fremde.

Claire begriff diese Lage mit erstaunlicher Klugheit, mit überraschendem Instinkt, und sie wußte sich darein zu fügen und den Platz, den man ihr eingeräumt hatte, mit so viel Takt, so viel Würde, so viel Sanftmut zu wahren, daß es meinen Vater zu Tränen rührte.

Auch meine Mutter war von der leidenschaftlichen Dankbarkeit und der ein wenig scheuen Ergebenheit des zärtlichen kleinen Wesens so ergriffen, daß sie bald ‹mein Kind› zu der Kleinen sagte. Und wenn das Mädchen besonders nett, besonders zartfühlend gewesen war, so schob meine Mutter die Brille auf die Stirne – bei ihr stets ein Zeichen einer Gemütsbewegung – und sagte: ‹Ja, es ist doch eine Perle, dieses Kind! Eine wahre Perle!›

Und dieser Name haftete an der kleine Claire, die für uns Mademoiselle Perle wurde und blieb.»

IV

Chantal verstummte.

Er saß auf dem Billardtisch, ließ die Beine hängen und drehte eine Kugel in der linken Hand, während er in der rechten einen Lappen zerdrückte, der dazu diente, auf der Schiefertafel die Punkte auszulöschen, und den wir «Kreidelappen» nannten. Chantals Wangen hatten sich gerötet, die Stimme klang dumpf, er führte jetzt gleichsam ein Selbstgespräch, war in seine Erinnerungen zurückgekehrt, wanderte ganz sachte quer durch die alten Dinge, die Geschehnisse früherer Zeiten, die in seinem Geist wach geworden waren, wie man durch die alten Familiengärten wandert, darin man aufgewachsen ist, darin jeder Baum, jeder Pfad, jede Pflanze, die spitzen Steineichen, der duftende Lorbeer, die Eiben, deren fette, rote Beeren man zwischen den Fingern zerquetscht, bei jedem Schritt ein winziges Ereignis aus unserem vergangenen Leben wiederaufersteh'n lassen, eines jener unbedeutenden, köstlichen kleinen Ereignisse, die den Grund, das Gewebe unseres Daseins bilden.

Ich stand ihm gegenüber, an die Wand gelehnt, die Hände auf das unnütz gewordene Queue gestützt.

Nach einer Minute begann er von neuem. «Mein Gott, wie hübsch sie mit achtzehn Jahren war ... wie anmutig ... wie entzückend ... ach, das reizende ... reizende, reizende ... Mädchen ... und so gut ... so brav ... so lieb! Und was für

Augen sie hatte... blaue... durchschimmern-
de... klare Augen... nie habe ich ähnliche gesehen... nie...»

Wieder verstummte er.

Und ich fragte: «Warum hat sie nie geheiratet?»

Er antwortete – doch nicht mir; er antwortete
diesem Wort, das nachhallte: «Warum? Warum?
Sie wollte nicht... sie wollte nicht. Sie hatte doch
immerhin eine Mitgift von dreißigtausend Francs,
und es fanden sich mehrmals Bewerber... aber sie
wollte nicht. Zu jener Zeit schien sie unter einem
Kummer zu leiden. Es war damals, als ich meine
Cousine heiratete, die kleine Charlotte, meine
Frau, mit der ich schon sechs Jahre lang verlobt
gewesen war.»

Ich sah Chantal an, und mir war es, als bahnte
ich mir einen Weg in sein Denken, als dränge ich
auf einmal in eines jener kleinen und doch so grausamen Dramen redlicher Herzen, tapferer Herzen
ein, Herzen ohne Makel, in eines jener uneinge-
standenen und unerforschten Dramen, die kein
Mensch erkannt hat, nicht einmal jene, welche die
stummen, die fügsamen Opfer solcher Dramen
sind.

Da packte mich plötzlich eine verwegene Neugier, und ich fragte: «Hätten nicht Sie selber sie
heiraten sollen, Monsieur Chantal?»

Er erbebte, sah mich an.

«Ich? Wen heiraten?»

«Mademoiselle Perle.»

«Und warum?»

«Weil Sie sie doch mehr geliebt haben als Ihre Cousine!»

Er sah mich mit entgeisterten, runden, verstörten Augen an, und dann stammelte er: «Ich ... sie geliebt ... ich ... ja, aber ... wer hat dir das gesagt?»

«Ja, das merkt man doch ... und um ihretwillen haben Sie so lange gezaudert, Ihre Cousine zu heiraten, die sechs Jahre darauf gewartet hatte.»

Er ließ die Kugel fallen, die er in der linken Hand hielt, nahm mit beiden Händen den Kreidelappen, preßte ihn ans Gesicht und begann zu schluchzen. Er weinte verzweifelt und lächerlich wie ein Schwamm, den man drückt, aus den Augen, aus der Nase, aus dem Mund zu gleicher Zeit. Und er hustete, spuckte, schneuzte sich in den Lappen, trocknete sich damit die Augen, nieste, begann es abermals aus allen Öffnungen seines Gesichts strömen zu lassen, und in seiner Kehle rasselte es, als ob er gurgelte.

Ich war verwirrt, ich schämte mich, ich hatte Lust, mich zu drücken, und ich wußte nicht mehr, was ich nun sagen, was ich tun, was ich versuchen sollte.

Und da tönte Madame Chantals Stimme von der Treppe her: «Seid ihr endlich fertig mit eurem Gequalm?»

Ich öffnete die Türe und rief: «Ja, Madame, wir kommen gleich.»

Dann stürzte ich mich auf ihren Gatten, packte ihn bei den Ellbogen.

«Monsieur Chantal, mein Freund Chantal, hören Sie, Ihre Frau ruft Sie, fassen Sie sich, fassen Sie sich! Wir müssen hinunter! Fassen Sie sich!»

Er stotterte: «Ja... ja... ich komme... armes Mädchen... ich komme... sagen Sie ihr, daß ich komme.»

Und er begann sich sorgfältig das Gesicht mit dem Lappen zu trocknen, der seit zwei oder drei Jahren alle Spuren von Kreide weglöschte, und dann erschien Chantals Gesicht, halb weiß, halb rot, die Stirne, die Nase, die Wangen, das Kinn mit Kreide beschmiert und die Augen geschwollen, immer noch voll von Tränen.

Ich nahm ihn bei der Hand und zog ihn in sein Zimmer.

«Verzeihen Sie mir», flüsterte ich, «ich bitte Sie um Verzeihung, Monsieur Chantal, bitte verzeihen Sie mir, daß ich Ihnen einen Schmerz bereitet habe... aber... ich wußte nicht... Sie... Sie verstehen...»

Er drückte mir die Hand.

«Ja... ja... es gibt schwierige Augenblicke...»

Dann tauchte er das Gesicht in sein Waschbekken. Und als er es wieder sehen ließ, fand ich ihn noch immer nicht präsentabel; aber mir kam eine kleine List in den Sinn. Er betrachtete sich im Spiegel und war beunruhigt, doch da sagte ich: «Sie brauchen nur zu erzählen, daß Ihnen ein Staubkorn ins Auge gekommen ist, und dann können Sie vor aller Welt weinen, soviel Sie wollen.»

Tatsächlich ging er zu den andern hinunter und

rieb sich das Auge mit dem Taschentuch. Man war besorgt; jeder wollte das Staubkorn entfernen, das man aber nicht fand, und man sprach von ähnlichen Fällen, wo es sich schließlich als notwendig erwiesen hatte, den Doktor kommen zu lassen.

Ich hatte mich Mademoiselle Perle zugesellt, und ich betrachtete sie, von brennender Neugier geplagt, einer Neugier, die geradezu zu einem Schmerz wuchs. Sie mußte wirklich hübsch gewesen sein, mit den sanften Augen, die so groß, so weit geöffnet waren, als schlösse sie sie niemals, wie das die andern Menschenwesen tun. Ihr Aufzug war ein wenig lächerlich, es war die richtige Kleidung für eine alte Jungfer, machte sie reizlos, ohne daß sie linkisch gewirkt hätte.

Mir war es, als sähe ich in ihre Seele, wie ich vorhin in Chantals Seele geschaut hatte, und als begriffe ich, von einem Ende zum andern, dieses demütige, schlichte, hingebungsvolle Leben; und da drängte sich mir ein Bedürfnis auf die Lippen, ein quälendes Bedürfnis, sie zu befragen, zu wissen, ob auch sie ihn geliebt hatte; ob sie, wie er, jene lange, geheime, nagende Folter gelitten hatte, die man nicht errät und die sich doch nachts, in der Einsamkeit des dunklen Zimmers, hervorwagt. Ich beobachtete sie, ich sah unter dem Kleid ihr Herz schlagen, und ich fragte mich, ob dieses sanfte, schuldlose Gesicht Abend für Abend in den feuchten Stoff des Kissens gestöhnt, in dem Fieber des glühenden Bettes, den Körper von Krämpfen geschüttelt, geschluchzt hatte.

Und ganz leise, wie es die Kinder tun, die ein Spielzeug zerbrechen, um zu wissen, was drin ist, sagte ich zu ihr: «Wenn Sie Monsieur Chantal vorhin weinen gesehen hätten, er hätte Ihnen leid getan!»

Sie zuckte zusammen.

«Wie? Er hat geweint?»

«O ja! Er hat geweint!»

«Und warum?»

Sie war sichtlich erregt. Ich antwortete: «Um Ihretwillen!»

«Um meinetwillen?»

«Ja. Er hat mir erzählt, wie sehr er Sie geliebt hatte und wie schwer es ihm gewesen sei, seine jetzige Frau zu heiraten und nicht Sie ...»

Ihr blasses Gesicht schien ein wenig länger zu werden; ihre immer offenen, ihre ruhigen Augen schlossen sich plötzlich, so schnell, als hätten sie sich für immer geschlossen. Sie glitt von ihrem Stuhl auf den Boden und sank dort langsam, lautlos zusammen wie eine gefallene Schärpe.

«Zu Hilfe!» rief ich. «Hilfe! Mademoiselle Perle fühlt sich nicht wohl!»

Madame Chantal und ihre Töchter eilten herbei, und während man Wasser, ein Tuch und Essig holte, nahm ich meinen Hut und verzog mich.

Ich ging mit großen Schritten, mein Herz verkrampfte sich, mein Hirn war von Gewissensbissen und Reue erfüllt. Manchmal aber war ich auch zufrieden; ich hatte den Eindruck, als hätte ich etwas Löbliches, etwas Notwendiges getan.

Ich fragte mich: «Hatte ich unrecht? Hatte ich recht?» Die beiden hatten das in der Seele, wie eine Kugel in einer geschlossenen Wunde zurückbleibt. Werden sie jetzt nicht glücklicher sein? Es war zu spät; ihre Qualen würden nicht von neuem einsetzen. Doch es war früh genug, damit sie sich in sanfter Rührung des Gewesenen entsannen.

Und vielleicht, eines Abends im kommenden Frühling, wenn ein Mondstrahl auf den Rasen fällt, werden sie sich tief bewegt die Hand reichen und sich dieses erstickten, grausamen Grams erinnern; und vielleicht wird dieser kurze Händedruck in ihren Adern ein wenig von jenem Beben wecken, das sie nie gekannt hatten, wird diesen für eine Sekunde wiederauferstandenen Toten das jähe, göttliche Gefühl jenes Rausches gönnen, das den Liebenden in einem einzigen Erschauern mehr Glück beschert, als die anderen Menschen in ihrem ganzen Leben zu ernten vermögen.

Mrs. Parkins' Heiligabend

I

An jenem winterlichen Nachmittag stand die Sonne schon tief, schien aber noch mit frohem Glanz in
Mrs. Lydia Parkins' Wohnzimmer. Von einer Ähn-
lichkeit zwischen dem kahlen Raum und dem
Landschaftsbild an diesem 21. Dezember zu sprechen mag wenig feinfühlig sein, doch gewissermaßen entblättert und abweisend wirkten beide.

Die kalte graue Tapete, das triste, spärliche Mo-
biliar, die unbeschreibliche Dürftigkeit und Unge-
mütlichkeit des Raums entsprachen genau der
Blattlosigkeit, Bissigkeit und Kälte des Frühwin-
tertags – außer die Sonne glühte so golden wie
eben an jenem Spätnachmittag: dann waren
Wohnzimmer und lange Hügelflanke, gefrorne
Straße und im Westen die fernen Höhenzüge wie
verwandelt.

Mrs. Parkins saß aufrecht auf einem der sechs
wohlanständigen Holzstühle mit geflochtenem
Sitz; sie garnierte einen schäbigen grau und
schwarzen Winterhut, ihr Arbeitskorb war auf
dem Tischrand vor ihr, zwischen den Fenstern, und
auf dem Sims links von ihr stand eine Reihe Spu-
len. Der einzige Luxus, den sie sich erlaubte, war

ein Schemel, eine leicht gepolsterte Fußbank, wie man sie in der Kirche sieht. Mrs. Parkins war so klein, daß sie sonst in ihrem Stuhl mit Rohrsitz ganz verloren gewesen wäre, wo ihr doch Leute, die ihre Füße auf die Stuhlleisten stellten und die Farbe abnutzten, ein Greuel waren. Sie war immer darauf aus, Kindern diese Untugend abzugewöhnen. So schielte sie von Zeit zu Zeit argwöhnisch auf die kleine Lucy Deems, die auf einem zweiten Rohrstuhl ihr gegenübersaß. Das Kind war nicht zum erstenmal bei Mrs. Parkins und gab sich jetzt so viel Mühe, artig zu sein, daß ihm beide Füße eingeschlafen waren und inzwischen qualvoll juckten. Ob ihre Mutter wohl nicht bald aufbrechen wollte?

Mrs. Deems saß im Schaukelstuhl, voll in der Sonne, und hielt sie aus, ohne mit der Wimper zu zucken. Sie war eine kleine, fröhliche Frau mit breitem Gesicht, das beinahe so hell wie die Wintersonne leuchtete. Es schien fast, als wollten sie einander überstrahlen, aber sollte je eine Seite blinzelnd aufgeben wollen, war das bisher jedenfalls nicht Mrs. Deems. Eben bemerkte sie die Not und das angespannte Gesicht der kleinen Lucy und hieß sie draußen ein wenig herumrennen und nachsehen, ob unter dem großen Baum noch ein paar von Mrs. Parkins' Butternüssen lagen.

Die Tür ging zu, und Mrs. Parkins riß ihren Faden ab und sagte, es gebe draußen keine Butternüsse mehr; aber vielleicht könne Lucy ein paar in einem Körbchen nach Hause nehmen.

«Ach, macht nichts», sagte Mrs. Deems leicht-hin. «Es war ein bißchen eine Plage für sie, so stillzusitzen, Kinder brauchen Bewegung.»

«Sie stellt doch nichts an?» fragte die Gastgeberin ängstlich.

«Lucy?» lachte die Mutter. «Da sollten Sie Lucy doch besser kennen. Ich ertapp' mich dabei, daß ich mir wünsch', sie wäre nicht ganz so ruhig, aber das hat sie von Vaters Seite, die sind alle so still und ernsthaft und können sich gar nicht vergnügen; bei mir zu Haus waren wir alle recht lärmig, als ich ein Kind war, und ich begreife die Deems irgendwie gar nicht.»

«Ich wünsch' mir oft, ich hätt' so ein kleines Mädchen wie Ihre Lucy», seufzte Mrs. Parkins. Sie streckte ihren grau-schwarzen Hut mit der linken Hand von sich und betrachtete ihn unfroh.

«Ich werd' auch künftig immer Schwarz tragen um Mr. Parkins», sagte sie, «aber weil ich dieses Stück dunkelgraues Band hatte, wollt' ich es doch für meinen schwarzen Filzhut brauchen; der Filz ist etwas schäbig geworden, und wenn man schwar-zes Seidenband braucht, sieht man's noch mehr.»

«Jawohl», bestätigte Mrs. Deems ohne Um-schweife. «Warum besorgen Sie sich keinen neuen zum Ausgehen, Mrs. Parkins? Filzhüte sind diese Saison nicht teuer, und dann haben Sie immer noch den hier als zweite Wahl.»

«Mein bester ist gut genug», antwortete Mrs. Parkins, ohne eine Miene zu verziehen. «Der soll's nochmal einen Winter lang tun.» Sie begann das graue Band neu zu drapieren, und Mrs. Deems sah ihr mit einem Glimmen in den Augen zu; sie hatte etwas auf dem Herzen und fand keinen Anfang, was Mrs. Parkins so gut wie sie wußte und ihr keine Gelegenheit gab, wodurch die Lage immer schwieriger wurde.

«Nun!» faßte sich die Besucherin schließlich ein Herz, «ich glaub', Sie wissen, warum ich gekommen bin, und ich kann hier nicht länger sitzen und plaudern. Drum frag' ich Sie jetzt, ob Sie beim Geschenk für den Pfarrer mitmachen.»

Mrs. Parkins hatte den Mund voller Stecknadeln, die sie alle langsam beiseite legte, bevor sie sprach. Die Sonne verschwand hinter einer tiefen Schneewolke am Horizont, und Mrs. Deems strahlte alleine weiter. Es war nicht sehr warm im Zimmer, und sie legte sich ihren Wollschal enger um die Schultern, als wollte sie demnächst nach Hause gehen.

«Ich glaub' nicht, daß ich Ihnen heute was geben möchte, Mrs. Deems», sagte Mrs. Parkins entschlossen. «Ich steh' den Pfarrers nicht sehr nahe. Und ich muß sagen, *sie* hat eine sehr hohe Meinung von sich; ich mag keine solchen Madams.»

«Ich find' sie eine der nettesten und besten Frauen, die wir je in der Stadt hatten», antwortete Mrs. Deems. «Ich hab' Ihnen erst neulich gesagt, wie wohl sich alle gleich fühlen, wenn sie wo hinkommt, wie eine Schwester ist sie und gar nicht hochnäsig. Sie haben viel mitgemacht und müssen gewiß manchmal schmal durch, aber sie bringt's trotzdem fertig, viel Gutes zu tun. Mir ist es nie im

447

geringsten so vorgekommen, als ob wir nicht genug für sie tun könnten, bloß weil sie Pfarrersleut’ sind. Manche Pfarrersleute erwarten viel, und je mehr man tut, desto mehr wird verlangt, aber die Lanes, die sind nicht so. Sie denken immer, was sie für andere tun könnten, und tun es dann auch. Sie haben sie nie gemocht, ich weiß bloß nicht, warum.»

«Gerade der begabteste Prediger ist er nicht», meinte Mrs. Parkins.

«Das macht mir nichts aus, Worte sind Worte, aber wenn einer so lebt wie Mr. Lane, ist er der beste Pfarrer», antwortete Mrs. Deems.

«Na, ich bin ihnen heute nichts schuldig», sagte die Gastgeberin und schaute auf. «Und ich hab’ auch nicht vor, künftig mehr für die Pfarrers zu tun; vielleicht schick’ ich ihnen gelegentlich ein paar Äpfel oder so.»

«Wie Sie meinen», sagte Mrs. Deems und erhob sich rasch und mit gekränkter Miene. «Ich hab’ bloß gedacht, Sie würden gern etwas geben wie wir andern alle.»

«Sehr lange sind sie noch nicht hier, ich zahl’ meinen Teil an sein Gehalt, und übertreiben soll man in derlei Fällen nicht.»

«Im Herbst hatten sie besondere Auslagen und sind so mitfühlend und freundlich, wirklich interessiert an jedem von uns, und so wertvoll für die Gemeinde wie schon lang niemand mehr. Daß sie ihren Jungen ins Krankenhaus schicken mußten, hat sie in Not gebracht.»

«Na, durch schwere Zeiten müssen alle durch, davor sind auch keine Pfarrfamilien gefeit. Tut mir ja leid wegen dem Jungen», rang sich Mrs. Parkins durch. «Bleiben Sie noch, Mrs. Deems, Sie haben mich schon lange nicht mehr besucht. Sie sollen sich doch gleich noch meinen Hut anschauen.»

«Ich muß noch zu den Dilbys rüber, und es wird früh dunkel. Aber kommen Sie mich einmal besuchen, es würde mich freuen. Jetzt muß ich mit Lucy weiter.»

«Ich steh' nicht auf, um Sie hinauszubegleiten, sonst fällt mir alles vom Schoß», entschuldigte sich Mrs. Parkins, und so verabschiedeten sie sich. Lucy hüpfte am Zaun vor dem Haus auf und ab, um sich warm und beschäftigt zu halten.

«Hat sie von den Butternüssen nichts mehr gesagt, Mutter?» fragte das Kind, und Mrs. Deems schüttelte lachend den Kopf. Dann gingen sie zusammen die Straße hinunter, die Hand im großen Fäustling hielt die kleine fest, und die kapuzenverhüllten Köpfe nickten einander gelegentlich zu, als wären sie in ein lebhaftes Gespräch vertieft. Mrs. Parkins blickte ihnen zwei-, dreimal nach, mißtrauisch zuerst, als hege sie den Verdacht, daß man über sie rede, und dann etwas sehnsüchtig. Sie stammte aus einer sparsamen Familie und hatte einen sparsamen Mann geheiratet.

«Ist Mrs. Parkins schrecklich arm, Mutter?» fragte die kleine Lucy mitleidig.

Mrs. Deems lächelte und versicherte dem Kind, daß es in der Stadt keinem so gut gehe wie ihr in

Geldsachen – bis auf Oberst Drummond; aber Mrs. Parkins wolle ihr Vermögen selbst nicht genießen und es auch sonst niemandem gönnen. Lucy dachte eine Weile über die merkwürdige Antwort nach und begann dann auf der holprigen Straße herumzuhopsen und zu hüpfen, ohne die warme Hand ihrer Mutter loszulassen.

Das war am 21. Dezember, einem Montag. Am Dienstag erledigte Mrs. Parkins ihr bißchen Bügelarbeit, und am Mittwoch wollte sie nach Haybury, Geld auf die Bank bringen und ein paar Einkäufe machen. Manche der großen Läden von Haybury waren billiger als der Krämerladen zu Hause, und sie hatte das Pferd und war zum Essen bei ihrer Cousine immer willkommen. Zwar tönte die Cousine stets etwas von Geschenken für sich oder die Kinder an, aber das konnte Mrs. Parkins aushalten, die ihr Gewissen jeweils damit beruhigte, daß sie die Jungen zur Heuernte herüberbat, obwohl deren Hilfe bei ihrem wachsenden Appetit und der allgemeinen Abnutzung des Hauses nicht lohnte. Ihre Mutter kam ab und zu für einen Tag zu Besuch; aber daheim waren ihre zupackenden Hände unentbehrlich, denn sie war jung Witwe geworden, ohne Unterstützung bis die Jungen aus der Schule kamen. Der eine arbeitete jetzt fleißig in einer Schuhfabrik, der andere in einem Laden. Mrs. Parkins mochte ihre Cousine wirklich sehr gern, aber sie dachte, wenn sie einmal anfinge, etwas zu geben, würden sie immer etwas erwarten.

Wie gesagt, sollte der Besuch mittwochs stattfinden, doch als der Mittwoch kam, erwies er sich
als strenger Wintertag, kalt und windig, mit gele-
gentlichem Schneegestöber, und da Mrs. Parkins
an Neuralgie litt, verschob sie die Fahrt auf Donnerstag. Als sie am Donnerstagmorgen erwachte,
stellte sie erfreut fest, daß es wärmer geworden war
und der Wind sich gelegt hatte. Zwar verstand sie
genug vom Wetter, um die Schneewolken richtig
zu deuten, doch es waren nur acht Meilen bis Haybury, und sie konnte früh aufbrechen und wieder
heimkehren, sobald sie verpflegt war. Darum
wurde der Junge, der jeden Morgen das Pferd versorgen und Holz herbeischaffen kam, angetrieben,
bis er fast außer Atem war, worauf das Pferd vor-
gespannt und mit seltener Umsicht ein Stück ge-
pökeltes Schweinefleisch eingeschlagen und unter
die Wagenbank gelegt wurde. Dann fuhr Mrs.
Parkins mit einem Stricktüchlein über dem heraus-
geputzten Hut, einem Schal über ihrem Sonn-
tagsmantel und Fäustlingen über den Wollhand-
schuhen los. Alle Nachbarn wußten, daß sie nach
Haybury fuhr, um siebenundachtzig Dollar von
den Dilby-Brüdern einzubezahlen, für Roggen,
den diese auf halbe Beteiligung gepflanzt und eingebracht hatten. Sehr wahrscheinlich hatte sie an
dem Tag auch sonst viel Geld dabei, denn sie besaß
den besten Hof in dieser kargen Gegend und galt
als tüchtige Gutsverwalterin.

Die Cousine war eine gastfreundliche, gutmütige Seele, die ihrer Verwandtschaft unverbrüch-

liche Treue hielt und sie immer gerne willkommen hieß. Außerdem mochte Lydia Parkins zwar für Andeutungen gegenwärtiger Nöte und Wünsche taub sein, trotzdem war es mehr als wahrscheinlich, daß sie Hof und Ersparnisse einst den Jungen vermachen würde; darum durfte man nicht grob mit ihr reden und sie unmöglich verachten. Abgesehen davon, daß jedes echt mitfühlende Herz das schmale, ängstliche, abweisende Frauchen bemitleiden mußte, das sich immer benahm, als gälte es sich einer Welt voll Plünderer und Bettler zu erwehren.

Wie üblich lud Cousine Mary Faber Mrs. Parkins ein, über Nacht zu bleiben; sie gönne sich so wenig Vergnügen im Leben, daß ihr die Abwechslung vielleicht guttäte. Es würde nichts kosten bis auf den Stall fürs Pferd, drängte Mrs. Faber unverhohlen, und daheim erwarte sie niemand. Aber Mrs. Parkins lehnte wie üblich ab und befürchtete, der Keller fröre sonst ein. Man habe ihn diesen Herbst nicht nach ihren Wünschen abgedichtet, aber den Dilbys dafür eineinviertel Dollar zahlen, den Gefallen möge sie ihnen nicht tun.

«Meine Güte! Warum fühlst du dich nicht so reich, wie du bist, und scheust diese kleinen Ausgaben nicht?» wagte Cousine Faber zu sagen. «Ich versteh' wahrhaftig nicht, wie du es schaffst, gleichzeitig reicher und ärmer zu werden.» Dabei mußte die gute Seele einfach lachen, und selbst Mrs. Parkins konnte diesmal ein Lächeln nicht unterdrücken.

«Ich danke dir sehr für deine angenehme Gesellschaft», sagte Cousine Faber, «und es war sehr freundlich von dir, mir dieses schöne Stück Schweinefleisch mitzubringen.» Hätte sie nur gewußt, was es ihren Gast gekostet hatte, das mitgeführte Stück auch ins Haus zu bringen! Zweimal hatte es Mrs. Parkins unschlüssig wieder unter die Sitzbank geschoben und zu guter Letzt bloß herausgenommen, weil sie befürchtete, einer dieser beutegierigen Jungen könnte es im Wagen entdecken und seiner Mutter davon erzählen. Wie oft schon hatte sie etwas in die Hand genommen, um es wegzugeben, dann zurückgelegt und wieder genommen, ein halbes Dutzendmal, unentschlossen. Es kam immer noch vor, daß ihr Herz sie zu blindem Großmut trieb, doch es gelang ihr je länger desto besser, ihr Gewissen zu beruhigen und Vorwände zu finden, um nicht geben zu müssen.

Die Weihnachtsvorbereitungen im geschäftigen Städtchen waren ihr unangenehm, und das Glück der frohen Cousine Faber in deren bedrängter Haushaltung war ein Vorwurf. Der Lohn der Jungen war äußerst gering in den ersten ein oder zwei Jahren, aber ihre Mutter war so stolz auf ihre Rechtschaffenheit und nähte weiterhin, nahm Untermieter ins Haus und tat sonst, was sie konnte, um etwas Geld zu verdienen. Sie sah müde und älter aus, als sie war, und gestand Mrs. Parkins, daß sie nächsten Sommer gern einen schönen, langen Besuch auf der Farm machen würde, und die Jungen könnten bei einer Nachbarin essen. «Ich hab'

mich kein bißchen geschont, bis sie aus der Schule
waren, aber jetzt werd' ich es ein wenig leichter
nehmen können», sagte die gute Seele ungewohnt
sehnsüchtig.

Mrs. Parkins hörte unwillig zu; sie wußte, daß
ein kleines Geldgeschenk dann und wann viel geholfen hätte, aber sie konnte sich nie überwinden,
ihr sorgsam gespartes Vermögen anzugreifen bis
zum gewiß unausweichlichen Ruin. Und die Jungen würde es auch ins Verderben stürzen, wenn sie
glaubten, sie könnten sich in jeder Not an sie wenden. Sie würde sie schon noch entschädigen, wenn
es an der Zeit war; ins Jenseits konnte sie ihr Geld
nicht mitnehmen, und sie wollte aus der Not eine
Tugend machen.

Es war kalter, dunkler Spätnachmittag, und
Schnee kam heruntergerieselt, bis Mrs. Parkins
Haybury verlassen hatte. Sie hatte lange genug im
Hochland gelebt, um die Wetterzeichen zu kennen, und als ihr der Wind ins Gesicht schlug und sie
sah, wie der nahende Sturm Himmel und Horizont
verdüsterte, war sie einen Augenblick stark versucht, zu Cousine Faber zurückzukehren. Wenn es
bloß nicht ausgerechnet Heiligabend gewesen
wäre! Der alte Gaul spannte seine Kräfte und trabte
vorwärts, als bedeute ihm sein Verstand, sich wegen des Wetters zu sorgen; doch hinter der nächsten Wegbiegung blies der Wind nicht mehr so
kalt, sie ließen die Stadt schnell hinter sich und
durchquerten die Ebene, die zwischen Haybury
und den Hügeln von Holton lag. Mrs. Parkins war

überzeugt, daß sie vor Einbruch der Dunkelheit zu Hause sein konnte, und das alte Pferd gab sein Bestes. Die Straße war holperig und gefroren, und der Wagen ratterte vorwärts; es war wie ein Rennen zwischen Mrs. Parkins und dem Sturm, und eine Weile schien sie als Siegerin festzustehen.

Der Wind ließ seine geballte Kraft erst spüren, als fast die Hälfte der acht Meilen zurückgelegt war; und der Schnee, der zuvor nur wie ein weißer Schleier an Mrs. Parkins' Deckenschal gehangen und weiß über das gefrorene Gras des flachen Landes geweht hatte, häufte sich jetzt auf dem abgewetzten Büffelfell und lag so hoch auf dem Weg, daß er die Räder zu hemmen begann. Es war ein höchst erstaunlicher Schnee, so dicht fiel er, und so schnell wuchs er an; es nützte nichts, sich das weiße Stricktüchlein vors Gesicht halten zu wollen, denn es wurde so verschneit, daß sie nichts mehr sehen konnte und halb erstickte. Die Dunkelheit senkte sich herab, der Schnee fiel dichter und heftiger, und das Pferd, das die verwehten Hügel mit dem schneeverstopften Wagen erklomm, mußte immer wieder stehenbleiben. Der schreckliche Gedanke befiel Mrs. Parkins, daß sie diese Nacht nicht nach Hause käme, und im nächsten Augenblick mußte sie sich gestehen, nicht mehr sicher zu wissen, wo sie war. Die dicken Flocken machten sie blind; sie schaute sich nach andern Menschen um, doch sie war in der Einöde wie mitten in der Arktis. Sie fühlte sich benommen und töricht und versuchte wieder, das müde Pferd anzutreiben, worauf das brave Tier sich verzweifelt vorwärts mühte. Das Flachland lag eigentlich weit genug hinter ihnen, daß sie in der Nähe von Häusern sein mußten; aber es wurde nur immer dunkler und schneite heftiger, während sie sich noch eine Meile weiterkämpften, bis kein Fortkommen mehr war und das Pferd stehenblieb, den Schnee von seinem Rücken schüttelte und sich fragend nach seiner Herrin umblickte.

Mrs. Parkins begann vor Kälte und Angst und Elend zu weinen. Sie hatte schon von solch schrecklichen, plötzlichen Stürmen im Westen gelesen; und da war sie nun in der Nacht, ohne Nahrung, ohne Schutz, ohne Hilfe.

«Oh! Tausend Dollar würd' ich geben für ein Dach und Sicherheit!» stöhnte die bedauernswerte Frau. «Ach, wie arm bin ich dran, und dabei komm' ich geradewegs aus einem warmen Haus!»

Ein seltsames Glänzen blendete sie, sie sah die hellerleuchteten Läden von Haybury vor sich, das Kommen und Gehen der frohen Kundschaft, und die Munterkeit und ansteckende Großzügigkeit des Heiligen Abends waren wie der geizigen kleinen Verlorenen zum Hohn, als sie so halb verwirrt dasaß. Die schweren Schneeflocken fingen ihre Wimpern, froren ihre Wangen durch, schmolzen unter den grauen Hutbändern und häuften sich auf dem Hut zu einem hohen Kamm, der ihr in den Schoß fiel, wenn sie sich bewegte. Wollte sie dann den Schnee wegwischen, nahm ihr verklumpter Fäustling nur noch mehr davon auf und wurde immer unförmiger. Es war ein entsetzlicher, hart-

456

näckiger Sturm; wenn es so weiterging, waren Pferd und Kutscherin bald auf der Straße einge-schneit und erfroren. Die heranwirbelnden Flok-ken waren bösartig und rätselhaft; so groß waren sie und fielen so schnell vom Himmel herunter.

«Meine Güte! Ich bin bereits ganz starr», flüster-te Mrs. Parkins. Und dann erinnerte sie sich, wie ihr der Bankkassierer am Morgen beim Einzahlen gesagt hatte, alle andern würden heute Geld ab-heben, sie sei die einzige, die gekommen sei, um Geld zu bringen.

«Ich würd' gern jeden Cent davon dem geben, der mir an einen sichern Ort hilft», sagte die Arme. «Aber ich hab' wohl meinen Acker nicht so be-stellt, daß mir Hilfe wird», und ein jämmerliches Gefühl der Scham und Niederlage kämpfte alle Hoffnung nieder, die sich in ihr regen wollte. Was hatte sie für Gott und Mitmensch getan, das sie berechtigt hätte, jetzt an Liebe und Beistand zu denken?

Trotzdem schien es ihr jeden Augenblick, als müßte Hilfe kommen und könnte diese große Not nicht so bedrohlich sein. Mrs. Parkins' Leben war so eintönig gewesen und bar jeder Aufregung und Tragik, daß sie selbst jetzt kaum glauben mochte, in solch großer Gefahr zu schweben. Wieder rief sie, so laut sie konnte, um Hilfe, und das Pferd wie-herte noch lauter. Die einzige Hoffnung war, daß die Männer, denen sie ein Stück weit zurück be-gegnet war und die sie zur Eile gemahnt hatten, sich an sie erinnern würden und sie suchen kamen.

Das arme alte Pferd hatte sich und den Wagen an den Straßenrand unter schützendes Immergrün gezogen; Mrs. Parkins schlüpfte unter das Büffelfell tief in ihren kalten, alten Wagen und deckte sich zu, so gut es ging. Es war nicht unwahrscheinlich, daß man sie am Morgen erfroren unter einer Schneewehe finden würde.

Am Morgen! Am Weihnachtsmorgen!

Was hielt der kommende Weihnachtstag für sie in ihrem Grab unter dem Schnee eines Dezembersturms bereit?

Eine Gabe? Ja, aber das wußte sie nicht. Nicht träumen ließ sie sich, was dieser Heiligabend in ihr Leben bringen sollte!

II

Lydia Parkins war klein und eher schmächtig, aber als ihr unter dem Deckenbett am Boden des alten Wagens wieder etwas wärmer war, kam sie zur Besinnung. Sie mußte hinaus und versuchen, so weit wie möglich durch den Schnee zu gehen; es hatte keinen Wert, in diesem schlimmen Sturm wie ein Karnickel zu sterben. Ja, und sie mußte das Pferd ausspannen und es seinem Instinkt überlassen, also kletterte sie tapfer in den knietiefen Schnee hinunter, der schon zu einem Hügel geweht war. Daß sie sich im Schnee verirren und noch diese Nacht erfrieren könnte, mochte sie sich nicht eingestehen. Es schien nicht zu Mrs. Nathan Parkins zu passen, die einen Haufen Geld in der Bank von Haybury und eine ertragreiche Farm mit

ausgeglichenen Anteilen Acker- und Waldland besaß und zu Hause viele Wolldecken und Steppdek-
ken und Brennholz und geeignete Winterkleider
hatte zum Schutz vor der Witterung. Der Wind
wurde stärker und stärker und weichte den nassen
grau-schwarzen Hut, den sie kalt auf ihrem Kopf
fühlte, immer noch mehr auf, und ihr armer Kopf
selbst fühlte sich dumpfer und schwerer denn je an.
Sie verlor einen Handschuh samt Fäustling im
Schnee, als sie den alten Gaul auszuspannen versuchte, und ihre bloßen Finger waren sehr ungeschickt, aber sie schaffte es, das gute alte Tier zu
befreien, und hoffte, es stapfe weiter die Straße
entlang und würde ihr Hilfe bringen, wenn man
merke, wem es gehöre. Doch statt dessen drehte es
nur Runden um sie und den Wagen, bockte und
wieherte und mochte nicht weggescheucht werden. «Was soll das noch für ein Sturm werden?»
stöhnte Mrs. Parkins, watete die Straße entlang
und stolperte hilflos über ihr Kleid. Das alte Pferd
folgte brav, und als sie einen schwachen, schrillen
Frauenschrei ausstieß, wieherte der alte Major und
schüttelte den Schnee von seinem Rücken. Zuin-
nerst im Herzen wußte Mrs. Parkins, daß sie bei
solchem Wind und durch solche Schneeverwe-
hungen nicht weit kommen konnte, und schließlich sank sie außer Atem am Wegrand nieder, und
das Pferd stapfte allein weiter. Es war schrecklich
dunkel, und die Kälte ging ihr durch Mark und
Bein. Nach ein paar Minuten rappelte sie sich auf
und torkelte weiter; sie hätte weinen mögen, weil

das Pferd nicht mehr zu sehen war, doch ging es sich leichter in seinen Spuren.

Plötzlich erschien links von ihr ein schwaches Blinken. Welch ein wundervoller Anblick! Die arme Reisende hastete vorwärts, doch es war, als wollte der Wind sie zurückblasen. Das Pferd hatte zuerst Zuflucht gefunden, jemand hatte es gehört, war herausgekommen und hatte die Tür mit einem lauten Knall, der an Mrs. Parkins' Ohr drang, geschlossen. Sie versuchte nochmals zu rufen, aber sie brachte kaum einen Ton hervor. Das Licht schien immer noch ein gutes Stück entfernt, doch da hörte sie Stimmen und sah ein zweites Licht, das sich bewegte. Sie war so müde, daß sie warten mußte, bis man ihr zu Hilfe kam. Wer wohnte im ersten Haus links, wenn man über dem Eichenhügel war? Die Donnells konnten es jedenfalls nicht sein, die waren alle in Haybury, und ihr Haus war verriegelt, also mußte es das Pfarrhaus sein, und sie war vom geraden Weg nach Haus abgekommen. Das Pferd war in seiner Verwirrung links abgebogen. «Ja», dachte Mrs. Parkins, «fast überall sonst wär' mir lieber, aber es ist mir gleich, wo ich lande, solang ich nur Schutz finde. Ich bin ganz matt und erschöpft.»

Die Laterne kam schnell herangetanzt, als ob sich da jemand beeile, und sie schwankte von einer Seite zur andern wie in einem Fischerboot auf rauher See. Mrs. Parkins ging ihr entgegen und gab sich ihrem Retter zu erkennen.

«Wenn das nicht der Herr Pfarrer ist!» rief sie aus.

«Ich bin Mrs. Parkins, oder was noch von mir übrig ist. Ich wär' fast zu Tod erfroren ein Stück weiter da hinten. So einen Sturm hab' ich mein Leben nicht gesehen.»

Sie sank in den Schnee ein und konnte nicht wieder aufstehen. Der Pfarrer war ein kräftiger Mann, er bückte sich, hob sie auf wie ein Kind und trug sie die Straße entlang, die Laterne am Arm. Sie war eine kleine Frau und neigte nicht zu Gefühlsausbrüchen, aber sie hatte schrecklich gefroren und Angst gehabt, und jetzt war sie endlich in Sicherheit. Es war wie der gute Hirte in der Bibel, und weinen konnte Lydia Parkins nicht mehr; aber ihr war, als könnte sie nie wieder reden und würde das Herz ihr brechen. Es hatte wohl so sein müssen, daß der Pfarrer sie gefunden hatte und zurück zur Herde trug, nein, ins Pfarrhaus; doch ihr war wieder schwindlig und seltsam, und die Schlaufe des zweitbesten grau-schwarzen Huts löste sich, und er fiel in den Schnee, ohne daß sie es merkte.

Als Mrs. Parkins die Augen öffnete, schloß ein helles Licht sie ihr gleich wieder, und im nächsten Moment entdeckte sie, daß sie in der Pfarrstube war und die Pfarrerin mit besorgtem Gesicht neben ihr kniete; am anderen Ende des Zimmers stand ein Weihnachtsbaum in der ganzen Pracht seines glänzenden Schmucks und mit bunten Kerzchen auf den Ästen. Sie war behaglich in warme Decken gehüllt, aber sie fühlte sich sehr müde und schwach. Die Pfarrfrau lächelte vor Freude: «Jetzt geht's Ihnen gleich wieder gut!» sagte sie. «Nein,

461

daß Sie in dem schrecklichen Sturm draußen waren! Versuchen Sie noch nicht zu reden, meine Liebe», fügte sie freundlich hinzu, «ich bring' Ihnen eine Tasse schönen heißen Tee. Geht es Ihnen? Nein, sagen Sie nichts von dem Sturm. Mr. Lane hat sich um das Pferd gekümmert. Da, ich leg' meinen kleinen Schal über Sie, das sieht hübscher aus als die Decken, und Ihre Kleider hab' ich in der Küche zum Trocknen.»

Die Frau des Pfarrers hatte ein gütiges Gesicht, und sie blickte kurz auf ihren unerwarteten Gast; dann schien etwas in dem schmalen, bittenden Gesicht auf dem Sofa an ihr Herz zu rühren, und sie beugte sich vor und gab Mrs. Parkins einen Kuß. Seit Jahren hatte niemand mehr Mrs. Parkins geküßt, und heimliche Tränen rannen ihr die Wangen hinunter, als Mrs. Lane sich abwandte.

Die Pfarrfrau ihrerseits hatte oft gedacht, Mrs. Parkins habe ein sehr unangenehm hartes Gesicht, und sie weniger gemocht als alle andern Gemeindeglieder; aber als sie jetzt das Herdfeuer schürte, überlegte sie sich, was sie für sie an den Weihnachtsbaum hängen könnte, und fragte sich, warum ihr der erschrockene, scheue Blick in den Augen der armen Frau nie aufgefallen war. «Sie hat ein sehr einsames Leben, so allein auf der großen Farm», sagte sich Mrs. Lane und dachte an ihr eigenes glückliches Zuhause und die Kinder. Alle drei kamen eben zu ihrer Mutter, John mit dem lahmen Fuß und dem blassen ernsten Gesicht und die fröhlichen Mädchen, Bell und Mary.

Der Pfarrer trat aus dem Stall, blies seine Laterne aus und hängte sie weg. Das alte Pferd war so warm zugedeckt wie seine Herrin und fand ein gutes Abendbrot in seiner Krippe. Es ging sehr froh zu im Pfarrhaus, und Mrs. Parkins hörte das Flüstern und unterdrückte Lachen in der Küche. Schließlich war es erst acht, und natürlich sehnten sich die Kinder danach, mit dem verspäteten Fest zu beginnen. Die kleinen Mädchen kamen unter die Tür und schauten zuerst auf den fremden Gast und dann auf den Weihnachtsbaum, und nach einer Weile kam ihre Mutter mit ihnen fragen, ob Mrs. Parkins sich wohl gut genüg fühle, der Feier zuzuschauen, oder ob sie sich lieber im Bett ausruhen und ihre Erschöpfung ausschlafen wolle.

Mrs. Parkins wollte zuschauen; sie begann sich wieder zu erholen, doch das Alleinsein fürchtete sie, warum genau, wußte sie nicht.

«Dann kommen Sie mit mir ins Schlafzimmer», sagte Mrs. Lane, «und ziehen sich ein hübsch warmes Kleid aus doppeltem Stoff von mir an; Sie passen bestimmt hinein, und wenn Sie sich dann mit der Zeit etwas bewegen wollen, geht's besser als mit den Decken.»

Mrs. Parkins war wie betäubt von dieser kleinen Aufregung, aber sie fühlte sich auf seltsame Art dazu aufgelegt. Der Kälte und Gefahr eben an diesen sicheren, gemütlichen Ort entronnen zu sein, regte sie an und verlieh ihr eine ungekannte Fähigkeit zur Freude und Anteilnahme. Sie fühlte sich zufrieden und jung und war gespannt auf die kommenden Ereignisse. Sie stand still und ließ sich von Mrs. Lane das vom feuchten Schnee verklebte Haar bürsten, als wäre sie selber nicht älter als die kleinen Mädchen; dann gingen sie wieder ins Wohnzimmer. Ein großes Feuer loderte im Franklinofen; der Pfarrer hatte im vergangenen Sommer ein unwirtliches Stück Land, das zum Pfarrhaus gehörte, gerodet und tüchtige Arbeit geleistet; nunmehr brannten hier Pechkieferwurzeln, wie Mrs. Parkins sogleich bemerkte. «Er hätte die Zeit besser für seine Predigten genutzt», hatte Mrs. Parkins gesagt, als sie von seinem mühseligen Werk erfuhr; die Erinnerung daran gab ihr einen Stich ins Herz, und sie bekannte innerlich, manchmal böse gegen die Lanes gewesen zu sein, und hielt es für eine gute Lektion, daß sie jetzt auf ihr Erbarmen angewiesen war. Als sie jetzt im warmen Kleid aus Doppelgewebe neben dem alten Sofa in ihrer Ecke saß und die liebenswürdigen Gesichter betrachtete, stahlen sich ungekannte Freundlichkeit und Zuversicht in ihr Herz. «Ich hab' jetzt so warm, wie ich vor einer Weile noch kalt hatte», versicherte sie dem Pfarrer.

Die Kinder, der gelähmte Junge und die beiden kleinen Mädchen, saßen nebeneinander vor dem Feuer, Mrs. Lane saß auf dem Sofa neben Mrs. Parkins, und der Pfarrer drehte die Seiten einer Bibel auf dem Tisch um. Dies schien nicht eine steife, förmliche Versammlung, halb aus Aberglauben und nur halb aus Ehrfurcht abgehalten, sondern es war, als bringe der gute Mann seiner Familie Nachricht von einem, den sie alle liebten und in ihrem Herzen trugen. Er sagte ein paar Worte von Christi Geburt, und wie in jener Nacht in der Herberge kein Platz war. Für den römischen Soldaten, den Priester und den Steuereintreiber sei Platz gewesen, aber für Christus nicht. Und wie wir alle den Wirt tadelten und uns doch nur zu oft verhielten wie er in der geschäftigen Herberge unserer Herzen. «Raum für unsere Freunde und unsre Vergnügungen und unsern Gewinn, aber keinen Platz für Christus», sagte der Pfarrer traurig, während die Kinder ernst ins Feuer blickten und zu begreifen suchten. Dann hörten sie wieder die Geschichte von den Hirten und dem Stern, und sie war schöner denn je und schien ganz neu und wunderbar. Der Pfarrer schloß mit einem Gebet und dankte besonders für den Gast, der in dieser Nacht mit ihnen war, denn er war durch große Gefahr zu ihnen gekommen. Darauf sangen die Lanes ihr Weihnachtslied und standen im Kreis um das alte Harmonium, auf dem die Mutter spielte: «Kommet, ihr Hirten, ihr Männer und Fraun...»

Ihre Liebe zu dem Lied war aus ihrem gemeinsamen Gesang zu spüren, und als sie innehielten und es im Zimmer wieder still war, hörte Mrs. Parkins den Wind draußen stürmen und die großen Ulmenäste über dem kleinen Haus rauschen und krachen und den Schnee gegen die Fenster fegen. Es war eine seltsame Wärme in ihrem Herzen, sie spürte keine Angst mehr, keine Einsamkeit, keine Kälte und nicht einmal mehr Selbstsucht.

Sie zündeten die Kerzen am Weihnachtsbaum an, und das Jungvolk sprang herum, geheimnisselig, und jubelte vor Entzücken, und der Baum glitzerte und funkelte, soviel er konnte, im bunten Schmuck aus Walnüssen in Gold- und Silberpapier und handgenähten Säckchen aus leuchtenden Wollfäden und allerlei anderen selbstgemachten Herrlichkeiten. Aber als die richtigen Geschenke zum Vorschein kamen, die unendlich viel Überlegung, Einteilen und heimlichen Verzicht gekostet hatten, strahlten die Liebe und das Glück dieser Familie am hellsten. Nacheinander brachten sie ihren Teil von der Frucht des Bäumchens zu Mrs. Parkins auf dem Sofa, bis ihr Schoß gefüllt war. Eines der kleinen Mädchen gab ein Säckchen Süßigkeiten, obwohl nur wenig Süßes am Baum war; das andre schenkte ihr ein Buchzeichen, und der Junge humpelte mit einer hübschen selbstgezogenen Geranie mit einer Blüte herbei und reichte sie ihr. Mrs. Lane kam mit einer schönen Haube, die ihre Schwester vor ein paar Wochen für sie gemacht hatte, aber die alte Haube tat ihren Zweck noch, und zwei brauchte sie nicht. Der Pfarrer schließlich hatte ein Gesangbüchlein aufgetrieben, das ihm ein Freund an der Versammlung im Herbst gegeben hatte, und als Mrs. Parkins es öffnete, fiel ihr Blick auf die Worte: «Wir wollen gern entsagen». Tränen schossen ihr in die Augen, sie wußte nicht, warum. «Ich muß meinem Geiz entsagen lernen», dachte sie fast grimmig. Es war das mindeste, daß sie diesen freundlichen Menschen auch eine Freundlichkeit erwies. Sie hatten sie voll Mitgefühl und Herzlichkeit aus dem Sturm hereingeholt. Sie ließen sich nicht im geringsten anmerken, daß sie ihnen seit ihrer Ankunft in der Stadt kein nettes Wort gegeben hatte; daß sie allein abseits blieb, als dieser gute Junge, ihr einziger Sohn, eine Krankheit durchmachte, die ihn vielleicht sein Leben lang behindern würde. Sie hatte vernommen, es gebe allenfalls Hoffnung auf Heilung, wenn sein Vater ihn bald zu einem berühmten Arzt nach New York bringen könnte. Doch angesichts der Kosten der langen Reise und vieler Wochen der Behandlung war wohl nicht daran zu denken. Sie waren ja so dankbar, daß er noch lebte und mit ihnen Weihnachten feiern konnte. Mrs. Parkins sah, wie die Mutter mit Tränen in den Augen auf ihn blickte und der Vater liebevoll die Hand ausstreckte, um ihn zu stützen, als er durchs Zimmer hinkte.

«Es wäre schön, wenn meine Nachbarin, die kleine Lucy Deems, mit Ihren Mädchen Weihnacht feiern könnte», kam es Mrs. Parkins wie von selbst über die Lippen. «Ihre Mutter hat strenge Zeiten hinter sich; ich will sie einmal herüberbringen, wenn man auf den Straßen wieder fahren kann.»

«Wir kennen Lucy Deems», sagten die Kinder befriedigt. Dann dachte Mrs. Parkins bedauernd an Cousine Faber und ihre beiden Jungen, und es tat ihr leid, daß sie nicht auch alle im Pfarrhaus waren. Sie schien in ein neues Leben eingetreten zu sein; an ihr trübseliges Heim mit den reichlichen Vorräten in Keller und Speicher dachte sie sogar mißbilligend und an ihr Geld in der Bank von Haybury mit heimlicher Scham. Hier saß sie in Mrs. Lanes Kleid aus doppeltem Stoff – einer weiß Gott armen Frau. Wie eine Bettlerin war sie an diesem Heiligabend zur Tür der Lanes gekommen, und sie nahmen sie gerne auf und gaben große und kleine Geschenke; und sie, was hatte sie jetzt von ihrer Unabhängigkeit und ihren Reichtümern? Sie war eine Fremde, und sie hatten sie hereingenommen, im Namen Christi, der sie segnen würde, aber was konnte sie von sich Gutes sagen? «Ach Herr, ich Arme!» stammelte Lydia Parkins zum zweitenmal in dieser Nacht.

Seit Jahren hatte es keinen solchen Sturm mehr gegeben. Es dauerte Tage, bis die Menschen über die zugeschneiten Landstraßen wieder voneinander hörten. Menschen und Rinder erfroren, die Telegrafendrähte hingen herunter, und die sonst so harmlose und behagliche Gegend meinte einer gnadenlosen, wütenden Naturgewalt ausgeliefert gewesen zu sein, vor der sie sich nie mehr in Sicherheit glauben konnte. Aber die Sonne kam hervor, und die Eichelhäher kehrten zurück und die Krähen, der weiße Schnee schmolz, und die Bauern gingen wieder geschäftig über die Straßen. Eine neue Friedfertigkeit und guter Wille herrschte nach ihrer Trennung zwischen den Nachbarn, aber niemand zeigte so viel guten Willen wie Mrs. Parkins. Sie bat Lucy Deems ins Haus, gab ihr am

Neujahrstag ein Körbchen voll schönster Butternüsse und lud sie ein, wiederzukommen, wenn sie
aufgegessen waren. Doch insbesondere verkündete
der Pfarrer an einem Sonntag bald darauf der Gemeinde, daß er an den beiden folgenden Sonntagen
nicht da sein würde. Er verdanke es einer gütigen
Seele, daß ihm vielleicht großer Segen zuteil werde, und mit zitternder Stimme fügte er hinzu, er
hoffe, alle, die ihm naheständen, wollten für die
Genesung seines lieben Jungen beten.

Mrs. Parkins saß mit so grimmiger Miene wie
nie mehr seit Weihnachten auf ihrer Kirchenbank.
Niemand konnte ahnen, welch heimliche Qualen
diese und andere Gaben sie gekostet hatten; trotzdem wußte sie, daß sie das Rechte tun mußte, um
ihren Seelenfrieden zu finden. Sie konnte nicht
länger in einer selbstgemachten schäbigen Enge
leben; sie mußte versuchen, die Welt zu nehmen
wie sie war und das Beste aus ihrem Leben zu
machen.

Manche lachten über sie und sagten, ihr Geiz
habe sich in der Sturmnacht zu Tode erschrocken;
doch manchmal wird man unbewußt und unwiderstehlich zu einer höheren Lebensform erzogen
und hingeführt, und der entscheidende Schritt aufwärts wird selten wieder zurückgenommen. Bald
sagte Mrs. Deems frohgemut zu einer Nachbarin:
«Na, ich hab' doch immer gewußt, daß Mrs. Parkins es schon gut mit anderen Leuten meinte, bloß
wußte sie nicht recht, *wie* helfen; sie hat irgendwie
Angst gehabt, ihr eignes Geld auszugeben, als ob

sie kein Recht drauf hätte. Jetzt ist sie irgendwie sicher, daß sie's brauchen kann, wie sie will, und schau nur, wie sie Freude dran hat. Sie fängt mit dem Leben erst an. Kein Wort hat sie gestern morgen vom Eingangsgebet gehört. Ich hab' gesehen, wie sie den Pfarrerssohn anstrahlte, als sie sah, wie er gerade und kerngesund das Kirchenschiff raufging. Es soll ein Sohn von ihrer Cousine Faber auf eine Weile zu ihr kommen, hab' ich gehört. Er hat sich in der Schuhfabrik in Haybury halb zu Tode gerackert. Vielleicht schafft er's, und sie läßt ihn mit der Zeit die Farm übernehmen.»

«Na, wir müssen nicht zuviel von ihr erwarten», sagte ihr Gegenüber nachsichtig. «Es ist ja jetzt schon ein Segen, wie sie sich verändert hat. Alte Gewohnheiten sind manchmal hartnäckig, und man kann nicht so leicht daraus ausbrechen; ja, das Leben ist schon ein Kampf, nicht wahr?»

«So ist es», antwortete Mrs. Deems gedämpft. «Da kommt Mrs. Parkins grad mit dem alten Wagen, und meine Lucy sitzt frohgemut neben ihr wie der alte Nathan selig! Schaut Mrs. Parkins nicht freundlicher aus als früher? Ja, je mehr sie für andere tut und dabei ärmer wird, desto reicher kommt sie sich anscheinend vor.»

«Es ist was sehr Seltenes, daß eine Frau in ihrem Alter auf die Weise umkehrt. Da mögen wir glauben, daß uns Hilfe vom Himmel wird», sagte die Nachbarin, und sie sahen mit frohem Staunen zu, wie die schmale kleine Frau auf der hügeligen Straße entschwand. Es war mitten im Frühling, aber

Mrs. Parkins trug immer noch ihren besten Winterhut. Seinen grau garnierten schäbigen Vorgänger fanden die kleinen Mädchen des Pfarrers, als die Schneewehen schmolzen, und bewahrten ihn sorgfältig auf, um zur Pflanzzeit die Vogelscheuche auf dem Pfarracker damit zu schmücken.

ANMERKUNGEN

Nikolaj Gogol, «Die Nacht vor Weihnachten»

1 Die Urhexe Baba-Jaga pflegt in slawischen Märchen auf Besen durch die Luft zu fliegen oder in von Teufeln gezogenen Mörsern einherzufahren.

2 Die vorliegende Geschichte ist der Novellensammlung *Abende auf dem Gutshof bei Dikanjka* entnommen. Gogol gestaltete darin das bunte, vielfältige Volksleben seiner lebensfrommen, in ihrer Christlichkeit heidnischen ukrainischen Heimat und machte seinen Geburtsort Ssorotschinzy zum Schauplatz der Erzählungen.

3 Luk. 3,13: «Fordert nicht mehr, denn gesetzt ist.»

4 Alexander Gregor Potjomkin (1739–1791) wurde 1762 von Katharina II. zum Kammerjunker, später zum Minister und Befehlshaber der Armee ernannt. Er stürzte die Zarin in immer neue Kriege.

5 Satirische Gesellschaftskomödie von Denis Fonwizin, die 1768 in Sankt Petersburg uraufgeführt wurde. Der Dichter erscheint im persönlichen Gefolge Katharinas II.

6 Der Hahn kündigt die Morgenröte an. Er wird als Symbol Christi verstanden, der die Mächte des Bösen und der Finsternis in die Flucht schlägt.

Seán O'Faoláin, «Ein feines Pärchen»

1 Cork, der Geburtsort O'Faoláins, liegt auf einer Insel und dem ansteigenden Ufer zu beiden Seiten des Lee. Die durch ihren Seehafen Cobh mit Amerika verbundene südirische Provinzstadt war als Auswandererhafen recht wichtig.

François Coppée, «Eine Automobilpanne»

1 Jean Pierre Claris de Florian (1755–1794), Verfasser von Hirtenromanen und Komödien. Die Franzosen schätzten seine schalkhaften Versfabeln in der Nachfolge La Fontaines mit Rousseauschem Gedankengut.

2 10 km von Paris, war Joinville-le-Pont beliebt für Ruderfahrten am obern Ende des Canal de St-Maur, der die Marne abschneidet.

3 Charles Thomas Floquet wurde 1876 Mitglied der Deputiertenkammer, wo er sich der äußersten Linken anschloß, und 1885–89 deren Präsident.

4 Pierre Waldeck-Rousseau war 1899–1902 Ministerpräsident der radikalen Regierung. Er schuf 1901 die Laiengesetze als Kampfmittel gegen die katholische Kongregation.
Émile Combes amtete als Kulturminister und 1902–05 als Ministerpräsident. Er führte die Trennung von Kirche und Staat, die Aufhebung des Religionsunterrichts und der Orden und Kongregationen durch; die Beziehungen zum Vatikan wurden abgebrochen.

5 In Frankreich wird der Festschmaus, *réveillon,* nach dem Besuch des Gottesdienstes in der Weihnachtsnacht eingenommen.

E. T. A. Hoffmann, «Nußknacker und Mausekönig»

1 Die Namen der Kinder stimmen mit denen von Hoffmanns Freund J. E. Hitzig überein; er las ihnen das Märchen an einem Weihnachtsabend vor. In der Figur des Paten Droßelmeier hat sich der Autor selbst porträtiert.

2 Herrenmantel.

3 Sharamuz ist der Typ des Angebers in der italienischen und französischen Komödie, Pantalon der mißtraui-

sche und dennoch genasführte Alte in der Commedia
dell'arte.

4 Shakespeare, *König Richard III.* 5,4.

5 Märchen aus den *Contes de féerie* (1715) von Antoine
Conte d'Hamilton.

6 Geheimnisträger.

7 Prinz Eugen, «der edle Ritter», führte am 5. August
1716 gegen das übermächtige Heer des Großwesirs Ali
bei Peterwardein eine Schlacht, die mit einer vollstän-
digen Niederlage der Türken endete.

8 Titelfigur von August von Kotzebues Posse *Pachter
Feldkümmel von Tippelskirchen* (1811).

9 Oper von Peter Winter (1754–1825).

Grazia Deledda, «Das Weihnachtsfest des Gerichtsrats»

1 In Sardinien respektvolle Anrede für ältere Menschen.

2 1720 kam Sardinien im Tausch gegen Sizilien an Pie-
mont; ein Vizekönig wurde als Gouverneur abgesandt.
Die Sardische Monarchie ging nach der italienischen
Einigung von 1859/61 im neuen Königreich Italien auf.

3 Weißwein, nach der Ortschaft Vernazza (Cinque Terre)
benannt.

O. Henry, «Weihnacht auf Geheiß»

1 Es werden die Namen der zwei populärsten amerika-
nischen Dichter des letzten Jahrhunderts durchein-
andergebracht: William Cullen Bryant und Henry
Wadsworth Longfellow. Allerdings hatte nur Longfellow einen wallenden weißen Bart.

Jules Verne, «Herr Dis und Fräulein Es»

1 Walrügis hat offenbar von Rossinis 1829 komponierter,
enorm erfolgreicher Oper «Wilhelm Tell» noch nie gehört.

2 Guido d'Arezzo (um 992–1050), Chormeister und Musiktheoretiker. Er lehrte seine Sänger mittels Silben vom Blatt zu lesen. Die Namen entnahm er dem «Sancte Johannes». In diesem Gesang stellen die ersten Noten jedes Verses die ersten sechs Töne der C-Dur-Skala dar. Die lateinische Silbe, die auf der jeweiligen Note gesungen wurde, nahm Guido d'Arezzo als Namen für diesen Ton. «Ut» wurde später durch «Do» ersetzt.

3 Der typische Orgelklang ist der des Prinzipalregisters. Andere Register erzeugen den Klang von Flöten, Trompeten, Streichern usw. Die Vox humana vibriert wie eine menschliche Stimme. Meister Effarane will nun sogar ein Kinderstimmenregister.

4 Der Teufel riecht danach.

Francisco Ayala, «Ein Weihnachtsfest im Land der Ungläubigen oder Sie sind wie die Kinder»

1 «La corte de Faraón» (1909) erlebte in Madrid siebenhundert Aufführungen und war die beliebteste Oper von Vicente Lleó (1870–1922).

2 Gräber wurden immer wieder geplündert. Tutanchamun soll sich mittels eines legendären Fluchs an denen gerächt haben, die seine letzte Ruhe störten, so daß Tutanchamuns Grab nie ausgeraubt werden konnte. Man vermutet aber, daß das Grab von Räubern aufgebrochen, jedoch neu versiegelt worden war.

3 Das Aga-Khan-Mausoleum in Assuan wurde 1957 bis 1959 erbaut, die Mohammad-Ali-Moschee in Kairo 1830–37.

4 Besonders beliebtes Touristenziel in Kairo ist die Kirche Abu Sarga (heiliger Sergius), da zehn Meter unter der Straße die Gruft liegt, in der sich die Heilige Familie auf der Flucht niedergelassen haben soll.

Rubén Darío, «Heilignachtgeschichte»

1 In 4. Mose 22,5–38 fällt die Eselin sogar vor Bileam in die Knie. Sie redet ihn ebenfalls mit menschlicher Stimme an, denn sie hörte mit dem den Tieren eigenen Instinkt Gott und sah seinen Engel. Darauf wird auch Bileam sehend und hörend.

Guy de Maupassant, «Mademoiselle Perle»

1 Chantals wohnen beim Observatoire in der Nähe des Jardin du Luxembourg in einem älteren Arrondissement am linken Ufer. Die Mittelpunkte des damaligen modernen Lebens, die großen Kaufhäuser, Theater usw. konzentrierten sich in den «neuen Vierteln» am rechten Seineufer.

2 Französische Eroberungsversuche führten nach der Besetzung von Hanoi und der Eroberung von Tongking 1882 zum Krieg mit China, das 1885 endgültig auf diese Provinz verzichtete. Maupassant kritisierte die damalige Chinapolitik seines Landes.

Ayala, Francisco
Ein Weihnachtsfest im Land der Ungläubigen oder Sie sind wie die Kinder. Aus: Ayala, «El jardín de las malicias», © F. Ayala und Mondadori España, Madrid 1988.

Coppée, François
Eine Automobilpanne. Aus: Coppée, «Nouvelles et Contes», Paris 1921.

Darío, Rubén
Heilignachtgeschichte. Aus: Darío, «Obras Completas. Cuentos y novelas», Madrid 1955.

Deledda, Grazia
Das Weihnachtsfest des Gerichtsrats. Aus: Deledda, «Romanze e Novelle», Band I, Mailand 1957.

Doyle, Arthur Conan
Der blaue Karfunkel. Aus: Doyle, «Sherlock Holmes-Geschichten/Der Hund von Baskerville», © Manesse Verlag, Zürich 1981.

Gogol, Nikolaj
Die Nacht vor Weihnachten. Aus: Gogol, «Meistererzählungen», © Manesse Verlag, Zürich 1959.

Hoffmann, E.T.A.
Nussknacker und Mausekönig. Aus: Hoffmann, «Märchen und Spukgeschichten», Zürich 1968.

Jewett, Sarah Orne
Mrs. Parkins' Heiligabend. Aus: Jewett, «Ladies' Home Journal», Dezember 1890.

Loos, Cécile Ines
Der Weihnachtsengel. Aus: Loos, «Verzauberte Welt», Küsnacht 1985. © Leonardo Loos, Basel.

Maupassant, Guy de
Mademoiselle Perle. Aus: Maupassant, «Fünfzig Novellen», © Manesse Verlag, Zürich 1963.

O'Faoláin, Seán
Ein feines Pärchen. Aus: O'Faoláin, «Lügner und Liebhaber», © Diogenes Verlag, Zürich 1980.

O. Henry
Weihnacht auf Geheiß. Aus: O. Henry, «Complete Stories», New York 1926.

Ramalho Ortigão, José
Weihnachten am Minho. Aus: «Erzähler der Welt, Bd. 11: Geschichten und Novellen aus Portugal», © Herder Verlag, Freiburg 1972.

Tucholsky, Kurt
Pariser Weihnachten. Aus: Tucholsky, «Deutsches Tempo», Gesammelte Werke, © Rowohlt Verlag, Reinbek 1960.

Verne, Jules
Herr Dis und Fräulein Es. Aus: Verne, «Hier et Demain», Paris 1910.

Waggerl, Karl Heinrich
Der Tanz des Räubers Horrificus. Aus: Waggerl, «Und es begab sich . . .», © Otto Müller Verlag, Salzburg 1953.

Widmann, Joseph Viktor
Öhmchens Weihnachtsbaum. Aus: Widmann, «Aus dem Fasse der Danaiden», Zürich 1884.

Die Holzschnitte von Bernard Salomon sind «Figures du Nouveau Testament», Lyon 1579, entnommen. Mit freundlicher Genehmigung des Kupferstichkabinetts der Öffentlichen Kunstsammlung, Basel (S. 119, 153), und der Graphischen Sammlung der Zentralbibliothek Zürich (S. 15, 291, 385, 423)

INHALT

Die Deutsche Bibliothek – CIP-Einheitsaufnahme

Weihnachtszeit:
Texte aus der Weltliteratur /
hrsg. von Anne Marie Fröhlich
Mit 6 Holzschn. von Bernhard Salomon
Zürich : Manesse Verlag
(Manesse Bibliothek der Weltliteratur)
ISBN 3-7175-1876-3 Gewebe
ISBN 3-7175-1877-1 Ldr.

NE: Fröhlich, Anne Marie [Hrsg.]